호락논변의 전개와
현대적 가치

한국학
총 서

조선대학교 우리철학연구소 우리철학총서 04
근대전환기의 한국철학 〈理〉

호락논변의 전개와
현대적 가치

홍정근 지음

學古房

19세기 후반기부터 20세기 전반기까지 약 100년 동안의 한국 사회는 격동의 시기였다. 이 시기는 '전통'과 '현대' 및 '동양'과 '서양' 등의 가치관이 혼재되면서 많은 문제가 발생했다. 특히 사상계는 일본 사람인 서주西周(니시 아마네 : 1829~1897)에 의해 굴절된 상태로 소개된 '철학哲學' 용어의 출현과 일제 강점기의 도래로 인해 새로운 문화가 형성되었다.

서양 근대 문명을 동경했던 서주는 '지혜를 사랑함'이라는 'Philosophia, Philosophy'를 '철학'으로 번역했다. 이때 그와 일본의 주류 사상계는 근대 과학 문명을 탄생시킨 서구적 사유를 물리物理와 심리心理를 아우르는 '철학'으로 여기고, 유·불·도를 중심으로 하는 동아시아의 전통적 사유를 심리心理의 영역으로 제한시켰다.

특히 일제 강점기에 서양 선진국의 교육시스템을 모방한 동경제국대학의 교육 체계를 모델로 삼은 경성제국대학 철학과의 주요 교과목은 서양철학 위주로 편성되었다. 이 무렵 한국의 전통철학은 제도권 안에서 부분적으로 수용되었다. 따라서 전통철학은 제도권 안에서 독자적인 영역을 확보할 기회를 갖지 못하고, 주로 제도권 밖에서 연구되었다. 이 때문에 당시의 많은 사람들에게 서양철학은 보편적인 철학이고, 전통의 동양철학은 특수한 철학으로 여겨졌다. 이러한 상황은 많은 학자들에게 서양철학에 대한 무비판적인 수용과 동양철학에 대한 연구의 소홀을 가져오도록 안내했다. 이러한 비주체적인 학문

5

탐구 경향은 해방 정국 이후부터 산업화시기인 20세기 후반까지 이어 졌다.

비록 일부의 학자들에 의해 학문의 주체성 회복과 우리철학의 정립 을 위한 연구가 진행되었지만, 철학계에서 그들의 영향력은 크지 않 았다. 그러나 20세기 말의 민주화 과정에서 철학의 현실화와 주체적 인 학문 탐구를 중시하는 일군의 학자들에 의해 우리철학 정립에 대 한 열기가 고조되었다. 그들은 서양철학을 무비판적으로 수용하는 태 도와 전통철학을 맹목적으로 옹호하는 태도를 지양하였다. 그들에 따 르면 비주체적인 철학 활동은 건조한 수입철학으로 전락하거나, 복고 적인 훈고학의 울타리를 벗어나기 어렵다. 이러한 비주체적인 철학 활동은 창의적인 사유를 통한 생명력 있는 이론을 생산하고 발전시키 는 면에 제한적이다. 이를 해결하기 위해 시대정신에 대한 통찰력을 강화할 필요가 있다.

우리철학의 정립에 대한 이러한 풍조는 21세기에 확산되고 있다. 조선대학교 우리철학연구소는 비주체적인 철학 풍토를 비판적으로 성찰하고, 통일 시대에 부응하는 21세기형 우리철학의 정립을 목표로 2014년에 설립되었다.

21세기형 우리철학이란 역동적인 시대의 다양한 특성을 반영한 것 으로서 한국 전통철학의 비판적 계승, 외래철학의 한국화, 한국의 특 수성과 세계의 보편적 흐름을 유기적으로 결합한 사유체계이다. 곧 21세기형 우리철학은 특수와 보편의 변증법적 통일로서 한국의 전통 철학과 외래철학과 현실 문제 등에 대해 시대정신을 반영하여 주체적 으로 연구한 이론체계를 의미한다.

이 총서는 조선대학교 우리철학연구소가 2015년 한국학중앙연구원의 '2015년도 한국학총서' 사업에 선정된 〈우리철학, 어떻게 할 것인가? ‒ 근대전환기 한국철학의 도전과 응전 ‒〉의 연구 성과를 집약한 것이다.

조선대학교 우리철학연구소의 이 총서 사업은 근대전환기 한국사회에서 발생한 철학 담론을 탐구하는 결과물로서 전통의 유·불·도철학과 민족종교와 미의식 등을 주요 연구대상으로 한다. 이 사업은 민족, 계층, 종교, 이념, 동양과 서양, 전통과 현대, 특수와 보편 등의 문제가 중첩된 근대전환기의 한국사회를 철학적 가치로 재해석하여, 21세기의 시대정신에 부응하는 우리철학 정립의 이론적 토대를 제공하고자 한다. 이 연구는 19세기 후반부터 21세기의 현재까지 취급하는 총론을 제외한 7개의 주제에 대해 19세기 중·후반부터 20세기 전반기까지 약 100년 동안의 전통철학 전반을 대상으로 한다. 내용은 총론, 리理, 심心, 기氣, 실實, 교敎, 민民, 미美 등 총 8개의 주제이다. 총서는 △총론 : 우리철학, 어떻게 할 것인가 △성리학 : 근대전환기의 한국철학 〈理〉‒ 호락논변의 전개와 현대적 가치 △심학 : 근대전환기의 한국철학 〈心〉‒ 실심실학과 국학 △기철학 : 근대전환기의 한국철학 〈氣〉‒ 서양 문명의 도전과 기의 철학 △실학 : 근대전환기의 한국철학 〈實〉‒ 현실비판과 근대지향 △종교철학 : 근대전환기의 한국철학 〈敎〉‒ 근대전환기 도교·불교의 인식과 반응 △민족종교 : 근대전환기의 한국철학 〈民〉‒ 민족종교와 민의 철학 △미학 : 근대전환기의 한국철학 〈美〉‒ 근대 한국미의 정체성 등 총 8권으로 구성된다.

총론인 『우리철학, 어떻게 할 것인가』(이철승)는 21세기형 우리철학의 정립이라는 문제의식으로 '철학' 용어가 출현한 19세기 후반부터 21세기가 진행되고 있는 현재까지 한국 철학계의 현황을 고찰한다. 또한 우리철학 정립의 이론적 토대에 해당하는 고유의식, 외래철학의 한국화, 전통철학의 비판·계승·변용, 자생철학의 모색 등을 살펴보고, 우리철학 정립의 사회적 토양에 해당하는 다양한 정치 현실과 문화 현상을 분석한다. 그리고 특수와 보편 및 타율성과 자율성의 등의 시각으로 우리철학 정립의 방법을 모색하고, 같음과 다름의 관계와 어울림철학을 중심으로 하는 우리철학 정립의 한 유형을 고찰한다.

근대전환기의 한국철학 〈理〉인 『호락논변의 전개와 현대적 가치』(홍정근)는 호론과 낙론 사이의 학술논변을 다루고 있다. 호락논변은 중국이나 일본 등 다른 전통 사회에서 찾아볼 수 없는 독자성이 강한 우리철학의 한 유형이다. 이 논변은 중국과 일본을 비롯한 전통의 동아시아사회에서 찾아볼 수 없는 독자성이 있다. 이 책은 호락논변 초기의 사상적 대립, 절충론의 등장, 실학에 끼친 영향 등을 서술하였고, 20세기 학자인 이철영의 사상을 집중적으로 검토하였다. 이철영은 호락논변을 재정리하고, 자신만의 새로운 학설을 정립한 학자이다. 다음으로 호락논변의 논쟁점을 총체적 관점에서 인물성동이논변과 미발심성논변으로 나누어 기술하였다. 마지막 장에서는 호락논변에 함유되어 있는 근현대적 가치들을 살펴보았다.

근대전환기의 한국철학 〈心〉인 『실심실학과 국학』(김윤경)은 근대 격변기 속에서 속일 수 없는 자기 본심을 자각하고 '실현'해 나간 양명학 수용자들의 철학적 문제의식, 자기수양, 사회적 실천 등을 고찰하였다. 이들의 중심에는 정제두 이래 양명학을 주체적으로 수용하고 계승한 이건승, 이건방, 정인보 등 하곡학파가 있다. 하곡학파는 실심

실학에 기초한 주체적 각성, '국학'의 재인식과 선양이라는 실천으로 식민지 현실을 극복하고자 하였다. 또한 본서에서는 하곡학파에 속하지 않지만, 하곡학파와 긴밀히 교류하면서 양명학적 유교 개혁을 추구한 박은식, 화담학과 양명학의 종합으로 독창적인 학술체계를 건립한 설태희, 진가논리로 불교개혁을 추구한 박한영 등의 사유를 부분적으로 취급하였다.

근대전환기의 한국철학 〈氣〉인 『서양 문명의 도전과 기의 철학』(이종란)에서 탐구하는 주제는 근대전환기 과학과 그리스도교로 대표되는 서양문명의 도전에 따라 그것을 수용·변용하거나 대응한 논리이다. 곧 기철학자와 종교사상가들이 서양문명의 수용·변용·대응 과정에서 기의 논리를 핵심으로 삼아, 전통사상의 계승·발전·극복 등의 사유 과정을 구체적으로 분석하였다.

근대전환기의 한국철학 〈實〉인 『현실비판과 근대지향』(김현우)에서는 한민족에게 내재한 현실 중심의 개혁·실천·개방의 전통 사유를 중심으로 근대전환기 전통 개혁론의 계승과 확산, 서구 과학기술의 수용과 한계, 초기 사회주의 수용과 경계 등을 대주제로 삼았다. 이를 바탕으로 북학파의 계승과 개화파의 등장, 1840년 아편전쟁 이후 한국 정부의 대응, 서구 문명에 대한 인식 변화, 문명과 유학과의 관계 재정립, 실학자들의 재발견, 보편 문명과 민족 문화와의 충돌과 해소, 사회 주체로서 국민의 등장, 대한민국 임시정부와 사회주의 소련과의 조우 등을 세부적으로 분석하였다.

근대전환기의 한국철학 〈敎〉인 『근대전환기 도교·불교의 인식과 반응』(김형석)은 도교철학과 불교철학을 중점적으로 취급한다. 도교의 경우, 근대전환기 한국 도교 전통의 맥락을 계승하면서 수련도교의 큰 축을 이루고 있는 전병훈의『정신철학통편』을 중심으로 살펴본다. 특히 한국 도교전통을 통해 동·서문명의 만남, 전통과 근대의 만남을 기획했던 그의 세계관과 정치사상을 분석하였다. 불교의 경우, '호법護法', '호국護國', '호민護民' 등의 프리즘으로 숲과 마을, 성과 속, 교단과 세속권력, 종교와 정치 사이 등과 같은 당시의 시대적 모순에 대한 불교계의 인식과 반응을 분석하였다. 이는 정치주체와 '외호'의 주체에 대한 해석 문제, 한국불교전통의 계승과 불교 근대화의 문제, 불교교단의 승인·운영·관리 문제 등의 형태로 드러났다.

근대전환기의 한국철학〈民〉인『민족종교와 민의 철학』(이종란·김현우·이철승)은 동학·대종교·증산교·원불교 등 민족종교의 사상 속에 반영되어 있는 당시 민중들의 염원과 지향 및 사유를 철학적 관점으로 재구성하였다. 이들 종교는 모두 전근대적 민에서 주체의식과 민족정체성, 상생과 평화, 공동체 의식을 갖는 근대적 시민으로 자각하도록 이끄는 데 일조하였음을 밝혔다.

근대전환기의 한국철학〈美〉인『근대 한국미의 정체성』(이난수)은 19세기 후반부터 20세기 전반까지 한국 사회에서 풍미했던 고유의 미의식을 분석한다. 특히 예술과 예술 정신의 기준이 변화하기 시작했던 1870년대 개항 시기부터 한국 고유의 미론이 등장하는 1940년대까지의 미의식 현황을 분석한다. 이때 미의 철학이란 한국인의 미에 대한 가치와 그것이 구체화된 현상적 특징을 말한다. 이는 전통에서 근대로의 이행 과정에서 예술이 어떻게 계승되고 변용되었는지를 고찰하는 것이다. 이를 통해 근대 예술의 형성이 오로지 예술만의 이념과 논리를 기준으로 형성되지 않고, 당시의 시대 상황과 뒤섞이며 시대정신과 함께 변모했음을 확인할 수 있다.

이 총서를 발간하면서 그동안 우리철학 정립이라는 문제의식을 공유하며 연구와 집필에 전념한 연구진께 고마움을 전한다. 연구진은 그동안 한국의 철학계에서 수행하기가 쉽지 않은 이 작업을 위해 많은 노력을 기울였다. 낯선 시도이기에 불안할 수도 있지만, 누군가는 해야 할 일이기에 연구진은 용기를 내어 이 길에 들어섰다. 미비한 점은 깊게 성찰하고, 이후의 연구를 통해 보완할 것이다.

이 사업이 이루어질수록 적극적으로 지원해준 한국학중앙연구원과 교육부에 감사를 드리며, 이 사업의 필요성을 인정하고 선정해 주신 심사위원들께도 감사를 드린다.
또한 어려운 상황임에도 출판을 허락하신 도서출판 학고방의 하운근 사장님과 글을 꼼꼼하게 다듬어주신 명지현 팀장님을 비롯한 편집실 구성원들께도 감사를 드린다.

2020년 7월
한국학중앙연구원 한국학총서 사업 연구책임자
조선대학교 철학과 교수 및 우리철학연구소장
이철승 씀

호락논변은 주자학이 심화되면서 이룩된 우리철학의 중요한 부분이다. 주자학을 기반으로 하였으나 기존의 주자학을 넘어서는 독자적인 사유 체계를 제시하고 있다. 중국에서는 중심 학문이 명대의 양명학과 청대의 고증학으로 교체되었지만, 한국에서는 주자학이 주류 학문으로서 지속적으로 발달하였다. 주자학이 심화되면서 학계에서는 주자학에 잠재되어 있던 불일치한 내용들이 문제가 되었다. 이들은 이 문제들을 해결하기 위해 토론을 거듭하였고 급기야는 호론과 낙론이라는 새로운 사유 체계를 탄생시켰다.

호락논변의 주요 내용은 인물성동이논변과 미발심성논변으로 압축할 수 있다. 인물성동이논변은 요즘 식으로 말하면 본성 논쟁이었다. 반려견·반려묘를 예로 들면, 사람의 본성과 반려견·반려묘의 본성을 같다고 보아야 하느냐 아니냐가 주된 논쟁 의제였다. 호론은 사람·반려견·반려묘의 본성이 각각 다르다는 입장을 취하고 있었고, 낙론은 같다는 입장을 취하고 있었다. 학문 특성상 본성인 본연지성에 관한 논의에는 기질지성 문제가 수반된다. 기질의 성이 끼어들면서 논의가 복잡한 양상을 띠게 되었다.

미발심성논변은 구체적인 감정으로 드러나기 이전인 미발未發에서의 심과 성에 관한 것이다. 낙론은 심을 본연지심과 기질지심으로 나누어, 본연지심에서 본연지성을 논하고 기질지심에서 기질지성을 논하는 관점을 취했다. 호론은 이에 대해 심을 둘로 나누고 성을 둘로 나누는 해로운 주장이라고 비판하였다. 호론은 일심일성一心一性의 관점에서 낙론을 비판하였다. 기질의 속성인 선악의 문제가 착종되면서 논의가 복잡해졌다. 성범심동이논변이 주요 논변으로 언급되기도 하지만, 미발에서의 심에 관한 논쟁이었고 또한 성의 문제로도 연결되기 때문에 미발심성논변의 한 파트로 보고자 한다.

18세기 초에 이간과 한원진 사이의 논쟁이 확대되면서 발생한 호락논변은 20세기 인물인 이철영(1867~1919) 때까지 지속적으로 논의되었다. 이철영은 이간과 한원진의 학설을 종합·발전시켜 성삼양설이라는 독자적인 이론체계를 제시하고 있다.

본서는 먼저 이간과 한원진의 인물성동이론과 미발심성론을 기술하여 기초로 삼고 있다. 이후 이를 기반으로, 임성주와 기정진의 호락론 비판과 절충론, 홍대용과 정약용의 호락론적 견해에 대한 고찰을 거쳐, 이철영의 인물성동이론과 미발심성론을 집중 분석하고 있다. 그리고 별도의 장을 두어 전체적인 관점에서 인물성동이와 미발심성논변의 논쟁점을 살펴보고, 호락논변의 현대적 가치에 대해 진술하고 있다.

호락논변에서 탐구한 내용들은 현실과 동떨어진 것이 아니었다. 인물성동이논변과 미발심성논변에는 언제나 그 중심에 성선의 성이 본연지성으로서 자리 잡고 있다. 이들은 현실의 윤리와 관련된 문제를 심도 있게 고찰하였고, 현실과 연관된 철학적 사유를 하고 있었다. 호락론자들은 상대방이 현실과 동떨어진 의견을 제시하면 공허한 주장을 하고 있다고 비판하고, 심지어는 이단이라고까지 공격하였다. 호락론자들의 분석과 치열한 논쟁은 대사회적 실현 문제와 연관성을 띠고 있었다. 만약 이들의 학설을 공리공담으로 치부하고자 한다면 칸트나 흄의 철학 또한 공리공담이라고 해야 한다. 호락론자들은 자신이 살던 그 시대에서 자신들의 학문을 기반으로 현실과 관련된 문제들을 철학적으로 분석하고 논의하였다고 보아야 한다. 호락논변에는 현대적 시각에서 재검토 하고 살펴볼 만한 내용들이 함유되어 있다. 호락논변에 대한 관심과 좀 더 깊이 있는 연구가 이루어지기를 희망한다.

학문을 할 수 있도록 이끌어 주신 최영진 교수님께 감사를 드린다. 항상 도와주고 조언을 해주는 아내 이혜영 씨에게 감사를 드린다. 책 출판에 도움을 주신 학고방의 명지현 팀장님께 감사를 드린다.

2020년 12월
샘터마을 서재에서 홍정근

15

1 호론과 낙론의 형성

호락논변湖洛論辨[1]은 중국이나 다른 국가에서 찾아 볼 수 없는 우리철학의 중요한 부분이다. 중국에서의 주요 학문적 흐름이 주자학에서 양명학으로 대체되고 다시 고증학으로 바뀌는 동안에도, 한국에서의 학문적 흐름은 주자학이 항시 그 중심에 있었다. 한국에서는 주자학이 심화되면서 논리가 첨예화 되었고, 그 과정에서 주자학이 함유

---

1) 湖洛論辨은 湖洛論辯으로도 쓸 수 있다. 퇴계退溪 이황李滉(1501~1570)과 고봉高峯 기대승奇大升(1527~1572)간에 오고 간 편지글을 보면 '辯'자가 더 적당할 듯도 하다. 그러나 '辨'과 '辯'은 상호 환치해도 되는 글자이고, 후대로 갈수록 '辯'보다는 '辨'이라는 글자가 더 빈번하게 등장하고 있다. 조선은 주자학이 극도로 발달한 나라였다. 호락논변 뿐만 아니라 크고 작은 다양한 논변들이 첨예하게 대립 하면서, 그 옳고 그름을 보다 명확하게 구분하고자 하는 경향이 강해졌다. 그 과정에서 칼('刂')의 의미가 들어간 '辨'자가 더 선호 되었던 것으로 보인다. 현 학계에서는 거의 대부분의 학자들이 '辨'자를 쓰고 있다. 본 책에서도 湖洛論辨으로 쓰고자 한다. 옳고 그름이 분명하지 않은 시대 상황이 더욱 '辨'자를 쓰게 만든다.

하고 있던 이론의 불일치 문제가 노정되었다. 호락논변은 주자학 내의 불일치 문제가 크게 노정되면서 드러난 학술논쟁이었다고 할 수 있다. 호락논변자들은 주자학이 가지고 있던 불일치 문제를 해소하고 그 이론을 보다 정합성 있게 체계화하고자 하였다. 호락논변은 한국에서 주자학이 독자적으로 발달하면서 형성한 우리철학의2) 정수 가운데 하나라고 할 수 있다.

호락논변은 조선 전기에 발생한 사단칠정논변四端七情論辨과 함께 주자학朱子學을 토착화시키고 한 단계 발전·심화시키는데 크게 기여한 것으로 평가되고 있다.3) 호락논변과 사단칠정논변은 한국 주자학을 특징짓고 있는 양대 논변이라고 할 수 있다. 사단칠정논변에서는 이발已發에서의 사단과 칠정을 어떻게 규정하고 설명할 것인가의 문제가 중심 테마로 떠오르며 심도 있게 논의되었다. 이에 비해 호락논변에서는 이발已發에서의 정情의 문제보다는 미발未發에서의 심心과 성性을 어떻게 규정하고 설명할 것인가의 문제가 인성人性과 물성物性의 규정문제로 확대 되며 보다 주의 깊게 탐구 되었다고 할 수 있다. 호락논변은 조선 전기의 사단칠정논변의 성과에 기반을 두고 있다는 점에서 사단칠정논변의 심화라고도 할 수 있다.

호락논변은 외암巍巖 이간李柬(1677~1727)과 남당南塘 한원진韓元震(1682~1751) 사이의 논변으로부터 촉발되었다. 1919년까지 생존하였던 성암醒菴 이철영李哲榮(1867~1919)은 호락논변을 정리하며, 호락논변의

---

2) 호락논변은 우리철학의 한 영역이다. '외래철학의 자기화'라고 할 수 있다. 이에 대한 자세한 내용은 총서 1권, 이철승, 『우리철학, 어떻게 할 것인가』, 134~137쪽 참조.
3) 崔英辰, 『조선조 유학사상사의 양상』, 203쪽 참조.

시작점에 대해 다음과 같이 말한 바 있다.

> 우리나라 유학자들 사이에 호론과 낙론이 있는 것은 한원진과 이
> 간으로부터 시작되었다.[4]

이간과 한원진 사이의 논변은 우연한 학술적 만남을 계기로 확장되었다. 그 과정을 간략히 정리하면 다음과 같다.

한원진은 1706년에 매봉梅峰 최징후崔徵厚(?~1715)·봉암鳳巖 한홍조韓弘祚(?~1712)와 더불어 토론한 내용을 기초로, 1707년에 「본연지성기질지성설本然之性氣質之性說」을 발표하였다. 이 글을 읽은 최징후는 당시 떠오르던 학자였던 한원진에게 자신의 의견을 담은 서신을 보냈고, 한원진은 1708년 8월에 최징후의 편지 글을 논박하는 글을 작성하였다. 한원진의 대표적 학설인 성삼층설性三層說은 이 시기에 이미 그 형태가 갖추어졌다. 한원진의 성삼층설은 1708년에 스승인 수암遂菴 권상하權尙夏(1641~1721)에게 보낸 「상사문上師門」에 잘 드러나 있다. 한원진이 최징후에게 보낸 서신을 보고 먼저 답변한 사람은 한홍조였다. 한홍조의 편지를 본 한원진은 1709년에 다시 편지를 썼다. 한원진의 편지를 받은 한홍조는 자신과 최징후가 보낸 편지와 한원진의 답서를 가지고 이간을 방문하였다.

이간과 한원진은 둘 다 권상하 문하의 동문이었지만, 그때까지 서로 이름만 알았지 만난 적이 없었다. 이간은 편지 글들을 자세하게 읽은 뒤에 한원진의 견해를 반박하는 글을 최징후에게 보냈다. 최징

---

4) 『泗上講說』, 도서출판문사철, 정성희 역, 69쪽: 東儒之有湖論洛論 自韓南塘 李巍巖始矣.

후와 한홍조는 편지를 주고받는 것으로는 논변에 얽혀 있는 문제들을 풀기 어렵다고 보고, 1709년 4월에 충남 홍성군에 있는 한산사寒山寺에서의 만남을 주선 하였다. 이 모임에는 관봉冠峯 현상벽玄尙璧(?~?)·천서泉西 윤혼尹焜(1676~1725)·윤형尹衡(?~?) 등을 비롯한 친분이 있었던 여러 다른 학자들도 같이 참석하였다.

이간과 한원진은 이 모임에서 서로 관심을 가지고 다른 학자들과 더불어 일주일가량 토론을 벌였으나, 문제가 해결되지 않았다. 상호 간에 사상적 차이가 크다는 것을 확인하였을 뿐이다. 모임 후 이간은 한원진의 주장을 비판하는 내용이 담긴 「한산기행寒山紀行」을 지었고, 한원진에게 발문을 요청하였다. 한원진은 이간의 주장에 동의할 수 없었다. 이후 이간과 한원진은 자신들의 주장을 공고히 하면서 점차 본격적인 논변을 진행하였다. 이간과 한원진은 한편으로는 자신들의 주장을 담은 편지를 서로에게 보내고, 또 한편으로는 스승인 권상하와 동문들에게 보내면서 치열하게 논쟁을 하였다.5) 1713년까지 5년여에 걸쳐 이간과 한원진 사이에 편지가 오고 갔으며, 그 후 이간은 자신의 주장을 정리하여 「이통기국변理通氣局辨(1713)」, 「미발유선악변未發有善惡辨(1713)」, 「오상변五常辨(1715)」, 「미발변未發辨(1715)」, 「미발변후설未發辨後說(1719)」등을 발표하여 한원진의 주장을 비판하였다. 이에 대해 한원진은 「의답이공거擬答李公擧(1715~1716)」, 「이공거상사문서변李公擧上師門書辨」(1724)를 지어 이간의 견해에 반박하였다.

호락논변은 크게 보아 인물성동이논변人物性同異論辨, 미발심체순

---

5) 전인식, 『이간과 한원진의 미발오상 논변』, 한국정신문화연구원 박사학위논문, 72~78쪽; 홍정근, 『호락논쟁의 본질과 임성주의 철학사상』, 한국연구원, 1~3쪽 참조.

선논변未發心體純善論辨, 성범심동이논변, 聖凡心同異論辨의 세 파트로 구성 되어 있는 것으로 일컬어지기도 하고, 미발심체순선논변과 성범심동이논변이 둘 다 미발심未發心에 관한 논변이라는 점에서 이 둘을 합쳐서 인물성동이논변과 미발심체순선논변으로 구성 되어 있는 것으로 보기도 한다.6)

'인물성동이논변'은 사람의 본성本性과 타 존재의 본성이 같은가 다른가를 다룬 것이고, '성범심동이논변'은 보통 사람들의 마음과 성인聖人의 마음이 본질적으로 같은가 다른가에 대한 것이며, '미발심체순선논변'은 사람들의 본래의 순선한 마음에 악惡이 같이 있다고 보아야 하는가 아닌가에 대한 것이다. 각 주제들은 각각의 독립된 별개의 사항으로 논의되기 보다는 상호 긴밀하게 맞물려지며 연계적으로 토론되었다. 호락의 성범심동이논변, 미발심체순선논변은 성과 관련된 미발未發의 심心을 깊이 있게 토론하는 과정에서 드러난 것이고, 인물성동이논변은 미발심성未發心性에서의 성性 부분을 집중적으로 논의하는 과정에서 이루어진 것이다.

이간과 한원진의 학술 논변은 이후 조선학계에 빠르게 퍼져 나갔다. 이간의 학설은 주로 낙하洛下지역 즉 서울 경기 지역에 사는 학자들이 주로 지지하여 낙론洛論 또는 낙학파洛學派라는 명칭을 갖게 되었고, 한원진의 학설은 호서湖西지역 즉 충청지역에 사는 학자들이 주로 지지하여 호론湖論 또는 호학파湖學派라는 명칭을 갖게 되었다. 호락논변을 촉발하고 이 논변에 적극 참여한 학자들은 율곡栗谷 이이李珥(1536~1584) 계열의 노론학자들이었다. 이러한 점에서 호락논변은

---

6) 홍정근, 『호락논쟁의 본질과 임성주의 철학사상』, 한국연구원, 5쪽.

노론 학계에서의 사상의 분화를 반영하는 논변이었다고도 말할 수 있다.

낙론洛論에 속한 대표적인 학자들로는 이간 외에 삼연三淵 김창흡金昌翕(1653~1722), 도암陶庵 이재李縡(1680~1746), 여호黎湖 박필주朴弼周(1665~1748), 기원杞園 어유봉魚有鳳(1672~1744), 역천櫟泉 송명흠宋明欽(1705~1768), 미호渼湖 김원행金元行(1702~1772) 등을 들 수 있다. 호론湖論의 대표적인 학자들로는 한원진 외에 병계屏溪 윤봉구尹鳳九(1681~1767), 정암正菴 이현익李顯益(1678~1717), 봉암鳳巖 채지홍蔡之洪(1683~1741), 운평雲坪 송능상宋能相(1710~1758), 존재存齋 위백규魏伯珪(1727~1798) 등이 있다

연구에 의하면 호론湖論에 속하는 윤봉구의 제자만 해도 235명이나 된다고[7] 한다. 호론과 낙론의 주요 논쟁점들은 근 200여 년에 걸쳐서 조선후기 내내 지속적으로 토론된 것으로 확인되고 있다.[8] 이러한 점은 금곡錦谷 송래희宋來熙(1791~1867)와 이철영의 글을 통해서도 확인할 수 있다. 송래희는 1861년에 작성한 「제리학논변후題理學論辨後」에서 "호론과 낙론이 서로 따져 묻고 의심하여 연이어 많은 글을 지었는데, 지금에 이르기까지 그 여파가 끝이 없다."[9]라고 하였다. 이철영은 1918년에 탈고한 『사상강설泗上講說』에서 다음과 같이 말하고 있다.

한원진의 설을 따르는 자는 충청지역湖中에 많이 거주하여서 호

---

7) 李愛熙 외, 『조선 유학의 학파들』, 예문서원, 381쪽.
8) 李東俊, 『유교의 인도주의와 한국사상』, 한울아카데미, 231쪽.
9) 송래희 편저, 정성희·함현찬 역주, 『性理論辯』, 심산, 1063쪽: 湖中洛下 互有詰疑 聯紙累牘 至今餘波之浩浩.

론이라 칭하고, 이간의 설을 따르는 자는 서울 경기지역洛中 많이 살아 낙론이라 칭한다. 끝내 하나가 될 기약 없이 각자 문호를 세워서 서로 충고하고 꾸짖어 지금까지 수백 년이 되었는데도 끝나지 않고 있다. 세상의 학자들은 낙론을 주로 하지 않으면 반드시 호론을 주로 하고 있다. 양론 사이에서 찬성과 반대를 결정하지 않고 있거나, 양론과 다른자는 호론도 아니고 낙론도 아니라고 하며 비난의 눈으로 바라본다.[10]

호론과 낙론 양대 진영이 1861년 당시는 물론, 1918년까지도 유지되고 있었으며, 호론과 낙론의 주요 내용들이 여전히 토론되고 있었다는 사실을 알 수 있다. 토론이 고착화 되고 세력화 되면서 나타난 문제점들이 송래희와 이철영의 글에서 보인다. 그러나 어느 한 논변이 200여 년에 걸쳐서 지속적으로 논의되고 토론된 사례는 세계 역사에서 찾아보기 힘들다. 참여한 인원과 기간들을 통해 볼 때 그 규모가 매우 거대하다는 사실을 확인할 수 있다.

2 논변의 전체 지형도

호락논변은 이간과 한원진 사이의 논변으로부터 시작되었고, 이이 계열의 학자들을 중심으로 급격히 확대되었다. 조선 후기 내내 지속적으로 논의되며, 또 다른 학술논변인 심설논변과 일부 실학자들에게

---

10) 『泗上講說』, 도서출판문사철, 69쪽: 放是從南塘說者 多居湖中 故稱以湖論 從巍巖說者 多居洛中 故稱以洛論 終無歸一之望 而各立門庭 互相譏誚 迄今數百年而未已 故世之學者 不主乎洛 必主乎湖 又有不決從違 違於兩論者 便以非湖非洛目之

도 영향을 주었다. 호락논변 가운데 가장 관심을 끌고 가장 많이 거론된 논변은 인물성동이人物性同異이다. 전체 지형도는 대표 논변인 인물성동이논변을 중심으로 서술하고자 한다.11)

　호락론자들이 인물성동이논변 과정에서 전거로 들고 있는 글들이 있다. 낙론자들은 『중용』1장 「천명지위성天命之謂性」의 주자朱熹의 주석을 종종 예로 들며 자신들의 논의를 전개하고 있다. '천명지위성'에 대한 주자의 해석이다.

　　명命은 령令과 같으며, 성은 곧 리이다. 천이 음양오행으로써 만물을 화생化生함에, 기로써 형기를 이루고 리 또한 부여하니 명령과 같다. 이에 인人과 물物이 태어남에 각기 부여받은 바의 리로 인하여 건순오상健順五常의 덕을 삼으니, 이른바 성인 것이다.12)

　주자의 말은 인과 물(타 존재)이 모두 천이 부여한 리를 건순오상의 덕으로서 가지고 있는데, 이것이 바로 성이라는 것이다. 이때의 성은 '성즉리性卽理'의 성으로서 본연지성을 뜻한다. 낙론자들은 자주 이 문장을 근거로 들며, 인과 물이 모두 같은 본연지성을 가지고 있다고 주장하였다.

　호론자들이 자주 근거로 말하고 있는 문장은 『맹자』「생지위성生之謂性」에 나타난 "그렇다면 개의 성이 소의 성과 같으며, 소의 성이

---

11) 미발심 영역은 부분적 연구가 이루어져 전체 지형도를 서술하기에는 아직 학계의 연구 성과가 부족하다. 미발심 영역은 장별 논의를 진행하면서, 필요한 해당 장에서 집중적으로 진술할 예정이다.

12) 『中庸』「1章」: 命猶令也 性卽理也 天以陰陽五行化生萬物 氣以成形而理亦賦焉 猶命令也 於是人物之生 因各得其所賦之理 以爲健順五常之德 所謂性也.

사람의 성과 같단 말인가?"와 이에 대한 주자의 해석이다. 「생지위성」에서 맹자는 고자가 말한 '생지위성'을 반박하며, "그대가 말한 '생지위성'은 백색白色을 백색白色이라 부르는 것과 같은 것인가?"라고 질문하였고, 고자는 이에 대해 "그렇다"라고 대답하였다.[13) 이를 바탕으로 맹자의 질문은 다음과 같이 이어지고 있다.

> 맹자 : 백우白羽의 백白은 백설白雪의 백白과 같으며, 백설의 백白
> 은 백옥白玉의 백白과 같은가?
> 고자 : 그러하다.
> 맹자 : 그렇다면 개의 성은 소의 성과 같으며, 소의 성은 사람의
> 성과 같단 말인가?[14)

맹자의 주장은 고자가 말하고 있는 '생지위성'의 성은 결국 모든 존재들의 성을 같다고 보는 관점이므로 잘못되었다는 것이다. 맹자는 먼저 백색白色으로 비유하여 고자의 견해는 백우白羽의 백白·백설白雪의 백白·백옥白玉의 백白을 모두 같다고 보는 것이며, 더 나아가 개의 성·소의 성·사람의 성을 모두 같은 것으로 보는 오류가 있다고 비판한 것이다.

호론자들은 위의 문장에서, 맹자가 개의 성·소의 성·사람의 성을 같다고 보아서는 안 된다는 입장을 취하고 있는 점에 주목하였다. 호론자들은 개의 성·소의 성·사람의 성을 같지 않다고 할 때의 그 성이 바로 본연지성이라고 보았다.

---

13) 『孟子』, 「告子章句」: 告子曰 生之謂性 孟子曰 生之謂性也 猶白之謂白與 曰然.
14) 『孟子』, 「告子章句」: 白羽之白也 猶白雪之白 白雪之白 猶白玉之白與 曰然
然則犬之性 猶牛之性 牛之性 猶人之性與.

"그렇다면 개의 성은 소의 성과 같으며, 소의 성은 사람의 성과 같단 말인가?"와 관련된 주자朱子의 해석은 호론자들의 또 다른 근거가 되고 있다.

> 내가 살펴 보건데, 성性이란 사람이 하늘에서 얻은 바의 리요, 생生이란 사람이 하늘에서 얻은 바의 기氣이니, 성性은 형이상形而上이요, 기氣는 형이하形而下이다. 인·물(人·物)이 태어날 때에 이 성性을 가지고 있지 않음이 없으며, 또한 이 기를 가지고 있지 아니함이 없다. 기로써 말하면 지각知覺·운동運動은 인人과 물物이 다르지 아니함이 없는 듯하나, 리理로써 말하면 인의예지仁義禮智의 품성을 어찌 물物이 얻어서 온전히 할 수 있겠는가? 이것이 사람의 성性이 불선不善함이 없어서 만물의 영장이 되는 이유이다.[15]

주자는 지각知覺·운동運動의 측면에서 보면 사람이 개·소 등의 타 존재와 같다고 할 수 있지만, 하늘로부터 부여 받은 리理, 즉 본연지성本然之性의 측면에서 보면 사람은 개·소 등과 차이가 있다고 보았다. 주자학에서 '성즉리性卽理'의 성은 인의예지仁義禮智의 성으로 치환될 수 있다. 주자는 사람은 인의예지의 성을 온전히 가지고 있는 만물의 영장靈長이고, 개·소 등 타 존재들은 인의예지의 본성을 온전히 내재하지 못하고 있는 것으로 보았다고 할 수 있다. 이것이 바로 "인의예지仁義禮智의 품성을 어찌 물物이 얻어서 온전히 할 수 있겠는가? 이것이 사람의 성性이 불선不善함이 없어서 만물의 영장이 되는 이유이

---

15) 『孟子』, 「告子章句」: (朱子註) 愚按, 性者, 人之所得於天之理也. 生者, 人之所得於天之氣也. 性形而上者也. 氣形而下者也. 人物之生, 莫不有是性, 亦莫不有是氣. 然以氣言之, 則知覺運動, 人與物, 若不異也. 以理言之, 則仁義禮智之禀, 豈物之所得而全哉? 此, 人之性, 所以無不善而爲萬物之靈也.

다."의 의미이다.

주자는 고자告子의 생지위성론生之謂性論에 대해, 인간의 본성의 측면에서 접근한 것이 아니라, 지각知覺·운동運動 즉 기의 측면에서 접근하여 사람의 성·개의 성·소의 성을 같다고 본 것이라고 비판하고 있다.[16] 지각知覺·운동運動의 측면에서 보면 사람이나 개·소 가 다를 바 없기 때문이다. 「생지위성」의 글은 호론자들뿐만 아니라 인물성이人物性異의 관점을 인정하고자 하는 실학자나 절충론적 입장을 취하고 주자학자들 사이에서 자주 인용되었다.

주자는 사람의 본성과 타 존재의 본연지성을 같다고 보아야 하는지, 다르다고 보아야 하는지에 대한 명확한 입장을 제시하지 않고 있었다. 이 문제는 조선의 주자학자들 사이에서 심도 있게 논의되었다.

이간은 사람과 다른 타 존재의 본연지성이 같다는 인물성동론을 주장하였다. 논쟁이 확대되자 일련의 학자들이 논쟁에 참여하였다. 이간을 지지한 대표적인 낙론학자들의 주장을 보면 다음과 같다.

김창흡은, 이현익이 어유봉과 토론하는 과정에서 "범과 이리의 인仁이나 벌과 개미의 의義는 치우친 것이다. 인·의仁·義를 말한 즉, 이것이 본체이다."라고 하며,[17] 인물성이론적인 입장을 취하자 이에 대해 반대하였다. 김창흡은 범과 이리의 인이나, 벌과 개미의 의와 같이 치우친 성은 본연이 아니라고 하였다. 성의 편전偏全을 가지고 인·물의 본연지성을 말하는 것에 반대하고 있었다.[18] 그는 본연한

---

16) 『孟子』, 「告子章句」: (朱子註) 孟子又言, 若果如此, 則犬牛與人, 皆有知覺, 皆能運動, 其性, 皆無以異矣. 於是, 告子自知其說之非, 而不能對也.

17) 『三淵集』 卷21, 「答李顯益」, 33쪽: 虎狼之仁 蜂蟻之義 則是偏也 而曰仁義則是本體也.

진체眞體로서의 태극의 리가 기의 제약을 받지 않고 각 존재에 오상으로서 완족하게 갖추어져 있다고 보았다.[19]

어유봉은 기질 가운데 나아가 기질과 섞지 않고 그 리일변만을 집어내어 말하면, 이 리가 바로 본연지성이라는 주장을 하였다.[20] 기질을 고려하지 않고 말하는 인·물의 본연지성은 같을 수밖에 없다. 이에 대해 어유봉은 "인·물이 품부받아 태어날 때에 본래 치우치고 온전함偏全의 같지 아니함이 있지만, 그 리의 본체에 있어서는 사람에 있어서나 물物에 있어서나 건순·오상의 온전한 바가 아님이 없다."라고 하였다. 그는 『중용』「천명지위성」에 나타난 주자의 주석은 이러한 인물성동의 의미를 잘 함축하고 있는 것이라고 보았다.[21] 어유봉은 한원진을 포함한 호론자들의 '범과 이리는 인仁의 덕만을 거칠게 갖추고 있고, 벌과 개미는 의義의 덕만을 거칠게 갖추고 있다'는 주장에 대해서도, 인물성동론적 입장에서 범과 이리의 성에는 인仁 이외에도 처음부터 의예지신義禮智信이 같이 있는 것으로 보아야 하고, 벌과 개미의 성에는 의義 이외에 인예지신仁禮智信이 처음부터 그 가운데에 동시적으로 들어 있는 것으로 보아야 한다고[22] 주장 하였다.

---

18) 앞의 책, 「答李顯益」, 33쪽: 虎狼愛其子 而於物則殘暴 蜂蟻有君臣 而孝則無聞 … 卽此偏處 便非本然 何可以偏者全者等爲本然乎.

19) 『三淵集』卷21, 「答李顯益」, 35쪽: 若曰人有全太極 物有偏太極 亦豈不爲二性者乎 本然眞體不爲氣囿者 則簡簡五常已矣.

20) 『杞園集』卷14, 「答李仲謙」, 『韓國文集叢刊』, 104쪽: 就氣質中 不雜氣質 而拈出理一邊曰 是本然耳.

21) 앞의 책, 『韓國文集叢刊』, 101쪽: 人物稟生 固有偏全之不同 而若其理之本體 則在人在物 莫非健順五常之全 故章句說如此矣.

22) 앞의 책, 『韓國文集叢刊』, 102~103쪽: 在虎狼爲父子之仁 而所謂義信禮智 初

이재는 인간과 타 존재(物)가 그 기질의 정통편색에 관계없이 건순 오상의 리를 똑 같이 품수 받았으나, 다만 물物의 경우는 그 기질이 편색하기 때문에 그 온전함을 보존하지 못하고 있다고 하였다.[23] 인물이 모두 오상의 리를 동일하게 품부 받은 것으로 보는 그의 견해는 「답남궁도유문목答南宮道由問目」에서도 확인할 수 있다. 문목問目 중에 "「중용장구」에서 '인人·물物이 태어날 때 각각 부여된 리를 얻어서 건순 오상의 덕으로 삼았다.'고 하였는데, 이른바 물은 금수 초목을 통틀어 말한 것입니다. 금수 초목 또한 이 리를 품부 받아 성으로 삼고 있으니 금수 초목에게도 인의예지신이 있는 것이 분명합니다."라는 글이 있다.[24] 이 글에 대해 이재는 "이른바 물物은 이미 금수 초목을 통틀어서 말한 것인 즉, 금수 초목이 오성五性을 동일하게 갖추고 있음을 알 수 있다."[25]고 하며, 인간뿐만 아니라 물物인 금수 초목도 똑같이 인의예지신의 성을 가지고 있다는 자신의 의견을 명확히 하였다.

이재는 윤봉구와 한원진의 인물성이론을 비판하고, 박필주의 본연지성은 '기에서 떨어진 것은 아니나, 또한 기에 얽매임이 없는 인물동人物同의 성이라는 주장'을 격찬하며 동조하였다.[26] 이재는 본연지성

未嘗不在其中矣 在螻蟻爲君臣之義 而所謂仁信禮智 亦未嘗不在其中矣.

23) 『陶庵集』 卷21, 「答或人問目」, 1쪽: 人物同得健順五常之理 而由其氣之偏塞 故物不得全耳.

24) 『陶庵集』 卷18, 「答南宮道由問目」, 25쪽: 中庸章句云 人物之生 各得所賦之理 以爲健順五常之德 所謂物者 統禽獸草木而言也 禽獸草木亦稟是理而爲性 則其有仁義禮智信明矣.

25) 앞의 책, 「答南宮道由問目」, 25쪽: 所謂物者 旣統禽獸草木而言 則禽獸草木同具五性可知.

이 비록 기질 가운데 있는 성이기는 하지만, 그 기질에 얽매임이 없는 성이라고 보았던 것이다.

김원행은 본연지성은 일원의 관점에서 말하여지는 것이고, 기질과 섞지 않고 단지單指하여 그 리만을 가리켜 언급하는 것이기 때문에, 인·물이 모두 동일하게 천명의 성인 오상을 본연지성으로서 갖추고 있다고[27] 보았다.

매산梅山 홍직필洪直弼(1776~1852)은 이간의 일원·이체一原·異體의 관점을 따르고 있다. 홍직필은 "삼가 생각컨대, 본연은 바로 일원의 다른 이름이어서 일원一原 이외에 다시 본연이 없습니다. 이체異體는 인·물의 기질이 같지 않은 것을 가리켜 말한 것입니다. 비록 같지 않다고 하지만 그 본연의 묘가 있지 않은 곳이 없습니다. 그러므로 말하기를, 기질지성을 이체라 하고 본연지성을 일원이라 하는 것이니, 이것은 바뀔 수 없는 정리定理입니다."라고[28] 하였다. 홍직필은 노주 老洲 오희상吳熙常(1763~1833)이 『맹자』「생지위성」에서의 개·소·사람의 성을 기질지성으로 해석한 것에 대해, 자신이 하고 싶었던 말이라고 하며 적극 찬성하였다.[29]

---

26) 『陶庵集』卷10,「答朴尙甫」, 11~12쪽: 高明(박필주)所論 明白痛快 … 性囿於氣一語 已是大段做病 盛喩雖不離於氣 而亦不囿於氣云云 可謂攧撲不破 似此是非固易曉然.

27) 『渼湖集』,「答任同知」, 1쪽: 蓋嘗聞之 性只是一箇理而已 理不能獨立 必寓於氣 … 自其不相雜而單指 則命之曰本然之性 ; 앞의 책,「答任同知」, 1쪽: 自本然而言之 則萬物一原 人也有健順五常 物也有健順五常.

28) 『梅山集』卷5,「答老洲吳丈」, 37~38쪽: 竊嘗以爲本然者 卽一原之異名 而一原之外 更無本然 異體者 卽指人物氣質不同者言 雖則不同 而其本然之妙 無所不在 故曰以氣質之性而謂之異體 以本然之性而謂之一原 玆乃不易之定理.

32

한원진은 개·소·사람의 성을 인기질의 본연지성으로 보았다. 홍직필이 개·소·사람의 성을 기질지성으로 인식하고 있다는 것은, 그가 한원진의 인기질의 본연지성을 비판하는 입장에 있었다는 것을 의미한다. 실제로 홍직필은 한원진의 인기질의 본연지성에 대해, 새로운 견해를 세웠으나 말단인 분수에 국한되어 근본인 대원大原에 어두운 것이었으며, 그 논한 바 개·소·사람의 성이 다르다는 것은 이체異體를 본연으로 삼은 것일 뿐만 아니라, 기질지성을 본연지성으로 잘못 알고 있는 것이라고 비판하였다.30)

홍직필은 인간뿐만 아니라 금수 초목 등 다른 존재자들도 모두가 인의예지의 오상의 리를 동일하게 품부받아 가지고 있다고 보았다.31) 이때의 오상의 리는 태극으로도 해석할 수 있는 것이었다. 홍직필은 인·물이 동오상同五常, 동태극同太極으로서의 본연지성을 동일하게 가지고 있다고32) 보았다.

---

29) 『梅山集』 卷5, 「答老洲吳丈」, 36~37쪽: 孟子所云犬牛人性不同之爲氣質之性 盛解諸說 明白透脫 殆無餘蘊 皆是賤子平生所茹蓄而欲道得者 讀之灑然 心目俱醒.

30) 『梅山集』 卷5, 「答老洲吳丈」, 38쪽: 南塘不有成訓 創立己見 局分殊之末 而昧大原之本 其所論犬牛人性之殊者 非直指異體作本然而已 其所以認氣質爲本然 則其見處去告子只是一間耳.

31) 『梅山集』 卷16, 「答宋文吾」, 19쪽: 盖橫生倒生 均稟五常 所謂五常 約之爲健順 又約之爲太極 有則俱有 無則俱無. ; 『梅山集』 卷25, 「答鄭鳳元」, 46쪽:且看虎狼之仁 蜂蟻之義 雎鳩之禮 候虫之智 各具五常之一 而其實仁亦具義禮智之理 義亦具仁禮智之理 禮智亦然.

32) 『梅山集』 卷16, 「答宋文吾」, 18쪽: 其不同者氣質 同者本然 … 旣謂之本然 則理之全體在是 豈可以氣之局而并與本然而局殺說了乎 … 然則犬牛守順之性 雖是各氣上本然不雜形氣 就他本然上 只論其當下體段 則與人全體之性 斷是一太極而已 人物本然之性 若以爲不同 則是性有大小 理有彼此 非

이상 살펴본 바와 같이, 낙론자들은 인의예지의 오상으로서의 리를 모든 존재자들이 동일하게 본연지성으로서 가지고 있다고 보았다. 기질을 고려하여 성을 논하게 되면 각 존재자의 성이 달라지는데, 이때의 성에 대해서는 본연지성이 아니라는 입장을 취하였다.

한원진은 사람·개·소·말 등 각 존재자의 본연지성이 다르다는 주장을 하였다. 그는 이를 성삼층설 가운데 중층의 인기질의 성에서 논하였다.33) 한원진을 지지하고 있는 대표학자들의 주장을 살펴보면 다음과 같다.

윤봉구는 공공公共의 리의 측면에서는 인간과 금수禽獸가 차이가 없지만, 인기因氣한 본연지성의 측면에서는 인간과 금수사이에 차이가 있다는 입장을 취하였다.34) 그의 이러한 주장은 초형기의 리단계에서는 인물의 성이 같지만, 인기질의 성의 단계에서는 인물의 성이 상호 다르다는 한원진의 견해와 같은 것이다. 윤봉구는 인간의 본연지성과 타 존재의 본연지성은 같은 것으로 볼 수 없다고35) 주장하며, 리와 성이 일물一物인 줄만 알아 리와 성을 구분하지 않는다면, 마침내 인간과 금수가 구별 없이 서로 섞이는 지경에까지 이르게 될 것이라고 비판하였다.36) 그는 인·물이 모두 인의예지의 오상을 갖추고

所以語萬物同體之義也.

33) 2장 2「한원진의 인물성론」참조.

34) 『屛溪集』, 「行狀」: 性理雖本一致 自其異體禀賦而言 不容無別 理字公共之稱 性字因氣之名 以理則雖無人獸之別 以性則烏得無偏全之分乎.

35) 『屛溪集』 卷9,「答厚齋別紙」, 29~30쪽: 至於馬牛則以耕馳言之 此本非兼氣質言之 而其不同如此 則本然之性 人與物各異之驗 從可知矣.

36) 『屛溪集』 卷11,「答權伯羽」, 16쪽: 蓋或說以爲仁義禮智之性理也 理一也 仁義禮智 豈獨爲人之性也. 昆蟲草木之性 亦可謂仁義禮智 此似一直快說 而誠

있다는 인물성동론에 반대하면서, 최령最靈한 기를 품부받은 사람은 인의예지의 오상을 온전하게 가지고 있지만, 편색偏塞한 기를 품부받은 물物은 인의예지의 오상을 온전히 가지고 있지 않다고 하였다.[37] 윤봉구는 주자가 성자性字를 해석한 글을 세세히 완미해 보면, 인·물 사이의 본연지성이 상호 다르다는 것을 명백히 알 수 있다고 하였다.[38]

정암正菴 이현익李顯益(1678~1717)은 어유봉과의 논변에서, 인물동오상설人物同五常說을 주장한 어유봉의 학설을 비판하고 인물이오상人物異五常의 인물성이론의 입장을 취했다. 이현익은 주자가 말한 "만물의 일원을 논하면 리는 같지만 기는 다르고, 만물의 이체를 살펴보면 기는 서로 가깝지만 리는 절대로 같지 않다."는 말이 지극히 정밀하고 완전하다고 하였다.[39] 그는 "만물의 일원을 논하면 리는 같지만 기는 다르다."는 입장을 견지하여 그 부여된 리의 측면에서 말하면, 인간과

有所不然. ; 앞의 책, 「行狀」: 今只知理性之爲一物 … 理性之無分 而終至於人獸之相混.

37) 『屛溪集』卷9, 「答厚齋別紙」, 30쪽: 彼主人物皆具仁義禮智之論者每曰 仁義禮智 本然之性也 本然之性理也 理則無人物之異 是以人與物 皆有仁義禮智之性 鄙意則有異於此 … 是以愚每謂人之理 因其稟之最靈而能粹然 故名之曰仁義禮智 其在物之理 … 而因其稟氣之偏塞 其粹然者無之 故不可以仁義禮智名之.
『屛溪集』卷3, 「爲示幼道 更題軸末 兼示諸君」, 39쪽: 朱子曰 牛之性順 馬之性健 健順之性也 虎狼之性仁 蜂蟻之性義 五常之性也 但稟得來少 不如人之稟得全 觀於此 可知性理之分矣.

38) 『屛溪集』卷11, 「答權伯羽」, 17쪽: 細玩 則朱子性字之釋 人物各異 豈不明白丁寧乎.

39) 『三淵集』卷21, 「答李顯益」, 32쪽: 朱子曰 論萬物之一原 則理同而氣異 觀萬物之異體 則氣猶相近而理絶不同 此語極精且完.

타 존재가 모두 건순오상의 리를 갖추고 있다고 해도 무방하지만,[40] 이는 만물의 기질의 차이를 고려하지 않은 것이며 본연지성의 참된 실체가 아니라고 하였다.

이현익은 인·물의 본연지성은 만물의 기질의 차이를 고려하여야 하며, 기질의 차이를 고려하여 본연지성을 논하면, 인간과 타 존재의 본연지성이 상호 다르다고 하였다. 이현익은 "범과 이리의 인仁, 벌과 개미의 의義, 승냥이와 수달의 예禮, 철따라 나오는 벌레의 지智, 불수리나 비둘기의 신信은 각각 그 하나를 얻은 것이니, 물物이 인의예지신을 갖추었다고 말하는 것은 불가하다"[41], "물物은 원래 오행의 빼어남을 얻지 못하여 그 마음이 허령할 수 없는 것인데도 그 가운데에 인의예지신을 얻어 갖추고 있다고 한다면 터무니없는 말이 되며 근거 없는 도리가 된다."[42]라고 하였다.

채지홍은 인간과 타 존재의 본연지성이 같다고 주장하는 자들은 항상 『중용』「천명지위성」장의 주註를 가지고 증거로 삼는데, 이것에 지나치게 집착하는 잘못이 있다고 하였다. 그는 『맹자』「생지위성」장 나타난 바와 같이 인의예지의 본성은 인간과 타 존재가 상호 다른 것으로 보아야 한다는 입장을 취했다.[43] 채지홍은 "대개 그 일원처一

---

40) 앞의 책,「答李顯益」, 32쪽: 主天命賦與處言 則謂人得健順五常 物亦得健順五常可也.

41) 『三淵集』 卷21,「答李顯益」, 32쪽: 虎狼之仁 蜂蟻之義 豺獺之禮 候蟲之智 雎鳩之信 只各得其一 則謂物之具仁義禮智信不可.

42) 『三淵集』 卷21,「答李顯益」, 36쪽: 於物之元不得五行之秀 而其心不能虛靈者 亦言其中具得仁義禮智信 則爲架虛之說 而爲無根蔕底道理.

43) 『鳳巖集』 卷5,「上寒水先生」, 5쪽: 人物各得五常之說 論者每以中庸首章注爲證 此恐太泥 朱子嘗曰 在人在物 雖有氣稟之異 理則未嘗不同 此卽所謂

原處로부터 논하면 하늘이 부여한 리는 물物과 내가 같지만, 그 이체異體의 측면에서 보면 물이 품부받은 성은 치우치고 온전함이 각기 다르다."44), "사람이 물物과 다른 까닭은 그 오상五常의 성이 온전하기 때문이고, 성이 오상을 갖추고 있는 것은 그 오행의 정수한 기를 품부받았기 때문이다. 저 치우치고 탁박한 기를 받아 날고 달리고 움직이고 심어진 것들이 어찌 오행의 정수한 기를 받아서 중물衆物의 영장이 된 존재와 더불어 균일한 성을 가졌다고 하겠는가?"45)라고 하였다. 이는 곧 하늘이 부여한 리로 보면 인간과 타 존재가 상호 같지만, 인의예지의 오상의 성의 측면에서 보면 오상을 온전히 갖춘 인간과 온전히 갖추지 못한 타 존재는 구별되어야 한다는 주장이다.

한원진의 학설은, 논쟁 상대자인 이간과의 공동 스승이었던 권상하가 한원진의 손을 들어줌으로써 보다 권위를 가지게 되었으며, 이후 송능상·위백규 등을 거치며 오랫동안 지속되었다. 권상하는 "오로지 리만을 가리켜서 말하면, 태극의 전체가 사물마다 갖추어져 있지 않음이 없어 만물의 성은 모두 똑같게 되니, 이것이 하나의 근원一原으로서 주자의 이른 바 일물一物이 각기 하나의 태극을 갖추고 있다는 것이다."라고 하여 태극(리)을 성으로 상정할 경우 인물의 성이 모두

論萬物之一原 則理同而氣異者也 孟子集注 亦曰仁義禮智之粹然者 豈物之所得而全 此卽所謂觀萬物之異體 則氣猶相近 而理絶不同者也 豈可執一於此 而有若摸象於暗中乎.

44) 앞의 책,「上寒水先生」, 5쪽: 蓋自其一原處而論之 則天賦之理 物我雖同 以其異體者而觀之 則物受之性 偏全各異.

45) 앞의 책,「上寒水先生」, 6쪽: 人之所以異於物者 以其全五常之性也 性之所以該五常者 以其稟五行精秀之氣也 彼飛走動植之受氣偏駁者 豈可與稟五行精秀之氣而爲衆物之靈者, 均一性哉.

같다고 하였다.[46] 그는 또한, "인물의 성을 논할 것 같으면 … 날고 달리는 금수의 성은 사람과 같지 않고 초목의 성 역시 금수와 같지 않다 … 오직 사람만이 오행의 정기正氣를 얻어 형체를 이루고 또한 오상 전체를 얻어 성으로 삼는다. 이에 만물 가운데서 가장 빼어나게 된다."라고도 하였다.[47] 한원진과 같은 방식으로 인물성이론을 주장하고 있다는 것을 알 수 있다.

한원진의 견해에 동조하는 학자들은 모두가 리의 측면에서는 모든 존재자가 동일하지만, 인의예지의 본연지성의 측면에서는 인간과 타 존재를 같다고 할 수 없다는 입장을 취하고 있다.

호론자와 낙론자들 사이에서의 논쟁은 매우 치열하였으며 전 학계로 퍼져나갔다. 이 논쟁은 19~20세기 성리학자들뿐만 아니라, 서학에 관심을 갖고 있던 성호星湖 이익李瀷(1681~1763), 담헌湛軒 홍대용洪大容(1731~1783), 다산茶山 정약용丁若鏞(1762~1836) 등의 실학자들에게도 영향을 주었다. 이들은 인성과 물성의 동이문제를 그들의 학적체계 내에서 다루고 있다. 19~20세기 주자학자들은 인물성동이 문제뿐만 아니라, 미발심이나 심의 본체와 관련된 명덕明德 문제들 또한 점차 심도 있게 논의하였다. 특히 심설논쟁에 참여하였던 홍직필, 화서華西 이항로李恒老(1792~1868), 한주寒洲 이진상李震相(1818~1886), 간재艮齋 전우田愚(1841~1922) 등과 같은 학자들은 인물성동이 문제와 더불어 성性

---

46) 『寒水齋集』卷21,「論性說」, 6쪽: 專指理而言 則太極全體 無物不具 而萬物之性皆同矣 是則一原也 而朱子所謂一物各具一太極者也.

47) 『寒水齋集』권21,「太極圖說示舍弟季文兼玄石」, 5쪽: 若論人物之性 … 是故飛走之性 不得與人同 草木之性 又與飛走不同 … 唯人也 稟五行之正氣以爲形 則亦得五常之全體以爲性 斯其爲萬物之最秀.

과 정情에 대한 심의 주재主宰 문제를 세밀하게 논의하였다. 심의 주재가 부각된 것은, 서구 문화가 급격히 유입되는 혼란스러운 당시에, 심의 재 정의를 통해 주체성과 이에 대응하는 논리를 강화하고자 하는 의도 또한 있었기 때문이라고 할 수 있다. 20세기까지 생존한 해녕海寧 박문호朴文鎬(1846~1918), 이철영(1867~1919) 등은 전통 성리학적 관점에서 호락논변을 철저하게 재검토하고 독자적인 의견을 제출하였다.

이익은 개체의 성은 기질지성만이 있다는 관점에서 인물성이론을 주장했다.[48] 홍대용은 주자학의 음양오행론을 비판하고, 리의 무형無形한 속성에 대해서도 비판적으로 서술하였다.[49] 그러나 여전히 리를 독립된 실체實體와 소이연자所以然者로 여기고 있었고, 리기를 불리不離·부잡不雜의 관계로 논하였다. 홍대용은 초목·금수·사람이 천리天理의 리를 동일하게 가지고 있다고 하였으며,[50] 이때의 리를 인의예지의 성이라고 하였다.[51] 홍대용은 인물성동론의 입장을 취하고 있었지만, 서구 과학사상의 영향으로 인해, 주자학자들의 인물성동론과는 차이가 있었다.

정약용은 주자학의 리를 비판하고, 천天의 자리에 리 대신 인격적

---

48) 『星湖全書』 卷15, 「答洪亮卿」, 6쪽: 從理在物上說 則只須言氣質之性 … 在水爲水之性 在火爲火之性 牛爲牛性 馬爲馬性.

49) 『湛軒集』 內集 卷1, 「心性問」, 1쪽: 凡言理者 必曰無形而有理 旣曰無形 則有者是何物 旣曰有理 則豈有無形而謂之有者乎

50) 앞의 책, 「心性問」, 1쪽: 草木之理 卽禽獸之理 禽獸之理 卽人之理 人之理 卽天之理.

51) 앞의 책, 「心性問」, 36쪽: 在天曰理 在物曰性 在天曰元亨利貞 在物曰仁義禮智 其實一也.

천天인 상제上帝를 두고 있다.52) 리 개념은 이후 영명靈明한 인격적 존재인 천에 흡수되어 그가 새롭게 규정하고 있는 천 개념과 함께 동반적으로, 혹은 인격적 천 개념의 전제하에 언급되고 있다. 정약용 은 사람·꿩·사슴·풀·나무 등 각각의 존재에는 각각의 기호嗜好의 성이 있고, 이 기호의 성이라고 할 때의 성이 곧 본연지성이라는 입장 을 취하고 있었다.53) 정약용은 성을 본연지성과 기질지성으로 논하는 주자학의 성론을 비판하며, 두 개의 성이 있는 것이 아니라고 하였다. 그는 인·물의 성을 비교하면서, 사람의 본연지성은 도의와 기질이 합하여된 성이고, 금수의 본연지성은 따로 있는 것이 아니라 그 기질 의 성이 곧 본연지성이라고 하였다.54) 정약용은 각 존재자의 본연지 성은 원래부터 서로 각각 다르다고 보았다.55) 이러한 인물성이론적 사유는 호론의 영향을 받은 것이라고 할 수 있다.

19세기에서 20세기 주자학자들 중에는 호론과 낙론을 종합 지양하 는 일군의 학자들이 나타나고 있다. 이들은 자신들의 철학체계 내에 서 인물성동과 인물성이의 두 측면을 모두 인정하거나, 독자적인 새

---

52) 『與猶堂全書』2集 卷7, 「論語古今注」, 51쪽: (茶山) 補曰 天謂上帝也.
53) 정약용은 각 존재들은 천명의 성을 본성으로 갖추고 있고, 이 본성(本然之性) 이 곧 嗜好의 性이라고 이라고 판단하고 있었다. 자세한 내용은 제6장. 2. 정약 용의 호론적 견해 참조.
    앞의 책, 卷6, 「孟子要義」, 33쪽: 本性所受之天命也 天命之謂性 非是之謂乎.;
    앞의 책, 卷32, 「梅氏書平」, 24쪽: 天命之性 亦當以嗜好求之.
54) 앞의 책, 「孟子要義」, 19쪽: 人性卽人性 犬牛之性卽禽獸性 至論本然之性 人 之合道義氣質而爲一性者 是本然也 禽獸之單有氣質之性 亦本然也 何必與 氣質對言之乎.
55) 『與猶堂全書』卷6, 「孟子要義」, 20쪽 : 本然之性 原各不同 人則樂善恥汚 修 身向道 其本然也 犬則守夜吠盜 食穢從禽 其本然也.

로운 학설을 주장하였다.

녹문鹿門 임성주任聖周(1711~1788)는 낙론의 인물성동론의 관점을 유지하다가,[56] 36~37세경에 『맹자』「생지위성」장에 나오는 개·소·사람의 성을 본연지성으로 이해하게 되면서[57] 새로운 관점의 성론을 언급하기 시작하였다. 임성주는 '성즉리性卽理'의 성은 성동性同의 증거뿐만 아니라, 성이性異의 증거도 된다고 보았다.[58] 인물성동人物性同과 인물성이人物性異의 관점을 모두 포괄하는 성론이다. 이와 같은 성론은 리통기국理通氣局에 대한 재인식을 기반으로 이룩된 것이다. 그는 리통이 있으면 기통도 있고, 기국이 있으면 리국도 있다고 하며,[59] 리통리국으로 이루어진 새로운 통국론을 구축하였다. 리통은 리일의 리에, 리국은 분수의 리에 해당된다. 그는 리통·리일 관점에서 논해도 본연지성이고, 리국·리분수의 관점에서 논해도 본연지성이라고 하였다. 낙론의 인물동人物同의 성과 호론의 인물이人物異의 성을 모두 본연지성으로 보는 관점이다.[60]

노사蘆沙기정진奇正鎭(1798~1879)은 호락의 인물성동론과 인물성이

---

56) 『鹿門集』 卷13,「中庸」, 21쪽: 自本然之性而言 則人之性卽禽獸之性 禽獸之性卽草木之性也 而未始有毫髮之參差焉 自氣質之性而言之 則人之性非禽獸之性 禽獸之性非草木之性也 而人與禽獸與草木之中 又各者類萬不同焉.

57) 『鹿門集』「行狀」, 18쪽: 曰孟子諸性字 同是一性 同是本然之性.

58) 『鹿門集』 卷19,「鹿盧雜識」, 25쪽: 今人每以性卽理三字 證性之同 … 則所謂性卽理者 何獨爲同之證 而不可爲異之證也.

59) 『鹿門集』 卷19,「鹿盧雜識」, 7쪽: 通局二字 不必分屬理氣 盖自其一原處言之 則不但理之一氣亦一也 一則通矣 自萬殊處言之 則不但氣之萬理亦萬也 萬則局矣.

60) 『鹿門集』 卷26,「心性雜詠三十六首」, 17쪽: 曰異曰同皆本然 識同於異乃眞詮.

론이 리일분수 가운데 어느 한 쪽에 치우쳐 있다고 보았다. 인물성동론은 리일의 리에 치우쳐 있고, 인물성이론은 분수의 리에 치우쳐 있다고 판단했다. 기정진은 리일의 리와 분수의 리를 나누어 논하지 말고, 한 존재의 두 측면으로 보아야 한다고 주장하였다. 그의 이러한 관점은 리분상함론理分相涵論으로 정립되었다.61) 리분상함론은 리일의 리와 분수의 리의 일체성을 기반으로 하여, 리일의 관점에서 인물성동人物性同이라고 하여도 되고, 분수의 관점에서 인물성이人物性異라고 해도 틀리지 않다는 주장으로 이어졌다.62) 이때의 인물성동人物性同과 인물성이人物性異는 모두 본연지성이었다.

이항로는 불리不離·부잡不雜으로 인물성동이 문제에 접근 하였다. 리는 하나同의 속성을 가지고 있고, 기는 만가지로 부동不同한 속성을 가지고 있기 때문에, 리를 기질과 부잡 관계로 논하면 사람과 만물의 성이 하나同이고, 그 기를 아울러 논하면 리가 기를 따라서 부동不同함이 있게 된다고 하였다.63) 그런데 이항로는 비록 리가 기로 인해 부동함이 있게 되지만, 그 부동함 가운데도 리의 본연한 동同의 속성이 손상되지 않고 그대로 있다고 주장하였다.64) 그의 이러한 견해는

---

61) 『蘆沙集』卷12,「納涼私議」, 12쪽: 理本一 故理一爲主 而萬殊涵於其中 卽氣則氣已分 故分殊爲主 理一存乎其間.

62) 『蘆沙集』卷12,「納涼私議」, 4~5쪽: 理者一實萬分 愈異而愈同者也 一而分非實異也 異而同乃眞同也 兩家之言同異 同異不相容. ; 앞의 책,「納涼私議」, 7쪽: 一箇性也 自其分之不害於一而謂之同五常可也 自其一之不外於分而謂之偏全之性 亦可也.

63) 『華西集』卷20,「人物性同異說」, 45쪽: 理則一而已 氣則有萬不同也 不雜乎氣質而只言其性 則人與萬物一也 幷論其氣則氣本有萬 故理亦隨而不同也.

64) 『華西集』卷19,「明德理氣人物性同異辨」, 14쪽: 是以本然者雖同 而所値之

42

성에 치우침偏과 온전함全이 있다고 할 때의 치우침에 대해, "편偏한 것에도 또한 각각 천명天命 전체가 온전히 갖추어져 있다."고 한점을 통해 다시 확인할 수 있다. 이항로는 편偏가운데서 그 전全을 알고, 전全 가운데서 편偏을 알아야 한다고 하였다.[65] 편전에 대한 논의는 「인물성동이설」의 "동異 가운데서 그 이異를 알고, 이異 가운데서 그 동同을 알아야 한다."는 주장으로 이어지고 있다.[66] 이항로의 인물성론은 낙론과 다르고 호론과도 다르다. 그는 자신의 성론을 절충론이라고 보았다.[67]

이진상 또한 동同가운데 이異가 있다는 '동중유이同中有異'과 이異가운데 동同이 있다는 '이중유동異中有同'의 논리를 호락의 성론에 적용하여 논의하고 있다. 그는 인물성동론자들이 자주 근거로 삼고 있는 『중용』제1장의 주자 주석을 새롭게 해석하였다. 인·물이 오상의 덕을 성으로 갖추었다는 견해는 '동同'이지만, 인·물이 태어남에 '각각 그 부여받은 바의 리를 얻었다.(各得所賦之理)'·'각각 그 성을 따른다.(各循其性)' 등은 '이異'라고 보았다.[68] 『중용』제1장 내에서도 인물성

氣不能不異 而有萬殊之別 所乘之氣雖異 而其本然者則不害爲同.

65) 『華西集』 卷21, 「陶菴集記疑」, 17쪽: 所謂偏者 亦各具天命之全體 推可知也 惟偏中識其全 全中識其偏.

66) 『華西集』 卷20, 「人物性同異說」, 46쪽: 同中識其異 異中識其同 此實千古說性說理之片言斷案也 學者只當篤信此訓而潛心玩索.

67) 『華西集』 卷20, 「人物性同異說」, 47쪽: 不雜則同 不離則異 唯此然後 知朱子統承羣聖 折衷百家也.

68) 『寒洲集』 卷40, 「花峽法語」, 21~66쪽: 中庸性主乎同 而同中有異 曰以爲健順五常之德 則同也 曰各得其所賦之理 曰可循其性 … 則異也. 「花峽法語」 원문은 이형성, 『한주 이진상의 성리학 연구』, 131쪽에서 재인용함. 21~66쪽은 미간행본 마이크로필름 고유 번호임.

의 '동同'과 '이異'의 측면이 동시에 나타나고 있다고 해석한 것이다.

이진상은 인물성이론자들이 종종 근거로 삼고 있는『맹자』「고자상告子上」에 나오는 주자 주註에 대해서도 일반적이지 않은 다른 해석을 하였다.『맹자』에서 주자가 말하고 있는 성은 '이異'를 주장한 것이 맞지만, 그 '이異' 가운데 '동'이 있다고 하였다. 그는 "인의예지仁義禮智의 품성을 어찌 물物이 얻어서 온전히 할 수 있겠는가?"라는 문장을 거론하였다. 물物이 그 온전히 할 수 없는 것은 '이異'이고, 없다고 말하지 않고 그 품부 받음을 인간과 함께 아울러 말한 것으로 보면 '동同'이라고 하였다.69) 이진상은 동처同處에서 그 이異가 있음을 알고, 이처異處에서 그 동同이 있음을 알아야 한다고 강조하였다.70)

박문호는 호락론과 관련된 주자의 글들을 철저히 검토하고 1898년에『고정인물성고考亭人物性考』라는 책까지 발간하였다. 박문호는 주자가 젊을 적에는 '일원一原의 리'를 위주로 논하였고, 연평 이통李侗 (1093~1163)에게 배운 이후에는 '분수分殊의 리'를 위주로 논하였다고 보았다. 그는 주자가 언급한 인성·물성에 관한 내용들을 면밀하게 고찰하고 나서, 낙론은 주자가 '일원의 리'를 위주로 논하던 초년설에 해당되고, 호론은 '분수의 리'를 위주로 논한 주자의 만년설에 해당된다고 보았다.71) 박문호는 각 존재가 성을 가졌다는 점에서는 같지만,

---

69) 앞의 책,「花峽法語」, 21~66쪽: 孟子言性主乎異 而異中有同 曰仁義禮智之稟 豈物之所得而全哉 不得其全 則異矣 不曰無之 而通言其稟 則同也.

70) 『寒洲集』卷5,「上柳定齋先生」, 3~4쪽: 人物之性 或以爲同 或以爲異 各有所本 朱子於孟子集註曰 仁義禮智之粹然者 豈物之所得以全哉 此言其異也 中庸章句曰性道雖同 氣稟或異 此言其同也 … 同處知其異 異處知其同.(韓國文集叢刊)

71) 『壺山全書』第二冊, 卷73,「人物性」, 22쪽: 洛得朱子之初年 湖得朱子之晩年

44

각 존재의 성은 치우침과 온전함 통하고 막힌 차이가 있기 때문에,[72] 만년설에 해당하는 인물성이론이 옳다는 결론을 내렸다.[73]

　1900년대 초까지 생존하였던 이철영은 새로운 성론을 주장하였다. 이철영은 한원진이 언급한 성삼층설性三層說에서, 일원一原의 본연지성과 인기질이 본연지성을 합쳐서 상일층上一層으로 삼고, 종래의 기질지성을 둘로 나누어[74] 기지본연지성氣之本然之性과 기지기질성氣之氣質之性이라고 하였다. 이에 따라 그의 성론에서는 일원의 본연지성, 분수分殊의 기지본연지성, 분수지분수分殊之分殊의 기지기질지성으로 구분하는 삼층의 성론이 구축되었다. 그는 이에 그치지 않고, 이간의 미발심성론을 기지본연지성과 기지기질지성에 적용하여 논하였다.[75] 이철영은 이러한 자신의 성론을 성삼양설性三樣說이라고 하였다.

　호락논변은 순수한 학술논쟁으로 시작되었지만 서학과 근대의 외래 문물이 들어오면서 이에 대해 대응하는 양상도 일부 드러나고 있

蓋朱子少時 嘗主一原之理 及師延平以後 遂主分殊之理.

72)『壺山全書』第二冊, 卷73,「人物性」, 21~22쪽: 以父之生子譬之 天下之人 夫孰無父乎 其所以爲父者 則皆同 而其父之長短姸媸 則各異 天下之物 夫孰無性乎 其所以爲性者 則皆同 而其性之偏全通塞 則各異.

73)『壺山全書』第二冊, 卷73,「人物性」, 9쪽: 若求其全體之五常 則雖麒麟鳳凰 初無所彷佛者 惡可謂人物性同乎.
　앞의 책, 卷73,「人物性」, 20~21쪽: 南塘曰 萬殊處不能隨事察理 辨其同異 而遽欲以一理包之 未有不陷於異端 按朱子自云未見延平時嘗有此病 然則近世人物性同之論 皆掇拾朱子已棄之咳唾 把作終身墨守之資 其亦異乎朱子之爲學矣.

74)『泗上講說』, 도서출판문사철, 44쪽: 性有一原本然氣質三層 韓南塘已言之矣 以吾管窺 … 以一原本然合爲上一層 而單理 以氣質分爲中下二層 而兼言氣.

75) 앞의 책, 46쪽: 兼指各心之本然與理 是之謂氣之本然之性 犬牛人之同異 亦如其心之本然 兼指各心之氣質與理 是之謂氣之氣質之性.

다. 기정진·홍직필·이철영 등을 포함한 19세기 20세기의 주자학자들의 학설에는 외세에 대응하는 논리가 스며있는 것으로 보인다.

호락논변은 그 규모가 방대하고 난해하며 번역조차 안 된 서적들이 대부분이다. 호락논변을 전공으로 연구하고 있는 학자도 매우 적다. 호락논변 초기의 대표학자인 이간과 한원진의 학설을 분석하여 그 기반으로 삼고, 절충적인 학설을 내세우고 있는 임성주와 기정진의 인성·물성론을 집중적으로 살펴보겠다. 이어서 호락논변이 실학에 미친 영향을 홍대용과 정약용의 학설에서 찾아보고, 근대 전환기 학자인 이철영의 학설을 앞에서 살펴본 내용들과 대비해 가며 집중적으로 논의할 예정이다.

호락논변은 보통 '인물성동이' 외에, '미발심체순선여부' · '성범심동이' 논변으로 구성된 것으로 언급되고 있다. '미발심체순선여부' · '성범심동이' 논변은 미발에서의 심에 관한 논변이고, 그 논의가 성으로까지 확대되고 있다. 이에 '미발심체순선여부'· '성범심동이'논변과, 그와 관련된 크고 작은 미발에서의 심과 성에 관한 논의들을 묶어 '미발심성논변'으로 압축하여 진술하고자 한다. 본 책에서는 호락논변이 '인물성동이'와 '미발심성' 두 부문으로 나뉘어 서술될 예정이다. 현재까지의 호락논변 연구 성과를 살펴보면, 미발심에 관한 연구가 부족하다. 논의를 전개하면서, 미발심에 관한 논의가 포함된 '미발심성' 영역에 대한 진술을 강화하겠다. 끝으로 전체적 관점에서 '인물성동이'와 '미발심성' 논변의 논쟁점을 정리하고, 호락논변의 현대적 가치를 모색하며 마무리 할 예정이다.

제2장

호락논변 초기의 인물성동이 대립

인물성동이논변은 인성人性과 물성物性이 같으냐 다르냐를 다룬 논변이다. 물성이라고 할 때의 물物은 개·소·말 등 다른 존재자를 지칭한다. 초기의 호락논변 연구는 인물성동이논변 중심으로 이루어졌고, 대체로 인물성동이논변이 곧 호락논변인 것으로 인식되었다. 연구가 점차 깊어지면서, 인물성동이논변과 미발에서의 심성 문제를 다루고 있는 다른 논변들을 분리하기 시작하였다. 그러나 아직까지도 호락논변 연구는 대체로 인물성동이논변 중심으로 이루어지고 있다.

주자학에 어느 정도 조예가 있는 학자들이 인물성동이논변을 처음 접하면서 갖는 의문이 있다. '기질지성으로 논하면 인성과 물성이 다르고, 본연지성으로 논하면 인성과 물성이 같다.' 이 당연한 걸 가지고 왜 다투었을까? 라는 의문이다. 이러한 의문은 언뜻 보면 논리적으로도 타당해 보인다. 이들은 말한다. "주자가 리는 같고 기는 다르다理同

---

* 초기의 호락논변을 다루고 있는 2·3장은 저서 『호락논쟁의 본질과 임성주의 철학사상』(한국연구원) 중 「호락논쟁의 본질」에 있는 일부 내용을 수정 보완한 것이다.

氣異고 하였기 때문이다. 기질은 기이고, 성은 리이다. 기질은 기의 다름異의 속성을 이어받았고, 성은 리의 같음同의 속성을 이어 받았다. 다름의 속성을 가진 기질을 고려한 성이 기질지성이다. 리의 같음의 속성을 이어받은 성이 본연지성이다. 따라서 기질지성으로 논하면 인성과 물성이 다르고, 본연지성으로 논하면 인성과 물성이 같다." 논리적으로 큰 문제가 없어 보인다. 아니 오히려 이 주장은 이간의 주장에 해당된다. 그러나 인물성동이논변을 제대로 이해한 것은 아니다.

이에 이들에게 다음과 같이 알려 주게 된다. "인물성동이논변은 본연지성 차원에서의 논쟁이다. 이간 선생님은, 좀 전에 그대가 말씀하신 것처럼, 인성과 물성을 본연지성 차원에서 같다고 보았다. 그런데 상대 학자인 한원진 선생님 또한 인성과 물성을 본연지성 차원에서 논하면서도 오히려 다르다는 데에 주안점을 두고 있었다." 이와 같은 말을 듣고, 이들은 대뜸 다음과 같이 말한다. "그러면 한원진 선생님은 기질지성을 본연지성으로 잘못 본 것이다." 이에 이들에게 물어본다. "성선性善의 성은 본연지성인가? 기질지성인가?" 당연히 본연지성이라고 대답한다. 이들에게 다시 "한원진 선생님은 본연지성 차원에서 인성과 물성이 다르다고 하고, 이때의 서로 다른 본연지성을 성선의 성으로 보았다." 그리고 잘 알지도 못하는 풋내기 학자라고 할까봐 얼른 다시 덧붙인다. "이러한 주장을 할 당시에, 한원진 선생님은 당시 학계에서 주목받던 매우 뛰어난 신진 학자였다. 기질지성을 성선이라고 할 정도의 학자가 아니다." 이들은 혼란스러워 한다. 당연하다. 중국 주자학만 공부하였다면, 어리둥절할 만한 상황이기 때문이다. 한 마디 덧붙인다. "한원진 선생님은 인성과 물성이 본연지성 차원에서 같다는 말도 했다. 그러나 이때의 본연지성은 성선의 성이 아니다." 이들은 이해가 안간다며, 아는 채 하던 모습에서 한 발 뒤로 물러선다.

이와 같은 상황이 벌어지는 것은, 인물성동이논변이 중국 주자학에서는 찾아 볼 수 없는 생소한 논변이었고, 무엇보다도 주자학이 독자적으로 심화되면서 구축된 새로운 성론을 기반으로 한 논변이었기 때문이다.

이간의 인물성동론은 인간과 타 존재가 인의예지의 오상五常을 동일하게 가지고 있다고 보는 관점이다. 한원진의 인물성이론은 인간·개·소·말 등이 인의예지의 오상을 각각 다르게 가지고 있다고 보는 관점이다. 이간은 인물동人物同의 성을 성선의 성으로 보았고, 한원진은 인물이人物異의 성을 성선의 성으로 보았다. 성선의 성은 정주학의 종지宗旨이다. 예나 지금이나 종지를 잘못 말하면 이단으로 취급받는다. 이들은 자신들의 주장을 보완하고 강화하였으며, 상대방의 주장을 면밀히 고찰하며 문제점을 지적하였다. 새로운 성론을 주장을 하여 상대적으로 불리한 입장에 처했던 한원진은 『주자언론동이고朱子言論同異攷』라는 책까지 출간하였다.[1] 단순한 논변이 아니었다는 것을 알 수 있다.

1 이간의 인물성동론

이간은 천명天命·오상五常·태극太極·본연지성本然之性에 대해서,

---

1) 3책 6권 479개 조항에 이르는 서적이다. 송시열이 30개 조항 정도 작성하고 놔둔 것을 한원진이 완성하였다.

리의 가리킴에 따라 그 명칭을 달리하고 있는 것에 불과하다는 입장을 취하고 있다. 천명·오상·태극·본연지성은 피차彼此·본말本末·편전偏全·대소大小의 차이가 없는 동일한 한 존재의 서로 다른 이름이라는 것이 이간의 주장이다.

> 천명·오상·태극·본연 등 명칭이 비록 많지만, 이것들은 리理의
> 가리킴에 따라 이름을 달리하고 있는 것에 불과하니, 처음부터 피차
> ·본말·편전·대소의 다름이 있는 것이 아니다.2)

이간은 일원一原의 관점에서 본연지성을 논하고 있다.3) 일원一原의 관점에서 논하는 본연지성은, 형기形器를 초월한 측면에서 언급된 것이어서, 사람과 물物의 기질의 편전에 제약을 받지 않게 된다. 본연지성이 분수처의 기질의 편전에 구애받지 않고 존재한다 함은, 본연지성이 사람과 타 존재에 동일하게 자재할 수 있는 길을 열어 놓은 것이라고 할 수 있다. 이미 언급한 바와 같이 이간은 천명·오상·본연지성을 동일한 존재의 서로 다른 이름으로 보았다. 이는 곧 온전한 기질을 가진 사람과 치우치고 막힌 기질을 가진 타 생명체가 동일하게 천명과 오상을 본연지성으로서 내재하고 있음을 의미하는 것이다.

> 일원一原으로써 말을 하면, 천명과 오상이 모두 형기를 초월한 것
> 이어서, 인人과 물物에 치우치고 온전함(偏全)의 다름이 없다. 이것이
> 이른바 본연지성이다.4)

---

2) 『巍巖遺稿』卷4, 「上遂菴先生別紙」, 44쪽: 天命五常太極本然 名目雖多 不過
此理之隨指異名 而初非有彼此本末偏全大小之異也.
3) 『巍巖遺稿』卷7, 「未發詠」, 15쪽: 本然者 一原也 氣質者 異體也.

분수처에 천명과 인의예지의 오상이 사람과 타 존재의 기질의 편전에 관계없이 동일하게 본연지성으로서 내재되어 있다는 이간의 주장은, 그가 인물동오상人物同五常·인물동천명人物同天命 더 나아가 인물동태극人物同太極의 성을 분수처에서의 실사實事의 본연지성으로 이해하고 있음을 뜻하는 것이다. 다시 말해 이간의 학설을 인물성동론이라고 할 때의 성性은 인물동오상人物同五常·인물동천명人物同天命·인물동태극人物同太極으로서의 본연지성을 의미하는 것이라고 할 수 있다.

한원진은 이간의 인물동오상의 본연지성론에 대해, 일원의 측면에 대한 주장이 지나쳐서, 태극이 일원에 속한다는 점을 바탕으로 마침내 오상 또한 일원에 속하는 것으로 주장하는 데까지 이르렀다고 비판하였다.5) 한원진은 이간의 인물동오상의 본연지성론은 옛사람들의 글에서 그 근거를 찾을 수 없는 주장이라고 보았다. 만약 근거가 되는 문장이 있다면 이간이 반드시 그 예를 들어 말하였을 텐데, 이간이 그렇게 하지 않은 것으로 보아 그 근거가 없는 것이 틀림없다는 입장을 취하였다.6) 이는 당시의 학문적 관습상 이간의 인물동오상·동천명·동태극론에 대해 근거가 없는 것이라고 비판한 것과 같다.

이간이 인물성동론을 주장하였다고 해서, 그가 기질의 차이에 따른

---

4) 『巍巖遺稿』卷7,「答韓德昭別紙」, 16쪽: 以一原言則天命五常俱可超形器 而人與物無偏全之殊 是所謂本然之性也.

5) 『南塘集』卷40,「與蔡君範」, 9쪽: 巍巖之見 過主乎一原 故因太極之爲一原 而遂以五常亦爲一原.

6) 『南塘集』卷28,「李公擧上師門書辨」, 42~43쪽: 古人 … 纔說仁義禮智 便以爲不同 未有說仁義禮智而謂之同者 若有之 則公擧必能言之.

인물성이人物性異의 측면을 무시하고 있는 것만은 아니다. 이간은 사람과 타 존재가 똑같이 오상의 본연지성을 갖추고 있다고 하더라도, 사람과 타 존재간의 성차性差를 또한 말하지 않을 수 없다는 입장을 취하고 있다. 이간은 이체異體의 기질의 측면으로 보면, 인성과 물성 간의 차이와 사람과 사람간의 성차가 있게 된다고 보았다.

> 기질로 말하면, 기의 바르고 통通한 것을 얻은 존재는 사람이 되고, 기의 편벽되고 막힌 것을 얻은 존재는 물物이 된다. 정통正通한 가운데도 또한 청탁수박清濁粹駁의 나눔이 있고, 편색한 가운데도 또한 혹은 통通하고 완전히 막힌 차이가 있으니, 이것은 인물의 이체異體가 수없이 달라서 그런 것이다. 이러한 까닭으로 그 기질을 논하면, 개의 성이 소의 성이 아닐 뿐만 아니라, 척跖의 성은 순舜의 성이 아니다.7)

사람은 정통한 기질을 타고난 존재이고, 타 생명체는 치우치고 막힌 기질을 타고난 존재라고 판단하고 있다. 기질의 '정통편색正通偏塞'을 인성과 물성의 차이를 있게 하는 요인으로 이해하고 있다.

이간은 일원의 측면에서 보면 인물이 모두 오상을 동일하게 갖추고 있으나, 이체異體의 측면에서 보면 치우치고 막힌 기질을 타고난 타 존재(物)는 오행을 얻었으되 오행이 치우쳐 있는 까닭에 오상 또한 치우쳐 있고, 정통正通한 기질을 타고난 사람은 오행의 온전함을 얻은

---

7) 『巍巖遺稿』卷7,「未發詠」, 19~20쪽: 以氣質言之 則得氣之正且通者爲人 而偏且塞者爲物 而正通之中 又有清濁粹駁之分焉 偏塞之中 又有或通全塞之異焉 則是人物異體之有萬不齊者然矣 是故論其氣質 則非惟犬之性非牛之性也 跖之性非舜之性矣.

까닭에 그 오상 또한 온전하다고 보았다.[8] 그는 더 나아가 오행이 온전치 못한 다른 존재들은 그 기질이 치우치고 막혀있는 까닭에 오상을 능히 발용發用할 수 없고, 오행의 온전함을 얻은 사람은 그 기질이 정통한 까닭에 오상을 능히 발용할 수 있다고 판단하였다.[9] 이간은 이체異體의 측면에서 논하여지는 인물성이人物性異의 성을 기질지성이라 이름하고 있다.[10] 한원진은 이간이 인물부동人物不同의 성을 기질지성으로 이해하고 있는 것에 대해, 옛 사람들은 인물부동의 성을 한 결 같이 본연지성으로 논했는데, 기질지성으로 명명하고 있는 것은 어째서인가?라고 반문하며, 『중용』·『대학』·『주자어류』·『맹자집주』에 나오는 문장들을 예로 들며, 인물부동의 성을 기질지성으로 여겨서는 안 되고 본연지성으로 보아야 한다고 주장하였다.[11] 한원진은 오상의 발용과 관련된 이간의 견해에 대해서도, 만물이 오상을 동일하게 갖추었다고 하면서, 사람은 오상을 발용 할 수 있고 타 존재들

---

8) 『巍巖遺稿』卷4, 「上遂菴先生 別紙」, 33~34쪽: 朱子曰仁義禮智 物豈不有 但偏耳 又問人具五行 物只得一行 曰物亦具有五行 只得五行之偏者 又問性具仁義禮智 曰此猶是說成之者性… 雖尋常昆蟲之類皆有之 只偏而不全 據此數段 則物亦得五常之理.

9) 『巍巖遺稿』卷4, 「上遂菴先生 別紙」, 33쪽: 同是五常 而正且通故能發用 偏且塞故不能發用.

10) 『巍巖遺稿』卷7, 「答韓德昭別紙」, 16쪽: 以異體言 則天命五常 俱可因氣質而不獨人與物有偏全 聖與凡之間 又是千階萬級 而偏處性命俱偏 全處性命俱全 是所謂氣質之性也.

11) 『南塘集』卷28, 「李公擧上師門書辨」, 42~43쪽: (古人) 纔說仁義禮智 便以爲不同 … 凡言其不同 皆謂之氣質 則古人說仁義禮智 未嘗一論其本然 而只論其氣質何也 中庸達道之目 大學至善之目 其分之殊而所施不同者 亦將爲氣質善惡耶 語類 以水之潤下 火之炎上 爲本然之性 孟子輯註 以水之就下爲本性 而以搏激所使爲逆其性 觀此 則可知古人所以論本然者矣.

은 오상을 발용 할 수 없다고 하니, 이는 타 존재들의 경우 성은 있는데 그에 상응하는 정情은 없다는 견해이며, 체體는 있는데 그에 상응하는 용用은 없다는 주장으로 귀결되는 것이니 모순이라고,12) 비판하였다.

이간은 순선純善인 본연지성에 비해,13) 기질지성은 유선유악有善有惡한 것이라 하고 있다.14) 이간은 기질지성의 선한 일변과 악한 일변을 '대분大分'과 '세분細分'이라 명명하며 보다 세밀하게 구분하기도 한다. 대분은 기질의 영향을 받은 편전지리偏全之理가 각 존재에서 그 존재의 특성을 온전히 발휘하며 드러나는 측면이다. 예를 들어 사람의 인의仁義·소가 밭가는 것牛耕·말이 실는 것馬載 등이 이에 속한다.15) 세분은 편전지리偏全之理가 각 존재에서 그 존재의 특성을 온전하게 발휘하지 못하며 드러나는 측면이다. 예를 들어 사람이 어질(仁)지 못하고 의롭지 못한 것, 소가 밭을 갈지 못하고, 말이 실지를 못하는 것 등이 이것에 속한다.16) 인물의 분류로만 언급하면, 대분은 사람·소·말(人·牛·馬)이나 사람사람이 같고, 소소가 같고, 말말이 같은(人人同·牛牛同·馬馬同) 측면으로서 한원진의 인기질因氣質 단계의 사람과 물物의 분류에 상응된다. 세분은 사람·소·말(人·牛·馬)이면서 사람과 사람이 다르고, 소와 소가 다르고, 말과 말이 다른(人人異·牛牛異

---

12) 『南塘集』卷8,「與崔成仲別紙」, 18쪽: 今謂萬物皆具五常之性 而不能發用 則是有有性而無情 有體而無用者矣 天下顧 安有無情之性 無用之體哉.(南塘註: 植物亦有情之可見 況有血氣知覺者 豈有其性而無其情哉.)

13) 『巍巖遺稿』卷12,「未發有善惡辨」, 21쪽: 天下之性 亦莫不善.

14) 『巍巖遺稿』卷12,「理通氣局辨」, 14쪽: 元來氣質之性也 有善也有惡.

15) 上同,「理通氣局辨」, 14쪽: 如人之仁義牛耕馬載 是偏全之大分 而卽善一邊也.

16) 上同,「理通氣局辨」, 14쪽: 其不仁不義 不能耕載 是偏全中細分 而卽惡一邊也.

·馬馬異) 측면으로서 한원진의 잡기질雜氣質 단계의 인과 물의 분류에 상응된다. 한원진의 인기질의 성은 본연지성이고, 잡기질 단계의 성은 기질지성이다. 이간은 한원진이 대분과 세분을 나누어서, 대분을 인기질의 본연지성으로, 세분을 잡기질의 기질지성으로 논의하고 있는 오류를 범하고 있다고 비판 한 바 있다.[17] 이는 기질지성의 두 측면인 대분과 세분을 본연本然과 기질氣質로 그 영역을 달리하여 논의하여서는 안 된다는 생각을 이간이 가지고 있었음을 의미하는 것이다.

이간이 주장한 인물성이人物性異의 기질지성은, 이이의 기국氣局의 관점을 반영한 것이며, 본연지성에 나아가 기질을 아울러兼擧 언급한 것이다.

> 이이의 이른바 기국氣局과 주자의 성부동性不同은 또한 본연에 나아가 기질을 겸거兼擧하여 말한 것이 아니겠는가?[18]

이간은 성을 리통理通 관점의 실사實事의 본연지성과 기국 관점의 기질지성으로 나누고 있다. 이로 인해 이간은, 기국 관점에서의 성을 참된 실사의 본연지성으로 보고자 한 한원진으로부터 비판을 받고 있다. 한원진은 이이의 기국을 기국의 리라는 의미로 보았으며,[19] 기

---

17) 上同,「理通氣局辨」, 14쪽: 今以大分謂人物之性 細分謂氣質之性 別而二之 則誤之亦無疑矣.

18) 上同 卷8,「未發詠」, 20쪽: 栗谷所謂氣局 朱子所謂性不同者 又非卽此本然 兼擧氣質而言歟.

19) 『南塘集』卷28,「李公擧上師門書辨」, 39쪽: (巍巖)不知氣局有氣局之理 則是 不知氣局也.

국의 리를 편전의 차이가 있는 성부동性不同의 본연지성으로 해석하고 있다.20) 그는 이간의 기국에 대한 견해에 대해서 천지만물의 형체만을 고려한 것으로서, 기국을 알지 못하는 견해라고 비판하였다.21) 한원진의 기국론은 리理의 측면을 강조한 것이고,22) 이간의 기국론은 기질(氣)의 측면을 강조한 것이라고 할 수 있다.

이간은 한원진과의 논변과정에서 본연지성과 기질지성의 구분은 기를 겸하고 있는지 여부에 달렸다고 여기고, 본연지성을 논할 때는 기가 고려된 것인지 아닌 지를 잘 살펴보아야 한다고 주장하였다. 기질지성은 기질의 제약을 고려한 기국의 성이지만, 본연지성은 기질의 제약을 배제한 리통의 성이기 때문이다.

리를 단지單指하여 말하면 본연일 뿐이다. 본연과 기질사이에 성은 단지 이 리이다. 이러한 까닭에 성의 자리를 말할 때에는 대기帶氣 여부를 살펴야 한다. 리의 자리를 말할 때에는 다시 살필 필요가 없다.23)

---

20) 『南塘集』卷28,「李公擧上師門書辨」, 39쪽: 先生以太極全體解理通 以五常偏全解氣局 而皆在人物上說 則此卽眞知栗谷之意.

21) 『南塘集』卷28,「李公擧上師門書辨」, 39쪽: 是徒以天地萬物形體不同者爲氣局 而不知其性之不同者爲氣局 此果栗谷之乎.

22) 『南塘集』卷28,「李公擧上師門書辨」, 38쪽: 栗谷之論氣局曰 人之性非物之性 氣之局也 又曰 理之萬殊 氣之局故也 又曰萬物則性不能禀全德 是不但論氣而論其氣局之理也,

23) 『巍巖遺稿』卷7,「未發詠」, 21쪽·卷7,「答韓德昭別紙」, 21~22쪽·卷4,「上遂菴先生別紙」, 45쪽: 若單言理則卽本然而已矣 而本然氣質之間 性只是此理也 是故言性處 所審在帶氣與否 而言理處則無復致審者矣.

이간은 리통의 관점인 인물동人物同의 본연지성만이 참된 성이라는 주장을 지속적으로 하였다.

성에 비록 본연과 기질의 구별이 있다고 할지라도, 본연지성이 주인이다.[24]

살펴본 바와 같이, 이간은 일원의 관점에서 인성과 물성이 같다는 인물동의 성을 말하고 있고, 이체異體의 관점에서 인성과 물성이 상호 다르다는 인물이人物異의 성을 말하고 있다. 이간은 인물동의 성만을 실사에서의 참된 본연지성으로 규정하고 있고, 인물이人物異의 성은 참되지 못한 비본질적인 성 즉 기질지성으로 처리하였다. 그러나 사람과 물物이 똑같이 오상의 성을 내재하고 있다고 하여, 사람과 타 존재의 성을 구분하지 않고 동일한 것으로만 평가하지는 않았다. 이간은 사람은 정통한 기질을 품부 받았기 때문에 인의예지의 오상의 성을 발용할 수 있는 반면에, 다른 존재들은 치우치고 막힌 편색한 기질을 타고났기 때문에 인의예지의 오상의 성을 온전히 발용할 수 없다고 보았다. 이는 이간이 기질지성 차원에서뿐만 아니라,[25] 본연지성 차원에서도 기질의 질적인 차이를 무시할 수 없었기 때문에 드러난 현상이라고 할 수 있다.[26]

---

24) 『巍巖遺稿』卷4,「上遂菴先生別紙」, 46쪽·卷7,「答韓德昭別紙」, 18쪽: 性雖有本然氣質之別 而本然其主也.

25) 『巍巖遺稿』卷4,「上遂菴先生 別紙」, 34쪽: 章句圖說之外 夫子亦嘗已明言之矣 又曰人之仁義禮智之粹然者 物則無此 此又大煞較然 正且通故粹然 偏且塞故不能粹然 謂之未粹然則可 並謂無五常則惡可也 然五常之有粹駁 氣稟然也. 雖在氣稟而單指本然 則其所粹然者 亦何嘗有人物之辨哉.

기질의 질적인 차이는 심성론에서 심의 질적인 차이로 이어진다. 이간은 기질의 정통편색正通偏塞으로 인해 심에 류類적인 차이뿐만 아니라 종種적인 차이까지도[27] 나타나는 것으로 보았다. 즉 그는 사람의 심은 귀貴하고 타 존재(物)의 심은 천賤하다고 하는 심의 류차類差를 말하고,[28] 성인聖人의 심과 중인衆人의 심이 서로 다르다는 사람과 사람 사이의 종차種差를 언급하고 있다.[29] 이것은 기질로 인하여 기질지성에 종차種差와 류차類差가 나타난다고 할 때와 같은 논리적 적용이라고 할 수 있다. 이간이 이와 같이 심의 차이를 언급하게 된 것은 근본적으로 사람의 선한 도덕성인 성선의 성을 확보하기 위해서였다고 말할 수 있다. 왜냐하면 사람과 타 존재의 성을 이미 같다고 하였으므로, 동오상同五常의 성을 선한 성으로 인정하게 되면, 만물이 모두 동오상同五常의 선한 성을 가지게 되어, 영명靈明한 존재인 인간만이 가지고 있는 성의 특색이 드러나지 않게 된다. 이에 이간은 인간만이 가진 성의 특색을 심의 차이에서 찾고 있다. 이간은 인간의 기질가운데 순선한 측면을 본연지심本然之心이라고, 이 본연지심이 갖추고 있는 오상으로서의 본연지성을 사람의 성선의 성으로 규정하였다.

---

26) 『巍巖遺稿』卷4,「上遂菴先生 別紙」, 34쪽: 又曰人之仁義禮智之粹然者 物則無也 此又大殺較然 正且通故粹然 偏且塞故不能粹然 謂之未粹然則可 並謂無五常則惡可也 然五常之有粹駁 氣稟然也.

27) 人人同·物物同이면서 人物異인 측면을 類差로, 人人異·物物異면서 人物異인 측면을 種差로 분류하였다.

28) 『巍巖遺稿』卷12,「未發有善惡辨」, 21쪽: 心也 人貴物賤 所較者此心.

29) 『巍巖遺稿』卷12,「未發有善惡辨」, 12쪽: 喜怒哀樂未發而不中者 何曰 此是氣質混濁 其未發是 只是块然 如頑石相似 劈斫不開 又曰 衆人雖其此心 未發時 已自汩亂了 至感發處 如何會得如聖人中節.

2 한원진의 인물성이론

한원진은 성을 세 측면으로 나누어 분석하였는데, 이를 한원진의 성삼층설性三層說이라고 한다.

> 리는 본래 하나인데 초형기超形氣하여 말하는 것이 있고, 인기질因氣質하여 이름하는 것이 있고, 잡기질雜氣質하여 말하는 것이 있다. 초형기하여 말하면 태극이라 칭함이 이것이니 만물萬物의 리가 모두 같은 것이며, 인기질하여 이름하면 건순오상健順五常의 명칭이 이것이니 인·물人物의 성이 다르며, 잡기질하여 말하면 선악의 성이 이것이니 사람과 사람, 물과 물의(人人·物物)의 성이 또한 다르다.[30]

한원진은 성에는 초형기의 사람과 다른 존재가 모두 같은 성과, 인기질의 사람과 다른 존재가 같지 않은 성, 잡기질의 사람과 사람이 다르고 타 존재와 타 존재가 다른 성의 세 측면이 있다고 보았다. 초형기의 성은 리통理通의 관점이고, 인기질과 잡기질의 성은 기국氣局의 관점이다. 리일분수理一分殊로 말하면 초형기의 성은 리일理一, 인기질의 성은 분수分殊, 잡기질의 성은 분수지분수分殊之分殊의 관점에 해당된다.[31]

한원진은 인기질의 성을, 사람·개·소간에는 상호 다르지만, 사람

---

30) 『南塘集』 卷11, 「擬答李公擧」, 9쪽: 理本一也 而有以超形氣而言者 有以因氣質而名者 有以雜氣質而言者 超形氣而言則太極之稱是也 而萬物之理皆同矣 因氣質而名則健順五常之名是也 而人物之性不同矣 雜氣質而言則善惡之性是也 而人人物物又不同矣.

31) 『經義記聞錄』 卷6, 「一原分殊圖」, 2~3쪽 참조.

과 사람·개와 개·소와 소간에는 상호 같은 인·물(人·物)의 류차類差를 나타내는 성으로 보았다.32) 한원진은 그 이유로, '성이 기질에 따라 같지 않음'을 예로 들었다. 즉 그는 사람과 타 존재(犬 牛)의 기질의 편전偏全에 따라 성 또한 편전을 띠고 드러나게 된다고 보았는데, 바로 이 성을 인기질의 성이라 하였던 것이다.33) 한원진은 이 인기질의 성을 본연지성으로 규정하고 있다.34) 이는 유선악한 기질과 리를 부잡不雜의 관계로 설정함으로써 이룩된 것이다.

> 성이 비록 인기질하여 이름된 것이기는 하나, 그 가리킨바 성이
> 라고 하는 것은 실로 기질가운데에 부여된 리理를 지적한 것이요,
> 기질과 섞어서 말한 것이 아니다.35)

한원진은 인기질의 인물부동人物不同의 본연지성을 순선무악純善無惡한36) 실사에서의 참된 성으로 보고자 하였다. 인물성동론자인 이간과 대비하여 한원진을 인물성이론자라고 할 때의 성은, 바로 이 성性

---

32) 『南塘集』卷7,「上師門」, 3쪽: 人與物不同 而人則皆同之性也.;『經義記聞錄』卷6,「生之謂性章」, 27쪽: 夫所謂本然者 謂其本如此也 鷄司晨 犬司盜 牛耕馬馳 皆其性本如此 則所謂本然者也 若其鷄之不能司晨 犬之不能司盜 牛之不能耕 馬之不能馳者 乃其失其本然 而由於氣質之不齊者也.

33) 上同 卷9,「與李公擧別紙」, 28쪽: 性則隨氣質而不同 故有偏全.

34) 『南塘集』卷7,「上師門」, 3쪽: 上二層(筆者註:超乎形氣·因氣質의 性) 本然之性, 下一層(筆者註:雜氣質의 性) 氣質之性.

35) 『朱子言論同異攷』卷2, 1쪽: 性雖因氣質而名 然其所指爲性之物 則實指其中所賦之理 非雜乎氣質而言也.

36) 『經義記聞錄』卷3,「太極圖」, 14쪽: 各指其氣之理 故有五常名目不同 亦不雜乎其氣而言 故爲純善無惡之性.

을 가리킨다. 한원진은 이 인기질의 본연지성을 만물이 각각 달리 소유하고 있다는 것을, 오행의 차이(秀不秀, 偏全)에 따른 오상의 차이(粹粗, 偏全)로 설명하기도 한다. 즉 정통한 기질을 타고난 사람은 품부받은 오행의 기가 온전하고 모두 빼어나 오상의 덕 전체를 온전하고 순수하게 갖출 수 있지만, 치우치고 막힌 편색한 기질을 타고난 다른 존재들은 오행을 얻었으되,[37] 품부된 오행의 기가 치우쳐 있고 일부만 빼어나 오상의 덕중 일부분만을 거칠고 치우치게 갖추고 있다고 언급하고 있다. 예를 들면 사람은 목금화수木金火水의 빼어난 기를 모두 얻어서 인의예지의 덕 전체를 온전히 잘 갖추고 있으나, 범과 이리는 목기木氣의 빼어남만을 얻어서 인仁의 덕만을 거칠게 갖추고 있고, 벌과 개미는 금기金氣의 빼어남만을 얻어서 의義의 덕만을 거칠게 갖추고 있다는 것이다.[38] 한원진의 오상론은 이간과 차이가 있다. 한원

---

37) 『南塘集』卷8,「上師門」, 15쪽: 五行之氣闕一 則不得生物 故人物之生 雖皆均受五行之氣 物之所受 極其偏駁 故其理亦極偏駁 豈可以此而與論於仁義禮智之粹然者哉.

38) 『南塘集』卷8,「與崔成仲別紙」, 18~19쪽: 五常者五行秀氣之理也 必得秀氣然後其理方謂之五常 如不得秀氣 則未嘗無其理 亦不可謂之五常也 人則盡得五行之秀 故五常之德無不備 物則惑得一氣之秀而不能盡得其秀 故虎狼之仁 蜂蟻之義之類 僅存其一德之明 而其餘德則不能有也. ; 上同 卷9,「論性同異辨」, 8쪽: 虎狼之仁 蜂蟻之義之類 是於五行中 亦得其一段秀氣 故其理爲仁爲義 而終不能全也. ; 上同 卷7,「上師門」, 3쪽: 就人心中 各指其氣之理而名之則木之理爲仁 金之理謂之義 火之理謂之禮 水之理謂之智 四者各有間架不相淆雜 而亦不雜乎其氣而爲言 故純善而無惡 人則稟氣皆全 故其性亦皆全 物則稟氣不能全 故其性亦不能全 此人與物不同 而人則皆同之性也. ; 上同 卷9,「與李公擧別紙」, 29쪽: 天地生物 莫不與之以元亨利貞之理 人則受之以正通之氣 故所得之理 皆全且粹 而爲仁義禮智之性 物則受之以偏塞之氣 故所得之理 亦偏且粗 而不得爲仁義禮智之性 此理甚明 又何疑乎.

진이 본연지성의 차원에서 오상의 차이를 말하고 있는 데 반해, 이간은 오상의 차이를 본연지성이 아닌 기질지성의 차원에서 논하고 있다. 이간은 본연지성의 차원에서 보면, 모든 존재자들이 오행의 편전이나 기질의 정통편색과 관계없이 오상의 리을 모두 수연粹然하게 갖추고 있다고 주장하고 있다. 이간은 기질지성의 차원에 이르러서야 비로소, 인과 물에 오행의 편전과 기질의 정통편색에 따른 오상의 편전과 수·불수(粹·不粹)의 질적 차이를 언급할 수 있다는 입장을 취하고 있다.39) 이간은 한원진의 오상론에 대해, 일원에 밝지 못하여 이체異體에서도 밝지 못하게 된 그릇된 논의라고 비판하였다.40)

사람과 타 존재가 태어나면서 인의예지의 오상의 리를 각각 성으로 품부 받았다고 할 때,41) 이 품부 받은 리는 사람과 물物이 각각 상호 다르게 품부 받았다는 측면으로 해석 될 수도 있고, 각자가 동일하게 품부 받았다고 해석 될 수도 있다. 한원진의 실사의 본연지성(因氣質의性)은 각득오상各得五常을 인물부동, 즉 사람과 타 존재가 각각 다르게

---

39) 『巍巖遺稿』卷4,「上遂菴先生 別紙」, 33~34쪽: 朱子曰仁義禮智物豈不有 但偏耳 又問人具五行 物只得一行 曰物亦具有五行 只得五行之偏者 又問性具仁義禮智 曰此猶是說成之者性上面 更有一陰一陽繼之者善 未知做人做物已具是四者 雖尋常昆蟲之類 皆有之 只偏而不全 據此數段 則物亦得五常之理. ; 『巍巖遺稿』卷4,「上遂菴先生 別紙」, 34쪽: 章句圖說之外 夫子亦嘗已明言之矣 又曰人之仁義禮智之粹然者 物則無也 此又大煞較然 正且通故粹然偏且塞故不能粹然 謂之未粹然則可 並謂無五常則惡可也 然五常之有粹駁氣稟然也. 雖在氣稟而單指本然 則其所粹然者 亦何嘗有人物之辨哉.

40) 『巍巖遺稿』卷7,「未發詠」, 20쪽: 於一原未瑩 故於異體亦未瑩 而又與自家所謂得秀氣然後方謂五常者 自相矛盾矣.

41) 『中庸』第一章 朱子註: 人物之生 因各得其所賦之理 以爲健順五常之德 所謂性也.

품부받았다고 해석한 것이라고 할 수 있다.[42] 이간의 실사의 본연지성은 각득오상各得五常을 인물동, 즉 사람과 타 존재가 각자 동일하게 품부받았다고 해석한 것이라고 할 수 있다.[43] 인물동의 측면에서 각득오상을 해석하고 있는 이간의 관점에서 볼 때, 한원진의 각득오상론은 결코 실사의 본연지성으로 인정할 수 없는 것이었다. 이에 이간은 한원진의 인기질의 본연지성에 대해, 기질지성을 본연지성이라 주장하는 논의라고 비판하게 된다. 즉 한원진이 인기질의 성에 대해 기질과 부잡不雜의 관계이므로 본연지성이라고 아무리 주장한다 하더라도, 이는 결국 이체異體의 기질지성에 불과한 것이라고 여겼던 것이다.[44]

한원진은 이오상異五常의 인물부동의 본연지성을, 주렴계가 말한 '각일기성各一其性', 맹자가 말한 '개의 성·소의 성·사람의 성', 주자朱子가 말한 '편전지리偏全之理'와 그 의미가 같은 것으로 보았다. 또한 그는 인물부동의 본연지성을 본래의 선한 체(本善之體)가 자약自若하게 내재되어 있는 상태로 표현하기도 하였는데,[45] 이는 곧 각 존재

---

42) 『南塘集』 卷7, 「上師門」, 2쪽: 元震竊疑 以爲性有三層之異…有人與物不同 而人則皆同之性(南塘註: 孟子告子篇輯註 以理言之 則仁義禮智之稟 豈物 之所得而全哉 大學序文 天降生民 則旣莫不與之 以仁義禮智之性.)

43) 『巍巖遺稿』 卷7, 「答韓德昭別紙」, 17~18쪽: 元只一物 故無偏全大小也 而亦初 非牽聯比屬而謂之一原也 只一物 故謂之一原也 然則章句(巍巖註:中庸) 所謂 人物之生 各得其理爲健順五常之德 或問(巍巖註:大學) 所謂人物之生 必得是 理爲健順仁義禮智之性 是二說者 或者朱子之見本 亦在是(巍巖註:一原)而言 歟 鄙見之得失未知 而本領則在是 所據則在是矣 或者於章句各得字 疑人與物 所得之異同 是則偶未識破於一原所在 而卽其文理語勢 俱欠商量矣.

44) 『巍巖遺稿』 卷7, 「答韓德昭別紙」, 20쪽: 來諭以爲人異於物者 非以其形 乃在 於性也 高明方主張異體 而乃反不察於氣者 何歟.

45) 『經義記聞錄』 卷6, 「理氣性情圖說」, 3쪽: 就氣中各指其氣之理 則理已偏於

들이 상호 다르게 내함하고 있는 인기질의 본연지성을 선한 상태로 파악한다는 뜻이다.[46] 한원진은 정통한 기질을 타고난 사람은 오상 전체를 선한 본연지성으로서 갖추고 있고, 편색한 기질을 타고난 다른 존재들은 치우친 오상을 선한 본연지성으로 가지고 있다고 보았다.[47] 한원진은 인물의 본연지성이 다르다고 할 때, 그 쟁점 사항은 그 본연지성이 선하냐 선하지 않느냐가 아니라, 그 본연지성이 온전한 것이냐 치우친 것이냐에 있다고 주장하고 있다.[48] 즉 사람과 다른 존재의 본연지성은 어차피 모두 선한 것이므로, 사람과 타 존재의 본연지성을 구분하는데 있어서 중요한 것은 본연지성이 온전한 것이냐 치우친 것이냐에 달려 있다고 본 것이다. 이에 비해 사람과 다른 존재가 동일하게 수연粹然한 성을 실사에서의 본연지성으로 가지고 있음

一德 而不得爲全體 故分而目之曰健順五常 亦不雜乎其氣之善惡而言 故其本善之體自若也 夫子所謂成之者性 各正其性命 周子所謂五行各一其性 孟子所謂犬之性牛之性人之性 朱子所謂偏全之理 是也.

46) 『朱子言論同異攷』卷2,「性」, 1쪽: 因氣質而言 故有五常名目之殊 人物所禀之異矣 指其中所賦之理 故其爲五常之德 人物之性 又皆不失其爲善矣(南塘註: 中庸章句 人物之性 皆以健順五常爲言 則物性雖偏 亦皆善矣) ; 『南塘集』卷11,「擬答李公擧」, 9~10쪽: 所謂因氣質而名者 於陰指其爲陰之理 而名之曰順 於陽指其爲陽之理 而名之曰健 而亦未嘗以氣之昏明淸濁者而雜言之 故其爲健爲順 雖不同而其爲本善之理則自若矣. 於木指仁 於金指義 義皆如此.

47) 『經義記聞錄』卷6,「生之謂性章」, 27쪽: 鷄司晨 犬司盜 牛耕 馬馳 固皆其本性之善者也. 但不能如人性之全而無不能 故於人特曰無不善 於善字上 見其物之本性 亦善 於無不字上 見其人性之全 而非如物之偏也.
『經義記聞錄』卷6, 上同: 語類中庸首章端蒙錄 萬物禀受 莫非至善者.

48) 『經義記聞錄』卷6,「生之謂性章」, 28쪽: 人物本性之不同 只爭其偏全 不當爭其善不善也.

을 주장하는 이간은 사람과 다른 존재간의 쟁점 사항을 성의 편전 여부가 아니라 기의 담일湛—여부에 두고 있다. 이간은 어차피 사람과 다른 존재가 모두 선한 본연지성을 온전하게 가지고 있으므로, 쟁점 사항은 리에 있지 않고 기에 있다고 본 것이다.[49] 이간의 기에 대한 견해는 '심시기心是氣'의 논리와 연결되어, 미발심성론에서 심의 담일 성 여부의 문제로 드러나게 된다.[50]

한편, 인기질의 성은 기질의 편전에 따라 편전이 있게 되는 성이라 는 점에서,[51] 이미 성과 기질을 불리不離의 관계로 보는 면이 감안된 것이라고 할 수 있다.[52] 기질과의 관계성 측면에서 한원진은 인기질 의 성을 초형기의 태극으로서의 성과 구분하여 기질지성이라고도 하 고 있다.[53] 인기질의 성은 유선악한 기질과 부잡不雜의 관계로 보는

---

[49] 『巍巖遺稿』卷7,「未發詠」, 20쪽: 來諭以爲人異於物者 非以其形 乃在於性也 高明方主張異體 而乃反不察於氣者 何歟 彼頭圓象天 足方象地平 正端直者 固自絶異於物 而至其方寸之地 則虛明洞澈 靈於萬物者 專在是矣 然則人與 物所爭者 理乎 氣乎.

[50] 『巍巖遺稿』卷12,「未發有善惡辨」, 21쪽: 所貴非性也 乃心也 人貴物賤 所較 者此心 則抑其心云者 是只血肉之氣歟 將謂本明之體歟.

[51] 『南塘集』卷8,「與崔成仲別紙」, 23쪽: 於中言者 可以見理墮氣中 各爲其性 而我全物偏 我大物小 不可以我之貴 同於物之賤矣.

[52] 한원진은 有善惡한 기질과의 관계를 고려하여, 그의 性三層說을 不離不雜의 관계로써 설명한 바 있다. 인기질의 성은 不雜·不離의 두 측면이 함께 고려된 성이고, 超形氣의 성은 '專以不離言'·雜氣質의 성은 '專以不離言'에 해당되는 것이라고 보았다. ;『經義記聞錄』卷3,「太極圖」, 2쪽: 然理在氣中者 有專以不 雜言者 有專以不離言者 有幷包不雜不離之意而言者 此又不可不知也 … 有言 人人不同 物物不同之性者 是則以理與氣雜而言之也 所謂專以不雜言者也.

[53] 『南塘集』卷15, 5쪽: 五常之性對太極言 則太極爲一原 五常爲分殊 故太極爲 本然之性 而五常爲氣質之性. ;『經義記聞錄』卷3,「太極圖」, 13~14쪽: 以五常

측면에서 본연지성이라 칭하여지기도 하지만, 또한 기질의 편전을 고려한 기국의 리(氣局之理)라는 점에서 인물성동의 일원으로서의 지위를 완벽하게 부여받은 성이라고 할 수 없다.[54] 왜냐하면, 일원으로서의 인물동의 지위를 확보하려면 형기에 얽매이지 말아야만 가능한데,[55] 인기질의 성은 이미 기질에 구애됨이 있는 인물부동의 성이기 때문이다.[56]

한원진은 인물동의 지위 확보 차원에서 초형기의 성을 말하고 있다. 초형기의 성은 글자 그대로 인물의 형기形氣에 얽매임이 없는 성이라고 할 수 있다. 초형기의 성을 설정함에 따라 한원진은 천명의 온전한 체를 만물이 모두 동일하게 품부 받아 성으로서 갖추고 있지 않음이 없다는 논리를 펼칠 수 있게 되었다.[57] 그러나 세밀하게 살펴보면, 한원진의 초형기의 성에는 인기질의 성을 논할 때와 같이 여전히 형기(形氣, 氣質)의 존재성을 감안하는 면이 남아 있음을 발견할 수 있다. 다만 그 형기를 논리적으로 고려치 않고 언급하는 것일 뿐이지(不犯形氣), 형기의 존재성을 완전히 무시하고 언급하는 것이 아니라는

之性對太極而言 則太極爲本然之性 而五常爲氣質之性 雖曰氣質之性 不害其爲本然也.;『經義記聞錄』卷6,「生之謂性章」, 26쪽: 大抵犬牛人性之不同 實由於 形氣之異 則對太極之理 無物不全無物不同者 而言亦可謂氣質之性.
54)『經義記聞錄』卷6,「理氣性情圖說」, 4쪽: 各指處 不可喚做太極之全體.
55)『經義記聞錄』卷3,「太極圖」, 2쪽: 理不囿於氣 而陰陽五行萬物同一太極也.
56)『經義記聞錄』卷3,「太極圖」, 2쪽: 理爲氣所囿 而陰陽五行萬物各一 其性矣.『南塘集』卷8,「與崔成仲別紙」, 22쪽: 以理之不外乎形氣者 而語其分殊 則人得五常之全 物得五常之偏 而其性有不同矣.
57)『南塘集』卷8,「與崔成仲別紙」, 22쪽: 盖以理之不囿乎形氣者 而論其一原 則人之理卽物之理 物之理卽人之理 而其性無不同矣.;上同, 23쪽: 可以見天命全體 無物不賦 而我全物全 我大物大 不復有物我之辨矣.

것을 잘 보아야만 한다.[58] 초형기의 성은 어디까지나 기질 가운데에 있는 리를 말하는 것이지 기질 바깥에 있는 리를 언급하는 것이 아니다. 기질 가운데에 있는 리를 기질을 감안하지 않고 그 리만을 단지單指하여 언급한다는 차원에서 이루어진 것이 바로 초형기의 성이었다고 할 수 있다.[59] 이론적으로 볼 때, 인기질에서의 부잡不雜의 측면을 더욱 더 강조하면 초형기의 성이 성립된다고 할 수 있다.[60] 초형기의 성은 인기질의 성을 기초로 이룩된 성이라고도 말할 수 있다.[61] 초형기 성에서의 형기의 존재성을 고려하는 면은, 한원진이 만물개동萬物皆同의 초형기의 성을 '기국처氣局處상의 리지체理之體'로 인식하고 있는 데서 더욱 뚜렷이 드러나고 있다.[62] 초형기의 성은 태극지리太極之理를 성으로서 상정한 것이다.[63] 기국처상에서 논하여지는 태극지리는 통체일태극統體一太極이 아닌 각구일태극各具一太極에 속하는 것이다. 이러한 점에서 한원진이 언급하고 있는 초형기의 성은 통체일

---

58) 『經義記聞錄』卷6, 「理氣性情圖說」, 2쪽: 就氣中不犯形氣 單指其理 則渾然全體無所偏倚 故尊以稱之曰太極 … 張子所謂萬物之一原 是也.

59) 『經義記聞錄』卷3, 「太極圖」, 2쪽: 然理在氣中者 有專以不雜言者 … 有言萬物皆同之性者 是則不犯形氣 單指其理而言也 所謂專以不雜言者也.

60) 『經義記聞錄』卷3, 「太極圖」, 14쪽: 各指其氣之理 故有五常名目不同 亦不雜乎其氣而言 故爲純善無惡之性 若復掉脫形器 而單指之則可見其爲渾然太極之全體也.

61) 『經義記聞錄』卷3, 「太極圖」, 16쪽: 各一其性一句 亦以爲太極字之張本 盖有此性然後 方可言太極故也.

62) 『經義記聞錄』卷6, 「中庸天命圖」, 19쪽: 氣局處看理之體 則性未嘗不全.
『經義記聞錄』卷6, 「一原分殊圖」, 2쪽: 性無不全 萬物皆同.

63) 『南塘集』卷11, 「擬答李公擧」, 9쪽: 超形氣而言則太極之稱是也 而萬物之理皆同矣.

태극이 아닌, 각구일태극을 성으로서 상정한 것이라고.64) 할 수 있다.

이간은 초형기의 성을 일원의 관점에서만 논하였다. 이간의 일원의 관점은, 태극·천명·오상·본연지성을 피차彼此·본말本末·편전偏全·대소大小의 차이가 없는 동일한 하나의 존재로 보는 것이라는 점에서 통체일태극의 관점이라고 할 수 있다. 한원진은 각구일태극과 통체일태극을 구분하는 의식이 이간에 비해 비교적 뚜렷하다.65) 이는 이간의 경우는 리통(理通·一原)의 관점에서 본연지성을 규정해 들어가고, 한원진의 경우는 기국(氣局·分殊)의 관점에서 본연지성을 규정해 들어갔기 때문에 드러난 현상으로 보인다. 이에 이간과 한원진이 외형적으로 똑같이 형기를 초탈한 본연지성을 말한다할지라도, 기실 차이가 있다고 하지 않을 수 없다. 이간은 리통의 관점에서 '초형기超形器'

---

64) 『經義記聞錄』卷6,「理氣性情圖說」, 19쪽: 氣局中亦有理通之可言 萬物各具一太極 人性皆善 是也.

65) A. 『經義記聞錄』卷3,「太極圖」, 13쪽: 五行一陰陽 陰陽一太極 太極本無極 自五行推本於無極 所謂統體一太極也 五行之生 各一其性 所謂各具一太極也 … 五行一陰陽 陰陽一太極 一字 非各一之一 亦非同一之一 只是卽一之一 言五行卽一陰陽 而五行陰陽 非有二也 陰陽卽一太極 而陰陽太極非有二也. B. 『經義記聞錄』卷3,「太極圖」, 14쪽: 天下豈有性外之物 性字 以統體一太極而言 性無所不在 性字 以各具一太極而言. A·B의 글로 미루어 한원진에게는 統體一太極과 各具一太極을 구분하는 의식이 비교적 뚜렷이 있었음을 알 수 있다. 이간의 경우는 통체일태극의 관점이 각구일태극까지 포섭하고 있는 것으로 볼 수 있다. A의 글에서 各一其性을 各具一太極이라 칭한 것은, 各一其性을 統體一太極과 대비하는 차원에서 언급한 것이다. 性三層의 논리에 의해 구체적으로 논의하면, 各一其性과 各具一太極은 또한 그 특성에 따라 分殊와 一原으로써 구분되어진다.(『南塘集』卷40,「與蔡君範」, 5쪽: 萬物各一其性 分之殊也 各具一太極 原之一也.) 다만, 正通한 기질을 타고난 사람의 경우에는 各具一太極이 그대로 온전하게 各一其性으로 자리 잡게 된다.

라 칭한 것이고, 한원진은 기국의 관점에 바탕을 두고 '초형기超形氣'
라 하여 일원의 태극을 말하고 있는 것이다.[66] 다시 말해 이간의 '초
형기'의 태극은 통체일태극의 관점인 반면에, 한원진의 '초형기'의 태
극은 각구일태극의 관점이다. 주의해야 될 부분이다.

이론적 구조상 초형기의 본연지성(各具一太極)은, 인기질의 본연지
성(各一其性)이 인물동으로서의 일원의 측면을 완벽히 담보하지 못하
는 면을 보완하는 역할을 하고 있으며, 역으로 인기질의 본연지성은
초호형기의 본연지성이 담보하지 못한 분수의 상호 다른(異) 측면을
보완하는 역할을 하고 있다. 한원진은 초형기에 의지해 본연한 인물
성동의 측면을 말하고, 인기질에 의지해 본연한 인물성이의 측면을
언급하고 있다.[67] 그러나 한원진의 이러한 본연지성에 대한 논리는
동(超形氣의 성, 各具一太極)과 이(因氣質의 성, 各一其性)의 불일치로 인
해[68] 당대 및 후세의 학자들에게서 많은 비난을 받게 된다. 대표적인
학자들로 이간, 임성주, 기정진을 들 수 있다.[69] 이들은 한원진의 초형

---

66) 『經義記聞錄』 卷6,「理氣性情圖說」, 19쪽: 氣局中亦有理通之可言 萬物各具
一太極 人性皆善 是也.
67) 『經義記聞錄』 卷3,「太極圖」, 16쪽: 各一其性與一太極 自相對言 則亦不害爲
就一圈而幷說各一同一之義也.
68) 『南塘集』 卷8,「與崔成仲別紙」, 18쪽: 超形器而稱之 故物之所具莫非全體 因
氣質而名之 故氣之所偏 理亦有偏 此其謂太極則萬物同具 而謂五常則物不
能皆具也 太極五常雖非二理 而名目纔殊所指不同.
69) 대표적으로 巍巖 李柬·鹿門 任聖周·蘆沙 奇正鎭의 예를 들면 다음과 같다.
巍巖: 德昭(南塘)之謂天命者 超形氣之稱 五常者 因氣質之名 故物得於天命
之全 而不得於五常之德者 此不但未瑩於性命之實也 卽一原異體者 實無所
見之言也.(『巍巖遺稿』 卷4,「上遂菴先生別紙」, 45쪽) ; 巍巖: 知性之具五常
而不知命之具四德 知四德在天 五常在人 而不知此四德之外 更無五常 天命

기의 성을 분수처의 성과 분리分離된 공허한 것이라고 보았다.

특히 이간은, 한원진의 초형기의 성과 인기질의 성의 불일치에 대해, 불리부잡不離不雜을 잘못 적용한 결과 리기분합理氣分合에 있어서 잘못을 범하게 된 것이라고 보고,[70] 자신의 이론적 관점에서 불리부잡不離不雜을 새로이 적용해, 한원진의 초형기의 성과 인기질의 성의 불일치를 시정하려는 시도를 하기도 하였다. 이간은 인기질의 성에서는 기질과의 부잡성을 강조하여 보고, 초형기의 성에서는 기질과의 불리성을 강조하여 보고자 하였다.[71] 이와 같이 불리부잡을 적용하게 되면, 한원진의 일원의 측면에 기울어져 있는 초형기의 성과 이체의 측면에 기울어져 있는 인기질의 성이, 그 일물一物의 특성을 회복하여, 인기질의 성과 초형기 성의 불일치성이 극복되어질 수 있다고 보았던 것이다.[72] 이러한 이간의 관점은 자신의 이론적 관점에서 한원

之外 更無物性.(『巍巖遺稿』 卷4,「上遂菴先生別紙」, 46쪽) ; 巍巖: 若以仁義禮智爲氣質之性 而別指本然之理於天命太極而曰 言性處 不可以理易之 言理處 不可以性釋之 則非鄙見之所及矣.(『巍巖遺稿』 卷7,「未發詠」, 22쪽·卷7,「答韓德昭別紙」, 22쪽) ; 鹿門: 以太極爲超形氣 五常爲因氣質 而性與太極爲不同.(『鹿門集』 卷3, 5쪽) ; 蘆沙: 天命爲本然 而五常爲氣質 亦一串貫來說 不去處 天之所以命人物 五常之外 無他焉 五常被氣質所占 則天命乃虛殼子也 雖加以本然之美稱 畢竟果是何物乎.(『蘆沙集』 卷12, 7쪽)

70) 『巍巖遺稿』 卷7,「答韓德昭別紙」, 22쪽: 大抵兄輩 俱爲不離不襍理氣分合等語所誤 輾轉失眞. ; 上同,「答韓德昭別紙」, 18쪽: 至於兄輩 則自謂得不離不襍理氣分合之妙 而以天命太極本然爲一原 … 獨以五常爲異體 而其所極口張皇 各至屢千言者 專在此一路.

71) 『巍巖遺稿』 卷7,「答韓德昭別紙」, 22쪽: 高明所謂因氣質者 以不襍二字 略更開眼 卽此非超形器乎(巍巖註:只此一句 說盡天命五常 下句不過反復言之也.) 又於所謂超形器者 以不離二字 略更開眼 卽此非因氣質乎.

72) 『巍巖遺稿』 卷7,「答韓德昭別紙」, 22쪽: 十分天理圈子 以超形器三字 却占不

진의 학설을 독단적으로 해석한 면이 있는 것이기는 하지만,[73] 두 층의 본연지성을 설정함에 따라 드러나고 있는, 한원진의 학설이 가지고 있는 문제점을 잘 지적하고 있는 것이라고 할 수 있다.

잡기질의 성은 '분수지분수分殊之分殊'에 해당하는 것으로,[74] 사람과 사람, 개와 개, 소와 소의 기질의 차이를 고려한 순수한 기질지성이다. 한원진은 각각의 기질에 내재되어 있는 강유선악剛柔善惡의 구체적 차이를 고려하여 잡기질의 기질지성을 논하고 있다.[75] 한원진이

裏邊 五分留守於一原 以因氣質三字 却占不離邊 五分遷就於異體者 此高見也. 愚意欲以異體中不離者 合置不襍者於一原之中 則不離不襍 還他十分 而天命五常 元只一圈天理 未知高見當乎否乎 凡所譬喩 且當善觀其指 方無所差 此若以半邊天命 半邊五常 齊頭並看 則其與來說 相去又幾何哉.

73) 한원진은 이미 因氣質의 성과 氣質을 不襍의 관계로 해석하여 인기질의 성을 본연지성으로 보고 있었다. 이간의 견해는 이때의 인기질의 성과 기질의 不襍관계의 측면을 더욱 강조하여 보고자 한 것이다. 한원진의 초형기의 성은 氣局중의 理通으로서 이미 기질의 존재성이 어느 정도 감안되어져 있는 것이었다. 이간의 견해는 이때의 기질을 더욱 강조하여 초형기의 성과 기질을 보다 밀접하게 不離관계의 측면에서 보고자 한 것이다. 이간이 불리부잡의 관계를 새로이 적용한 까닭은, 이와 같이 재해석되어야 한원진의 초형기의 성과 인기질의 성의 二物性이 극복되어질 수 있다고 보았기 때문이다. 그러나 이러한 관점은 자신의 본연지성론에 한원진의 학설을 무차별적으로 꿰맞추려는 혐의가 있는 것이었다.

74) 南塘의 性三層說에서 超乎形氣단계는 '一原'에, 因氣質단계는 '分殊'에, 雜氣質단계는 '分殊之分殊'에 각각 해당된다.(『經義記聞錄』 卷6 「一原分殊圖」, 2~3쪽 참조.)

75) 『南塘集』 卷7, 「上師門」, 3쪽: 以理雜氣而言之 則剛柔善惡有萬不齊 此人人皆不同之性也. ; 『經義記聞錄』 卷6, 「理氣性情圖說」, 3쪽: 兼指理氣 則氣有善惡 理亦有善惡 故據氣稱之曰善惡之性 夫子所謂性相近 周子所謂剛柔善惡中 程張所謂氣質之性 是也. ; 『經義記聞錄』 卷6, 「生之謂性章」, 27쪽: 若其鷄之不能司晨 犬之不能司盜 牛之不能耕 馬之不能馳者 乃其失其本然 而由於氣質之不齊者也.

인기질의 성에다 기질을 세차게 섞으면 잡기질 단계의 성이 성립된다고 한 점으로 미루어 보아,[76] 이론적 구조상 이 성은 인기질의 성을 바탕으로 성립된 것이고, 초형기나 인기질의 성으로서는 담보할 수 없는 인인人人·물물物物 단계의 구체적인 차이를 설명하기 위해 설정된 것이라고 할 수 있다.

한원진은 이상과 같이 성삼층설을 주장하고 있다. 초형기의 성은 인물성동의 측면을 확보하고 있고, 인기질의 성은 인물성이의 류차類差의 측면을 확보하고 있으며, 잡기질의 성은 인인人人·물물物物의 성차(性異)의 측면 즉 종차種差의 측면을 확보하고 있다. 그리고 그는 이 세 측면의 성을 파악하는 방법으로 단지單指·각지各指·겸지兼指를 사용하고 있다.[77] 단지는 초형기영역의 만물개동萬物皆同의 성(태극)을, 각지는 인기질영역의 인물부동의 성(健順, 五常)을, 겸지는 잡기질영역의 인인부동人人不同·물물부동物物不同의 성(善惡之性)을 파악하는 방법으로 보았다.[78] 그런데 한원진은 세 가지 방법으로 파악되는 세 성을 하나의 성일뿐이라는 주장을 하였다. 즉 일처一處에 있는 하나의 성을, 간법看法에 따라 분석하여 이름 한 것일 뿐이라는 것이 한원진의 기본적인 생각이다.[79] 그의 이러한 생각은 삼층을 각기 구

---

76) 『經義記聞錄』卷3,「太極圖」, 14쪽: 各指其氣之理 故有五常名目不同 亦不雜乎其氣而言 故爲純善無惡之性 … 至於氣質善惡之性 則以此性 滾雜氣質而言者也.

77) 單指·各指·兼指도 또한 하나의 性(理)을 세 측면에서 파악하는 방법일 뿐이다.;『經義記聞錄』卷6, 4쪽: 單指各指兼指 只在一處 理在氣中 只有一體 而單指則皆全 各指則有偏全 兼指則有善惡.

78) 『經義記聞錄』卷6, 2~3쪽 圖說 참조.

79) 『南塘集』卷7,「上師門」, 2쪽: 性非有是三層而件件不同也 人之所從而見者

분하면서도 삼층의 연관성을 말하는 방식으로 이어지고 있다. 즉 한원진은 "단지처의 태극을 건순·오상의 분수의 리라고 부를 수 없고, 각지처의 건순·오상의 리를 태극의 전체라고 부를 수 없으며, 겸지처의 선악의 성을 태극과 오상의 본연지덕本然之德이라고 부를 수 없다."고 하여 삼층을 각기 구분하면서도, "단지처의 태극이 곧 건순·오상의 리가 아님이 없으며, 각지처의 건순·오상의 리가 태극의 리가 아님이 없으며, 겸지처의 선악지성이 건순·오상의 리와 태극의 리가 아님이 없다."는 즉자적卽自的 연관을 말하고 있다.[80] 한원진의 삼층의 성에 대한 구분과 즉자적 연관성의 논리는 그의 독특한 '같음 가운데서 그 다른 바를 알아채고 (同中識其所異)'·'다름 가운데서 그 같은 바를 본다(異中見其所同)'는 리일분수理一分殊상의 회통會通의 논리로 이어지고 있다.[81]

有是三層耳. ; 上同, 3쪽: 豈人旣有人與物皆同之性 又有人與物不同之性 與人人皆不同之性哉. ; 上同, 3쪽: 其實一性而已也.

『經義記聞錄』卷3,「太極圖」, 2쪽: 理一而已 只在人將理氣離合看得 出來有此不同耳. ;『經義記聞錄』卷6,「理氣性情圖說」, 4쪽: 譬如看山 橫看成嶺 直看成峯 而山未嘗有二也 然看成嶺處 不可喚做峯 看成峯處 不可喚做嶺也 理一也 山一也 只在人看得有別耳.

80) 『經義記聞錄』卷6,「理氣性情圖說」, 4쪽: 單指處未嘗非建順五常之理 各指處未嘗非太極之理 兼指處亦未嘗非建順五常太極之理 然單指處不可喚做建順五常之殊 各指處不可喚做太極之全體 兼指處不可喚做太極五常本然之德.

81) 『經義記聞錄』卷6,「理氣性情圖說」, 4쪽: 單指各指兼指 只在一處 理在氣中 只有一體 而單指則皆全 各指則有偏全 兼指則有善惡 朱子論性所謂同中識其所異 異中見其所同者 是也.
『南塘集』卷8,「與崔成仲別紙」, 23쪽: 三說相足一以貫之 則朱子所謂同中識其異 異中見其同者 正謂此爾 而可謂一言盡之矣.

제3장
호락논변 초기의 미발심성 대립

  인물성동이논변은 타 존재들의 성까지 고려하며, 타 존재의 본연지
성이 사람의 본연지성과 같으냐 다르냐에 대해 깊이 있게 토론한 논
변이었다. 이에 비해 미발심성논변은 사람의 미발심과 성에 집중한
논변이었다.

  유학에서는 이상적 인간을 요순과 같은 성인으로 설정하고 있다.
주자학자들은 부단한 학습과 실천적 수양을 통해 성인과 같은 본성을
갖추기를 희망한다. 성인의 본성은 순선무악純善無惡한 본연지성이다.
주자학자들은 순선한 본연지성을 모든 사람들이 본질적으로 가지고
있는 성으로 규정하였다.[1] 호락논변 이전의 주자학자들은 순선무악
한 본연지성의 확보 문제를, 대체로 기질과의 관계 속에서 논하였다.
기질의 탁박濁駁한 측면을 변화시켜 본질적으로 가지고 있는 성인 본
연지성을 회복하면, 성인과 같은 성을 가지게 된다고 보았다.[2]

---

1) 『栗谷全書』卷27 「擊蒙要訣」, 3쪽: 初學 先須立志 必以聖人自期 不可有一毫
   自小退託之念 蓋衆人與聖人 其本性則一也.
2) 앞의 책, 「擊蒙要訣」, 3쪽; 雖氣質不能無淸濁粹駁之異 而苟能眞知實踐 去其

낙론자인 이간은 기질의 문제를 심의 문제로 전환하였다. 본연지성은 본연한 심을 통해서 확보할 수 있다고 주장하였다. 새로운 주장이었다. 성은 미발에 위치해 있다. 이 성과 같이 있는 심은 미발심이다. 이간은 자신의 주장을 명확히 하기 위해, 미발을 대본저미발 大本低未發과 부중저미발不中底未發로 나누고, 미발심을 대본저미발의 본연지심과 부중저미발의 기질지심으로 나누었다.

한원진은 미발심을 둘로 나누는 것은 옳지 않다고 하며, 이성二性론으로 귀결되는 문제점이 있다고 지적하였다. 미발에서의 심과 성은 밀접한 불리不離관계의 양상을 띠고 있기 때문에, 심의 문제는 곧바로 성의 문제로 연결된다.3) 이간은 하나의 심만으로는 본연지성을 확보할 수 없다고 보았다. 기질을 심으로 전환시킨 이간은, 하나의 심만을 말할 경우, 그 심에는 기질이 가지고 있던 선악의 속성이 그

舊染 而復其性初 則不增毫末 而萬善具足矣 衆人豈可不以 聖人自期乎.
3) 주자학 체계에서 미발에서의 심의 문제는 곧 성의 문제이고, 성의 문제는 곧 심의 문제이다. 주자학에서는 性을 본연지성과 기질지성 두 측면으로 설명하고 있다. 기질지성은 본연지성을 기반으로 이룩된 성이다. 이러한 점에서 본연지성과 기질지성은 본질적으로 별개의 독립된 두 개의 성이 아니다. 그러나 본연지성은 성의 본래적인 측면으로 善을 정초하는 역할을 수행하고 있고, 기질지성은 淸濁粹駁의 차이가 있는 氣質을 고려한 것으로, 過不及한 惡의 문제를 설명하는 역할을 하고 있다. 따라서 비록 본연지성과 기질지성이 본질적으로는 하나의 성이라고 할 수 있지만, 또한 그 구분을 언급하지 않을 수 없다. 未發에서의 심과 성은 매우 밀접한 不離的 특성을 띠고 있다. 심 없는 성이 없고, 성 없는 심 또한 없다. 심에서의 문제는 곧 성에서의 문제이고, 성에서의 문제는 곧 심에서의 문제로 연결된다고 할 수 있다. 이간은 성을 본연지성과 기질지성으로 구분하듯이, 미발심을 두 개의 심으로 나누었다. 이는 곧바로 성을 둘로 나누는 문제로 연결된다. 이에 한원진은 미발심을 두 개의 심으로 나누는 문제가 二性론으로 귀결된다고 보아 비판한 것이다.

대로 동시적으로 있게 된다고 보았다. 심의 선악의 문제는 성의 선악 문제로 연결되기 때문에, 선악이 있는 심이 확보하게 되는 성은, 선악의 속성이 있는 기질지성에 불과하게 된다. 이에 이간은 심을 둘로 나누어, 순선한 본연지심에서 순선무악한 본연지성을 확보하고자 하였던 것이다.

이간은, 이심二心론이며 이성二性론으로 귀결된다는 한원진의 지적에 대해 반박하며, 오히려 한원진의 일심一心론이 가지고 있는 문제점을 지적하며 공격하였다. 논변은 반복되었으며, 그 과정에서 기존에 없던 새로운 토론들이 진행되었다. 논쟁은 치열했고 갈수록 정밀해졌다.

주자학자들이 기질변화를 통해 확보하고자 한 본연지성은 성선의 성이었다.[4] 성인이 가지고 있는 본성은 곧 성선의 성이다. 이이는 초학자들에게 뜻을 세워 성인이 될 것을 목표로 삼아 부단히 학습하고 독실하게 실천하라고 당부하였다.[5] 그와 같이 노력하면 세상을 올바로 이끌어가는 성선의 성을 갖춘 성인이 될 수 있다고 보았기 때문이다. 유학자들은 누구나 다 요순과 같은 성인이 될 수 있다고 보았다. 이간이 심을 둘로 나누어 본연지심에서 확보하고자 했던 성 또한 성선의 성이었다. 한원진이 이간의 미발심을 이심二心이라고 비판한 것은, 그와 같이 논해서는 성선의 성을 확보할 수 없다고 보았기 때문이

---

4) 앞의 책, 「擊蒙要訣」, 3쪽; 去其舊染 復其性初 則不增毫末 而萬善具足矣 衆人豈可不以聖人自期乎 故孟子道性善 而必稱堯舜以實之曰 人皆可以爲堯舜 豈欺我哉 當常自奮發曰 人性本善 無古今智愚之殊.

5) 앞의 책, 「擊蒙要訣」, 4쪽: 初學 先須立志 必以聖人自期 …苟能眞知實踐 … 志之立 知之明 行之篤.

다. 인물성동이논변에서와 마찬가지로 미발심성논변에서도 여전히 성선의 성이 그 중심에 위치해 있었다고 할 수 있다.

1 이간의 미발심성론

이간은 성인과 범인이 모두 본질적으로는 본연지성을 가지고 있지만, 기질의 차이를 고려해 보면 성인과 범인 간에 구분이 있다고 하였다. 수양이 덜 되어 탁박濁駁한 기질에 구애받고 있는 범인은 기질지성만을 갖고 있고, 탁박한 기질에 구애받지 않고 있는 성인은 본연지성을 온전하게 간직하고 있다고 보았다. 이간은 유선악有善惡한 기질지성과 관련된 문제는 범인凡人 차원에서의 문제이지, 성인에게서는 전혀 문제가 되지 않는다고 여겼다. 이간은 미발처의 심에 대해서도, 미발처의 성을 둘로 나누어 보았듯이, 기질에 깃들여 있는 순수한 기의 측면인 본연지심本然之心과, 탁박한 기질을 감안한 기질지심氣質之心으로 구분하여 보아야 한다고 강조하였다. 이간의 인물성동이론은, 미발에서의 성의 구분 문제가 타 존재인 물物에 까지 확대된 것이다. 인물성동이론에서의 본연지성과 기질지성이 따로 있고, 미발심성론에서의 본연지성과 기질지성이 별도로 따로 있는 것이 아니다. 이간은 미발처의 심성 문제를 보다 합리적으로 설명하기 위해 미발을 나누었다. 이간은 미발을 얕은 의미(淺言之)와 깊은 의미(深言之)로 분류하고, 얕은 의미의 미발을 부중저미발不中底未發이라 하고, 깊은 의미의 미발을 대본저미발大本底未發이라고 하였다. 이간의 미발론은 매우 중요한 부분이다. 자세히 논의 하고자 한다.

이간은 부중저미발不中底未發에 대해 아래와 같이 말하고 있다.

A. 주자朱子가 말하기를, "희노애락喜怒哀樂이 아직 드러나지 않았는데도 부중不中한 것은, 기질이 덩어리져서 단단한 돌처럼 되었기 때문이다."라고 하였고, 또 "보통의 사람들은 미발 일때에 이미 스스로 혼란에 빠져 있으니, 감응하여 발하는 곳(感發處)에 이르러 어찌 성인聖人의 중절中節함과 같을 수 있겠는가"라고 하였다. 이러한 여러 가지 말들은 다만 중인衆人이 사물에 접하지 않은 것으로써 얕게 말한 것이다.(淺言之) 사물을 접하지 않은 것에 의거하였기 때문에 거칠게 미발이라고 한 것이며, 정情의 작용에 속하지 않기 때문에 또한 성이라고 하였지만, 사실 그 성은 거칠어서 의지할 만한 것이 될 수 없기 때문에 군자는 성으로 여기지 않았다. 공자가 말한 '상근지성相近之性'으로부터 이황과 이이가 '성 또한 선악이 있다'고 한 것에 이르기까지 모두 이것을 지적한 것이다. 이러한 까닭에, 주자朱子는 '악한 것은 진실로 바르지 못한 것이나, 선한 것이라 하더라도 반드시 중中인 것은 아니다'라고 말하였다. 이것이 부중저미발 不中底未發이니 자연히 하나의 경계를 이룬다.[6]

핵심적인 구절들을 인용해가며 논의하겠다. 인용문 아래에 있는 각각의 내용은 원활한 논의를 위해, 이간의 견해를 바탕으로 재해석한 것이다.

---

[6] 『巍巖遺稿』卷12,「未發辨」, 27~28쪽: 朱子曰喜怒哀樂之未發而不中者 是氣質塊然如頑石相似 又曰衆人未發 已自泊亂 至感發處 如何會如聖人之中節 此數說者 則只以衆人之不接事物而淺言之 據不接事物 故粗謂之未發 不屬情用 故亦謂之性 而實則其性麤在靠不得 故君子有不性焉 自孔子相近之性以下 至退栗亦有善惡者 皆指此也 故朱子曰惡者固爲非正 而善者亦未必中也 此不中底未發 自是一界分也.

a. 「다만 중인衆人이 사물에 접하지 않은 것으로써 얕게 말한 것(淺言之)이다.」·「사물을 접하지 않은 것에 근거하였기 때문에 거칠게 미발이라고 한 것이며」

이간은 주자朱子의 글을 인용하며, 중인의 미발에서의 심은 사물에 접하지 않았을 때에도 저절로 혼란한 상태에 빠져있는 것으로 파악하고 있다. 이간은 이러한 중인의 미발심에 대해, 사물에 접하지 않았기 때문에 미발이라고 할 수 있지만, 성인의 혼란이 없는 미발심의 미발과는 구분해야만 한다는 생각을 하고 있는 것이다. 그는 중인의 미발을 거칠고 수준 낮은 '천언지(淺言之)'상의 미발로 분류하고 있다.

b. 「주자朱子가 말하기를, '희노애락이 아직 발하지 않았는데도 부중不中한 것은 기질이 덩어리져서 단단한 돌처럼 되었기 때문이다.'라고 하였고, 또 '중인은 미발시에 이미 스스로 혼란에 빠져 있으니, 감응하여 발하는 곳(感發處)에 이르러 어찌 성인의 중절함과 같을 수 있겠는가'라고 하였다.」·「이것이 부중저미발不中底未發이니 저절로 하나의 경계를 이룬다.」

앞의 인용문은 외형적으로는 주자의 글이지만, 내적으로는 이간의 견해를 담고 있는 문장이라고 할 수 있다. 이간은 주자의 글을 통해, '희노애락이 미발한 것을 중이라 한다.(喜怒哀樂之未發謂之中)'고 할 때의 미발만이 있는 것이 아니고, 희노애락이 아직 드러나지 않았는데도 부중不中한 미발도 있음을 주장하고 있다. 이미 혼란한 상태에 빠져 있는 미발은 중인의 부중不中한 미발이고, 혼란이 없이 안정된 상태의 미발은 성인의 중中한 미발이라고 보고 있는 것이다. 이간은 중인이 미발상태임에도 불구하고 혼란스럽고 부중한 이유를 기질에서 찾고 있다. 중인의 기질은 미발시에도 혼탁한 상태에 처해있고, 이 혼탁한 기질이 바로 혼란스럽고 부중한 미발의 원인이라고 보고 있다.[7] 이간은 주자의 글에 나오는 '단단한 돌'을, 미발일 때조차도 깨려고 해도 깨지지 않을 정도로 굳어 있는 중인의 기질상태를 비유적으로 표현한 것으로 보고 있다.[8]

"감발처感發處에 이르러 어찌 성인의 중절함과 같을 수 있겠는가"는 『중용』의 중화中和개념을 적용하여 이해하는 것이 좋을 것 같다. 『중용』에서는 "희노애락이 미발한 것을 중中이라 하고, 드러나 모두 중절한 것을 화和라고 한다.(喜怒哀樂之未發 謂之中 發而皆中節 謂之和)"라 하고 있다.[9] 주자는 이 문장을 '성발위정性發爲情'개념을 적용하여 해석하고 있다. 주자는 희노애락은 정情이고, 희노애락의 정은 미발의 성의 드러남이며, 미발의 성은 편벽되거나 치우침이 없기 때문에 중中이라한다고 주석을 달고 있다. 주자는 이어서, '발이개중절發而皆中節'은 성이 희노애락의 정으로 드러남에 있어서 바르게 드러난 경우를 표현한 것이고, 정이 바르게 드러나 어그러지는 바가 없으므로 화和라 한다고 주를 달고 있다.[10] 이러한 주자의 견해를 근거로 하여 볼 때, 중中은 미발처의 성이 가지고 있는 속성이고, 화和는 정情의

---

7) 『巍巖遺稿』卷12,「未發有善惡辨」, 16쪽: 喜怒哀樂之未發而不中者何 曰此是氣質昏濁 其未發時 只是塊然如頑石相似 劈斫不開.

8) 上同.

9) 『中庸』「中庸章句」, 1章: 喜怒哀樂之未發 謂之中 發而皆中節 謂之和.

10) 『中庸』「中庸章句」, 1章:(朱子註) 喜怒哀樂情也 其未發則性也 無所偏倚故謂之中 發皆中節 情之正也 無所乖戾故謂之和.

속성으로 성이 이발처己發處의 정단계에서 온전히 실현된 상태를 뜻하는 개념이라고 할 수 있다. 또한 중절은 이발처의 정단계에서 성이 바르게 실현된 상태를 성의 속성인 중에 빗대어 설명하고 있는 것이라고 할 수 있다. 『중용』의 내용을 바탕으로, "감발처感發處에 이르러 어찌 성인의 중절함과 같을 수 있겠는가"의 문장을 다시 살펴보겠다. 이 문장과 관련된 이간의 입장은 다음과 같이 정리할 수 있다. '희노애락미발이중喜怒哀樂未發而中'인 성인의 미발은, 감발처己發處에서도 중절하게 드러난다. 그러나 '희노애락미발이부중'인 중인의 미발은 감발처에 이르러서도 부중절하게 드러날 수밖에 없다. 중인은 미발일 때도 이미 혼란에 빠져 있기 때문에, 미발처에서 뿐만 아니라 감발처에서도 성인과 같다고 할 수 없다.[11] 이간이 중인의 미발과 성인의 미발을 철저히 구분하고자 하는 입장에 서 있었음을 알 수 있다. 이간은, "이것이 부중저미발不中底未發이니 절로 하나의 경계를 이룬다."라고 하며, 중인의 미발을 '부중저미발'로 분류하여 호칭하고 있다.

c. 「정情의 작용에 속하지 않기 때문에 또한 성이라고 하였지만, 사실 이 성은 거칠어서 의지할 만한 것이 될 수 없기 때문에 군자는 성으로 여기지 않았다. 공자가 말한 '상근지성相近之性'으로부터 이황과 이이가 '성 또한 선악이 있다'고 한 것에 이르기까지 모두 이것을 지적한 것이다.」

---

11) 『巍巖遺稿』卷12, 「未發有善惡辨」, 16쪽: (衆人)未發時已自汨亂了 至感發處 如何會得如聖人中節.

『중용』에서는 '희노애락이 아직 드러나지 않았을 때를 중이라 한다.(喜怒哀樂未發 謂之中)'의 중中을 '천하의 대본大本'이라 하고 있고, 주자는 이때의 대본을 천명지성天命之性으로 해석하고 있다.12) 주자학자들은 대체적으로 '중은 천하의 대본이다.(中也者 天下之大本)'의 관점에 바탕을 두고, 중에서 천명지성(本然之性)을 도출해 내고 있다.13) 이간은 미발과 중을 언급하다가 갑자기 성을 논하고 있는데, 이는 이간이 중에서 성을 도출해내는 관점을 가지고 있었기 때문이라고 할수 있다. "정의 작용에 속하지 않기 때문에 또한 성이라고 하였지만"은, 중인의 미발이 비록 부중不中한 것이기는 하지만, 감발처상의 정情 개념에까지 나아간 것이 아니므로 성으로 보아야 한다는 뜻이라고 할수 있다. 그러나 이 성은 부중不中에서 도출된 성이라는 점에서, 중에서 도출된 천명지성(本然之性)이라고 할 수 없다. 이간은 이러한 이유로 곧 바로 이어서 "사실, 이 성은 거칠어서 의지할 만한 것이 될 수 없기 때문에 군자는 성으로 여기지 않았다."라 하고 있다. 주자학에서의 성은 본연지성이 아니면 기질지성이다. 이간은 부중不中에서 도출된 중인衆人의 미발의 성이 기질지성이라는 점을, 『논어』의 '상근지성相近之性'·이황과 이이가 언급하고 있는 '유선악有善惡한 성' 등을 예로 들어가며 설명하고 있다.

　a·b·c에서 재 해석된 논의를 바탕으로 이간의 주장을 요약하면 다음과 같다. 중인衆人도 미발일 때가 있다. 그러나 중인의 미발은 혼탁

---

12) 『中庸』「中庸章句」, 1章: 中也者 天下之大本. (朱子註: 大本者 天命之性.)
13) 그러나, 엄밀한 의미에서 中이 곧 天命之性이라고는 할 수 없다. 中은 '不偏不倚·無過不及'한 상태로 드러나는 天命之性의 속성일 뿐이기 때문이다. 用인 속성을 바탕으로 體인 性을 말하는 경우라고 할 수 있다.

한 기질에서 연유한, 거칠고 수준 낮은, '천언지淺言之'상의 부중한 미발이다. 중인은 미발일 때조차도 혼란한 상태에 빠져 있기 때문에, 중인의 미발과 성인의 미발은 구별해야만 한다. 중인의 미발을 성인의 미발과 구분하여 부중저미발不中底未發이라 칭하고자 한다. 부중저미발상태의 성은 본연지성이 아니라 기질지성이다. 따라서 미발일 때조차도 혼란한 상태에 빠져 있는, 중인의 미발심이 간직하고 있는 성은 본연지성이 아닌 기질지성이다.

이간은 대본저미발大本底未發에 대하여 다음과 같이 언급하고 있다.

B. 또, 주자朱子가 말하기를 "사람의 일심一心은 담연허명湛然虛明하여 거울이 빈 것과 같고 저울이 수평을 이룬 것과 같으니, 일신一身의 주재主宰가 되는 것은 참으로 그 진체眞體의 본연本然함이다. 그러므로 아직 감응하지 않았을 때에 지극히 허虛하고 지극히 정靜하여 이른바 감공형평鑑空衡平의 본체는 비록 귀신이라도 그 틈을 들여다 볼 수 없다."고 하였다. 또 말하기를, "희노애락喜怒哀樂이 아직 발하지 않았을 때의 중中은 중인衆人과 성인聖人이 모두 같다."고도 하였다. 이러한 여러 가지 말들은 대체로 성인과 범인 모두의 그 본래의 밝은 본체(本明之體)를 가리켜서 깊이 있게 말한 것이다.(深言之) 본명지체本明之體에 의거하였기 때문에 성범聖凡이 일치하지 않음이 없으며, 리기의 근원에 의거하였기 때문에 심과 성의 근본이 둘이 아니다. 기실 그 마음이 사정팔당四亭八當하기 때문에 그 성이 한 편으로 치우치거나 기울어지지 않은 것이다. 이러한 이유로 자사의 미발 한마디가 실로 천성千聖이 드러내지 못한 것을 밝혔다고 하는 것이니, 그 이치가 대체로 지극히 정밀하다. 이러기 때문에 주자는, "이 마음으로써 만물의 변화에 응한다면 나아가서 중아님이 없다."라고 말하였다. 이것이 대본저미발大本底未發이니 참되게 세

워진 자리이다.[14]

핵심적인 주요 내용들을 세부적으로 재해석하며 논의하고자 한다.

a.「희노애락喜怒哀樂이 발하지 않았을 때의 중은 중인과 성인이 모두 같다.」·「이것이 대본저미발이니 참되게 세워진 자리이다.」

이간은 부중저미발을 말할 때에, 중인의 미발을 '부중不中'으로 처리한 바 있다. 그런데 이곳에서는 주자朱子의 문장을 인용하며 중인과 성인이 모두 중한 상태의 미발을 동일하게 갖고 있다고 말하고 있다. 얼핏 모순처럼 보인다. 그러나 이간이 부중저미발을 '천언지淺言之'의 미발로 처리하고, 이곳에서의 미발을 '심언지深言之'의 대본저미발로 처리하고 있음을 잘 보아야 한다. 이간은 타 문장에서 심언지深言之의 미발을 논하며, "만약 근원(源頭)상에서 논하면 미발이 모두 같다."고 하면서, 요임금과 순임금으로부터 길가의 사람에 이르기까지 모두가 같은 미발을 가지고 있다는 점을 지적한 바 있다.[15] 이간은 심언지의 대본저미발에 대해 근원상의 미발이기 때문에 중인과 성인이 모두

----

14)『巍巖遺稿』卷12,「未發辨」, 28쪽: 又朱子曰人之一心 湛然虛明 如鑑之空如衡之平 以爲一身之主者 固其眞體之本然 故其未感之時 至虛至靜 所謂鑑空衡平之體 雖鬼神有不得窺其際也 又曰喜怒哀樂之未發之中 衆人與聖人都一般 此數說者 蓋通聖凡指其本明之體 而深言之 據其本明之體 故聖凡無異致 理氣之原 故心性無二本 而實則其心四亭八當 故其性不偏不倚 此子思未發一言 實發千聖所未發 而其理盖極精矣 故朱子曰以此心 而應萬物之變 無往而非中矣 此大本底未發 眞箇是築底處也.

15)『巍巖遺稿』卷7,「未發有善惡辨」, 17쪽: 未發若論原頭 未發都一般 又曰未發之時 自堯舜至於塗人一也.(右一段深言之者.)

동일하게 '중'한 미발을 가지고 있다고 본 것이다. 이간은 부중저미발을 논의함에 있어서는 기질의 혼탁함을 문제 삼아, 기질의 혼탁 때문에 중인은 '부중'한 미발을 갖고 있다고 설명하였다. 다시 말해 기질의 혼탁여부로써 성인과 중인의 미발의 차이를 설명하고 있다고 할 수 있다. 이간의 대본저미발은 성인과 중인이 기질에 관계없이 모두 '중中'한 미발을 가지고 있다는 것이므로, 기질의 혼탁 여부를 문제 삼지 않는 미발이라고 할 수 있다. 이간의 부중저미발은 기질의 차이를 감안하여 논해지고 있는 이체異體상의 중인衆人의 미발이고, 대본저미발은 기질의 차이를 감안하지 않고 논해지고 있는 일원一原상의 성인과 중인이 같은 미발이라고 말할 수 있다.

b. 「또 주자가 말하기를 "사람의 일심一心은 담연허명湛然虛明하여 거울의 텅 빈 것과 같고 저울이 수평을 이룬 것과 같으니, 일신一身의 주재主宰가 되는 것은 참으로 그 진체眞體의 본연本然함이다.」·「이 말들은 대체로 성인聖人과 범인凡人 모두의 그 본래의 밝은 본체(本明之體)를 가리켜서 깊이 말한 것이다.(深言之)」

성인과 범인이 동일하게 가지고 있는 중인 상태의 미발 심을, '담연허명湛然虛明'·'진체眞體'·'본명지체本明之體' 등의 용어를 활용해가며 표현하고 있다. '진체'·'본명지체'·'담연허명'은 기질의 순선한 측면(本然之氣)이다. 이간은 담연허명한 본연지기가 심체心體를 구성한다고 보고 있다. 이간의 성인과 범인의 심이 같다는 성범심동론聖凡心同論은 바로 이러한 순선한 심체心體에 근거하여 언급된 것이다. "본명지체에 의거하였기 때문에 성범 간에 일치하지 않음이 없으며"에서의 본명지체는 심체를 의미하고, '성범 간에 일치하지 않음이 없으며'는 성범심동을 뜻하는 것이라고 할 수 있다.[16] "일신一身의 주재가 되는 것은 참으로 그 진체眞體의 본연함이다."에서의 진체는 심체를 뜻한다고 할 수 있다. 이 문장은 순선한 심체(眞體)의 본연함이 유지된 상태가 바로 심의 주재성이 이룩된 상태라는 것으로 해석될 수 있다.[17]

   c.「기실 그 마음이 사정팔당四亭八當하기 때문에 그 성이 한 쪽으로 치우치거나 기울어지지 않은 것不偏不倚이다. 이러한 이유로 자사의 미발 한마디가 실로 천성千聖이 드러내지 못한 것을 밝혔다고 하는 것이니, 그 이치가 대체로 지극히 정밀하다.」

---

16) 『巍巖遺稿』卷9,「答尹瑞膺」, 21쪽: 明德本體則聖凡同得 此心也 天君也 血氣淸濁則聖凡異禀 此卽充於百體者 所謂氣質也. 이간은 明德本體·眞體·本明之體·湛然虛明한 心體·本然之心 등을 동일하게 사용하고 있다. 明德本體·眞體·本明之體·湛然虛明한 心體·本然之心은 기질에 깃들여 있는 純淸至粹한 本然之氣를 심으로 전환한 것이다. 이간은 本然之氣로 이루어진 심을 타 생명체는 가지고 있지 않은, 사람만이 가지고 있는 것으로 보고 있다. 그는 사람에게는 본질적으로 이 심이 동일하게 내재되어 있다고 보았다.
　『巍巖遺稿』卷12,「未發有善惡辨」, 21쪽: 天下之物 莫不有心 而明德本體 則惟人之所獨也
　『巍巖遺稿』卷5,「上遂菴先生」, 2쪽: 其所謂本體之明德 則聖凡當是無別矣.
　『巍巖遺稿』卷7,「答韓德昭別紙」, 12~13쪽: 朱子曰 未發之時 自堯舜至於塗人一也 栗谷先生曰 衆人幸於一瞬之間 有未發之時 則卽此全體湛然 與聖人不異矣 以是二說 而求於未發之旨 則無論聖凡必此心全體 寂然不動 方寸之間 如水之止 如鏡之明 則夫所謂淸濁粹駁之有萬不齊者 至是一齊於純淸至粹(巍巖註: 此氣之本然也) 而其不偏不倚 四亭八當之體 亦是乎立 則所謂天下之大本也.
17) 『巍巖集』卷12「未發辨」, 27쪽: 天君主宰 則血氣退聽於百體而方寸虛明 此大本所在 而子思所謂未發也

이간은 부중저미발不中底未發을 논하면서, '부중'한 미발상태의 성을 기질지성으로 규정한 바 있다. 이간은 '부중'한 미발이냐 아니냐에 따라 미발시未發時의 성의 상태가 달라진다는 생각을 하고 있었다고 할 수 있다. '불편불의不偏不倚'는 '중中'을 의미한다. 자사子思는 "'중은 천하의 대본이다.(中也者 天下之大本)'라고 하였다. 이때의 대본은 천명지성天命之性이다. 따라서 "그 성이 불편불의不偏不倚한 것이다."의 성은 기질지성이 아닌 본연지성이라고 할 수 있다. 사정팔당四亭八當한 마음은 진체眞體가 본연한 마음이다. 이간이 심을 본연지심과 기질지심으로 구분하고 있는 점에 비추어, 사정팔당四亭八當한 심은 기질지심이 아닌 본연지심이라고 말할 수 있다. "기실 그 마음이 사정팔당하기 때문에 그 성이 불편불의不偏不倚한 것이다."는 미발시의 성의 중中함은 심이 본연한 상태를 유지하고 있느냐 아니냐에 따라 달라진다는 의미를 가지고 있는 것이라고 할 수 있다. 대본저미발大本底未發차원에서의 심은 본연지심이며, 이에 본연지성이 확보될 수 있다는 것이 이간이 생각이라고 할 수 있다. 대본저미발은 중中한 상태의 미발이다. 이간이 자사子思의 미발을 찬미하고 있는 것은, 자사가 『중용』에서 언급하고 있는 '희노애락지미발위지중喜怒哀樂之未發謂之中'의 미발지중에는 이미 본연지심에서 본연지성을 논한다는 대본저미발의 관점이 내재되어 있다고 보았기 때문이라고 할 수 있다.

　a·b·c를 종합하여 요약하면 다음과 같이 말할 수 있다. 이간은 '천언지淺言之'의 부중저미발不中底未發과 구분하여 '심언지深言之'의 대본저미발大本底未發을 별도로 논하고 있다. 부중저미발은 사람의 기질의 차이를 감안하여 언급된 이체異體상의 중인衆人의 미발이고, 대본

저미발大本底未發은 사람의 기질의 차이를 감안하지 않고 논의된 일원一原상의 미발이다. 이간은 일원의 관점에서 중中한 대본저미발을 성인聖人과 중인衆人이 모두 동일하게 갖고 있다는 주장을 이끌어내고 있다. 이간은 심의 상태에 따라 성의 상태 또한 달라진다는 생각을 하고 있었다. 대본저미발의 심은 진체眞體・본명지체本明之體 등으로 언급되는 순수한 기로 구성된 본연지심이고, 성은 일원상의 본연지성(本然之性, 天命之性)이다.

 이간은 부중저미발과 대본저미발로 구분하고 있는 이유에 대해, 이와 같이 미발을 나누어 그 양 측면을 잘 살펴야만 자사子思가 말하는 미발의 본지를 올바르게 파악할 수 있기 때문이라고 하였다.[18] 자사가 『중용』에서 언급하고 있는 미발은 대본저미발에 해당하는 미발이다. 따라서 이간의 미발론은 부중저미발에 무게를 두고 있는 것이 아니라 대본저미발에 그 중점을 두고 있는 견해라고 할 수 있다. 이간은 부중저미발의 심성을 기질지심・기질지성으로 대본저미발의 심성을 본연지심・본연지성으로 보고 있으며, 부중저미발의 중中을 '부중不中'으로 대본저미발의 중中을 불편불의不偏不倚한 온전한 중中으로 판단하고 있다. 본연지심・본연지성은 본연本然이라는 용어가 의미하듯이 심성의 본질적 측면이고, 기질지심・기질지성은 비본질적인 측면이라고 말할 수 있다. 불편불의不偏不倚한 중은 중中의 본래적 상태이고 부중不中은 비본래적 상태이다. 이러한 점들로 미루어 볼 때, 불편

---

18) 『巍巖遺稿』 卷12, 「未發辨」, 27쪽: 未發二字 煞自有淺深界分 … 知其淺 又知其深 竭其兩端而後 子思所謂未發本旨 方昭晰呈露矣.
 『巍巖遺稿』 卷12, 「未發辨」, 31쪽: 未發已發 各有境界 此亦大綱說也 必就未發二字 勘究其淺深精粗 又各有境界而後 方可見 未發本旨也.

불의한 중中과 본연지심·본연지성이 논해지고 있는 대본저미발은 미발의 본래적·본질적인 측면이라고 말할 수 있다. 부중不中·기질지심·기질지성이 논해지고 있는 부중저미발은 미발의 비본래적·비본질적인 측면이라고 말할 수 있다. 이간은 본연지심과 중中을 바탕으로 본연지성을 논하였고, 기질지심과 부중不中을 바탕으로 기질지성을 논했다. 따라서 대본저미발은 궁극적으로 본질적 성인 본연지성을 설명하기 위해 설정된 것이고, 부중저미발은 궁극적으로 비본질적 성인 기질지성을 설명하기 위해 설정된 것이라고 할 수 있다.

이간은 성론에서 본연지성을 유선악有善惡한 속성이 있는 기질이 배제된 성으로(不兼), 기질지성은 본연지성이 유선악한 기질을 겸兼하게 됨에 따라 이루어진 것으로 보아, 기질의 겸·불겸不兼으로써 본연지성과 기질지성을 구분짓고 있다. 그는 미발론에서도 부중저미발을 중인衆人의 혼탁한 기질로 인하여 성립된 미발로, 대본저미발을 기질의 차이를 고려하지 않고 언급되고 있는 미발로 구분하고 있다. 이간의 본연지성·기질지성의 성 개념은 대본저미발과 부중저미발의 미발 개념보다 앞서서 성립된 것이다. 이러한 점에서, 대본저미발과 부중저미발의 구분은 성의 구분 방식을 미발에 적용함으로써 이루어진 것이라고 말할 수 있다. 그리고 기질지성이 본질적인 성인 본연지성을 토대로 이룩된 성 개념이듯이, 부중不中상태인 부중저미발 또한 중한 상태인 대본저미발을 토대로 이룩된 미발 개념이라고 할 수 있다. 존재론적으로도 중이 부중不中 보다 앞선 개념이고, 부중은 중中을 바탕으로 이룩되는 이차적 개념이다.

이간은 심을 순선한 본체(명덕본체·진체·본명지체)와 유선악한 기품의 측면으로 계분界分하고, 악의 요소인 탁박한 혈기血氣의 작용

(用事)여부로써 대본저미발과 부중저미발을 구분하기도 하였다. 그는 심(天君)이 주재의 특성을 유지하고 있어서, 탁박한 혈기가 물러나 잠잠하고 심의 명덕본체明德本體가 담연허명하여 심이 순선한 상태를 유지하고 있을 때를, 대본저미발의 시기로 보았고, 심이 주재치 못하여 악의 요소인 혈기血氣가 작용하고, 심의 명덕본체가 담연허명한 상태를 유지하지 못하고 선악이 혼재되어 있는 때를, 부중저미발의 시기로 보았다.[19] 이간은, 한원진이 용어상으로는 심을 담연허명한 상태의 명덕본체의 측면과 청탁수박이 혼재되어 있는 기품의 측면으로 나누어 구분하고 있지만, 실질적으로는 명덕본체와 기품의 측면이 동시적으로 있는 미발일 뿐이고, 탁박한 기품에 의해서 명덕본체가 온전하게 드러나지 못하는 선악이 혼재된 미발이라고 비판하였다.[20] 다시 말해 한원진이 말하고 있는 미발은 자신의 '천언지'의 부중저미발에 불과하다고 보았다.[21] 혈기가 작용하는 심은 기품에 구애된(拘) 심을, 혈기가 물러나 담연허명한 심은 기품에 구애되지 않은(不拘) 심을 의미한다.[22] 기품에 구애되지(不拘) 않는 심은 대본저미발의 성인

---

19) 『巍巖集』卷12「未發辨」, 27쪽: 明德本體則聖凡同得 而血氣淸濁則聖凡異稟 明德卽天君也 血氣卽氣質也 天君主宰 則血氣退廳於百體而方寸虛明 此大本所在 而子思所謂未發也 天君不主宰 則血氣用事於方寸 而淸濁不齊 此善惡所混 而德昭(筆者註:南塘)所謂未發也.
『巍巖遺稿』卷4,「上遂菴先生別紙」, 39쪽: 濁駁是血氣也 退伏卽本心純然矣.

20) 『巍巖遺稿』卷12,「未發辨」, 28쪽: 竊詳其說(筆者註:南塘說) 則不論心體之善惡 只以靜寂作未發 而其界分則依舊在朱子所謂不中底未發也 故其濁惡者自在.

21) 『巍巖集』卷12「未發辨」, 27쪽: 上同.

22) 『巍巖遺稿』卷5,「上遂菴先生」, 2쪽: 夫氣稟所拘之明德 則其昏明有萬不齊矣.

과 중인이 모두 갖고 있는 본질적인 심이며, 기품에 구애되어진 심은 부중저미발의 혼매하고 방종한 중인이 가지고 있는 심이다.[23] 이간은 부중저미발)의 기질지심에서 겸지兼指의 방법으로 기질지성을 언급하였고, 대본저미발의 본연지심에서 단지單指의 방법으로 본연지성을 언급하였다[24] 본연지심과 기질지심은 '심시기心是氣'의 논리에 따라,

---

23) 이간은 不中底未發의 衆人의 심을 不接外物의 寂然한상태에서도 저절로 혼란에 빠지는 혼매하고 방종한 심으로 보았다.(본문의 淺言之의 不中底未發부분 참조) 이간은 이 혼매하고 방종함을 血氣用事(氣用事)로 표현하였다. 그리고 이에 상대하여 大本底未發의 심을 血氣未用事의 심, 즉 氣不用事의 심으로 보고 있다. 이간은 氣不用事의 大本底未發의 심을 寂然不動하고 담일허명한 특성을 동시에 가지고 있는 것으로 보았다.
『巍巖遺稿』卷5,「善惡辨」, 1~2쪽: 謹問氣不用事 是但指不接外物而言耶 衆人之心 雖未應接事物 而不昏昧則便放縱 惑並指此而言耶 若只以不接外物 爲氣不用事 而謂之未發 則非惟衆人也 雖跙躇不接外物時 亦多矣 然則天下之本是跙躇之所常有乎 是甚可疑 若並指不昏昧不放縱而爲言 則方寸之地 無一分昏昧放縱者 這便是湛然水鏡之體也 所謂自在之惡 此是自在於何面耶 迷滯之見 正在氣不用事一句. 이 글은 중인의 심은 不接外物시에 昏昧·放縱함이 있는 부중저미발의 심이며, 중인의 심에 氣不用事를 배치할 수는 없다는 것을 주안점으로 하고 있다.
『巍巖遺稿』卷12,「未發辨」, 32~33쪽: 況未發之實 本兼寂湛兩意 苟廢一 則不成人心未感之體也 故朱子曰此心(巍巖註: 虛靈光明之體)存 則寂然時 皆未發之中 感通時 皆中節之和 心有不存 則寂然木石而已 感通馳鶩而已 卽此一言 稍有實見 則可省許多聚訟矣. 心存은 大本底未發의 심을, 心不存은 不中底未發의 심을 뜻한다.

24) 『巍巖遺稿』卷12,「未發有善惡辨」, 31쪽: 以大學章句言之 其曰虛靈不昧 以具衆理而應萬事者 此本然之心也 其曰爲氣稟所拘者 此氣質之心也 心非有二也 以其拘與不拘 而有是二指 則所謂大本之性者 當就其本然之心而單指 所謂氣質之性者 當就其氣質之心而兼指 雖同一方寸 而拘與不拘之間 其界分自在 則又安可都無分別 而單指兼指滾說一處乎 然則德昭所認之心 不過是氣質之美惡. 이간은 심이 비록 둘이 있는 것은 아니지만(心非有二也), 氣稟

각각 기질의 담연허명한 진체眞體와 유선악한 기품의 측면이 심으로 전환되는 양상을 보여주는 것이라고 할 수 있다.

　이간은 "미연未然에 근원하여 말하면 분명히 리가 있고서 기가 있는 것이나, 그 이연已然에 근거하여 말하면 또한 반드시 기를 기다린 후에야 리가 편안히 머무를 곳이 있게 된다."고 하였다.[25] 이간은, 심성에 대한 논의는 바로 이 이연已然의 차원에 해당되는 것으로 보고, 심(氣)에서 성(理)을 논하는 방식을 채택하고 있다.[26] 그는 요임금과 순임금의 심에는 반드시 요임과 순임금의 성이 일치가 되고, 척·교(跖蹻)의 심에는 또한 척·교의 성이 일치가 되는 것으로 보아야한다고 주장하였는데, 이것은 곧 본연지심에서 본연지성을 논하고, 기질지심에서 기질지성을 논하는 방식의 다름 아니다. 이간은 이러한 심에서 성을 논하되 심과 성을 일치로 보는 방식을 실사實事에서의 이기동실理氣同實·심성일치心性一致라고 있다. 이간은 실사에서는 반드시

에 구애되고 구애되지 않고에 따라 두 가지가 있게 된다고 보았다. 기품에 구애된 심은 不中底未發의 심에 해당되고, 기품에 구애되지 않은 심은 大本底未發의 심에 해당된다. 이간은 이 둘을 一處에서 논해서는 안 되고, 반드시 분별하여 논의해야 한다는 입장을 취하고 있다.(其界分自在) 이는 그가 한원진의 심설에 대해 一處에서 논함으로 인해서 심이 기질의 美惡 즉 氣質之心에 불과한 것이 되었다고 비판하고 있는 점에서도 알 수 있다.(德昭所認之心 不過是氣質之美惡) 이간은 심을 二處에서 논하는 입장을 취하고 있었다고 할 수 있다. 二處의 二心에서 파악되는 성은 二性의 혐의가 있을 수밖에 없다. 이에 한원진의 二心二性이라는 비판이 있게 된다.

25) 『巍巖遺稿』卷12, 「未發有善惡辨」, 21쪽: 原其理未然而言 則分明有理而有氣 據其已然而言 則必待氣而後理有所安泊.

26) 『巍巖遺稿』卷12, 「未發有善惡辨」, 21쪽: 人物心性是已然事也 其不可無氣而說理 無心而說性.

이기동실·심성일치로써 논해야 올바르다는 입장을 취하고 있다.[27)]
이간이 본연지심과 기질지심에서 본연지성과 기질지성을 논하는 것
은, 심의 상태가 어떠냐에 따라 그 성이 달라진다는 것을 의미한다.
이러한 견해는 그의 비언지備言之의 관점에서 보다 자세하게 드러나
고 있다.

> 이 심心이 보존되면 적연할 때에는 모두 미발의 중中이고 감感하
> 여 통할 때에는 모두 중절中節한 화和이다. 마음이 보존되지 않으면
> 적연할 때에 목석과 같아서 대본이 세워지지 못하는 바가 있게 되
> 고, 감하여 통할 때에 치달리기만 할 뿐이어서 달도達道가 행해지지
> 않는 바가 있게 된다.[28)]

심이 보존되고 보존되지 않고 따라 대본이 설 수도 있고 아니 설
수 도 있다는 것이 '비언지備言之'의 관점이다. '심존心存'은 명덕본체
明德本體가 혈기에 방해됨이 없이 주재主宰의 특성을 유지 하고 있는
대본저미발의 측면이고, '심유부존心有不存'은 명덕본체가 혈기의 작
용에 의해 주재의 특성을 유지 하지 못하고 있는 부중저미발의 측면
이라고 할 수 있다. '비언지備言之'는 대본저미발과 부중저미발의 두
가지 측면을 모두 갖추어서 논한다는 입장에서 건립된 것이다. 그러

---

27) 『巍巖遺稿』卷12,「未發有善惡辨」, 22쪽: 所謂實事 則必待夫理氣同實心性
一致 然後方可謂實事 何者 蓋旣有堯舜之性 又必有堯舜之心 然後方喚做堯
舜 此實事也 彼跖蹻者 獨無其性哉 其心非堯舜故 跖蹻而止 豈可以其性之
堯舜 而引跖蹻躋堯舜哉 其非實事也.

28) 『巍巖遺稿』卷12,「未發有善惡辨」, 16쪽: 此心存則寂然時 皆未發之中 感通
時 皆中節之和 心有不存 則寂然木石而已 大本有所不立也 感通馳騖而已
達道有所不行也.

나 '비언지'를 단순히 대본저미발과 부중저미발을 갖추어서 논한다는 입장에 있는 것으로만 이해하게 되면, 이간의 본지를 놓칠 우려가 있다. '비언지'는 내적으로 대본저미발의 측면을 인간이 지향해야 할 미발로써 강조하고 있는 논의이기 때문이다. 이것은 이간이 대본저미발의 심을 인의예지의 본연지심으로 이해하고 있는 점[29]을 통해서도 확인 할 수 있다. 이간의 논리에 의하면, 인의예지의 본연지심에서 파악 되는 성은 인의예지의 본연지성(性善)일 수밖에 없다. 유학자들은 인의예지를 인간이 반드시 지향해야 할 덕목으로 강조하고 있다. '비언지備言之'는 인의예지의 마음을 잃지 말고(心有不存) 언제나 보존(心存)해야 함을 강조하는 논의라고 할 수 있다.

비언지備言之의 논리는, 성선이 비록 심기心氣에 근본을 두고 있는 것은 아니지만, 성선이 심의 보존되고 보존되지 않고(存·不存)에 따라 결정 된다는 주장으로까지 이어진다.[30] 보존된 심은 본연지심을 의미하고, 보존되지 못한 심은 기질지심을 뜻한다. 이간이 '성선이 심의 보존되고 보존되지 않음에 따라 결정 된다'는 주장을 하고 있다고 하여, 그가 성선보다 심을 더욱 중히 여긴다고 보아서는 안 된다. 이는

---

29) 『巍巖遺稿』卷12,「未發辨」, 26쪽: 夫天之命物也 惟人得二五正通之氣 其寂感之妙中和之德 而靈貴於萬物也 此明德本體 而卽聖凡之所同得者也 孔子所謂操存舍亡之心 孟子所謂仁義禮智之心 朱子所謂元無不善之本心者 都只此心 則不論聖凡 此心之外無他心矣.

30) 『巍巖遺稿』卷12,「未發有善惡辨」, 29~30쪽: 盖性理之善 雖則不本於心氣 而其善之存亡 實係於心氣之善否.
上同, 32쪽: 所謂理氣以心性而言也 心之不正而性能獨中者 天下有是乎 性固本善 雖則不本於心 而其善之存亡 實係於心之善否 則遺心而論性 實非鄙見之所安也.

본연지심本然之心이 자리 잡고 있는 대본저미발의 상태에서만 성선의 성을 올바로 확보할 수 있다는 의미의 주장으로 받아들여야 한다. 이러한 관점으로 볼 때, 이간이 심을 강조함에 따라 나타나고 있는 "사람이 귀貴하다고 할 때, 귀한 것은 성이 아니라 바로 심이다. 사람이 귀하고 물物은 천賤하다고 할 때 비교되는 것은 이 심이다."라는[31] 주장 역시 성보다 심을 더 본질적인 것으로 여겨서가 아니라, 본연지성은 이미 인물동人物同으 성으로서 만물에 갖추어져 있으므로, 비교될 수 있는 것은 심이며, 이 심에서 성선의 본연지성을 규정해나가야 사람에게만 있는 성선의 성을 올바로 확보할 수 있다는 관점에서 나온 것으로 보아야만 한다. 본연지심에서 성선의 본연지성을 논하는 이간의 관점은 한원진으로부터 기를 대본大本으로 보는 것이라는 비판을 받게 된다.[32]

이간은 심을 본연지심과 기질지심으로 나누고, 성인은 언제나 본연지심의 상태를 유지하고 있으나, 중인은 본연지심과 기질지심이 혼재되어 있는 혼란스러운 심의 상태, 즉 기품으로 인해 기질지심으로 있게 되는 심의 상태에 처해 있다고 보았다.[33] 더 나아가 이간은

---

31) 『巍巖遺稿』卷12,「未發有善惡辨」, 21쪽: 天下之物 莫不有心 而明德本體 則惟人之所獨也 天下之性 亦莫不善 而人皆堯舜 則非物之所與也 是謂天地之性 人爲貴者 而所貴非性也 乃心也 人貴物賤 所較者此心

32) 『南塘集』卷10,「答李公擧」, 12쪽: 天下之事 極本窮源 而無以加焉者 謂之大本 天下之事 皆本於性 而性之本然者 又本於氣 則理非究竟處 而氣乃究竟處也 豈非所謂氣爲大本者乎 … 若然則孟子當言氣善 而不當言性善也.

33) 『巍巖遺稿』卷12,「未發有善惡辨」, 20쪽: 動靜常明者聖人也 旋明旋昏者衆人也.
『巍巖遺稿』卷12,「未發有善惡辨」, 21쪽: 本明之體譬則猶靑天白日也 血肉

96

중인의 경우, 기품(血氣)의 작용으로 인해 본연지심의 상태를 유지하기가 매우 어렵다고 판단하였다.[34] 그러나 이간은 이에서 그치지 않고 중인 또한 성인聖人의 마음을 가질 수 있는 길을 열어놓고 있었다. 그는 끊임없이 수양을 하게 되면 중인 또한 성인과 같은 본연지심을 가질 수 있다고 보았다. 수양을 통해 본연지심을 회복하기에 이르면 중인의 심 역시 순일純一한 본연지기 그 자체가 되어 혼요昏擾한 기가 없는 수지명경水止鏡明의 상태에 이를 수 있게 된다고 보았다.[35] 기품에 구애됨과 구애되지 않음(拘·不拘)에서 시작된 이간의 계분界分의 논리는, 하나의 미발만이 있다고 주장하는 한원진으로부터 비판을 받게 된다. 이간이 심에 이심二心이 있는 것이 아니고 기품에 구애됨과 구애되지 않음에 따른 심의 보존되고 보존되지 않음(心存·心不存)의 구분이 있을 뿐이며,[36] 본연지심과 기질지심은 본연지심일 때

之氣譬則猶山雲水霧也 … 動靜常明者聖人之天日也 旋明旋昏者衆人之雲霧也 所同者天日而所異者雲霧 則其幾之在否不已分曉 而豈可以是間然於同明歟 聖人非無雲霧 而以時而興聽宰於天日 故祥雲瑞靄不碍於本明之體也.

34) 『巍巖遺稿』卷12, 「未發有善惡辨」, 21쪽: 衆人非無天日 而無時而昏霜 隔於雲霧 故淸明光彩多搶於陰翳之氣也.

35) 『巍巖遺稿』卷4, 「上遂菴先生別紙」, 39쪽: 使小子賴天之靈 或於一生之內 霎時之頃 方寸湛然 無一分昏擾之氣 則竊意卽此駁濁(小註:駁濁是血氣也 退聽卽本心純然矣)者 澄然純於本然之氣 而未發之境 始可與聞於此 而聖人之水止鏡明者 亦不過無此昏擾耳.

36) 『巍巖遺稿』卷12 「未發有善惡辨」, 31쪽: 心非有二也 以其拘與不拘 而有是二指 ; 『巍巖遺稿』上同, 17쪽: 大抵論心之本體者 一則曰虛靈洞徹 一則曰神明不測 又曰本心元無不善 其不善者亦出於心 而非心之本體也 夫心一也 其昏明美惡雖有萬不齊者 而其分亦不越乎存與亡之間也 苟其虛靈洞徹神明不測者 爲能主宰於中 則此正朱子所謂此心存而寂然時 皆未發之中也 本心元無不善者也 洞徹神明則已明矣 昏何所復在 元無不善則已善矣 惡何所復見

는 기질지심이 아니고 기질지심일 때는 본연지심이 아닌 관계로 드러나는 일심一心의 두 측면일 뿐이라는 주장을 지속적으로 하고 있음에도 불구하고,[37] 한원진은 이간의 계분界分의 구분성에 주목하여 이간의 미발 논리를 이심二心에서 이성二性을 파악하는 잘못된 주장이라고 비판하였다.[38] 그리고 성인聖人의 경우는 부중저미발이 없는데, 성인聖人의 기질지성은 또한 어디에 있는 것이냐는 의문을 제시하고 있다.[39] 이것은 이간의 계분론界分論에 모순이 있다는 지적이라고 할 수 있다.

한원진에 의하면 이간의 미발설은 초설·중간설·최후설로 구분되

不能主宰於中 則此正朱子所謂心不存則寂然木石而已者也 大本有所不立者也 昏明襍糅矣 何可謂眞體也 善惡不齊矣 安得爲本然也.

37) 『巍巖遺稿』卷12,「未發有善惡辨」, 19쪽: 盖心之昏明 正猶手之飜覆也 飜者覆 而覆則非飜矣 覆者飜 而飜則非覆矣 而飜覆之機 本不隔一手也 昏者明 而明則非昏矣 明者昏 昏則非明矣 而昏明之間 亦不容一髮也.

38) 『南塘集』卷11,「附未發氣質辨圖說」, 47쪽: (巍巖)最後說則以爲心有本然氣質之異體 而本然之心具本然之性 氣質之心具氣質之性 未發有中與不中之兩界 而大本之性在中底未發 氣質之性在不中底未發云云 而二心二性之難 又起矣.

39) 『南塘集』卷11,「擬答李公擧」, 4쪽: 高明以相近之性善惡之性 爲皆在不中底未發 則是以不中底未發爲氣質之性 界分矣 然則聖人之無不中底未發者 其氣質之性 又何處也. 한원진은 이간의 심론에 대해서도, 중인은 본연지심과 기질지심이 하나에 方寸에 있으나, 성인은 그렇지 않다고 보는 것이라고 한 바 있다. 이는 上記의 "然則聖人之無不中底未發者"로 미루어, 성인의 방촌에는 본연지심만 있고 기질지심은 없다고 보는 그릇된 견해라고 비판한 것이라 할 수 있다.
『南塘集』卷11,「擬答李公擧」, 8쪽: 據高明此說 則天君主宰之時 血氣不在方寸之中 而天君不宰而後 血氣方在方寸之中矣 然則高明所謂本然氣質之心 在衆人則同一方寸 而在聖人則不然矣.

느데, 미발을 대본저미발과 부중저미발로 나누는 논의는 최후설에 속한다.[40] 한원진은 이간과의 논변 초기부터 줄곧 이간이 기질지성을 미발처에 있지 않다고 주장해온 것으로 의심을 하였다.[41] 위의 성인聖人의 기질지성은 또한 어디에 있는 것이냐는 의문은, 이러한 의심 즉 기질지성을 이발已發에서 언급하고 있는 것이 아니냐는 의심의 연장선상에서 나온 것이다. 그러나 자세히 살펴보면 학설 초기에 기질지성이 이발已發에 속하는 것으로 볼 수 있는 혐의가 있다고는 할 수 있지만,[42] 이간이 본연지성과 기질지성을 나누어서 본연지성은 미발처에 속하고, 기질지성은 이발처已發處에 속한다고 말한 적이 없다. 이간은 기질지성 역시 본연지성과 마찬가지로 미발처에 속하는 것으로 보고 있다. 다만 미발을 중中 한 미발인 대본저미발과 부중한 미발인 부중저미발로 구분하고, 기질지성을 부중저미발에서 언급되는 성으로 보고 있을 뿐이다. 부중저미발에 대해서 이발已發이 아니냐는 의심을 할 수도 있지만, 이간이 "사물을 접하지 않은 것에 의거하였기 때문에 거칠게 미발이라고 한 것이다."라고 한 점으로 미루어 보아

---

40) 『南塘集』卷11,「附未發氣質辨圖說」, 47쪽·卷28,「李公擧上師門書辨」, 42쪽 참조.

41) 『南塘集』卷28,「李公擧上師門書辨」, 40쪽: 此與公擧所謂未發之前 無氣質之性 而本然氣質分爲二性者 不同矣.
   『南塘集』卷28, 上同, 41쪽: 未發之前 謂無氣質之性 人物之性 謂無偏全之異者 乃公擧所見之本領.

42) 『南塘集』卷11,「附未發氣質辨圖說」, 47쪽: 公擧最初說 則以爲未發之前 氣雖有淸濁粹駁之不齊 而不可兼指謂氣質之性云云.
   『醒菴集』卷5, 32~33쪽:(巍巖) 始則以爲未發之前 氣不用事 不可兼其不用事之氣 而謂有氣質之性 乃以氣質之性 言於已發.

결코 이발已發로 볼 수가 없다. 더 나아가 기질지성 또한, "정情의 작용에 속하지 않기 때문에 또한 성이라고 한 것이다." 라고 하며, 이간이 기질지성에 대해 이발已發의 정情이 아닌 미발未發의 성性 이라는 점을 강조하고 있는 것으로 미루어 보아, 기질지성을 이발已發의 성으로 이해하고 있다고 할 수 없다. 이간의 견해에 충실히 따르자면, 그는 기질지성을 이발已發에 속하는 것으로 분류하고 있지 않았다. 본연지성과 기질지성을 모두 미발에 속하는것으로 보고 있었다. 이간은 대본저미발의 본연지심에 나아가 일치관계로 있는 본연지성을 말하였고, 외물에 접하지 않은 희노애락이 미발일 때 조차도 혼란스러운 상태인 부중저미발의 기질지심에 나아가 일치관계로 있는 기질지성을 언급하였다.

2 한원진의 미발심성론

한원진은 미발에 대해서 지극히 허虛하고 고요한 가운데, 지각할 수 있는 능력은 있지만 지각하는 일이 없는, 불혼불매不昏不昧하고 적연부동寂然不動한, 기가 작용하지 않는 상태를 의미하는 것으로 보고 있다.[43] 한원진은 하나의 미발만이 있을 뿐이라는 관점에서, 이간이

---

43) 『經義記聞錄』卷2,「中庸」, 17쪽: 盖未發當作如何求 …然則至虛至靜 但有能知能覺者在 而無所知所覺之事 此一番時節 政爲未發也.
『南塘集』卷28,「李公擧上師門書辨」, 2쪽: 氣不用事 政指寂然不動 不昏不昧者而言.
『南塘集』卷36,「雜識」「內篇下」, 13쪽: 愚意未發時 爲氣不用事 則已發時當爲氣用事也.

대본저미발과 부중저미발로 나누는 것에 대해서, 미발을 이층二層으로 여기는 것이라고 하며 그 부당함을 지적하였다.[44] 예를 들어 이간의 미발론은 성인聖人의 경우는 평생 동안 한 때도 부중저미발不中底未發인 때가 없다는 것이니, 성인은 본연지성이 만이 있고 기질지성은 없다는 것이 되며, 이는 결국 성인은 단지 본연지성 하나 만을 가지고 있고, 중인은 본연지성과 기질지성 두 가지 성을 가지고 있다는 부당한 논리가 발생하게 되는 점을 지적 하고 있다.[45]

한원진은 이간이 대본저미발의 본연지심에 나아가 본연지성을 말하고, 부중저미발의 기질지심에 나아가 기질지성을 언급하고 있는 것에 대해서, 하나의 심을 본연지심과 기질지심으로 나누어 둘로 보는 견해라고 비판하였다.[46] 그리고 본연지심이 한 개의 리를 갖춘 것을 본연지성이라 하고, 기질지심이 한 개의 리를 갖춘 것을 기질지성이라 하니, 이 또한 성을 나누어 둘로 여기는 것이라고 하며,[47] 이간의 설을 이심이성론二心二性論이라고 혹평하였다.[48] 한원진은 일심일성一心一性의 관점에서 논의를 전개하고 있다.[49] 그는 미발처의 심을 분

---

44) 『南塘集』 卷11, 「附未發五常辨」, 20쪽: 辨中又以未發之體 爲有中不中二層境界 以虛明湛寂爲中底界分 而大本之性具焉 以昏昧雜擾爲不中底界分 而氣稟之性具焉 大本之性在一層 氣質之性又在一層.

45) 『南塘集』 卷11, 「附未發五常辨」, 21쪽: 聖人平生無一時不中底未發 則聖人終無氣質之性 而聖人只有一性 衆人却有兩性也.

46) 『南塘集』 卷11, 「附未發氣質辨圖說」, 44쪽: 虛靈不昧具於方寸之中者爲一心 而名之爲本然之心 血氣淸濁充於百體之中者又爲一心 而名之爲氣質之心 則是心有兩體也.

47) 上同, 44쪽:本然之心具一箇理 而爲本然之性 氣質之心 又具一箇理 而爲氣質之性 則是性有兩體也.

48) 『南塘集』 卷11, 「附未發氣質辨圖說」, 47쪽: 二心二性之難 又起矣.

석하면 담연허명湛然虛明한 심의 본체와 가지런하지 않은(不齊) 심의 기품氣稟 두 가지가 있다고 보았다.50) 한원진은 담연허명한 심의 본체는 기의 정상精爽이라는 점에서 '허령虛靈'이라고도 하는데, 이는 심의 선한 측면으로51) 모든 사람이 동일하게 가지고 있는 것이라고 하였다.52) 이에 반해 기품은 청탁수박이 가지런하지 않은 기질의 측면53), 즉 심에 있는 선악의 측면으로서54) 모든 사람이 각기 다르게 가지고 있는 것이라고 보았다.55) 그런데 한원진은 심의 본체와 기품의 구분에 대해서 이론적인 구분일 뿐, 실제로는 동시에 같이 존재하는 하나

---

49) 『南塘集』卷22, 「與舍弟別紙」, 4쪽: 大抵吾說心一也 性一也. 『南塘集』卷11, 「附未發五常辨」, 22쪽: 虛明氣稟 又非二物 則此所以性 無二性 而心無二心也.

50) 『南塘集』卷18, 「答金子靜」, 20쪽: 湛然虛明 氣稟不齊 皆以氣言 而湛然虛明 是言未發氣像 朱子所謂心之本體 指此而言也 氣稟不齊 是言氣稟本色 朱子所謂心有善惡 亦以此而言也.

51) 上同 卷7, 「上師門」, 18쪽: 未發之際 謂之心善者 指其湛然虛明之體 而非謂其氣稟本色之濁駁者.

52) 『南塘集』卷15, 「與沈信夫」, 19쪽: 夫氣之精爽 聚於人而爲虛靈 虛靈卽此心之本體也 此則人人所同也.
上同 卷13, 「答尹瑞膺」, 29쪽: 鄙說盖謂未發之氣質 雖有不同 其虛明則同 心之氣稟 雖有不同 其虛靈卽同 而未發之氣質 卽心之氣稟也 未發之虛明 卽心之虛靈也 故推心之氣稟之不同 以見未發氣質之不同 推未發虛明之皆同 以見心之虛靈之皆同.

53) 上同 卷18, 「答金子靜」, 20쪽: 淸濁粹駁 氣稟本色也.

54) 上同 卷7 「上師門」, 18쪽: 謂其心有善惡者 指其氣稟本色之不齊者. 이 부분은 心卽氣(『南塘集』卷11, 「附未發氣質辨圖說」, 45쪽) 원칙에 따라 氣質의 有善惡한 측면(淸濁粹駁)이 심의 유선악한 측면으로 전환되는 양상을 보여주는 것이다.

55) 上同 卷15, 「與沈信夫」, 19쪽: 從虛靈而言 則人人皆同 從氣稟而言 則人人不同.

의 심만이 있을 뿐이라고 하였다.[56) 한원진의 성범심이론聖凡心異論은 바로 이러한 일심一心의 관점에서 나온 것이다. 청기淸氣가 모인 성인의 심은 허령한 본체가 기품에 가려진 바가 없는 미발심이지만, 탁기가 모인 보통사람衆人의 심은 허령한 본체가 기품에 가려진 것이라고 보았다. 이에 성인과 중인의 심이 서로 다르다는 논의가 있게 되는 것이다.[57) 이간의 성범심동론聖凡心同論의 심이 담연허명한 미

---

56) 『南塘集』卷15,「與沈信夫」, 19쪽: 虛靈則氣稟之虛靈 氣稟則虛靈之氣稟 非有二物也 … 虛靈氣稟 元只一物者.
上同 卷11,「附未發五常辨」, 21쪽: 盖鏡水則心也 鏡水之明止 卽心之未發虛明也 潭之大小鐵之精粗 卽心之氣稟不齊也 鏡水之明止與鐵潭 決非二物.
上同 卷11,「附未發五常辨」, 22쪽: 虛明氣稟 又非二物 則此所以性無二性 而心無二心也.

57) 『南塘集』卷15, 19쪽: 聖人之心 淸氣聚而虛靈 故常覺於理 衆人之心 濁氣聚而虛靈 故常覺於欲 此虛靈所稟之氣 人人不同 而虛靈之心 不能皆善者也.
上同 卷13, 28쪽: 盖心之虛靈 聖人衆人 豈能皆有 但其不同者由於氣稟 而不由於虛靈 故若罪其不同 則當罪其氣稟 而不當罪其虛靈 治其不同 則當治氣稟 而不當治其虛靈 故論虛靈 則但當言同 而不當言不同.
○한원진의 "聖人之心 淸氣聚而虛靈 故常覺於理 衆人之心 濁氣聚而虛靈"의 淸氣·濁氣論은 程子의 "性卽理也 理則堯舜至於塗人 一也 才稟於氣 氣有淸濁 稟其淸者爲賢 稟其濁者爲愚 學而知之 則氣無淸濁 皆可至於善而復性之本 湯武身之 是也 孔子所言下愚不移者 則自暴自棄之人也(『孟子』,「告子章句上」集註.)"에 나오는 "才稟於氣 氣有淸濁 稟其淸者爲賢 稟其濁者爲愚"에서 추론된 것으로 보인다. 한원진은 본 문장의 바로 뒤에 나오는, 朱子의 "氣質所稟 雖有不善 而不害性之本善"라는 글을 자신의 미발심성론에서의 핵심적인 주장인 "雖在未發之時 其合下稟得淸濁美惡之殊者 固自在矣 但於此是不能用事 則亦無以害其性之本善矣."의 근거로 인용하기도 하였다.
『南塘集』卷28,「李公擧上師門書辨」, 1쪽: 盖人之氣質淸濁美惡之稟 本皆得於有生之初 故當其未及變化也 雖在未發之時 其合下稟得淸濁美惡之殊者 固自在矣 但於此是不能用事 則亦無以害其性之本善矣 故孟子輯註曰 氣質所稟 雖有不善 不害性之本善 此師旨之所主也. "此師旨之所主也."의 師는

발심의 본체만을 강조한 가운데 이루어진 것과 대비된다. 한원진은 성에 대해서도 성이 비록 본연지성과 기질지성으로 두 가지로 나뉘지만, 이 또한 하나의 성을 기질을 겸해서 논의하느냐 겸하지 않고 논의하느냐에 따라 이루어진 이론적인 구분일 뿐[58] 실제로는 일처一處에서[59] 동시적으로[60] 존재하는 하나의 성만이 있을 뿐이라는 주장을 하고 있다. 한원진의 미발론은 이러한 일심일성론一心一性論을 바탕으로 전개된다.

한원진의 일심일성론은 미발에서 논의될 때, 하나의 어려움에 직면하게 된다. 주자가 중화신설에서 지적한 바와 같이 미발에서의 심성은 밀접한 불리不離의 관계성을 가지게 되는데, 한원진의 미발심은 심의 순선한 측면뿐만 아니라 심의 유선악한 측면까지 포함한 것이고[61] 미발의 성은 본연지성과 기질지성이 동시에 자재하여 있는 것이

遂菴 權尙夏이다. "師旨之所主"의 旨는 기실 遂菴의 旨이기 이전에, 한원진의 旨이다. 이간과 한원진은 수암 권상하를 중간에 두고, 상호 자신들의 학설을 주장한 바 있다. 이 문장은 그 일부분이다.

58) 『南塘集』卷11,「附未發氣質辨圖說」, 45쪽: 性非有二體也 只是氣質之兼不兼 而有二名耳.
『南塘集』卷30,「本然之性氣質之性說」, 7쪽: 夫性一而已矣 何以有本然氣質之二名也 … 所謂氣質之性 卽此本然之性墮在氣質中 自爲一性也 兩性字義雖不同 其實一性也 其所以一者 理也 其所以不同者 氣之兼不兼也 本然之性無不全無不善 而天地萬物皆同矣 氣質之性有偏全有善惡 而天地萬物皆異矣.

59) 『經義記聞錄』卷6,「理氣性情圖說」, 4쪽: 單指各指兼指 只在一處.

60) 『朱子言論同異攷』卷2,「性」, 2쪽: 本然氣質非有二性 而不可以時之先後.
『南塘集』卷9, 12쪽: 盖性與氣質不離不雜 不雜也故單指其理 而謂之本然之性 不雜也故兼指其氣 而謂之氣質之性 雖有二名 初無兩體 而非有先後等差之物也.

어서,[62] 미발에서의 성선의 성의 확보가 어렵게 되는 문제점이 발생하고 있기 때문이다. 한원진의 미발처의 심은 담연허명한 순선의 측면과 기품의 유선악한 측면이 일심一心으로 있는 심이어서, 심이 기품으로 인해 유선악한 기질지심으로 오인될 위험이 있는 것이고, 미발의 성은 순선한 본연지성과 유선악한 기질지성이 일성一性으로 있는 것이어서, 성이 기질로 인해 기질지성으로 오인될 위험성이 있는 것이라고 할 수 있다. 이간은 바로 이러한 점에 주목하여, 한원진이 논하는 미발심은 기질지심에 불과한 것이고, 미발처의 성은 본연지성이 아닌 기질지성일 뿐이라고 공격하였다.[63] 심을 기품의 구애와 구애되지 않음에 따라 순선한 본연지심과 유선악한 기질지심으로 나누고, 이 심에 따라 성 또한 구분지어, 기품에 구애된 기질지심과 기질지성을 짝짓고, 기품에 구애되지 않은 본연지심과 본연지성을 짝 지워 미발처의 심성을 논의하고 있는 이간의 시각에서 볼 때, 일심일성론에 바탕을 둔 한원진의 미발심성론은 기질지심에서 기질지성을 논하는 부중저미발의 심성에 불과한 것이었다고 할 수 있다. 이에 이간은 '미

---

61) 『巍巖遺稿』卷4,「上遂菴先生別紙」, 38쪽: 德昭 未發有善惡之論,
   『巍巖遺稿』上同, 41쪽: 德昭之言曰 未發之前 雖有善惡之偏·夫有惡而爲未
   發 是渠之本領也.

62) 『南塘集』卷11,「答尹晦甫別紙」, 50쪽: 愚聞理之單指者爲本然之性 氣之兼
   指者爲氣質之性 心之未發者爲性 心之已發者爲情 單指兼指 只在一處 未發
   已發 各有境界 卽此乃千聖相傳不易之指也.

63) 『巍巖遺稿』卷12,「未發有善惡辨」, 31쪽: 其曰爲氣稟所拘者 此氣質之心也
   … 以其拘與不拘 而有是二指 則所謂大本之性者 當就其本然之心而單指 所
   謂氣質之性者 當就其氣質之心而兼指 雖同一方寸 而拘與不拘之間 其界分
   自在 則又安可都無分別 而單指兼指滾說一處乎 然則德昭所認之心 不過是
   氣質之美惡.

발일 때에는 단지 성만이 순선한 것이 아니고 기질 또한 순선한 것이다.'고 하면서, 온전한 성선의 성을 주장하고자 한다면 한원진의 심론에서 기질의 유선악한 측면을 베어내어야 한다는 입장을 취하였다. 한원진의 심론에서 기질의 유선악한 측면을 제거하면, 자신이 주장하는 대본저미발의 심성 즉 본연지심에서 본연지성을 논하는 견해가 되기 때문에 성선의 성을 온전히 확보할 수 있다고 본 것이다. 이는 한원진에게 일심론을 포기하고,[64] 자신과 같이 심을 나누고 성 또한 나누어야 한다고 주장한 것이다. 한원진은 이것을 받아들일 수 없는 해괴한 논의로 보았다.[65] 왜냐하면, 유선악한 면을 제거하고 담연허명한 심의 본체에서 성선의 성을 논의하고자 하는 이간의 견해는 근

---

64) 일심론의 포기는 곧 일성론의 포기를 뜻하는 것이다. 한원진의 미발심에서 유선악한 측면(淸濁粹駁의 不齊함이 있는 기품)을 제거하고 나면, 미발심은 순선한 측면(담연허명한 본체)만이 남게 된다. 기질이 담연허명하여 순선한 상태인 미발의 성은 당연히 순선한 본연지성의 상태를 유지하게 된다. 이는 곧 미발에 본연지성과 기질지성이 동시에 자재하여 있다고 주장하는 한원진의 일성론의 포기를 뜻하는 것이다. 그러나 이것은 어디까지나 이간의 관점에 불과한 것이다. 왜냐하면, 한원진은 一性의 관점에서 순선한 기질의 상태인 성인까지도 기질지성이 있다고 보아야만 한다는 입장을 강조하고 있기 때문이다. (高明 以相近之性善惡之性爲皆在不中底未發 則是以不中底未發爲氣質之性界分 矣 然則聖人之無不中底未發者 其氣質之性又何處也:『南塘集』卷11,「擬答 李公擧」4쪽.) 한원진은 미발론에서 '氣不用事'의 논리로 기질의 순선을 확보하고 있다.

65) 『南塘集』卷28,「李公擧上師門書辨」, 1쪽: 公擧若以此爲是非 則亦但曰未發 之前 不但性純善 氣質亦純善 雖氣質亦不可幷下惡字云爾 則可也 今乃刊去 氣質二字 直書之曰 未發之前 美惡自在 則便成以性爲有善惡也 此果先生之 本旨耶 … 公擧前此上師門書 擧愚說一段曰 未發之前 雖有善惡之偏云云 愚 書善惡句上 本自有氣質二字 而刊去之 愚嘗怪之.

본적으로 심의 본래 모습을 잃고, 심을 성으로 이해하는 불교의 심학心學이나, 기를 성으로 여기는 선진先秦 제자諸子들의 견해와 다를 것이 없다고 보았기 때문이다.[66]

　한원진은, 심을 이심二心으로 나눈 뒤에 '미발일 때는 단지 성만이 순선한 것이 아니고 기질도 순선한 것이다.'라고 하며, 본연지심에서 성선의 성(본연지성)을 볼 것을 촉구한 이간의 견해를, 심의 본래 모습을 무시하고 성선의 성을 말하는 터무니 없는 현공설성懸空說性의 견해라고 오히려 역으로 비판하였다.[67] 왜냐하면 한원진이 보기에, 이간의 심성론은 본래의 심에서 기품의 면을 떼어 내서 심과 기품을 양물兩物로 나눈 뒤, 기품을 제거한 심을 하나의 심(一心)으로 삼고, 기품을 또 다시 하나의 심(一心)으로 삼아, 심이 성선의 성(본연지성)을 갖추고 있고, 기품지심이 기질지성을 갖추고 있다고 하는 이심이성二心二性의 해로운 견해에 불과하며, 이때에 논의되는 성선의 성과 성선이 짝하는 심을 볼 것 같으면, 그 심은 기품을 떼어낸 심이어서 온전한 심이 아니고(妄心), 성선(眞性)의 성 또한 온전한 심을 갖추고 있지 못한 것이 되기 때문이다.[68] 다시 말해서 이간은 이심二心에 따

---

66) 『南塘集』卷32,「書季明辨玉溪黎湖心性說後」, 3쪽: 故遂以未發虛明之氣 氣純粹至善底物事 而又必謂氣純善 然後性方純善 其知氣質之有善惡者 輒斥氣質 以爲心外之物事 知其心之爲氣質者 又幷與未發氣質而謂之純善 其意本欲明性善 而反不免於挽性善 而墮善惡氣質之科 與諸子以氣言性之陋 釋氏本心之學 幷歸一轍 豈不可惜哉.

67) 『南塘集』卷9,「與李公擧別紙」, 31쪽: 是蓋以本然之性 推而置之於氣質之前 而懸空說性矣.

68) 『南塘集』卷28,「李公擧上師門書辨」, 24쪽: 公擧又云 心與氣兩物歟者 亦有可異 勉齋本非以心與氣爲兩物 渠嘗以心與氣爲有辨 以心爲一心 而其本然

른 이성二性의 논의를 추구하고 있어서,[69] 성선의 성이 온전한 심을 갖추고 있지 못하고, 그 성이 허공에 매달려 있는 것과 같은 모양새를 가지게 되었다고 보았다.

한원진의 입장에서 보았을 때, 이간이 미발심성론에서 오류를 범하게 된 근본 원인은 심을 중심으로 성을 논하고자 하였기 때문이다. 심에서 성선의 성을 논하려고 하다 보니, 성선의 성에 맞는 심을 본연지심으로 설정할 수밖에 없었던 것이고, 이에 나머지 순선하지 못한 심의 측면은 기질지심으로 돌리고, 이 기질지심에서 유선악한 기질지성을 말하게 되었던 것이다. 이러한 점에 주목한 한원진은 본연지심에서 성선의 성을 논하는 방식을 취하지 말고, 맹자와 같이 성선의 성을 주로 하는 가운데 본연지심을 논할 것을 촉구한다.[70] 이것은 곧 이심이성론을 포기하고 일심일성론을 취하라는 촉구이다. 자신의 학설상에서도 성선의 성과 심의 선을 말하는데 아무런 장애가 없다고 여겼기 때문이다. 한원진은 심에 유선악有善惡한 기품의 측면과 순선純善한 담일허명의 측면이 동시에 있더라도, 적연부동한 상태의 미발

之性 以氣稟爲一心 而具氣稟之性 旣自爲二心二性之論矣 今却以心與氣兩物 譏勉齋彼爲正見耶 此爲定論耶 定於此 則可喜其空妄心 而見眞性定於彼 則惜乎.

69)『南塘集』卷11,「擬答李公擧」, 5쪽: 高明所謂心者 無論本然氣質 皆以氣言 而又力辨其界分部伍之不同 夫以兩氣之界分部伍不同者 相對而言曰某心某心 則非二心乎 二心所具之性 果非二性乎.

70)『南塘集』上同, 5~6쪽: 孟子所謂本心 以仁義之心言之 主性善而言也 釋氏所謂本心 以靈覺之心言之 專認氣而言也 主性善而言 故心有所準則 而爲大本達道之德 專認氣而言 故心無所準則 而爲猖狂自恣之行 … 高明所謂本心者 只以靈覺者而言 則正無間於釋氏之見矣.

에서는 유선악한 기품이 작용하지 않기 때문에, 심이 선善하여, 성선의 성을 말하는데 아무런 장애가 없다고 보았던 것이다. 그는 그 근거로써 『맹자』에 있는 「고자장구상告子章句上」에서 주자가 "품득 한 바의 기질에 비록 선하지 아니함이 있으나 성의 본래의 선함을 해하지 않는다."라고 한 문장을 들고 있다.[71] 한원진의 '심은 기이고 성은 리이다(心卽氣·性卽理)'는 논리에 따르면, 이는 곧 심에 청탁淸濁한 유선악한 기의 측면이 작용(用事)하지 않으므로, 성인과 범인(聖凡)이 가지고 있는 대본지성本然之性은 본질적으로 선하다는 논의가 되는 것이다. 한원진은 척·교(跖·蹻)들과 같은 악인은 청탁한 기가 작용하지 않는 미발의 때가 없기 때문에, 실사의 세계에서 대본大本의 성을 온전하게 가질 수 없다고 보았다. [72]

이간도 이러한 한원진의 성선의 성과 심선心善에 대한 견해를 알고 있었다.[73] 그럼에도 불구하고 한원진의 견해를 부정했던 것은, 아무리 유선악한 기품의 측면이 작용하지 않아 심이 선한 상태를 유지한다고 하더라도, 기품이 미발처에 자재하여 있다는 한원진의 주장을 인정하

---

71) 『南塘集』 卷28, 「李公擧上師門書辨」, 1쪽: 盖人之氣質淸濁美惡之稟 本皆得於有生之初 故當其未及變化也 雖在未發之時 其合下稟得淸濁美惡之殊者 固自在矣 但於此是不能用事 則亦無以害其性之本善矣 故孟子輯註曰 氣質所稟 雖有不善 不害性之本善 此師旨之所主也.

72) 『南塘集』 卷28, 「李公擧上師門書辨」, 2~3쪽: 大本者 天命之性也 天命之性萬物皆得 則無物無大本 況跖蹻猶人 豈獨無大本乎 但無未發之時 故不能立大本耳.

73) 『巍巖集』 卷7, 「與崔成仲」, 2쪽: 然則所謂未發 正是氣不用事時也 夫所謂淸濁粹駁者 此時無情意 無造作 澹然純一亦善而已矣… 此則德昭之論 恐未爲得也.

게 되면, 심의 유선악有善惡한 측면이 반드시 성에 영향을 주게 된다고 보았기 때문이다.74) 더욱이 한원진이 주장하는 성선의 성에 짝하는 심은 본연지심과 기질지심이 혼재되어 있는 심이어서, 이 혼재되어 있는 심과 성선의 성이 하나의 미발에 같이 있다는 것을 인정하게 되면, 이 인정은 곧 본연지심과 기질지심을 나누어 본연지심과 본연지성이 일치하고 기질지심과 기질지성이 일치하고 있다는 자신의 주장, 즉 리기동실 심성일치(理氣同實 心性一致)론의 부정일 뿐 아니라,75) 본연지심의 측면인 대본저미발과 기질지심의 측면인 부중저미발로 나누는 자신의 미발론에 대한 부정으로까지 이어지는 것이기 때문에, 이간은 결코 한원진의 주장을 인정하지 못했던 것이라고 할 수 있다.

일심일성一心一性을 주장하는 한원진의 입장에서 볼 때, 이간의 견해는 하나로 존재하는 미발심을 둘로 나누는 이심론二心論 일 뿐만 아니라, 이 이심론二心論은 미발에는 본연지성만이 있고 기질지성은 없다는 논의 즉 하나인 성을 본연지성과 기질지성으로 나누는 이성론二性論으로 확대 되는 것이어서 도저히 받아들일 수 없었던 것이다.76) 한원진이 이간의 학설에 대해 미발에는 본연지성만이 있고 기질지성은 없다는 논의라고 비판한 것은, 이간의 학설에는 기질지성이 없다고 보아서가 아니다. 한원진이 주목한 것은, 이간이 심의 유선악한

---

74) 『巍巖遺稿』 卷5, 「上遂菴先生」, 3쪽: 大抵未發而心體之惡自在 則其心之偏倚 亦已甚矣 其性之獨免於偏倚.

75) 『巍巖遺稿』 卷5, 「上遂菴先生」, 3쪽: 心與性 氣與理 果若是其不相干涉歟 論大本而不論心之偏倚與否 則子思所言發未發 都是剩矣 小子於此 竊深訝惑焉.

76) 『南塘集』 卷28, 40쪽: 公擧所謂未發之前無氣質之性 而本然氣質分爲二性者不同矣.

측면인 기품을 미발에서 논할 수 없다고 주장한 점이다. 이간은 한원진에게 심에서 유선악한 기품을 베어내라고까지 하였었다. 미발처에서 유선악한 기품을 베어 내라는 것은 곧 미발처에서는 기질지성을 논할 수 없다고 하는 주장으로 이어지는 혐의가 있는 것이라고 할 수 있다. 그러나 이간 또한 기질지성이 미발처의 성이라는 인식을 하고 있었다. 이것은 이간이 부중저미발의 기질지심에서 기질지성을 논하고 있는 점을 통해서도 알 수 있다. 따라서 한원진이 이간의 학설에 대해 미발에 기질지성이 없다는 논의라고 비판하였던 것은 본질적 측면에서의 주장으로 보아야 한다. 이간은 본질적인 측면에서 성선의 성이 자재하여 있는 미발의 자리에서는 유선악한 기품을 함께 논하 수 없다고 본 것이고, 이에 주목한 한원진 역시 본질적인 측면에서 볼 때, 이간의 견해는 미발에 기질지성이 없다는 논의라고 비판한 것이다. 이간은 본질적 측면인 대본저미발에서는 기질지성을 말할 수 없으나, 기품의 작용이 있는 비본질적 측면인 부중저미발에서는 기질지성을 말할 수 있다는 입장을 취하고 있다. 이간은, 한원진이 유선악한 기품이 작용하지 않으므로, 심이 선한 상태가 되어, 성선의 성에 해害가 되지 않는다는 입장을 취하고 있었음에도 불구하고, 이 기품을 베어내라고 하였다. 성선의 성과 기품이 같이 있다는 것을 인정하면, 기품의 작용이 있을 때, 기품의 영향으로 인해 성선의 성이 온전히 자재할 수 없게 된다고 보았기 때문이다.

한원진은, 이간이 미발에서 기품을 논할 수 없다고 하고, 기품을 이발已發에서 논하고 있다고 보았다.[77] 본연지성과 기질지성을 하나

---

77) 『南塘集』上同, 3쪽: 美惡不齊 氣之本色也 有所偏倚 心之已發也 認本稟爲

의 성으로 여기지 않고, 처음에는 미발처에 본연지성만 있다가, 이발
처已發處에서 기품이 작용한 다음에, 뒤늦게 미발처에 본연지성과 기
질지성이 있다는 주장을 하는 것이라고 보았다. 이는 곧 '기질지성은
이발已發에 이르러서야 비로소 말할 수 있는 미발未發의 성'이라는 관
점을 취하고 있는 것이며, 결국 이성론二性論으로 귀결되는 옳지 못한
주장이라고 비판하였다. 한원진은 이간의 이성론二性論에 대해, 기질
지성이 없다가 뒤 늦게 방촌에 들어와 본연지성과 머리와 어깨를 나
란히 맞대고 있는 형상을 연출하는 것이라고 비판하였다.[78]

이와 같이 볼 때 한원진이, 이간의 기품과 기질지성에 대한 주장을
힘써 비판한 까닭은, 이간의 주장이 종국에는 본연지성과 기질지성이
미발처未發處에 나란히 있다는, 이성론二性論으로 귀결되는 것이었기
때문이라고 말할 수 있다. 한원진이 초기부터 이간을 비롯한 낙론의
관점을 가지고 있었던 학자들의 기질지성에 대한 견해에 대해, 이발已
發에서 기질지성을 논의하고 있다고 힘써 비판한 이유는 바로 이런
점에서 기인한 것이라고 할 수 있다.[79]

已發 又是謬矣 論未發而不論心之偏否 固不可論大本而兼論氣之善惡 愚亦
未知其可也.

78) 『南塘集』卷11, 「附未發氣質辨圖說」, 44쪽: (이간의 견해는) 衆人氣質之性時
自百體之外 超入於方寸之中 與大本之性齊頭比肩.

79) 『南塘集』卷7, 3쪽: 催徵厚韓弘祚諸人 於前一層(필자주:超形氣단계)之說 不
可謂無見 而於後二層(필자주:因氣質·雜氣質단계)之說 似未有見 故其言多
窒 其論仁義禮智 則以爲隨木氣而發則爲仁 隨金氣而發則爲義(한원진주:發
爲仁 發爲義之說 殊甚怪駭) 論人物之性 則以爲禽獸亦稟得盡五常之性 而
與人初無異 論氣質之性 則以爲未發之前 只有本然之性 而及其發也 方有氣
質之性 以人心當氣質之性 此皆未安 禹執卿亦以彼說爲非元震之見.
『南塘集』卷9, 「與崔成仲別紙」, 1쪽: 未發之前 只有本然之性 不可謂有氣質

112

한원진은, 기질지성은 본연지성과 떨어져 따로 존재하는 것이 아니라, 미발처未發處에서 본연지성과 더불어 동시적으로 존재하는 하나의 성一性의 두 측면일 뿐이라고 보고 있다. 한원진은 미발처의 성에서, 담연허명 하여 천리가 엄폐됨이 없는 데에 나아가, 그 천리만을 가리키면 단지單指의 본연지성이 되고, 청탁淸濁이 있는 가지런하지 않은 기품을 아울러서 함께 말을 하면 겸지兼指의 기질지성이 된다고 보고 있다. 다시 말해 성과 기질이 불상리 불상잡(不相離 不相雜)의 균형적 관계를 유지하고 있는 중층中層의 인기질因氣質의 성에서, 이 성을 기질과 논리적으로 분리하여(超形氣) 부잡不雜의 측면만을 강조하여 논하면 단지의 본연지성이 되고, 기질과의 불리不離의 측면만을 강조하여 논의 하면 겸지兼指의 기질지성이 된다고 보았으며, 이 세 가지 측면의 성은 결국 하나의 성의 각각의 측면들을 지칭하는 것일 뿐이라는 관점을 갖고 있었던 것이다.[80]

之性 及其發也 方有氣質之性.

『南塘集』卷30,「本然之性氣質之性說」, 8쪽: 曰未發之前 只有本然之性 而不可謂有氣質之性 及其發也 方有氣質之性 而本然之發 由於耳目口鼻者 乃所謂氣質之性也 嗚呼斯言也 其於理氣不相離 人心無二本之妙 可謂達乎.

上同 卷30,「本然之性氣質之性說」, 9쪽: 其曰未發之前 只有本然之性 不可謂有氣質之性者 是無氣而有理也 烏在其理氣不相離也 其曰及其發也 方有氣質之性者 是性有未發之性也 已發之性也.

80) 『南塘集』卷11,「附未發氣質辨圖說」, 45~46쪽: 氣雖有淸濁美惡之不齊 而未發之際 氣不用事 故善惡未形 湛然虛明而已矣 雖則湛然虛明 其氣稟本色之淸濁美惡 則亦未嘗無也 故卽其湛然虛明 無所掩蔽於天理者 而單指其理 則爲本然之性 因其氣稟本色淸濁美惡之不齊者 而兼指理氣則爲氣質之性.

『南塘集』卷11,「附未發五常辨」, 33쪽: 性在氣中者 卽其未發虛明而中 則謂之大本之性 兼其氣稟不齊而言 則謂之氣質之性 如此言性 何害於性善 何疑於二本 又何悖於聖賢之說乎.

한원진이 이미 미발처未發處를 혈기가 작용하지 않는 기불용사氣不
用事의 상태로 표현하였으므로, 청탁한 기품이 작용하지 않는 미발처
未發處의 기질지성 또한 특별한 작용성이 없다고 보아야 한다. 한원진
이 미발처에 특별한 작용성도 없는 기질지성을 상정하고 있는 이유는
크게 두 가지 측면에서 해석할 수 있다. 첫째는 본연지성이 미발처에
있다고 하였듯이, 성의 또 다른 한 측면인 기질지성 역시 처음부터
본연지성과 더불어 하나의 성(一性)으로서 미발의 차원에 자재해 있는
것으로 보아야 한다고 여겼기 때문이라고 할 수 있다. 두 번째는 기질
지성을 미발처에 자재해 있는 것으로 보아야, 이발已發의 때에 드러나
는 정情 단계의 선과 악을 제대로 설명할 수 있다고 여겼기 때문이라
고 할 수 있다. 한원진은 이발已發의 때에 발發하는 것은 기이므로(氣
發), 성발性發 또한 기질지성의 발發로 파악해야 한다는 생각을 갖고
있었다. 이발已發의 선과 악은 외형적으로 모두가 기질지성의 발發이

『南塘集』卷11,「答尹晦甫別紙」, 50쪽: 愚聞理之單指者 爲本然之性 氣之兼
指者 爲氣質之性 心之未發者爲性 心之已發者爲情 單指兼指 只在一處 未
發已發 各有境界 卽此乃千聖相傳 不易之指也.

『南塘集』卷30,「本然之性氣質之性說」, 7쪽: 夫性一而已矣 何以有本然氣質
之二名也 盖天地萬物皆得陰陽之氣 以成其質得太極之理 以爲其性 而性與
氣質不可相離 亦不可相雜 故其不雜而單指其理 則本然之性也 其不雜而兼
指其氣 則曰氣質之性也 然則所謂氣質之性 卽此本然之性 墮在氣質之中 自
爲一性也 兩性字義 雖不同 其實一性也 其所以一者理也 其所以不同者 氣
之兼不兼也 本然之性無不全無不善 而天地萬物皆同矣 氣質之性有偏全有
善惡 而天地萬物皆異矣 其在人者 以心言之 則心卽氣也 性卽理也 未發之
前 理具氣中 故專言理 則渾然至善 而所謂本然之性也 兼言氣則善惡一定
而所謂氣質之性也 已發之際 理乘氣上 故其善其惡 固皆氣質之性 所發而其
善者 乃本然之性不爲氣揜者也 其惡者 乃本然之性爲氣所揜者也 然則氣質
之性所發 卽本然之所發也.

나, 내면적으로는 리승理乘이므로, 선은 본연지성이 기질에 엄폐되어
지지 않고 드러난 것이며, 악은 본연지성이 기질에 엄폐된 상태로 드
러난 것이어서, 기실 기질지성의 발현은 곧 본연지성의 발현이라고
한원진은 주장하고 있다. 따라서 한원진이 기질지성을 본연지성과 함
께 애초부터 미발처에 자재하여 있는 것으로 파악했던 것은, 그래야
만 성발위정性發爲情 · 기발리승氣發理乘 · 일성一性 등의 논리에 어긋
나지 않으면서, 미발처의 성과 이발처의 정情을 연관성 있게 원활하
게 설명을 해 나갈 수 있다고 보았기 때문이었다고 말할 수 있다.[81]

한원진은 미발처의 성을 중中의 여부로써 구분하여,[82] 단지單指의
본연지성을 중中으로 겸지兼指의 기질지성을 중이 아닌 것(非中)으로
논의하기도 했다.[83] 이것은 겸지의 기질지성을 부중저미발에서 논의
하고, 단지單指의 본연지성을 중저미발에서 논의하고 있는 이간의 견
해와 외형적으로 동일한 점이 있는 것이었다고 할 수 있다. 그러나
"기에 비록 청탁미악淸濁美惡의 가지런하지 않음이 있다고 하더라도
리는 순선하다"는 견해에[84] 중中을 적용하여, "미발지전未發之前에 비

---

81) 『南塘集』 卷30, 「本然之性氣質之性說」, 8쪽: 未發之前理具氣中 故專言理
   則渾然至善 而所謂本然之性也 兼言氣則善惡一定 而所謂氣質之性也 已
   發之際理乘氣上 故其善其惡 固皆氣質之性所發 而其善者乃本然之性不爲
   氣揜者也 其惡者乃本然之性爲其所揜者也 然則氣質之性所發 卽本然之性
   所發也.

82) 한원진은 中한 때를, 大本之性이 잘 보존되어 있는 때로 보고 있다.
   『南塘集』 卷28, 「李公擧上師門書辨」, 3쪽: 大本只是性 中卽大本之立者也 中
   庸 中者天下之大本 以大本之立者而言也.

83) 『巍巖遺稿』 卷4, 「上遂菴先生別紙」, 41쪽 · 卷7, 「答韓德昭別紙」, 11쪽: 未發
   之前 語性則無不善 語氣質則不能無惡 單指其性則爲中 而兼指其氣質則非
   中也.

록 선악의 치우침이 있다고 하더라도, 만약에 정靜해서 한결 같아 용사用事하지 않는다면 성은 여기에서 중中할 것이다."라고[85] 주장하는 것에 이르르면, 내면적으로 이간의 견해와 완전히 다르다는 것을 알게 된다. 이는 미발가운데 있는 성선의 성의 중中함에 기의 청탁미악淸濁美惡의 부제不齊함이 미분리未分離된 상태로 있는 것으로 인식되기 때문이다. 이간의 실사에서의 리기동실理氣同實·심성일치心性一致의 논리에 의하면 중中한 성선의 성에는 당연히 기의 순선함이 일치되어야 하는 것이다. 이간의 실사의 관점에서 볼 때, 한원진의 성선의 성의 중中은 그에 비견되는 기(心)을 갖추고 있지 못한 것이다. 이에 이간은 한원진의 중中에 대한 견해에 대해서, 실사에서의 리기동실·심성일치의 관점에 입각해, "기가 비록 악하더라도 리만이 홀로 선하다는 것이며, 심이 비록 치우쳐 있더라도 성만 홀로 중中하다고 하는 것이니 말에 참으로 근거가 없는 것이다."[86), "대개 리의 의미는 본원에서 말하는 방법이 있고 실사實事에 나아가서 말하는 방법이 있다. 리를 잘 말하는 자는 실사에 즉해서 본원을 말하지 아니 함이 없

---

84) 『南塘集』卷11, 「附未發氣質辨圖說」, 45쪽: '氣有淸濁美惡之不齊 而理則純善'을 논의의 전개상 본문과 같이 해석하였다. 한원진의 다음 글로 미루어 보아, 이같이 해석해도 무방하다고 본다. 氣雖有淸濁美惡之不齊 而未發之際 氣不用事 故善惡未形 湛然虛明而已矣 雖則湛然虛明 其氣稟本色之淸濁美惡 則亦未嘗無也 故卽其湛然虛明 無所掩蔽於天理者 而單指其理 則爲本然之性.(『南塘集』卷11, 「附未發氣質辨圖說」, 45~46쪽)

85) 『巍巖遺稿』, 上同, 11쪽: 未發之前雖有善惡之偏 若一於靜而不用事 則性於此乎中矣.

86) 『巍巖遺稿』, 上同, 11쪽: 卽其氣雖惡 而理獨善 心雖偏而性獨中者 語固無據 而然其善惡偏中之間 亦只一理一氣而已 則其實猶自簡白矣.

116

다. 대개 본원을 말하고 실사에 나아가지 않는다고 하면, 그 폐단이 허공에 매달려 있는 리를 설하는 것이다.(懸空說理) … (한원진이) 그 선이 본래 선하여서 기를 기다림이 있지 않다고 한 것은, 본원은 이미 족하나 실사實事를 버림은 매우 빠른 듯하다.(필자주 : 한원진의 학설은 현공설리懸空說理이다.)"[87], "이른바 리기는 심성으로서 말하는 것이다. 심은 바르지 못한데 성이 홀로 중中할 수 있다는 것이니 천하에 어찌 이러한 일이 있겠는가? … (한원진의 견해는) 심을 버리고서 성을 논한 것이다.(遺心而論性)"라는[88] 등의 비판들을 하고 있다. 이러한 비판들은 한원진이 아무리 미발처에서는 청탁미악한 기품이 작용하지 않아 성선의 성에 해害됨이 없다고 주장할지라도, 결국에는 기품으로 인해서 미발의 본연지성(性善의 성)이 온전히 자재할 수 없다는 논의라고 여겼기 때문에 나온 것이다.

---

87) 『巍巖遺稿』卷7, 「答韓德昭別紙」, 14쪽: 來諭曰 中者 直指天命於至靜 其善本善 非有待於氣 此說儘好 凡理義 有原本而言者 有卽事而言者 善言理者 則未嘗不卽事而原本 蓋原本而不卽事 則其弊也懸空說理 卽事而不原本 則其弊也認器爲道矣 … 來諭始 則亦不能懸空說命 必於至靜上 指出天命 此則子思之意 而其曰其善本善 非有待於氣者 則恐原本已足 而遺事太快.

88) 『巍巖遺稿』卷12, 「未發辨」, 32쪽: 所謂理氣 以心性而言也 心之不正 而性能獨中者 天下有是乎 性固本善 雖則不本於心 而其善之存亡 實係於心之善否 則遺心而論性 實非鄙見之所安也.

제4장
논변 초기 대표학자를 통해서 본 호락논변

인물성동이논변에서 인물성동人物性同은 낙론 측의 주장이고, 인물성이人物性異는 호론 측의 주장이다. 그러나 논변 초기의 대표적 인물들인 이간과 한원진의 학설들을 자세히 살펴보면, 인물성동론자인 이간도 인물성이론의 측면을 말하였고, 인물성이론자인 한원진도 인물성동론의 측면을 말하고 있다. 그럼에도 불구하고 이들의 학설을 '인물성동론이다'거나 '인물성이론이다'라고 하여 구별하는 것은, 이들이 어느 측면의 성을 실사實事에서의 본연지성으로 이해하고 있느냐에 따라 갈린 것이다. 인물성동론자인 이간은 인물동의 성을 실사의 본연지성으로 규정하였고, 인물성이론자인 한원진은 인물이人物異의 성을 실사의 본연지성으로 규정하였다. 논쟁이 치열하였던 이유는 본연지성이 바로 성선性善의 성이기 때문이다. 정주학程朱學에서 성선은 종지이다. 성선의 무너짐은 곧 정주학의 토대가 무너짐을 뜻하는 것이다라고 할 수 있다. 이간과 한원진은 자신들이 설정한 본연지성이 성선의 본지를 올바로 추구하고 있는 것이라고 보았다. 이러한 점에서 볼 때 이간과 한원진 사이의 인물성동이논변은 또한, '성선의 성'의 규명과 관련된 논변이었다고도 할 수 있다. 인물성동론자인 이간은 성선의 성을 인물성동의 측면에서 규정하였고, 인물성이론자인 한원진은 성선의 성을 인물성이人物性異의 측면에서 규정하였다. '성선의 성'의 확립 즉 본연지성의 확립은, 필연적으로 성의 또 다른 한 측면인, 선악이 있는 기를 고려한 기질지성에 대한 처리문제를 동반한 것이었다. 이에 이들은 각자의 관점에서, 본연지성과 기질지성에 대한 이론을 합리화하기 위한 방안을 모색하였고, 그 결과 상호 다른 본연지성과 기질지성에 대한 주장들이 나오게 되었다고 할 수 있다.

그동안의 연구는 호락논변을 인물성동이논변과 미발심체 순선 여부에 대한 논변으로 구분하여 보는 경향이 있었다.[1] 이간과 한원진의 학설을 통해 볼 때, 인물성동이논변은 호락 양측이 규정하고 있는 성

---

1) 이때의 '미발심체순선논변'은 '성범심동이논변'까지 포괄한 것이다. '미발심체순선논변'과 '성범심동이논변'은 둘 다 미발의 심에 관한 논변이라는 점에서 하나로 묶어서 말할 수 있다.

호락의 미발심에 관한 논변을 '미발심체순선논변'・'성범심동이논변'으로 분류하는 방식은 지극히 낙론에 기울어진 관점이다. 낙론자(이간)들은 허령과 기품을 나누고, 순선한 허령에 기반해 '未發心體純善'과 '聖凡心同'을 주장하였다. 그리고 이러한 낙론의 관점에서, 허령과 기품을 一心으로 보고자 하는 호론자(한원진)들의 견해에 대해, 선악의 속성이 있는 기품으로 인해 '未發心體有善惡'・'聖凡心異'의 특성을 띠고 있다고 공격하였다. 이러한 공격은 호론자들의 의지와 관계없이 이루어진 것이다. '미발심체순선논변'・'성범심동이논변'이라는 명칭에는 이미 이러한 낙론적 관점이 투영되어 있으며, 낙론에 기울어진 것이라고 할 수 있다. 한원진은 자신의 미발심에 대해 단 한번도 '未發心體有善惡'이라고 말한 적이 없고(홍정근, 『한국철학사』, 새문사, 210~211쪽), 허령에 대해 聖凡이 모두 같다는 주장 또한 하고 있다.(『朱子言論同異攷』卷1, 「心」, 22쪽: 甲寅行宮奏箚曰 心之爲物 至虛至靈 神妙不測 常爲一身之主 以提萬事之綱 此言虛靈聖凡皆同也.)

선의 성인 본연지성을 중심으로 한 논쟁이었고, 미발심체 순선 여부에 관한 논변은 미발심과 연관지어 성선의 성인 본연지성을 규명하는 과정에서 발생한 논쟁이었다.

호락 논변을 '인물성동이논변'과 '미발심체순선논변'으로 구분하는 것은 자칫 이간과 한원진의 본의를 곡해할 우려가 있다. 인물성동이논변은 본연지성에 관한 논변이고, 미발심체순선논변은 그야말로 미발의 심체에 관한 논변으로 이해되어, 두 논변이 별개의 논변이라는 생각을 자아내고 또한 그러한 방향으로 연구 활동을 진행하게 할 위험성이 있기 때문이다. 이러한 까닭에 '미발심체순선논변'이라 하지 않고, '미발심성논변'이라고 하였다. 미발심성논변이라고 하게 되면 인물성동이논변과 미발심성논변이 본연지성 즉 성선의 성을 중심으로 상호 연결되고 소통된다. 더 나아가 미발심성논변과 인물성동이논변을 성선의 성을 중심으로 한 하나의 논변으로 압축할 수 있는 길이 열린다. 편의상 인물성동이논변과 미발심성논변으로 나누어 진술하고 있지만, 호락논변은 미발리기심성논변으로 압축할 수 있다고 본다. 미발리기심성논변에서, 인물의 성선의 성(본연지성) 규정문제가 리기론적 구조 속에서 논의 된 것이 인물성동이논변이라고 본다. 미발리기심성논변에서, 인간이 가지고 있는 성선의 성 규명 문제가 미발심과의 관계 속에서 논의된 것이 미발심성논변이라고 본다. 논의가 복잡해졌던 이유는 선악의 속성이 있는 기질의 처리 문제 때문이다. 인물성동이논변에서는 성선의 성(본연지성)을 규정하고자 할 때, 기질지성의 처리 문제가 동반되었고, 미발심성논변에서는 미발심에 함유되어 있는 기질의 두 측면인 허령과 기품의 처리 문제가 동반되었다.

이간과 한원진은 모두가 정통한 기질을 품부 받은 사람만이, 오상으로서의 성선의 성을 올바로 갖추고 있고 또한 온전히 발현할 수 있다고 보았다. 낙론자인 이간은 이체異體의 관점에서, 정통한 기질을 품부받은 사람만이 오상을 순수하게 갖추고 있고 성선의 성인 본연지성을 발용發用할 수 있다고 여겼다. 치우치고 막힌 편색한 기질을 타고난 다른 존재들은 오상을 순수하지 못한 상태로 갖고 있고, 또한 본질적으로 선한 본연지성을[2] 발용하지 못한다고 보았다.[3] 이간은 본연지성의 측면으로 보면 사람과 타 존재가 같다고 하였지만, 편색한 기질을 타고난 다른 존재들의 성과, 정통한 기질을 품부받은 사람의 성선의 성을 같다고만 할 수가 없었다. 이간은 호론자들과 논쟁하는 과정에서, 그 다른 구분 점을 찾아내야 했다. 이간은 그 구분 점을 기질에서 찾았다. 이간은 사람의 정통한 기질과 타 존재의 편색한 기질을 그대로 심으로 전환하였다.[4] 이에 따라 정통한 기질에서 연유한 사람의 심과, 편색한 기질에서 연유한 타 존재들의 심에 구분이 생기

---

2) 『巍巖遺稿』 卷12, 「未發有善惡辨」, 21쪽: 天下之性 亦莫不善.

3) 『巍巖遺稿』 卷4, 「上遂菴先生別紙」, 33쪽: 同是五常 而正且通故能發用 偏且塞故不能發用.

4) 호락론자들은 기질을 심으로 자연스럽게 전환하고 있다. 이러한 전환은 기질과 심이 둘 다 기라는 점에 기반을 두고 있다. 사상사적으로 보았을 때, 이러한 전환은 이이가 "성은 리이고 심은 기이다."라고 하여, 성과 대비된 심을 명확하게 기로 규정하는 의견을 제출하면서 가속화되었다. 한원진은 '心卽氣', 이간은 '心是氣'라는 용어를 사용하며, 기질을 심으로 환치시키고, 기질에 함유되어있는 淸濁粹駁의 문제를 심의 선악의 문제로 전환시키고 있다. 『栗谷全書』, 「答安應休」, 248쪽: 性理也 心氣也.; 『南塘集』 卷11, 「附未發氣質辨圖說」, 44쪽: 心卽氣也 性卽理也. ; 『巍巖遺稿』 卷8, 「與尹晦甫」, 1쪽: 心是氣也 而虛靈其體也. ; 『南塘集』 卷7, 「上師門」, 18쪽: 謂之心者 指其湛然虛明之體 而非謂其氣稟本色之濁駁者 亦至此而皆善也 其謂心有善惡者 指其氣稟本色之不齊者.   .

게 되었다. 이간은 이 심에 대해 다음과 같이 말하고 있다. "귀貴한 것은 성이 아니고 심이다. 사람이 귀하고 다른 존재는 천賤하다고 할 때, 비교되는 것은 심이다."5) 이간은 심을 인과 물(人·物)의 구분 점으로 삼았다. 이간은 정통한 기질을 타고난 사람만이 본질적으로 가지고 있는 심을 본연지심이라하고, 이 본연지심에서 본연지성을 논구하였다. 이로써 이간은 사람만이 일원一源의 본연지성을 성선의 성으로서 올바르게 갖추고 발용 할 수 있는 이유를 논리적으로 설명할 수 있게 되었다.

이간은 이에서 더 나아가 같은 사람들 내에서도 미발의 심에 차이가 있다고 하였다. 이간은 미발에서의 심을 심체의 측면과 기품에 구애되는 측면으로 나누고, 담일허명한 심체心體의 측면에서 보면 성인과 보통 사람(衆人)이 본질적으로 모두 동일한 미발심을 가지고 있다고 보았다. 그는 이때의 미발심을 본연지심이라 하고 대본저미발(중저미발)에 배속시켰다. 이간은 평소에도 혼란스러운 상태에 있는 중인의 미발심을 별도로 나누었다.6) 이간은 혼란스러운 원인을 청탁수박한 기품에 두고, 기품에 구애된 중인의 미발심을 기질지심이라고 하였다. 그리고 이 기질지심을 부중저미발에 배속하였다.

이간은 심체를 기반으로 언급된, 성인과 범인이 본질적으로 가지고 있는 본연지심에서 본연지성을 일치관계로 논하였다. 그리고 중인이 가지고 있는 기품에 구애된 심인 기질지심에서 기질지성을 일치 관계

---

5) 『巍巖遺稿』卷12, 「未發有善惡辨」, 21쪽: 所貴非性也 乃心也 人貴物賤 所較者此心 則抑其心云者 是只血肉之氣歟 將謂本明之體歟.

6) 이 분리를 이간은 논리적 구분이라는 뜻으로 界分이라는 용어를 사용하고 있다. 그러나 한원진은 두 개의 실체로 나누는 것으로 보았다.

로 논하였다. 이것이 바로 이간이 주장하고 있는 심성일치心性一致·리기동실理氣同實의 양상이다. 본연지심과 일치관계로 있는 본연지성은 성선의 성이다.

심성일치의 구조는 크게 보아 두 가지 효과를 거두고 있다. 첫 번째는 순선한 심의 확보이다. 이간은 인간이 가지고 있는 순선한 본연지심을 논리적으로 확보하였다. 주자학 체계 내에서 순선한 본심의 확보는 논리적으로 어려운 점이 많다. 기질에는 순수한 측면과 순수하지 않은 측면이 같이 있기 때문이다. 만약 순수한 측면만을 별도로 분리하거나, 탁박濁駁한 속성이 있는 측면을 논리적으로 배제하면서 순선한 심를 확보하려고 할 경우, 자칫 이단의 심론과 같다는 비판을 받기 쉽다. 이간은 기질의 순수한 심체의 측면만을 계분界分하여 순선한 본연지심을 확보하였다. 이간은 이 심에서 성선의 성인 본연지성을 일치시켜 논했다.

두 번째 효과는 매우 명료하게 보통사람들도 요순이 될 수 있다는 점을 설명하게 되었다는 것이다. 중인은 기품에 구애되어 혼란스러운 기질지심 상태에 있다. 성인은 기품에 구애됨이 없는 고요하고 안정된 본연지심 상태에 있다. 수양을 하여 기품에 구애됨을 제거하면 누구나 다 본연지심 상태에 도달할 수 있다.[7] 본연지심과 짝하는 성은 본연지성 곧 성선의 성이다. 본연지심의 회복이 곧 성선의 성의 회복

---

7) 최영진교수는 이간의 심성일치에 대해 다음과 같이 말하고 있다. "범인은 심과 성 사이에 간격(心不盡性)이 있다. 그 간격을 극복하는 수양이 '심성일치 리기동실'의 수양이다. 이 이론이 자기 학설의 근본과 말단, 즉 전체라고 외암은 말한다. 여기에서도 수양을 중시하는 외암의 입장이 확인된다."(『한국 성리학의 발전과 심학적·실학적 변용』, 도서출판문사철, 254쪽.)

이다. 누구나 다 기품에 구애됨을 제거하는 교기질의 수양공부를 하면 요순과 같은 경지에 도달할 수 있다는 논리가 명료하게 제시되고 있다. "귀한 것은 성이 아니라 심이다."라고 한 주장과 연계된다.

물론 주자학자들 특히 이이계열의 조선의 주자학자들은 기질의 교정을 통해 요순의 경지에 이를 수 있다는 입장을 취하고 있다. 그러나 이간과 같이 본연지심을 중심으로 간단명료하게 언급한 학자는 그 당시까지 없었다. 새로운 주장이었다. 한원진의 교기질의 수양론 또한 일반론적 입장에서 크게 벗어나 있지 않았다.

이간의 심성론은 곧 바로 공격을 받게 된다. 순선한 심의 확보는 불교의 심론에 빠진 주장이라는 공격을 받았다. 본연지심에서 본연지성을 일치시켜 논하는 심성일치의 논리는 '기를 성으로 아는' 잘못된 주장이라는 비판을 받았다. 수양론 주장의 요체였던 본연지심과 기질지심으로의 구분은 하나의 심을 둘로 나누는 해괴한 주장이라는 비난을 받았다. 이러한 비난의 선봉에 있던 인물이 한원진이었고 호론학자들이 동조했다.

한원진은 이간 심성일치론의 가장 큰 문제점을 하나의 심을 두 개의 심으로 나누는 것에 있다고 보았다. 심을 둘로 나누니 이에 따라 성 또한 둘로 나누게 되었고, 결국 이심이성二心二性을 주장하는 데까지 이르게 되었다고 보았다. 이간의 심성일치론을 이심이성의 잘못된 견해라고 비판하였다.

한원진은 심을 인물의 구분점으로 삼지 말고, 성을 인물의 구분점으로 삼아야 한다고 하였다. 한원진은 정통한 기질을 타고난 사람만이 순수한 오상을 온전하게 갖추고 있고, 또한 이 인의예지의 성 전체를 온전히 발현할 수 있다고 보았다. 다른 편색한 기질을 타고난 존재들 역시 성선의 성을 갖추고는 있지만, 편색한 기질 때문에 오상의 일부만 갖추고 있고 그 일부만 발휘할 수 있다고 하였다.[8] 한원진이 사람과 타 존재의 차이를 오상의 편전偏全으로 구분하고 있음을 확인할 수 있다.[9] 이는 성을 인물의 구분점으로 삼는 것이라고 할 수 있다. 한원진은 성을 인물의 구분점으로 삼고, "사람이 귀하고 다른 존재는 천하고 할 때 비교되는 것은 심이다."와 같이 심을 인물의 구분점으로 삼는 것에 반대하는 입장을 취하고 있었다.

한원진은, 이간의 미발심성론에 대해서도 성을 중심으로 논하지 않고 심을 중심으로 논하고 있기 때문에 문제점이 발생하고 있다고 보았다. 심보다는 성선의 성을 중심으로 논해야 본심이 이단의 설로 떨어지지 않는다고 하였다.[10] 본연지심에서 본연지성을 일치시켜 성선의 성을 확보하는 방식은, 기를 대본으로 아는 잘못이 있는 것이며, 본연지심이 불가의 본심과 같아서 본연지성이 제대로 자리를 잡지 못하고 허공에 매달려 있는 것과 같은 모습을 띠게 된다고 비판하였다.

---

8) 『經義記聞錄』卷6, 「生之謂性章」, 27쪽: 鷄司晨犬司盜牛耕 馬馳 固皆其本性之善者也. 但不能如人性之全而無不能 故於人特曰無不善 於善字上 見其物之本性亦善 於無不字上 見其人性之全 而非如物之偏也.

9) 『南塘集』卷6, 「生之謂性章」, 28쪽: 物之所不能全 而人獨全也 故人物本性之不同 只爭其偏全 不當爭其善不善也.

10)   『南塘集』上同, 5~6쪽: 大抵本心本然之氣說 皆出於聖賢 而其指則與高明所言者 絶不相似 孟子所謂本心 以仁義之心言之 主性善而言也 釋氏所謂本心 以靈覺之心言之 專認氣而言也 主性善而言 故心有所準則 而爲大本達道之德 專認氣而言 故心無所準則 而爲猖狂自恣之行 … 高明所謂本心者 只以靈覺者而言 則正無間於釋氏之見矣.

126

한원진은, 이간의 본연지심과 기질지심으로 나누고, 본연지성과 기질지성으로 나누는 이심이성론을 비판하며, 일심일성의 관점을 취하였다. 일심은 허령과 기품이 같이 있는 심이고, 일성은 단지하면 본연지성이고 겸지하면 기질지성인, 하나의 성만이 있다는 관점이다. 허령과 기품이 같이 있는 미발심을 주장하다보니, 선악의 속성이 있는 기품으로 인해 미발일 때도 악이 있다는 비판을 받을 위험성이 있었다. 실제로 이간과 낙론자들은 이점을 공격하였다. 순선한 심을 구분하여 이 순선한 심에서 성선의 성을 말해야 하는데, 한원진은 일심의 관점을 취하고 있으니, 어디에서 성선의 성을 말할 수 있겠느냐는 것이다. 이간과 낙론자들은 한원진의 미발심은 기질지심에 불과하고, 이 기질지심과 같이 있는 성은 기질지성에 불과하다고 비판하였다. 그들의 관점상에서의 비판이다.

한원진은 미발일 때도 악이 있다는 비판을 다음과 같은 논리로 피해 갔다. "심은 기이고 성은 리이다. … 기에 비록 청탁미악淸濁美惡의 가지런하지 않음이 있지만, 미발일 때는 기가 작용하지 않기 때문에 선악善惡이 드러나지 않아서, 담연허명湛然虛明할 뿐이다."는 주장을 하였다.[11] 여기서의 청탁미악은 기품의 상태이고, 선악은 기품에서 유래한 심의 선악이다. 담연허명은 심체心體의 상태이다. 한원진의 주장은 심에 비록 기품에서 유래한 선악이 있다고 하더라도, 미발일 때는 기가 작용하지 않기 때문에 심이 담연허명한 심체心體의 상태를 유지한다는 것이다. 이는 곧 심에 선악이 있으나 미발未發에서는 심의

---

11) 『南塘集』卷11, 「附未發氣質辨圖說」, 45쪽: 右愚說也 心卽氣也 性卽理也 …
氣雖有淸濁美惡之不齊 而未發之際 氣不用事 故善惡未形 湛然虛明而已矣.

악함이 작용하지 않으므로 심이 순선純善한 심체心體의 상태를 유지해서,[12] 성선의 본연지성에 해害를 끼침이 없다는 것이다. 이러한 한원진의 주장에도 불구하고 이간과 낙론자들은 한원진의 미발심성론은 미발일 때 조차도 악이 있다는 주장이라고 지속적으로 비판하였다.

이러한 비판은 이간이나 낙론자들이 한원진의 미발심성론이 가지고 있는 구조적인 문제점을 보았기 때문이다. 한원진의 심성론은 성선의 성인 본연지성에 선악의 가능성을 함유하고 있는 심을 일치시킨 것이어서, '심은 악하나 성은 선하다'고 주장하는 혐의가 있는 것이었다. '심은 악하나 성은 선하다'는 심과 성을 두 가지로 나누는 견해이고, 심이 악하다고 할 수 있는 근원이 있고 성이 선하다고 할 수 있는 근원이 별도로 따로 있다는 논의로 이어질 수 있다. 심성일치를 주장하는 이간은 한원진의 미발심성론을 '심은 악하나 성은 선하다.'로 귀결되어지는 논의로 보아 매우 해로운 이본二本의 논리라고 비판하였다.[13] 한원진과 이간, 한원진을 지지하는 호론자들과 이간을 지지하는 낙론자들은 상호 자신들의 관점을 유지하며 상대의 학설을 비판하였다. 이들은 서로 타협할 수 없었다. 성선의 성이 결부된 논의였기 때문이다. 성선의 성을 잘못 규정하면 이단이라 공격 받았다. 성선의

---

12) 『南塘集』卷7, 「上師門」, 17~18쪽: 未發之前 心性有善惡乎 心之未發 湛然虛明 物欲不生則善而已 而性之本體 於此卓然 無所掩蔽 則又何惡之有可言耶.

13) 『巍巖遺稿』卷12, 「未發辨」, 27쪽: 據其本明之體 故聖凡無異致 理氣之原 故心性無二本(巍巖小註: 如德昭說 心惡而性善 則是二本矣.) 二本은 一本과 對比 되는 용어이다. 程朱學에서 二本의 논리는 自然의 이치에 어긋나는 해로운 견해로 인식되어져 왔다.

성을 규명하는 과정에서 오류가 발생하면, 이단의 학문과 다를 바 없다는 비난을 들어야 했고, 현실과 동떨어진 공허한 주장을 하고 있다는 비판을 들어야 했다. 논의는 치열할 수밖에 없었고, 공격과 방어가 반복되며 이론은 더욱 견고해지고 엄밀해졌다. 그러한 엄중한 상황속에서 이들은 정합성 있게 기존의 주자학에서 찾아 볼 수 없는 새로운 사유체계를 구축해 나갔다. 이간의 미발심설과 심성일치론, 한원진의 성삼층설과 인기질의 본연지성론은 기존 주자학에서 찾아볼 수 없는 독자성이 풍부한 주장들이었다.

제5장
호론과 낙론의 절충론 등장

  이간과 한원진의 논변이후 조선의 주자학자들은 호론과 낙론으로 나뉘어 크게 충돌한다. 많은 주자학자들이[1] 호론과 낙론으로 나뉘어 자신들의 이론을 공공히 하고자 하였다. 그들은 상대편의 공격을 막고 반격을 시도하였다. 그 과정에서 호론 학설의 문제점과 낙론 학설의 문제점이 보다 더 드러났다. 일부 학자들이 그 문제점에 주목하였다. 호론과 낙론을 모두 비판하며 새로운 주장을 하는 일군의 학자들이 등장하였다. 그들 가운데 임성주와 기정진을 예로 들어 서술하고자 한다. 호락론자들은 리일분수을 통해 본연지성·기질지성을 설명하였다. 이간은 리일의 성을 본연지성으로, 분수의 성을 기질지성으로 규정하였다. 한원진은 리일의 성을 초형기의 본연지성으로, 중층의 분수의 성을 인기질의 본연지성으로, 분수지분수 잡기질의 성을

---

  * 본 단원은 이전에 발표한 「조선후기 성리학파와 실학파의 인성·물성론」(『한국사상사학』제24집) 중 「2 외암 남당 이후 조선후기 성리학파와 인성물성론」을 기반으로 작성한 것이다. 내용을 추가하여 확대·보완하였다.
  1) 주로 율곡 이이계열의 학자들이었다.

기질지성으로 규정하였다. 이이는 리일분수를 통通과 국局의 개념을 적용하여 리통기국理通氣局으로 새롭게 해석하였다. 리일을 리통으로, 분수를 기국으로 전환하였다. 호락론자들은 리일분수와 리통기국을 같은 선상에서 사용하였다. 임성주와 기정진은 인물성동이론자들이 리일분수理一分殊를 지나치게 분석하여, 리일과 분수를 나누어 보는 잘못을 범했다고 있다고 보았다. 기정진은 리일분수를 중심으로, 임성주는 리통기국을 중심으로 호락론자들이 일원과 분수상에서 인성과 물성을 잘못 설명하고 있다고 비판하였다.

임성주와 기정진은 호론과 낙론을 비판하며, 하나의 성에 인물동의 본연지성과 인물이人物異의 본연지성의 측면이 동시에 자재하여 있다는 새로운 주장을 하였다. 호론은 인물이의 성을 실사에서의 본연지성으로 규정하였고, 낙론은 인물동의 성을 실사에서의 본연지성으로 규정하였다. 하나의 성에 인물동의 본연지성과 인물이의 본연지성이 겹쳐 있다는 주장은, 호론과 낙론의 성론을 모두 포용하는 것이며, 더 나아가 호론과 낙론의 성론을 절충하여 새로운 성론을 주장하는 것이라고도 할 수 있다.

1 임성주의 호락론 비판과 절충

임성주任聖周는 낙론의 주요 인물이었던 도암陶庵 이재李縡(1680~1746)의 제자이다. 임성주는 '기일분수氣一分殊'라는 독특한 용어를 사용하고 있다.[2] '기일분수'는 임성주의 철학을 기철학氣哲學·기학氣學·유기철학唯氣哲學 등으로 칭하게 되는 큰 계기가 되었다. 예를 들면 다음과 같다. "그는 기일분수의 입장에서 기학氣學의 일관된 체계를 구축하였다. 그는 리일분수에만 젖어있는 리학자에 대항하여 기일분수를 주장하였다."·"유기적唯氣的인 입장에서 보편과 특수를 일관하고 있다. 그것은 그가 창설한 기일분수의 사상에서 잘 나타난다."·"리의 보편성으로 간주되어 오던 본체의 순수성이 실은 기의 보편성에 의거하는 것임을 밝힌 새로운 이론이 기일분수설이다".3)

그러나 이러한 평가들은 임성주가 여전히 리를 중심으로 한 리일분수를 중요한 핵심 개념으로 이해하고 있고4)·리를 근거자로서 파악하고 있다는 사실을5) 놓친 것이다. 임성주의 '기일분수'라는 용어는 리가 일一이라면 기의 일一도 가능하고, 기가 분수라면 리의 분수도 가능하다는 입장을 취하면서 나온 용어이다.6) 기일氣一과 기분수를 합치면 기일분수가 성립된다.

임성주는 일원과 분수처는 모두 기상氣上에서 리를 언급해야 올바르다는 입장을 취하고 있었다.

일원·분수는 모두 기에 즉하여서 리를 가리키는 것이다.7)

---

2) 『鹿門集』卷19,「鹿廬雜識」, 4쪽: 若主氣而言則曰氣一分殊 亦無不可矣.

3) 최영진외, 『한국철학사』, 새문사, 219쪽 참조.

4) 『鹿門集』卷19,「散錄」, 38쪽: 大抵於理一分殊四字 明着眼 自無許多窒礙. 『鹿門集』卷20,「一原分殊圖」, 15쪽: 大抵理一分殊四字 說得盡.

5) 『鹿門集』卷5,「答李伯訥」, 5쪽: 所以然者理也.

6) 上同 卷19,「鹿廬雜識」, 7쪽: 蓋自其一原處言之 則不但理之一 氣亦一也 … 自萬殊處言之 則不但氣之萬 理亦萬也.

7) 『鹿門集』卷20,「金幼道一原分殊說籤」, 36쪽: 一原分殊 皆卽氣而指理也.

일원처·분수처의 모든 리는 기에 나아가서 기상氣上에서 리를 언급하는 것으로 보아야 한다는 것이다. 일원처에도 리와 기가 있고, 분수처에도 리와 기가 있는데, 이때의 리들은 모두가 기상에서 언급되어지는 것으로 보아야 한다는 의미라고 할 수 있다. 이러한 내용은 다음 글에서 보다 구체적으로 드러나고 있다.

> 만리萬理는 만상萬象이요·오상은 오행이요·건순健順은 양의兩儀요·태극은 원기元氣이니 모두가 기에 즉하여서 이름된 것이다.[8]

만리·오상·건순·태극은 일원·분수처에서의 리의 다른 명칭들이다. 만상·오행·양의·원기는 일원·분수처에서의 기의 다른 이름들이다. 만리·오상·건순·태극은 리일분수의 양상을 보여 주는 것이고, 만상·오행·양의·원기는 기일분수의 양상을 보여주는 것이라고 할 수 있다. 임성주는 리일분수의 각 단계는 모두가 기일분수의 각 단계상에서 언급되어지는 것으로 보아야 한다고 주장하고 있는 것이다. 만리와 만상, 오상과 오행, 건순과 양의, 태극과 원기를 짝지어 설명하고 있는 것은, 그가 이간의 '리기동실理氣同實'을 자신의 일원·분수처의 리와 기에 확대 적용하면서[9] 나타난 결과라고 할 수 있다. 임성주는 일원처 분수처 상의 리기를 상호 불리·부잡의 관계성을 띠고 있는 것으로 파악하고 있다. 임성주는 기와의 불리不離로써 말하고자 한다면, 분수처뿐만 아니라 일원처의 리도 기와 불리관계로 보아야 한다

---

8) 『鹿門集』卷19,「鹿廬雜識」, 4쪽: 萬理萬象也 五常五行也 健順兩儀也 太極元氣也 皆卽氣而名之者也.

9) 『鹿門集』卷5,「答李伯訥」, 6쪽: 論理氣 則必以理氣同實.

고 하였다. 기와의 부잡不雜으로 말하고자 한다면, 분수처뿐만 아니라 일원처의 리도 기와 부잡관계로 언급해야 한다고 하였다.[10) 임성주는 리와 기의 관계를 다른 주자학자들과 마찬가지로 여전히 근거자와 피근거자로[11) 보고 있다.

임성주는 일원처와 분수처의 근거자인 리와 피근거자인 기를, 불리·부잡의 관계 속에서 상호 동실同實한 상태로 있는 것으로 파악하고 있으며, 이때의 리들은 기상氣上에서 언급되어지는 것으로 보아야 한다는 주장을 하고 있다. 이러한 임성주의 학설을 기철학·기학·유기철학唯氣哲學 등으로 언급한다면 임성주의 철학을 지나치게 기쪽으로 치우쳐 보는 것이라고 할 수 있다. 임성주가 기상에서 리를 언급하는 문장들은 당시에도 종종 오해가 있었던 것으로 보인다.

사람들이 (나의 학설에 대해) 주기主氣여서 병이 된다고 생각하는 것은, 아마도 말의 곡절曲折을 다 이해하지 못하여서 그러한 것일 뿐인 듯 싶다.[12)

임성주는 스승인 이재의 영향 하에 30대 중반까지만 해도 낙론의 학설을 지지하였다. 어릴 때부터 한원진과 이간 사이에 오고 간 편지

---

10) 『鹿門集』卷20,「金幼道一原分殊說籤」, 36쪽: 以其不離乎氣者言之 則不但 分殊爲不離 一原亦不離也 以其不雜乎氣者言之 則不但一原爲不雜 分殊亦 不雜也.
11) 『鹿門集』卷5,「答李伯訥」, 5쪽: 其然者氣也 所以然者理也.
　　『鹿門集』卷5,「答李伯訥」, 8쪽: 雖曰千差萬別 而是氣本體根於理.
12) 『鹿門集』卷5,「答李伯訥」, 5~6쪽: 人之以爲主氣 而病之者 恐其未悉乎言議 曲折而然耳.

를 자세히 읽고, 호락논변의 중심인물이었던 이간의 주장을 옳다고 여기며 그대로 수용하는 자세를 취하고 있었다.[13] 그러나 30대 중반 이후 『맹자』「생지위성生之謂性」장에서의 깨달음과 리일분수설理一分殊說에 대한 재인식을 기반으로, 임성주의 낙론적 태도는 변화하게 된다. 초기의 낙론적 견해는 25세 때에 작성한 「중용」에 잘 나타나 있다. 그는 일원의 관점에서 인물동人物同의 본연지성을 논하고, 분수의 관점에서 인물이人物異의 기질지성을 논하였는데,[14] 낙론 학자인 이간의 견해와 다를 바 없는 것이었다.

> 본연지성으로 말하면, 사람의 성이 곧 금수의 성이고, 금수의 성이 곧 초목의 성이다. 처음부터 털끝만큼의 차이가 있지 않다. 기질지성으로 말하면 사람의 성은 금수의 성이 아니고, 금수의 성은 초목의 성이 아니다.[15]

인물성동론을 지지하던 임성주의 견해는 36~37세 경에 『맹자』「생지위성」에 나오는 개별 존재의 성을 본연지성으로 해석하기 시작하면서부터, 낙론과 다른 입장을 견지하게 된다.

---

13) 『鹿門集』卷3,「答金幼道」, 36쪽: 至於所謂心性之說 盖自早歲 得見韓李二公 往復書 而於李說有契焉 主張受用殆半生矣.

14) 앞의 책, 22쪽: 中庸章句曰 人物之生 因各得其所賦之理 以爲健順五常之德 此以本然而言也 孟子集註曰 仁義禮智之禀 豈物之所得而全哉 此以氣質而言也.

15) 『鹿門集』卷13,「中庸」, 21쪽: 自本然之性而言 則人之性卽禽獸之性 禽獸之性卽草木之性也 而未始有毫髮之參差焉 自氣質之性而言之 則人之性非禽獸之性 禽獸之性非草木之性也 而人與禽獸與草木之中 又各者類萬不同焉.

『맹자』의 여러 성자는 동일한 하나의 성이며, 똑같이 본연지성이다.16)

『맹자』「생지위성」장에 나오는 개·소·사람의 성을 모두 본연지성으로 본다는 말이다. 초기에 분수처의 개별 존재의 성을 기질지성으로 이해하던 것과 판이하게 다르다. 이간은 『맹자』「생지위성」의 개·소·사람(犬牛人)의 성을 기질지성으로 판단하고 있다.17) 임성주는 『맹자』「생지위성」의 개·소·사람(犬牛人)의 성을 이간처럼 기질지성으로 이해하다가, 본연지성으로 보아야 한다고 그 입장을 바꿨다.

임성주의 성론의 변화는 그가 이이의 리통기국설理通氣局說을 비판하며 새로운 관점의 통국론通局論을 구축하고 있는 것과 연관이 있다. 통通은 보편성을 국局은 특수성을 의미한다고 할 수 있다. 리통기국에서 리통은 리의 보편성을, 기국은 기의 국한성 즉 특수성을 뜻한다고 할 수 있다. 임성주는 통·국에 대해 다음과 같이 말하고 있다.

통通·국局 두 글자는 반드시 리와 기에만 분속 되는 것이 아니다. 대개 그 일원처一原處로부터 말하면, 다만 리가 일一일 뿐만이 아니라 기도 또한 일一이니, 일一은 곧 통通이다. 그 만수처萬殊處로부터 말하면, 다만 기가 만萬일 뿐만이 아니라 리도 또한 만萬이니, 만은 곧 국局이다.18)

---

16) 『鹿門集』「行狀」, 18쪽: 曰孟子諸性字 同是一性 同是本然之性.
17) 『巍巖遺稿』卷8,「與成子長」, 9쪽: 盖孟子所謂犬牛人性 濂溪所謂各一其性 朱子皆以爲氣質之性 定論不啻昭爛 苟卽是而深考實現 則來諭物性之偏者 可謂本然之性 而不可論以氣質之性者 可不辨而自解其誤矣.

임성주는 통通과 국국局이 리와 기에 분속되어 리통理通·기국氣局만이 성립되는 것이 아니라, 기가 통通이면 리도 통이고, 기가 국局이면 리도 국局이라고 주장하고 있다. 그는 그 이유로 일원처로부터 말하면 리만이 일一일뿐만이 아니라 기도 또한 일一이고, 분수처로부터 말하면 기만이 만萬일 뿐만 아니라 리도 또한 만萬이라는 예를 들고 있다. 이때의 일一은 보편성을 만萬은 특수성을 뜻하는 용어이다. 통과 국 또한 이이의 학설에서와 마찬가지로, 통通은 보편을 국局은 특수의 의미를 띠고 있다. 임성주의 새로운 통국론은 일一과 통通, 만萬과 국局을 동일한 의미를 가지고 있는 용어로 보고, 이 용어들을 리기 양 측면에 똑같이 적용하면서 이룩된 것이다.

리통·기통, 리국·기국이라는 임성주의 새로운 통국론은, 리통리국理通理局의 성립을 가능하게 하고 있다. 리국은 분수처의 리국이라는 점에서 분수처에 자재한 성을 뜻한다고 할 수 있다. 분수처의 리국으로서의 성은, 또한 기의 제약을 받고 있는 기국의 성이라는 점에서 기질지성으로 볼 수도 있겠으나, 『맹자』「생지위성」에서의 깨달음으로 미루어, 본연지성으로 이해하는 것이 타당하다. 다시 말해 임성주는 분수처의 미발의 성을 리국의 본연지성으로서 이해하고 있었다고 할 수 있다. 리통과 리국은 일원처의 리가 분수처에까지 원활하게 소통할 수 있는 길을 열어주고 있다고 할 수 있다. 리국은 성을 리의 측면에서 보고자하는 의지를 담고 있는 용어이다. 임성주의 『맹자』「생지위성」에서의 깨달음 또한 여러 개별자의 성을 리의 측면인 본연

---

18) 『鹿門集』 卷19, 「鹿廬雜識」, 7쪽: 通局二字 不必分屬理氣 盖自其一原處言之 則不但理之一氣亦一也 一則通矣 自萬殊處言之 則不但氣之萬理亦萬也 萬則局矣.

지성으로 이해한 것이었다. 이러한 점에서, 리국과 「생지위성」에서의 깨달음은 상호 연관성을 띠고 있는 것이라고 할 수 있다.

임성주의 새로운 성론의 기초가 되고 있는 『맹자』 「생지위성」의 깨달음과, 그의 독특한 통국론通局論은 근거 없이 갑자기 이루어진 것이 아니었다. 『녹문집』을 자세히 살펴보면, 근본적으로 리일분수설에 대한 재인식에서 출발하였다는 사실을 발견할 수 있다. 임성주는 정주의 리일분수를 리통기국과 비교하여 다음과 같이 말한 바 있다.

> 통국通局으로써 리기를 나눈 것은 그 어감은 새로우나 뜻은 막힌 것이니, 리일분수론理一分殊論이 리를 주로 하였으나 기가 그 가운데 혼연히 꿰맨 틈이 없이 있어서 말이 심히 평이하면서도 뜻이 이미 매우 지극한 것만 같지 못하다.[19]

통국通局으로 말하는 기존의 리통기국론에 대해, 통通은 리에 국局은 기에만 배속되어진 것이어서 리일분수를 말할 때 보다 그 어감은 새로우나, 통과 국을 리와 기 어느 한쪽에만 배속시키고 있는 것이어서 옳지 않다는 비판을 담고 있다. 임성주는 이어서 리일분수에 대해 리를 말할 때에 항상 기가 혼연히 같이 있는 것으로 해석하며, 리일분수를 리통기국보다 더 나은 이론체계라고 평가하였다. 이는 임성주가 리일분수를 단순히 리일지리와 분수지리의 구조로만 파악하지 않고 있음을 의미하는 것이다. 임성주는 리와 기를 리일처와 분수처 모두에 혼연히 동실同實하게 있는 구조, 즉 리일理一과 기일氣一, 리의 분

---

19) 『鹿門集』 卷19, 「鹿盧雜識」, 7쪽: 以通局分理氣 語新而意滯 不若理一分殊之論 主理而氣在其中 渾然無縫隙 語甚平易 而意已獨至也.

수와 기의 분수가 일원처와 분수처에서 혼연히 꿰맨 틈도 없이 동실하게 존재하는 구조로, 리일분수를 파악하고 있다고 할 수 있다.[20] 리일분수설에 대한 재인식은 리의 통과 기의 통, 리의 국과 기의 국이라는 새로운 통국론과 밀접하게 연결되어 있다. 리일분수설에 대한 재인식은 분수처의 개별자들의 성을 모두 본연지성으로 인식하는 깨달음으로 연결되었다고 할 수 있다. 리일분수설에 대한 재인식이 분수의 리 즉 기국의 리가 개별자들에 자재해 있고, 이 성이 곧 개별자들의 본연지성이라고 깨닫게 된 계기가 되었다고 할 수 있다. 임성주는 리일분수설의 중요성을 강조하며 리일분수설을 잘 보면 저절로 허다한 막힘이 없을 것이라고 하였다.[21]

리국理局은 리통理通에 상대되는 개념이다. 리국은 리의 만萬의 다른 표현이며, 이때의 리는 분수지리分殊之理를 뜻한다. 리통은 리의 일一의 다른 표현이며, 이때의 리는 리일지리理一之理를 뜻한다. 임성주는 태극 또한 나누어 통체일태극統體一太極과 각구일태극各具一太極으로 구분하고 있다. 그리고 통체일태극을 리일지리로, 각구일태극을 분수지리로 보았다.[22] 이는 임성주가 통체일태극과 리통의 '리'를 동일자로 여기고, 각구일태극과 리국의 '리'를 동일자로 파악하고 있음을 뜻하는 것이라고 할 수 있다. 리국은 분수처상의 개념이다. 임성주가 리국과 각구일태극을 동일자로 파악하고 있다는 것은 각구일태극

---

20) 『鹿門集』卷19,「鹿廬雜識」, 25쪽: 主氣而言則萬者固氣也 一者獨非氣乎 主理而言則一者固理也 萬者獨非理乎 噫 理氣之判而爲二也久矣.

21) 『鹿門集』卷19,「鹿廬雜識」, 38쪽: 大抵於理一分殊四字 明着眼 自無許多窒礙.

22) 『鹿門集』卷19,「鹿廬雜識」, 14쪽: 萬物各具一理 分殊也 各具一太極也 萬理同出一原 理一也 統體一太極也.

을 분수로 이해한다는 중요한 의미를 함축하고 있다고 할 수 있다.[23] 각구일태극은 태극으로서의 지위를 가지고 있다. 이간은 통체일태극과 각구일태극을 동일자로 보는 입장이라고 할 수 있다. 한원진은 각구일태극을 리일의 리로 보았으며 기질을 고려하지 않은 초형기의 성으로 칭하고 있다. 이간이나 한원진 모두 각구일태극을 리일로 보았다고 할 수 있다. 각구일태극을 분수로 규정하는 임성주는 이전의 호락론자들과 그 관점이 판이하게 다르다고 할 수 있다.

임성주는 리일지리인 통체일태극과 분수지리인 각구일태극을 대소大小로써 구분하고 있다.[24] 통체일태극을 대로 각구일태극을 소로 보았다. 태극을 대소로써 구별한 것은 『중용』 30장의 "작은 덕德은 냇물의 흐름이요, 큰 덕은 화化를 도타이 하니(小德川流 大德敦化)"와 이에 대한 주자朱子의 해석에 근거를 두고 있는 것이지만,[25] 낙론계의 거두인 삼연三淵 김창흡金昌翕(1653~1722)의 영향을 받은 것이기도 하다.[26] 통체일태극과 각구일태극의 태극을 대소大小로 논함은 곧, 리통의 리일지리와 리국의 분수지리를 대소로 본다는 의미이다. 임성주 철학에서, 통체일태극과 각구일태극 사이의 태극으로서의 공통점은, 리일과 분수를 원활하게 연결시켜주는 기둥 역할을 수행하고 있다.

---

23) 『鹿門集』卷19,「鹿廬雜識」, 16쪽: 各具太極之爲分殊 而非理一可知.

24) 『鹿門集』卷19,「鹿廬雜識」, 15쪽: 自一原處言之則曰萬物統體一太極曰 天下無性外之物而性與太極俱大 自分殊處言之則曰萬物各具一太極曰 性無不在而太極與性俱小 正中庸所謂小德川流大德敦化者 而朱子於下文 引君子語大天下莫能載 語小天下莫能破一語以結之 則其意尤躍如矣.

25) 앞의 책.

26) 『鹿門集』卷19,「鹿廬雜識」, 15쪽: 三淵曰合萬物而言之 爲一太極大也 卽一物而言之 亦一太極小也 太極非有大小 以混闢言之 自如此 却甚明白.

역으로 리일과 분수의 긴밀한 연결은 바로 각구일태극을 통체일태극과 나누어, 각구일태극을 리일지리가 아닌 분수지리로 봄으로써 이룩되고 있다고도 할 수 있다. 리일지리인 통체일태극과 분수지리인 각구일태극의 태극으로서의 공통점은, 리일과 분수상에서 '본연本然'이라는 용어로 드러나고 있다.[27] 본연은 성으로 말할 경우, 본연지성에 해당된다. 임성주철학에서의 리일과 분수의 긴밀한 연결은, 리일의 측면에서 보아도 본연지성이고 분수의 측면에서 보아도 본연지성이라는 논의로 발전하고 있다. 이때, 통체일태극과 각구일태극의 대소大小의 구분은 동이同異의 구분으로써 드러나게 된다.[28] 즉 리일의 측면에서 논하면 인과 물(타 존재)의 본연지성이 성동性同의 특성을 띠게 되지만, 분수의 측면에서 논하면 인물의 본연지성이 성이性異의 특성을 띠게 된다는 것이 임성주의 주장이다.[29] 이는 곧 분수의 성에 인물성동人物性同과 인물성이人物性異의 두 측면이 동시에 겹쳐져 있다는 주장의 다름 아니다. 임성주의 이러한 견해는 다음 글에서 잘 드러나

---

27) 『鹿門集』 卷5, 「答李伯訥」, 19쪽: 一原者本然之體也 萬殊者本然之用也 體用一原 本末一致 無一原則萬殊固無所本 非萬殊則一原亦何以行乎 程子曰萬物各具一理 萬理同出一原 旣曰同出一原 則所謂萬理者 非本然而何 又曰沖漠無眹 萬象森然 已具 未應不是先 已應不是後 自根本枝葉 都是一貫 旣曰都是一貫 則所謂萬象者 非本然而何 苟如彼說則敦化爲德而川流不得爲德 隱爲道而費不得爲道 統體爲太極而各具不得爲太極 未發之中爲中 而一事一物上天然自有者 不得爲中.

28) 『鹿門集』 卷19, 「鹿廬雜識」, 25쪽: 盖理者 一而萬者也 一則同矣 萬則異矣.
上同, 25쪽: 一而萬 萬而一 同而不能不異 異而未嘗不同者 乃理之全體也.

29) 『鹿門集』 卷19, 「鹿廬雜識」, 25~26쪽: 今以理之一者爲本然 而萬者爲非本然 則是其所謂渾然者 將儱侗都無一物.
上同, 「鹿廬雜識」, 29쪽: 一原分殊 同一地頭 曰同 曰異 無非本然.

고 있다.

> 『중용』은 일원처로부터 말하였기 때문에, 동同을 언급하고 있으
> 나 이異가 그 가운데에 깃들여 있고, 『맹자』는 분수처로부터 말하고
> 있으므로, 이異를 언급하고 있으나 동同이 그 가운데 있다.30)

임성주는 여전히 정통 주자학자들과 마찬가지로 리일분수의 틀 내
에서 성을 논의하고 있으며, 그의 성론은 인물성이人物性異를 주장하
는 호론과도 다르고, 인물성동人物性同을 주장하는 낙론과도 다른 독
특한 것이었다고 할 수 있다. 이후 임성주는 리일분수설을 재인식하
며 새롭게 정립한 자신의 성론을 바탕으로 호론과 낙론의 인물성론을
모두 비판하였다.

낙론자들은 리통의 관점에서 인물성동을 주장하고, 기국의 관점에
서 인물성이를 주장하였다. 그러나 낙론자들은 리통의 관점인 인물동
의 성만을 본연지성으로 규정하고, 기국의 관점인 인물이人物異의 성
은 기질지성으로 판단하였다. 낙론을 인물성동론이라고 칭하는 것은,
그들이 인물동人物同의 성만을 실사에서의 본연지성으로 인정하고 있
기 때문이다. 낙론과 임성주는 인물동의 성을 본연지성으로 파악하고
있다는 점에서 동일하다. 그러나 낙론은 인물동의 성과 인물이人物異
의 성을 본연지성과 기질지성으로 나누고 인물이의 성을 본연지성으
로 인정하지 않고 있다. 반면에 임성주는 인물동의 성뿐만이 아니라
인물이의 성까지도 본연지성으로 인정하고 있다. 낙론과 임성주의 성

---

30) 『鹿門集』卷19, 「鹿廬雜識」, 28~29쪽: 中庸自一原處言 故言同而異在其中 孟
子自分殊處言 故言異而同在其中.

론의 차이는 『맹자』「생지위성」장의 개·소·사람의 성에 대한 해석의 차이에서 극명하게 드러나고 있다. 낙론자인 이간이 「생지위성」의 성들을 기질지성으로 판단하고 있는 반면에, 임성주는 「생지위성」의 성들을 본연지성으로 이해하고 있기 때문이다.

> 『맹자』의 여러 성자性字는 똑같이 한 성이며, 똑같이 본연지성이다. 만약 개·소·사람의 성을 기질지성으로 삼아 성선의 성과 나누어 둘로 한다면, 끝내 문리가 통하지 않을 것이며, 도리에도 맞지 않을 것이다.[31]

> 『맹자』「생지위성」 한 장에 있는 이들 여러 성자(性字)를, 만약 기질지성으로 인식한다면, 끝내 문리가 통하지 않을 것이고 말이 되지 않을 것이다.[32]

임성주가 기질의 차이에 따라 달라지는 인물이人物異의 성을 성선의 성인 본연지성으로 이해하고 있음을 알 수 있다. 위의 문장들은 개·소·사람의 성을 본연지성으로 이해하지 않고 기질지성으로 파악하고 있는 낙론자들의 성론에 대한 비판 또한 포함하고 있다고 할 수 있다. 낙론자들은 정통편색의 차이가 있는 기질과 부잡不雜의 관계에 있는 성만을 본연지성으로 인정하고, 정통편색의 차이가 있는 기질과 불리不離관계인 성은 기질지성으로 돌리고 있다. 임성주는 이러

---

31) 『鹿門集』「行狀」, 18쪽: 曰孟子諸性字 同是一性 同是本然之性 若以犬牛人之性 作氣質之性 而分貳於性善之性 終不成文理 終不成道理.

32) 『鹿門集』卷3,「與櫟泉宋兄」, 1쪽: 大抵孟子生之謂性一章 此諸性字 若認作氣質之性則終不成文理 不成說話.

144

한 낙론의 성론에 대해, '바로 주자朱子가 배척한, 동同만을 믿고 이異를 의심하는 것'33)이라 비판하고 있다. 임성주는 기질과 부잡관계인 성만을 본연지성으로 논하고 있는 낙론의 학설을 리기를 두 가지로 나누는 것이라고 지적하였다.34) 이는 임성주가 리기부잡理氣不雜의 측면뿐만 아니라 리기불리理氣不離의 측면의 성까지도 모두 본연지성으로 처리하였기 때문에 나온 견해라고 할 수 있다.35) 임성주가 리기불리理氣不離의 성을 본연지성으로 처리하고 있는 것은, 그가 "사람의 성이 선하다는 것은 바로 그 기질의 선일 뿐이다. 기질 이외에 따로 선한 성이 있는 것이 아니다."라고36) 하고 있는 데서 잘 드러나고 있다. 임성주의 학설에서 리기부잡理氣不雜의 측면은 인물성동의 본연지성을, 리기불리理氣不離의 측면은 인물성이人物性異의 본연지성을 정초하는 역할을 하고 있다.

  낙론의 인물동人物同의 본연지성론은 일원의 측면을 위주로 한 것이다. 낙론은 분수의 측면을 강조하고 있는 호론의 인물이人物異의 본연지성론에 대해, 기질지성을 본연지성으로 오해하고 있는 것이라고 보았다. 임성주는 분수의 인물이人物異의 성을 기질지성이 아닌

---

33) 『鹿門集』 卷20, 「一原分殊圖」, 14쪽: 以爲水之性亦渾然全體 火之性亦渾然全體 則正朱子所斥信同疑異.

34) 『鹿門集』 卷3, 「答櫟天宋兄」, 4~5쪽: 俗見每以本然氣質分而二之 一則以水之潤下火之炎上爲氣質之性 以水火各具五性爲本然之性 … 其析理氣而二之則一也.

35) 『鹿門集』 卷5, 「答李伯訥」, 20쪽: 本然者本如此之謂也 對氣質善惡之性而爲言者也 … 雖不離形氣 而亦不雜乎形氣 首尾一貫 純善無惡 故謂之本然.

36) 『鹿門集』 卷19, 「鹿廬雜識」, 5쪽: 人性之善 乃其氣質善耳 非氣質之外別有善底性也.

본연지성으로 이해하고 있고, 이 인물이人物異의 본연지성에 인물동의 본연지성이 겹쳐있다는 사유를 하고 있다. 이는 곧 임성주가 분수의 성에 일원의 성이 겹쳐 있다는 사유를 하고 있음을 뜻하는 것이라고 할 수 있다. 다시 말해 일차적으로 분수의 측면에서 성을 논하고, 이차적으로 이러한 분수의 성에 일원의 성이 겹쳐 있다는 사유를 하고 있다고 할 수 있다. 임성주의 견해는 일원의 측면을 위주로 본연지성을 논하고 있는 낙론의 학설에 대한 비판으로 이어진다.

> 일원을 위주로 하여 개개의 성이 같다고 말한다면 분수가 곧 기에로 귀착되어, 이른바 같다는 것은 눈금이 없는 저울이나 칫수가 없는 자(尺)와 같아서 그 성됨이 허虛하다.[37]

임성주는 일원처를 위주로 인물성동론을 전개하게 되면 분수처의 성을 어쩔 수 없이 기질지성으로 여길 수밖에 없는 처지가 되어, 그 동同으로 보는 본연지성이 분수처에 본연지성으로서 온전히 자재하지 못하고 공허한 것이 된다고 보았다.

임성주는 분수를 위주로 본연지성을 논해야 분수의 인물이人物異의 본연지성에서, 일원의 인물동의 본연지성을 올바로 이끌어낼 수 있다고 판단하고 있다.[38] 분수를 위주로 논할 때, 비로소 동이同異의 두 측면을 본연지성으로서 모두 포용할 수 있고, 또한 이러한 성만이

---

37) 『鹿門集』권5,「答李伯訥」, 20쪽: 以一原爲主 而謂物物之性同 則分殊便歸於 氣 而所謂同者 如無星之稱 無寸之尺 而其爲性也虛.

38) 『鹿門集』卷5,「答李伯訥」, 20쪽: 以分殊爲主而謂物物之性異 則一原卽在其 中 而所謂異者不害其爲同 而其性也實.

실實하다라는 것이 임성주의 생각이었다고 할 수 있다.[39] 이러한 분수를 위주로 성을 논하는 임성주의 성론은, 그가 기상氣上에서 리를 논해야 올바르다는 입장을 취하고 있는 것과 상호 밀접한 연관이 있다고 할 수 있다. 기상에서 리를 논하는 입장은 일원을 위주로 성을 논하는 입장이 아니라, 기의 작용이 있는 분수를 위주로 성을 논하는 입장에 가깝다고 할 수 있기 때문이다.[40]

호론의 인물성이론人物性異論은 인기질因氣質단계의 인물이人物異의 본연지성을 실사의 본연지성으로 인식하는 가운데 이룩된 것이다. 호론자들은 한원진의 성론에서 볼 수 있는 바와 같이, 인물이人物異의 본연지성을 보완하기 위해 초형기超形氣단계의 인물동人物同의 본연지성을 또 다시 건립하고 있다. 인기질단계의 인물이人物異의 본연지성은 분수의 측면이며, 초형기단계의 인물동의 본연지성은 리일의 측면이다. 임성주는 호론자들이 본연지성을 인물동의 성과 인물이人物異의 성으로 분리시킴에 따라, 인물이의 성이 온전한 실사에서의 성이 되지 못하고 있다고 여겼다. 다시 말해 분수의 인물이의 성과 일원의 인물동의 성의 두 측면이 동시적으로 겹쳐 있어야 비로소 온전한 실사에서의 성이라 할 수 있는데, 호론자들의 성론은 분수의 인물이人物異의 성과 일원의 인물동人物同의 성을 분리시키고 있기 때문에, 호론자들의 성론에서는 일원과 분수의 두 측면의 성이 동시적으로 겹쳐 있다는 논리가 성립될 수 없고, 이에 따라 그들의 인물이人物異의 본

---

39) 『鹿門集』卷26,「心性雜詠三十六首」, 17쪽: 曰異曰同皆本然 識同於異乃眞詮.

40) 일원을 위주로 성을 논하는 것은, 이간의 학설에서 볼 수 있는 바와 같이 理上에서 성을 논해야 올바르다는 입장으로 치우치게 된다고 할 수 있다.

연지성은 실사에서의 본연지성이 될 수 없다는 것이다. 이는 곧 호론의 인물이人物異의 본연지성론은 온전한 본연지성론이 아니라는 주장이며, 더 나아가 호론의 인물성이론人物性異論 자체를 부정하는 것이라고 할 수 있다.

호론의 인물동人物同의 초형기의 성은 각구일태극에 해당되며, 인기질의 인물부동의 성은 각일기성各一其性에 해당된다. 임성주는 호론의 본연지성을 둘로 나누는 견해, 즉 각일기성과 각구일태극을 둘로 나누는 견해를, 성과 태극을 두 가지 존재로 나누는 것일 뿐만 아니라,41) 리기를 두 가지로 나누는 논의로 귀결되는 것이라고 판단하였다.42) 초형기의 본연지성과 인기질의 본연지성에 대해서 리기이물理氣二物의 혐의가 있다고 판단한 것은, 호론이 성과 기질을 나누어서, 상황에 따라 성과 기질의 관계를 달리 적용하는 면을 보았기 때문이다. 즉, 인기질의 오상을 말할 때는 오상이 기질의 영향을 받는다하여 성과 기질을 관계를 불리不離로 설정하여 인물성이人物性異를 말하고, 초형기의 성인 태극을 말할 때는 태극이므로 기질의 영향을 받지 않는다고 여겨 성과 기질의 관계를 부잡不雜으로 설정해 인물성동을 말하고 있는 점을 발견하였기 때문이라고 할 수 있다.43) 한원진이 비록 인기질의 본연지성을 진술할 때 성과 인기질단계의 기질을 부잡으로

---

41) 『鹿門集』 卷20, 「一原分殊圖」, 13쪽: 性與太極一而已 豈有二物乎.

42) 『鹿門集』 卷3, 「答櫟泉宋兄」, 4~5쪽: 俗見每以本然氣質分而二之 太極爲超形氣 五常爲因氣質 而性與太極爲不同 … 二說各異 而其析理氣而二之則一也.

43) 『鹿門集』 卷5, 「答李伯訥」, 9쪽: 浦論(筆者註:湖論과 同一)則以五常爲不離 爲因氣質而屬之各指 以太極爲不雜 爲超形氣而屬之單指 是析不離不雜爲 二 而不離便成雜 不雜便成離矣.

설정하고 있지만, 임성주는 한원진의 인기질의 본연지성을 부잡不雜이 아닌 불리不離의 관점에 속하는 것으로 판단하였다. 이는 한원진이 인기질의 본연지성을 기질에 따라 달라지는 인물부동의 성으로 설정하였기 때문인 것으로 보인다. 개·소·사람 등의 기질에 따라 본연지성이 달라진다는 것은 곧 기질과 본연지성을 불리관계로 설정한 것으로 볼 수 있다. 하나의 성과 기질을 층차層差에 따라 불리不離의 관계로 보기도 하고 부잡不雜의 관계로 보기도 하는 것은, 성과 기질을 이물二物로 여기는 것이며, 성과 기질을 이물二物로 여기는 것은 리기를 이물二物로 여기는 관점이라고 할 수 있다. 임성주는, 한원진이 하나의 성을 초형기의 성을 말할 때에는 기질과 부잡관계로 설정하고, 인기질의 성을 말할 때에는 기질과 불리관계로 설정하고 있는데 이는 곧 리기를 이물二物로 여기는 견해라고 보았다고[44] 할 수 있다.

　임성주는 한원진의 인기질의 본연지성에 대해, 성과 기질을 불리不離의 관계로 파악하고 있는 기질을 고려한 성이라는 점에서,[45] 성을 기로 여기는 '인성위기認性爲氣'의 병폐에 빠진 논의라고[46] 보았다. 그는 인기질의 성이 '인성위기認性爲氣'의 폐단에 빠지게 된 가장 큰 원인을, 하나의 본연지성을 둘로서 나누고 있는 점, 즉 인기질의 성인 각일기성各一其性에서 각구일태극各具一太極을 따로 분리시켜서 초형기 성을 건립하고 있는 것에서 찾고 있다.[47] 이는 곧 자신의 성론에서

---

44) 『鹿門集』卷3,「答櫟泉宋兄」, 4~5쪽과 卷5,「答李伯訥」, 9쪽 참조.

45) 『鹿門集』卷5,「答李伯訥」, 9쪽: 以五常爲不離 爲因氣質而屬之各指.

46) 기질을 고려한 성은, 역으로 성을 기로 여기고 있다는 비판이 가능하다.

47) 『鹿門集』卷20,「一原分殊圖」, 14쪽: 朱子太極解 釋五行之生 各一其性曰 隨其氣質 而所禀不同 所謂各一其性也 各一其性 則渾然太極之全體 無不各具

는 호론에서의 성론과 같은 폐단이 없다는 의미를 띠고 있는 것이기도 하다. 임성주의 『맹자』「생지위성」에서의 성은 본연지성일 뿐이다는 깨달음과, 이에 바탕을 두고 이룩된 '리국理局'개념은 리의 관점에서 성을 본다는 강한 리중심적 특성을 띠고 있는 것이라고 할 수 있다. 이러한 강한 리중심적 성론은 임성주철학에서 '인성위기認性爲氣'의 폐단을 제거시켜주는 역할을 하고있다. '리국理局'은 각구일태극을 분수로 보는 논의로까지 발전하고 있다. 각구일태극을 분수로서 논하는 관점은, 호론이 초형기 성인 각구일태극을 리일상의 개념으로 보는 것을 부정하고, 초형기 성인 각구일태극을 분수상의 개념인 인기질의 성단계로까지 끌어내려, 초형기와 인기질의 성을 두 가지가 아닌 하나의 성으로 논의해야 한다는 사유를 가능하게 하고 있다. 다음 글에는 이러한 면이 잘 드러나고 있다.

> 물의 성性은 젖어 내려가니 젖어 내려가는 것(潤下)은 곧 물의 갖춘바 태극(所具之太極)이요, 불의 성은 타오르니 타오르는 것(炎上)은 곧 불의 갖춘바 태극이다. 열熱은 부자附子의 성이요 또한 부자의 태극이다. 차가운 것은 대황大黃의 성이요 또한 대황의 태극이다.[48]

於一物之中 又可見矣 此一段可仔細看 盖隨其氣質 而所禀不同者 言性之異也 渾然太極無不各具者 言性雖異 而實則一理也 先說上句 後說下句 則賓主固已分明 而中間下一則字 則性與太極之非二物 又躍如矣 今若徒知上句 而不知下句 以性與太極 裁作二物 則固陷於認性爲氣之病矣.

48) 『鹿門集』卷19,「鹿廬雜識」, 15쪽: 水之性潤而下 潤下卽水之所具之太極也 火之性炎而上 炎上卽火之所具之太極也 熱爲附子之性而亦附子之太極也 寒爲大黃之性而亦大黃之太極也.

이 글의 요지는 '윤하潤下'·'염상炎上'·'열熱'·'차가움寒'이 각각 물·불·부자附子·대황大黃의 성이며, 또한 물·불·부자·대황의 갖춘바 태극(所具之太極)이라는 것이다. 소구지태극所具之太極은 각구일태극各具一太極과 동일한 의미를 가지고 있다. 초형기超形氣의 각구일태극과 인기질의 각일기성을 나누어 논하고 있는 호론자들의 성론에서는 '윤하潤下'·'염상炎上'·'열熱'·'차가움寒'이 각 존재의 각일기성인 동시에, 또한 이들 각 존재의 각구일태극이라는 주장이 나올 수 없다. 호론자들의 성론에서, 각일기성은 어디까지나 치우치고 온전함이 있는 인물이人物異의 본연지성이고, 각구일태극은 온전한 인물동의 본연지성일 뿐이기 때문이다. 그런데 임성주는 존재자 각각의 각일기성各一其性이 곧 그 각 존재자의 각구일태극이다는 주장을 하고 있다. 호론자들과 다른 점이다. 이러한 차이는, 호론자들이 각구일태극을 일원에 속하는 것으로 보아 각일기성各一其性과 분리시키고 있는 반면에,[49] 임성주의 경우는 각구일태극을 분수로 보아, 각구일태극과 각일기성을 동일자로 파악하였기 때문에 발생한 것이라고 할 수 있다. 각구일태극을 분수로 여겨 각구일태극을 각일기성과 동일자로 파악하는 관점은, 각구일태극을 성으로 본다는 것이므로, 임성주가 강한 리중심적 성론을 견지하고 있음을 잘 보여주는 것이라고 할 수 있다. 각구일태극을 성으로 논하는 임성주의 성론에서는, 이미 호론자들의 인물성이론에서 나타나고 있는 '인성위기認性爲氣'의 폐단이 제거된 상태라고 할 수 있다. 임성주철학에서의 성은 오직 리일 뿐이다.[50] 호론자들의 견해에 함유되어 있는, 인물이人物異의 편전이 있는

---

49) 『南塘集』卷14, 「答蔡君範」, 5쪽: 萬物各一其性 分之殊也 各具一太極 原之一也.

성(各一其性)과 인물동人物同의 온전한 성(各具一太極)의 분리分離를 비판하고, 이 두 가지 성을 동시적으로 존재하는 하나의 본연지성으로 귀결시키고 있는 임성주의 성론은, '성즉리性卽理'에 대한 독특한 해석으로 드러나고 있다. 그는 '성즉리'를 성동性同과 성이性異 모두를 증거하는 명제로 보았다.[51] 이러한 해석은 임성주가, 호론의 초형기 성인 각구일태극을 분수의 성인 인기질의 각일기성과 동일자로 인식하게 됨에 따라 나타난 현상이다. 즉 각구일태극을 분수로 처리함에 따라, 호론에서의 초형기 성인 각구일태극이 가지고 있는 동同의 속성과 인기질의 성인 각일기성이 가지고 있던 이異의 속성이, 임성주의 분수의 성에 동시적 드러나게 되고, 이에 따라 그의 '성즉리'의 해석에도 변화가 있게 되었다고 할 수 있다. 하나의 성에 '낙론의 인물동의 본연지성과 호론의 인물이의 본연지성'의 속성이 동시적으로 겹쳐 있다는 것은, 호론과 낙론의 본연지성을 둘 다 비판하는 것이기도 하지만, 역으로 호락의 본연지성을 모두 포용 절충하고 있는 새로운 성론이라고도 할 수 있다.

2 기정진의 호락론 비판과 절충

기정진은 임성주와 마찬가지로 호론과 낙론의 학설을 모두 비판하며 독자적인 주장을 하였다. 기정진은 리기를 말할 때 리를 매우 높이

---

50) 『鹿門集』 卷20, 「一原分殊圖」, 13쪽: 性卽理也 則性與太極一而已 豈有二物乎.

51) 『鹿門集』 卷19, 「鹿盧雜識」, 25쪽: 今人每以性卽理三字 證性之同 … 則所謂
性卽理者 何獨爲同之證 而不可爲異之證也.

는 언급들을 하고 있다. 예를 들어 그의 문집에서는, "리의 존귀함은 상대가 없다."·"기는 역시 리중의 일이다."·"(기는) 바로 이 리가 유행할 때의 손과 다리일 뿐이다."[52] "천하에 종자없이 생겨난 것은 있지 않다. 리여, 리여, 그 만유萬有의 종자여!"[53]와 같은 문장들이 종종 언급되고 있다. 이로 인해 기정진의 학설은 임성주와 반대로 유리론唯理論·리일원론理一元論 등으로 평가되어지는 경향이 있다.[54] 그러나 이러한 평가들이 만약 기정진의 강한 리중심적인 특성에 얽매여 리와 구별된 기의 존재성을 인정하지도 않으면서 이루어지고 있다거나, 또는 기정진이 언급하고 있는 기를 단순히 리의 속성 내지 부속물[55] 정도로만 보아 기의 존재성를 지나치게 폄하하는 가운데 이루어지고 있는 것이라면, 이러한 주장들은 오류를 범하고 있는 것이라고 할 수 있다. 왜냐하면, 기정진 또한 임성주와 마찬가지로 여전히 전통 주자학의 리기범주체계 내에서 리와 기를 이해하고 있기 때문이다.

기정진은 리와 기의 관계를 기본적으로 불리와 부잡으로 파악하고 있다. 그는 "동動하고 정靜하는 것은 기이며, 동하게 하고 정하게 하는 것은 리理이다."[56]·"리는 무위無爲하고 기는 유위有爲하다."[57]·"그

---

52) 『蘆沙集』, 「猥筆」, 25쪽: 理之尊無對 氣何可與之對偶 其闊無對 氣亦理中事 乃此理流行之手脚 其於理本無對敵.

53) 『蘆沙集』 卷12, 「答人問第二」, 18~19쪽: 天下未有無種而生者 理乎理乎 其萬有之種子歟.

54) 『한국철학사』, 새문사, 236쪽 참조.

55) 金炯瓚, 「노사 기정진의 인물성론」, 『인성물성론』, 한길사, 438쪽.

56) 『蘆沙集』 卷12, 「猥筆」, 23쪽: 動者靜者氣也 動之靜之者理也 動之靜之 非使之然而何.

57) 『蘆沙集』 卷8, 「答閔克中」, 24쪽: 蓋理無爲 氣有爲.

까닭은 리에 있는 것이지 기에 있는 것이 아니다."[58]라고 하여 리기의
영역을 명확히 구별하고 있을 뿐만 아니라, "형이상자를 도道라고 하
고·형이하자를 기器라고 한다."고 하여 상하로 나누는 것에 대해, "천
만세를 위하여 도기道器의 문호門戶의 분별을 열어 주려고 하였기 때
문에, 그 말을 그렇게 하지 않을 수 없었던 것이다."[59]라고 말한 바
있다. 여기에서의 도기의 문호 분별은 곧 리기의 분별을 뜻한다. 이것
은 기정진에게 리기를 부잡의 관계로 분별하는 의식이 있었음을 의미
하는 것이라고 할 수 있다.

다음과 같은 문장들은 기정진에게 리기를 불리의 관계로 파악하는
측면이 있었음을 보여준다. "이상而上·이하而下는 형자形字로 머리를
삼았으니, 분개分開할 수 없다는 뜻이 자재해 있다."[60]·"천하에 기와
떨어져 독립된 리는 없다."[61]·"요컨대 리기가 일체임을 알아야 한
다."[62]·"리기는 수많은 변화에 있어서 일체로 합치되어 있으니 원래
부터 불상리不相離이다."[63]

기정진은 리와 기를 불리·부잡의 관계로 파악하고 있다. 그리고
시키는 존재(使之然)로서의 리를 강조하여,[64] 리를 논리적 명령자로
보고,[65] 기를 그 명령을 수행하는 유위有爲의 존재로 언급하고 있다.

---

58) 『蘆沙集』卷5,「書」, 13쪽: 則其故在於理 而不在於氣也.
59) 『蘆沙集』卷12,「猥筆」, 25쪽: 欲爲千萬世 開分別道器之門戶 其言不得不爾.
60) 『蘆沙集』,「猥筆」, 25쪽: 而上而下 以形字爲冒頭 不可分開之意自在 何嘗如
今各立窠窟 各自頭腦耶.
61) 『蘆沙集』,「納凉私議」, 2쪽: 天下無離氣獨立之理.
62) 『蘆沙集』卷4,「答景道」, 20쪽: 要知理氣一體.
63) 『蘆沙集』卷5,「與權信元」, 13쪽: 理氣之在萬化 脗然一體 元不相離.
64) 『蘆沙集』卷4, 22쪽: 動靜 氣也 使之動靜者 太極也.

기는 리에 순順하여 발發하는 것이니 기발이 곧 리발이요, (기는) 리에 순循하여 행하는 것이니 기행氣行이 곧 리행理行이다. 리는 조작하거나 스스로 준동蠢動함이 있는 것이 아니다. 그 발하고 행하는 것은 분명히 기가 하는 것인데도, 리발·리행이라고 하는 것은 어찌하여서 인가? 기의 발하고 행하는 것은 실로 리에게서 명령을 받은 것이니, 명령하는 자는 주인이 되고, 명령을 받는 자는 종이 된다. 종이 그 노동을 맡아서 하고 주인이 그 공에 거居하는 것이, 천지의 떳떳한 의리이다.[66]

"기발이 곧 리발이다"·"기행이 곧 리행이다"는 불리의 측면이고, "리는 조작이나 스스로 준동함이 있지 않다"·"발하고 행하는 것은 분명히 기가 하는 것이다" 등과, 리와 기를 주인과 종의 관계로 그 역할을 구분을 하고 있는 것은 부잡의 측면이다.

기정진은 기를 명령을 수행하는 존재로 파악한다. 바꿔 말하면 기정진은 기의 존재성을 부정하지 않고 있다고 할 수 있다. 다음은 기정진의 학설을 유리론·리일원론으로 규정하고 있는 학자들이 자주 인용하는 문장이다.

리의 존귀함은 상대가 없는 것이니, 기가 어찌 더불어 짝할 수 있겠는가? 그 (리의) 넓음은 상대가 없으니, 기는 역시 리중의 일이요,

---

65) 蘆沙가 '理無爲'라고 하면서도 '使之然'으로서의 理를 강조하고 있는 것은, 곧 理를 논리적 명령자로 보고 있음을 뜻하는 것이다.(『蘆沙集』卷8, 24쪽: 蓋理無爲 氣有爲.)

66) 『蘆沙集』卷12, 「猥筆」, 23쪽: 氣之順理而發者 氣發卽理發也 循理而行者 氣行卽理行也 理非有造作自蠢動 其發其行明是氣爲 而謂之理發理行何歟 氣之發與行 實受命於理 命者爲主而受命者爲僕 僕任其勞而主居其功 天之經地之義.

(기는) 바로 이 리가 유행할 때의 손과 다리일 뿐이다. 그 리에 대하
여 본래부터 대적對敵함이 없다.[67]

그러나 이글은 기연자其然者인 기를 소이연자(使之然者)인 리와[68]
대등한 본령적本領的 존재로 볼 수 없다는 의미로 쓴 것이지,[69] 기의
존재성을 무시내지 부정한다는 입장에서 말한 것이 아니다. 기는 소
이연자인 리의 명령을 시행하는데 없어서는 안되는 존재다. 기는 기
정진이 논하고 있는 모든 글에서 명령의 수행자로서 리와 불리·부잡
관계를 유지하며 존재한다. 비록 선구적先具的 존재인 리[70]만을 언급
하고 있다 할지라도, 그 리에는 이미 기의 존재가 전제되어 있다는
것이 기정진의 생각이다.

---

67) 『蘆沙集』,「猥筆」, 25쪽: 理之尊無對 氣何可與之對偶 其闊無對 氣亦理中事
乃此理流行之手脚 其於理本無對敵.

68) 『蘆沙集』卷4,「答景道」, 19쪽: 今姑除却一理字 但看一氣字 先天地後天地
若大若小 都是氣也 何處有一塊物 別稱理耶 須知此不過其然 必有所以然
是之謂理.

69) 『蘆沙集』,「猥筆」, 24쪽: 理輕而氣重 直至氣奪理位 爲萬事本領而後已 一字
之失其本旨 其禍乃至於此乎.

70) 『蘆沙集』卷5,「與權信元」, 13~14쪽: 朱子曰 太極者 象數未形而其理已具
之稱 又曰 若在理上看 則雖未有物而已有物之理 又曰 未有此物 先有此理
又曰 必欲推其所從來 則必說先有此理 又曰 氣有不存 性却常在 又曰 自形
而上下言 豈無先後 凡若此類 不可悉擧 何嘗以理氣之元不相離而廢先具之
義乎.
『蘆沙集』卷5,「答權信元」, 19~20쪽: 自萬象而言 則未有萬象 已有萬象之理
自二五而言 則未有二五 已有二五之理 自天地而言 則未有天地 已有天地之
理 推之又推 畢竟先有此理 乃有此氣 故謂之理先具也 然而萬象之理先具在
二五上面 四象之理先具在兩儀上面 兩儀之理先具在陰靜上面 陰陽之理先
具在陽動上面 此天地之理先具在先天地上面.

"가는 것이 이와 같다(逝者如斯)"를71) 말할 때도 직접 가는 자(逝者)를 말하고 일찌기 기를 타는 것이 이와같다라고 말하지 않았고, "건도변화乾道變化"72)를 말할 때에도 직접 건도乾道를 말하고 일찍이 기를 타고 변화하다라고 말하지 않았으며, "태극이 음양를 생한다"73)를 말할 때에도 또한 그러하고, "성실한 것이 물物의 마침과 시작이다. (誠者 物之終始)"74)라고 말할 때에도 또한 그러했다. … 기란 글자를 하나도 볼 수가 없는데, 기의 기틀(氣機)을 빼내어 제거하여서가 아니다. 주인이 가는 곳에 종이 어찌 따라가지 않음이 있겠는가?75)

기정진은 리와 기를 불리와 부잡의 관계로 파악하되, 논리적 명령자인 리를 존재와 가치의 측면에서 확고히 정립하고,76) 이 리를 중심으로 자신의 리기론을 전개하고 있다고 할 수 있다. 선재先在한 리에 나아가서 이 리를 중심으로 그 명령을 수행하는 기의 존재성을 말하고 있는 기정진의 철학은, 기상氣上에서 리를 언급하는 입장을 취하고 있는 임성주와 비교 된다. 임성주와 비교하여 상대적으로 리상理上에

---

71) 『論語』「子罕」: 子在川上曰 逝者如斯夫 不舍晝夜.

72) 『周易』「乾卦」「文言」: 乾道變化 各正性命.

73) 『周易』「繫辭傳」: 易有太極 是生兩儀 兩儀生四象 四象生八卦.

74) 『中庸』 25章: 誠者 物之終始 不誠無物 是故 君子誠之爲貴.

75) 上同,「猥筆」, 23~24쪽: 逝者如斯時 直言逝者 未嘗言乘氣如斯 言乾道變化時 直言乾道 未嘗言乘氣變化 言太極生兩儀時 亦然 言誠者物之終始時 亦然 … 不見一氣字 非遺却氣機也 主之所向 僕豈有不從者乎 其言光明直裁.

76) 『蘆沙集』 卷8,「答閔克中」, 24쪽: 事有不善 而不害於理之本善也 氣有用事 而不害於理爲主宰也.・上同 卷12,「答人問第二」, 18~19쪽: 若從源頭 論一理之初 萬有已足 如種着土 不得不生 故萬有之氣 由此而生 … 天下未有無種而生者 理乎理乎 其萬有之種子歟.

서 기를 언급하는 입장을 취하고 있다고 말할 수 있다.

기정진의 호론과 낙론에 대한 비판은 리일분수를 중심으로 이루어지고 있다. 기정진은 호락론자들이 리일理一과 분수分殊를 격단시켜 논하는 잘못을 범하고 있고, 그들의 인성물성론은 이러한 잘못된 리일분수론에 근거해 논해지고 있기 때문에 문제가 있다고 보았다.77) 이에 따라 기정진의 호론과 낙론의 인물성동이론에 대한 비판은, 리일理一과 분수分殊 즉 리일지리와 분수지리의 밀접한 관계성 회복을 추구하는 주장을 하는 가운데 이루어지고 있다. 기정진은 보편적 속성을 가지고 있는 리일지리가 분수처에 이르러 기로 인해 특수성을 띠게 된다고 보았다. 기정진은 이 특수성에 대해, 독립된 특수성이 아니라 리일지리가 분수처에 자재하는 과정에서 이루어진 것이기 때문에, 리일지리의 보편성과 분리된 것이 아니라는 주장을 하였다.78) 이는 기정진이 리일지리와 분수지리의 리라는 공통점에 주목하고, 이 리로서의 공통점을 기반으로 리일지리와 분수지리를 일체적 체용體用 관계로 묶으면서 이루어진 것이라고 할 수 있다. 기정진은 자신의 리일분수론理一分殊論과 리일理一과 분수分殊를 단절시켜 논의하고 있는 호락론자들의 리일분수론을 엄격히 구분 짓고자 하였다.79) 기정

---

77) 『蘆沙集』 卷12, 「納涼私議」, 9쪽: 如舊論之意則理分隔斷 乃是體用二本顯微有間 同者自同 異者自異 終無會通之期矣.

78) 『蘆沙集』 卷12, 「納涼私議」, 3쪽: 今有一塊銅鐵 是一太極 可以爲盤盂 可以爲刀劍 是分殊之涵於一 … 各得其本分之一爐 是氣化 各得其一分 是各一其性之分殊 是分也… 雖爲盤盂刀劍 而脫不得舊時銅鐵 銅鐵技倆 依舊自在 是分殊中理一 初非盤盂刀劍之外別有一塊銅鐵 是一太極只在分殊中也 惟理無對 豈有切譬 但其一與殊未嘗相離.

79) 『蘆沙集』 卷12, 「納涼私議」, 1쪽: 諸家言人物之性 其歸雖殊 竊意其所蔽一也

158

진의 리일분수에 대한 주장은, 임성주가 리일분수를 리통리국理通理
局으로 해석하며 리일지리와 분수지리의 밀접한 관계성을 주장하고
있는 것과 유사한 면이 있는 것이라고 할 수 있다. 임성주가 말하는
리국理局의 리는 기정진의 분수의 리와 마찬가지로 기로 인한 특수성
을 띠고 있는 것이었고, 특수성을 띠고 있는 리국의 리는 리통의 리와,
리라는 공통점을 바탕으로 밀접한 일체적 체용 관계를 유지하고 있었
다. 임성주가 리통의 리의 동同의 속성에 근거해 인물성동의 측면을
포섭하고, 리국의 리의 이異의 속성에 근거해 인물성이人物性異의 측
면을 포섭하고 있듯이,[80] 기정진 또한 리일지리의 동同의 속성에 근
거해 인물성동의 측면을 포섭하고, 분수지리의 이異의 속성에 근거해
인물성이의 측면을 포섭하고 있었다. 이들의 견해는 호론과 낙론 어
디 곳에도 속하지 않는 주장이었으며, 호론과 낙론의 인물성동론과
인물성이론을 모두 비판하는 특징을 가지고 있었다.

　기정진은 리일理一과 분수는 기로 인하여 그 구분이 있게 된다고
보았다.[81] 그는 이 리일지리와 분수지리의 관계에 대해 다음과 같이
말하고 있다.

曷言蔽之一 蔽在理分相離 曷言理分相離 詳諸家之意 一是皆以理爲無分之
物 分爲因氣而有 限理一於離形氣之地 局分殊於墮形氣之後 於是理自理分
自分 而性命橫決矣.

80)『鹿門集』卷19,「鹿盧雜識」, 25쪽: 一而萬 萬而一 同而不能不異 異而未嘗不
同者 乃理之全體也.

81)『蘆沙集』卷12,「納凉私議」, 12쪽: 故庸學或問 卽言鳥獸草木之生 僅得形氣
之偏 而不能有以通貫乎全體 彼賤而爲物者 梏於形氣之偏塞 而無以充其本
體之全 此言人物之性 雖同此一理 而理中之分限不能無也 氣所以承載此理
故雖不離形氣而言分 而一之未嘗無分 於此因可見矣.

분수가 곧 리일처理一處이다.[82)

　　분分은 리일理一 중의 세분된 조리(條理)이니, 리理·분分에는 층
　　절層節이 있음이 용납되지 않는다.[83)

　기정진이 리일지리와 분수지리에 대해 층절層節이 있는 관계가 아
닌 밀접한 불리不離관계로 파악하고 있다는 것을 알 수 있다. "분수가
곧 리일처이다."는 분수지리가 리일지리와 떨어져 있는 독립된 별도
의 존재가 아니며, 분수지리는 리일지리의 자재로서 리일지리와 일체
적 관계를 이루고 있다는 것을 잘 설명하고 있는 글이라고 할 수 있다.
기정진은 호락론자들이 리일과 분수를 두 가지로 나누어 봄으로써,
인물人物의 성에 같으냐 다르냐는 논의가 나타나게 되었다고 보았다.

　　진실로 리理와 분分을 두 개의 단절된 것으로 삼으면, 리일과 분
　　수가 막히어 상반됨이 빙탄氷炭과 같고, 그 요원하게 단절된 것이
　　하늘과 깊은 연못의 관계와 같아져서 층급層級이 생기게 된다. 각각
　　한 자리를 점하여 본연으로 여기매, 동론同論과 이론異論이 어지러
　　이 일어나게 되었다.[84)

　낙론자들의 인물성동론은 리일분수 가운데 리일 측면의 성만을 실
사實事의 본연지성으로 논하고, 분수측면의 성은 기질지성으로 귀결
시키고 있는 논의이다. 이러한 점에서 볼 때 낙론은 리일과 분수를

---

82) 『蘆沙集』卷12,「納凉私議」, 2쪽: 此分殊 便是理一處.
83) 앞의 책,「納凉私議」, 1쪽: 分也者 理一中細條理 理分不容有層節.
84) 앞의 책,「納凉私議」, 2쪽: 苟以理分爲兩截事 則一礙與殊之相反 若氷炭 其
　　遼絶 若天淵 層級橫生 各占一位 以爲本然 而同異之論 紛然而起.

나누고 있는 것이고, 리일의 측면만을 본연으로 점하고 있는 견해라고 할 수 있다. 호론자들의 인물성이론은 리일과 분수 두 가지 측면을 모두 본연지성으로 논하고 있지만, 분수 측면의 성만을 실사에서의 본연지성으로 여기고 있다. 리일 측면의 성은 분수의 실사에서의 성을 보완하는 차원에서 별도로 건립되어진, 태극을 성으로 상정한 것이다. 리일 측면의 본연지성은 태극을 성으로서 상정하고 있는 것이라는 점에서 실사에서의 본연지성이라고 할 수 없다. 따라서 호론자들의 인물성이론 또한 리일과 분수를 나누고 있는 것이며, 분수를 본연으로 점하고 있는 견해라고 할 수 있다. 기정진이 호론과 낙론에 대해 리일과 분수를 나누고 있고, 각각 한 자리를 점하여 본연으로 삼아 인물성동이나 인물성이人物性異를 주장하고 있다고 비판적으로 기술한 것은 이러한 의미라고 할 수 있다. 기정진은 호론과 낙론에서의 리일과 분수를 격단시키는 면을 극복하고자 '리분상함理分相涵'의 논리를 전개하고 있다.

> 리는 본래 하나이므로 리일을 주로 하지만 만수萬殊가 그 가운데에 함유되어 있다. 기에 즉한즉 기가 이미 나누어지므로 분수를 주로 하지만 리일이 그 사이에 자존自存해 있다.[85]

'리분상함理分相涵'은 분수처를 리일지리의 자기동일적自己同一的 전개의 장으로 삼아, 분수지리와 리일지리의 상즉성相卽性의 회복을 추구하는 논리체계라고 할 수 있다. 이러한 점에서 볼때 '리분상함理

---

85) 『蘆沙集』 卷12, 「納涼私議」, 12쪽: 理本一 故理一爲主 而萬殊涵於其中 卽氣則氣已分 故分殊爲主 理一存乎其間.

分相涵'은 또한 '리분원융理分圓融'·'리분일체理分一體'와 같은 의미를 띠고 있다고도 할 수 있다.

> 나의 견해는 리일과 분수가 원융圓融한 것이니, 이른바 체용일원 體用一原·현미무간顯微無間한 것이다.[86]

기정진은 리일과 분수의 체용적 상즉성相卽性을 리의 자연스러운 모습으로 보고 있다.

> 일一이면서 일찍이 분分이 없지 않고, 수殊이되 일一에 해되지 않 는 것이 바로 리의 자연함이다.[87]

임성주는 리일지리인 리통理通의 리를 동同으로 보고, 분수지리인 리국理局의 리를 이異로 보아, 리의 같은 측면과(理之同)과 다른 측면 (理之異) 모두 긍정하고,

> 대체로 리는 일一이면서 만萬인 것이다. 일一인즉 동同이고 만萬 인즉 이異이다.[88]

> 일一이면서 만萬이고 만萬이면서 일一이니, 동同이면서 능히 이異 이지 아니할 수 없고, 이異이면서 일찍이 동同이지 않을 수 없는 것 이, 바로 리의 전체이다.[89]

---

86) 앞의 책, 「納涼私議」, 9쪽: 如吾之說則理分圓融 所謂體用一原 顯微無間者.
87) 앞의 책, 「納涼私議」, 9쪽: 一而未嘗無分 殊而不害於一者 乃理之自然.
88) 『鹿門集』 卷19, 「鹿廬雜識」, 25쪽: 盖理者 一而萬者也 一則同矣 萬則異矣.
89) 앞의 책, 25쪽: 一而萬 萬而一 同而不能不異 異而未嘗不同者 乃理之全體也.

다시 이것을 성론으로 연결시켜 성동性同과 성이性異의 두 측면까지 모두 포용하면서, 호론과 낙론의 인물성동이론을 비판하였다. 다음 글로서 미루어 보아 기정진 또한 리일지리를 리의 같은 측면(理之同)으로, 분수지리를 리의 다른 측면(理之異)으로 보면서, 이를 성동性同과 성이性異로 연결시키고 있고, 두 측면의 성론을 모두 포용하고 있다는 것을 알 수 있다.

> 리란 하나의 실實된 존재(一實)이면서 만萬으로 나누어지니, 이異일수록 더욱 동同인 것이다. 일一이면서 나누어지니分 실로 이異인 것만이 아니며, 이異면서 동同인 것이 바로 진실 된 동同이다. (湖洛) 양가가 말하는 동이同異는 동同과 이異가 서로 용납되지 않고 있다. 이와 같으니, 대체로 그 말한 바 이異는 실된 이異가 아니며, 동同은 진실 된 동同이 아니다.[90]

> 선각들이 성을 논함에 리동理同의 측면에서 말한 것도 있고 리부동理不同의 측면에서 말한 것도 있다. 서로 어긋나는 것이 아니다.[91]

성동性同과 성이性異의 포용 즉 리의 동(理之同)과 리의 이(理之異)의 수용은 리일理一과 분수分殊를 상함相涵 관계로 인식하게 됨에 따라 이루어진 논의라고 할 수 있다.[92] 다시 말해, 리일지리와 분수지리

---

90) 『蘆沙集』卷12,「納凉私議」, 4~5쪽: 理者一實萬分 愈異而愈同者也 一而分非實異也 異而同乃眞同也 兩家之言同異 同異不相容 若此 蓋其所言異者是實異 而同者非眞同也.

91) 『蘆沙集』卷12,「納凉私議」, 12쪽: 先覺論性有言理同者 有言理不同者 非相戾也.

92) 『蘆沙集』卷12,「納凉私議」, 9쪽: 如吾之說則理分圓融 所謂體用一原顯微無

를 강한 상함적相涵的 관계로 이해하게 됨에 따라, 리의 같음(理之同)과 리의 다름(理之異)을 모두 긍정하게 되었고, 이를 다시 성론으로 연결시켜 성동性同과 성이性異의 두 측면을 모두 포용하고 있다고 할 수 있다. 성동性同과 성이性異를 모두 인정한다는 것은 리일측면의 인물성동과 분수 측면의 인물성이의 성을 모두 본연지성으로서 수용한다는 의미를 띠고 있는 것이다라고 할 수 있다.[93] 분수分殊의 인물이의 성은 각일기성各一其性에 해당된다. 기정진 또한 임성주와 마찬가지로 인물성이人物性異의 각일기성各一其性을 본연지성으로 인정하고 있었던 것이다.[94] 인물성이人物性異의 각일기성各一其性까지도 본연지성으로 이해한다는 것은, 정통편색正通偏塞의 치우치고 온전함이 있는 기질과 부잡관계 일 때에도 본연지성이고, 불리관계 일 때도 본연지성이라는 의미라고 할 수 있다.[95] 기정진이 각일기성을 본연지성으로 논하고 있다는 것은, 다음 문장에서 보다 분명하게 드러나고 있다.

間者 同中有異異中有同 同異不須論也.

93) 『蘆沙集』「答問類編」卷2, 7쪽: 朱子論物性之偏 有曰謂之全亦可 謂之偏亦可 朱子此兩句語 若自今人口中出 則聽之者必大笑…雖曰天所賦然 而何害於萬物一原 雖曰物所受然 而豈可曰失其本然乎 理無不全之理 而自物之應受此理而言 則不能皆全 故朱子之論 果有似左右佩劒者 此我東湖洛說所本也.

94) 『蘆沙集』卷12,「納凉私議」, 2쪽: 各得其本分之一爐 是氣化 各得其一分 是各一其性之分殊 是分也 非臨時排定 是本然.”; 앞의 책, 8쪽: 以各一之性爲非本然 則未知其可也.

95) 『蘆沙集』卷12,「納凉私議」, 1쪽: 夫象數未形則未破之一矣 而其理已具則非分之已涵乎形器 已具則旣定之分矣 而其理無眹則非一之自在乎 非有以離乎形器而其不雜乎形器者 善觀者不妨其卽形器而得之也.

천하의 성은 온전하지 않으면 치우친 것으로 진실로 온전하지도 않고 치우치지도 않은 성은 있지 않으며, 치우치고 온전함이 모두 본연이 아니라면, 그것은 바로 천하의 어떤 한 물건도 능히 그 본연의 성을 성으로 삼을 수 없게 되어, 본연의 성이란 것은 영원히 공중에 떠있는 허망한 지위가 되고 말 것이니, 장차 어찌 저 성을 성으로 쓰겠는가?[96]

기정진의 학설에서 치우치고 온전한 특성을 띠고 있는 인물이人物異의 각일기성各一其性은 분수의 측면이고, 인물동의 성은 리일의 측면이다.[97] 성은 리로서 형이상자이고, 기는 형이하자이다. 기정진은 기질의 편전에 따른 분수의 편전지성偏全之性을 모두 형이상의 본연지성으로 인식하고 있었다고 할 수 있다.

편전偏全은 형이하자이고, 편전의 성은 형이상자이다.[98]

기정진이 인물성동人物性同과 인물성이人物性異를 모두 본연지성으로서 긍정·포용하는 사유는 자연스럽게 호론과 낙론의 인물성론에 대한 비판으로 이어지고 있다. 기정진은 낙론의 인물성동론에 대해

---

96) 앞의 책, 「納凉私議」, 8쪽: 天下之性 不全則偏 固未有不全 又不偏之性也 偏全 皆非本然 則天下無一物能性其本然之性者 而本然之性 永爲縣空之虛位 卽將安用彼性矣.

97) 『蘆沙集』 卷12, 「納凉私議」, 14쪽: 以理言之 則萬物一原 固無人物貴賤之殊 此一節所謂挑出以言其妙 理一爲主者也 以氣言之 則得其正且通者爲人 得其偏且塞者爲物 此一節所謂卽氣以指其實 分殊爲主者也 然則所言乎氣者 乃所指則在乎理之偏全也.

98) 앞의 책, 「納凉私議」, 7쪽: 偏全形而下者 偏全之性形而上者.

다음과 같이 말하고 있다.

　　오상을 한가지로 하여 본연이라고 말하는 것은, 이는 확실히 일원
에 부착한 것이어서 갑측(湖論)이 오상을 초월하여 일원을 공허한 자
리에 세운 점과 비교가 되지 않는다. 그러므로 말초의 층절層節의 분
잡한 모습이, 갑측과 같이 심한 데에까지 이르지 않았지만, 다만 편
전偏全을 본연이 아니라고 하는 말로 관찰해 보면, 도리어 오상을 한
가지로 한다는 동자同字는 이미 스스로 병통을 띠고있는 것이다.99)

　인의예지의 오상을 중심으로 논할 경우, 낙론자들의 인물성동론은
인과 물이 똑같이 오상을 가지고 있다는 인물동오상론人物同五常論에
해당되고, 호론자들의 인물성이론人物性異論은 인과 물이 오상을 달리
가지고 있다는 인물이오상론人物異五常論에 해당된다. 낙론자들의 인
물성동론은 리일의 측면만을 본연지성으로 주장하고 있고, 분수 측면
의 인물성이人物性異의 각일기성各一其性에 대해서는 본연지성으로
인정하지 않고 있다. 다시 말해, 낙론자들은 분수의 편전지성偏全之性
을 모두 기질지성으로 처리하고 있다.100) 리일의 측면인 인물동의 성

---

99) 『蘆沙集』 卷12, 「納涼私議」, 7쪽: 同五常 而說本然 是着實的一原 不比甲邊
　　超五常 而立一原於空蕩蕩地 故下梢層節之猥穰 不至如甲邊之甚 而但以偏
　　全 非本然之說 觀之 却恐同五常之同字 已自帶病了.

100) 『巍巖遺稿』 卷12, 45~46쪽: 以一原言則性命俱可超形器 而人與物俱極其全
　　是所謂本然之性也 以異體言則性命俱可因氣質 而不獨人與物有偏全 聖與
　　凡又是千階萬級 而偏處性命俱偏 全處性命俱全 是所謂氣質之性也.
　　『巍巖遺稿』 卷4, 「上遂庵先生別紙」: 物之性卽人之性矣 然則栗谷所謂理通
　　朱子所謂理同者 非卽此氣質 單指本然而言歟 栗谷所謂氣局 朱子所謂性不
　　同者 又非卽此本然兼擧氣質而言歟.

166

과 분수의 측면인 인물이人物異의 성을 둘 다 본연지성으로 수용하고 있는 기정진의 관점에서 보았을 때, 낙론자들의 인물성동론은 분수의 편전지성偏全之性을 배척하고 있는101) 불완전한 성론으로서 당연히 병통을 띠고 있는 것이라고 할 수 있다. 이 때의 병통의 의미는 임성주가 낙론자들의 인물성동론에 대해, "눈금이 없는 저울이나 칫수가 없는 자(尺)와 같아서 그 성됨이 허虛하다."102)라고 하였을 때의 '허虛'와 유사한 것이라고 할 수 있다. 기정진이 말하고 있는 '병통'과 임성주가 언급하고 있는 '허虛'는 두 가지 다, 낙론자들이 분수지리를 본연지성으로서 인정하지 않고 있는 점을 비판적으로 지적하고 있는 것이다. 리일의 측면만을 본연지성으로 인정하고 분수의 측면을 본연지성으로 인정하지 않는 낙론자들의 주장에 대해서, 기정진과 임성주는 둘 다 리일과 분수를 지나치게 나누는 주장이라고 보았다.103) 기정진은 자신의 이해하고 있는 '리일분수설'를 중심으로 리일분수의 격단隔斷 현상이라고 비판하였으며, 임성주는 자신이 새롭게 정립한 '리통기국론理通氣局論'을 중심으로 리통理通과 기국氣局의 격단 현상이라고 비판하였다.

기정진은 호론자들의 인물성이론人物性異論에 대해서 아래와 같이 비판하고 있다.

---

101) 『蘆沙集』『答問類編』卷2,「性命」, 22쪽: 說同則乃低視偏全.

102) 『鹿門集』권5,「答李伯訥」, 20쪽: 以一原爲主 而謂物之性同 則分殊便歸於氣 而所謂同者 如無星之稱 無寸之尺 而其爲性也虛.

103) 『蘆沙集』卷12,「納凉私議」, 4쪽: 性同者 吾不曰不然 而以偏全之性爲非本然 則是分外有理也 遂主同以廢異 則性爲有體無用之長物矣.

대체로 이미 분分이 없는 것으로서 일一을 삼으면, 한 층의 본연
을 본연의 위에 별도로 세워 만물의 일원으로 삼는 것이 괴이할 것
도 없고, 인의예지를 인기질因氣質·각지各指의 성으로 삼아, 인물성
이론人物性異論이 있게 되는 것도 또한 괴이할 것이 없다.[104]

한원진과 같은 호론학자들은, 각지各指의 방법으로 파악되는 인기
질의 인물이人物異의 본연지성을 실사의 성으로 인식하고 있다. 그리
고 이 성을 보완하는 입장에서 단지單指의 방법으로 파악되는 초형기
의 인물동의 성을 별도로 건립하였다. "분分이 없는 것으로서 일一을
삼으면"이라는 문장에서 볼 수 있는 바와 같이, 기정진은 호론자들의
초형기의 성을 분수가 없는 리일로 보고 있다. 이는 곧 역으로 인기질
의 성의 경우는 리일이 없는 분수가 되고 있다는 의미라고도 할 수
있다.[105] 이것은 곧 기정진이 말하고 있는 리일과 분수의 상리相離현
상이다. 기정진이 보기에 호론자들의 인물동의 본연지성은 공허이 자
리만 차지하고 있는 빈껍데기에 불과한 것이고, 인물이人物異의 본연
지성은 리일과 단절된 상태에서 분수 측면인 각일기성各一其性만을
독단적으로 실사의 본연지성으로 논하고 있는[106] 괴이한 것이었다.
기정진은 초형기의 본연지성에 대해 아래와 같이 비판하고 있다.

천명으로 본연을 삼고 오상으로 기질을 삼으면, 또한 한 줄기로
통관하여 봄에 논설이 통하지 않으니, 하늘이 인물人物에게 명命한

---

104) 앞의 책,「納涼私議」, 4쪽: 盖旣以無分爲一 則無怪其別立一層本然於本然之
上 以爲萬物之一原 無怪其以仁義禮智爲因氣質各指之性 而有人物性異之論.
105) 『蘆沙集』卷12,「納涼私議」, 4쪽: 性異者 … 則是理外有分也.
106) 『蘆沙集』『答問類編』卷2,「性命」, 22쪽: 說異則欲獨擅五常.

것은 오상 이외에 다른 것이 없는데, 오상이 기질에 점령되고 말면, 천명이란 바로 빈껍데기이니, 비록 본연이란 미칭美稱을 덧붙인다 한들, 결국 이것이 무엇이겠는가?[107]

기정진의 비판은 인기질의 본연지성과 초형기의 본연지성의 단절에 있었다. 그가 리분상함론理分相涵論에 바탕을 두고, 인물동人物同과 인물이人物異의 본연지성을 모두 긍정하고 있다는 것을 감안할 때, 기정진은 초형기의 본연지성을 공허하게 일원에 붙여 놓지 말고 인기질의 본연지성 단계로 끌어내려 하나의 본연지성으로 논의해야 옳다는 사유를 하고 있었다고 할 수 있다. 즉 하나의 성에 인물동의 특성과 인물이人物異의 특성이 동시에 깃들여 있는 것으로 논의해야 올바르다는 생각을 하고 있었다고 볼 수 있다.[108] 결국 기정진의 호론 비판 방식은 임성주의 호론 비판 방식과 유사한 것이었다고 할 수 있다.

기정진의 호락론 비판은 근본적으로 호락론자들의 본연지성론에서 문제점을 발견하였기 때문이라고 할 수 있다. 본연지성은 성선의 성이며, 성선은 세상의 평화를 이루기 위해 유가가 반드시 실현해야 할 종지宗指이다. 본연지성의 오류는 성선의 온전한 실현에 장애가 된다. 유학자들의 입장에서 볼 때 본연지성의 오류는 반드시 교정되

---

107) 앞의 책, 「納凉私議」, 7쪽: 天命爲本然而五常爲氣質 亦一串貫來說不去處 天之所以命人物 五常之外無他焉 五常被氣質所占 則天命乃虛殼子也 雖加以本然之美稱 畢竟果是何物乎.

108) 『蘆沙集』 卷12, 「納凉私議」, 7쪽: 一箇性也 自其分之不害於一而謂之同五常 可也 自其一之不外於分而謂之偏全之性 亦可也 雖其名言之間 若有抑揚之勢 而實如一幅布中 或經成緯 一人身上 有名有字 初非偏全之上 更有同五常之一位也.

어야만 하는 사안이다. 기정진은 호락론자들의 본연지성에서의 오류를, 리일분수설의 재정립을 통하여 극복하고자 하였다. 기정진은 호론과 낙론에서 나타나고 있는 본연지성의 오류의 원인을 리일과 분수의 리분상리理分相離 현상에서 찾았고, 더 나아가 '리분상리'를 리기이물理氣二物의 양상을 띠고 있는 것으로 보았다. 이와 관련하여 기정진은 아래와 같이 말하고 있다.

> (호락)제가諸家 선각先覺들이 성을 논한 자리를 상세하고 정밀하게 강구하였으나, 다만 리분일체처理分一體處에 대해서는 깊이 착안하지 못하여, 리기가 서로 다투고 동이同異가 서로 물리치게 된 것이다.109)

기정진의 판단에 의하면, 호락의 '리분상리理分相離'의 현상은 호론과 낙론자들이 기분수氣分殊에 지나치게 치중하였기 때문이다. 기분수로의 치중은 본연지성을 올바로 논의하지 못하는 현상을 초래하였다. 기분수에 치중하다 보니, 본연지성으로 논의해야 할 성을 기질지성의 관점에서 접근하여 논의하거나(洛論),110) 본연지성을 둘로 나누어 인물이人物異의 성만을 실사의 본연지성으로 이해하고, 이를 보완하기 위해 인물동의 측면을 공허한 자리에 격단시켜 논의하는 오류를 범하였던 것이다.(湖論)111) 낙론자들은 인물동人物同의 성만을 실사의

---

109) 『蘆沙集』 卷12,「納凉私議」, 12쪽: 諸家於先覺論性處 非不講貫詳密 而特緣 理分一體處 未甚着眼 而致理氣相妬 同異相攘.
110) 『蘆沙集』 卷12,「納凉私議」, 4쪽: 旣以分爲因氣而有 則無怪其以人物同五 常爲本然之性 而偏全之性爲非本然 有人物性同之論.
111) 『蘆沙集』 卷12,「納凉私議」, 4쪽: 性異者 … 異處乃在五常之帶氣 則大本有

본연지성으로 이해하고 인물이人物異의 성을 기질지성으로 귀착시켰다. 호론자들은 인물동人物同의 성을 공허한 본연지성으로 논의하였고 인물이人物異의 성만을 실사의 본연지성으로 귀착시키고 있다. 기정진이 볼 때에, 호론과 낙론의 논의는 결국 리일의 측면인 성동性同과 분수의 측면인 성이性異중 어느 한쪽 면만을 지나치게 강조하고 있는 것이었고, 리일의 측면인 성동과 분수의 측면인 성이가 하나의 본연지성으로서 온전하게 자재하지 못하고 서로 다투는 현상을 보이는 것이었다. 다시 말해 낙론자들의 성동은 참된 같음(眞同)이 되지 못하고 있으며, 호론자들의 성이性異는 실된 다름이(實異)가 되지 못하는 것이었다. 성동性同과 성이性異는 리기의 어느 측면을 강조하여 보느냐에 따라 나뉘어지게 된다. 성동은 리일 즉 리를 강조할 때 드러나며, 성이는 분수 즉 기의 측면을 강조할 때 드러난다. 리의 강조는 리기부잡理氣不雜의 강조와 연결되며, 기강조는 리기불리理氣不離의 강조와 연결된다. 이러한 점에서 호론과 낙론에서 나타나고 있는, 성동과 성이의 대립은 또한, 리기관계를 서로 달리 적용하는 가운데 이루어진 리기의 다툼이었다고 할 수 있다.

기정진은 리일지리와 분수지리의 일체성을 기반으로 호락론이 리일과 분수지리를 격단시켜 논의하고 있다고 비판하였다. 기정진은 리분상함론理分相涵論을 기반으로 인물동人物同과 인물이人物異의 본연지성을 모두 긍정하고 있다. 기정진은 하나의 성에 인물동의 특성과 인물이人物異의 특성이 동시에 깃들여 있는 것으로 논의해야 올바르다는 생각을 하고 있었다. 기정진 성론은 임성주와 마찬가지로 호론

所不明矣 不得不別立一原.

과 낙론의 본연지성론을 절충적으로 수용하고 있는 새로운 성론이었
다고 할 수 있다.

3 임성주와 기정진 학설의 공통점과 차이점

조선조 주자학이 주기론·주리론의 구도 하에 진행되어 온 것으로
판단하고 있는 학자들은, 임성주와 기정진을 각각 주기론과 주리론을
최종적으로 완성한 인물들로 평가하고 있다. 이들은 임성주를 주기론
의 극치를 이룬 유기론자·기일원론자로, 기정진을 주리론의 극치를
이룬 유리론자·리일원론자로 평가한다. 그러나 이와 같은 평가들은
적절치 못한 점이 있다고 할 수 있다. 왜냐하면 첫째, 유기론자·기일
원론자, 유리론자·리일원론자로 평가하고 있는 주기론·주리론이라
는 분석틀 자체가 이미 많은 문제점을 가지고 있는 것이기 때문이
다.[112] 주자학은 리학이며 리 중심의 학문이다. 주기와 주리로 조선조
주자학을 분류하는 틀은, 주자학이 리학이며 리중심의 학문이라는 기
본적 사유와 충돌한다. 문제가 있는 틀을 중심으로 이끌어낸 임성주
는 유기론자·기일원론자이며, 기정진은 유리론자·리일원론자라는
평가 또한 적절하지 않다고 할 수 있다.

둘째, 임성주가 기만을 근본으로 주장하거나, 기정진이 기는 전혀
필요 없는 존재라고 주장하고 있지 않기 때문이다. 임성주와 기정진
은 모두가 리와 기의 존재성을 인정하고 있고, 리기의 관계를 불리

---

112) 崔英辰, 「朝鮮朝 儒學思想史의 分類方式과 그 문제점」, 『조선조 유학사상사
의 양상』, 11~29쪽.

·부잡의 관계로 설정하고 있다. 유기론자·기일원론자라는 평가에는 마치 임성주가 리의 존재성을 무시내지 인정하지 않고 있는 것 같이 인식하게 하는 오류가 함유되어 있다. 마찬가지로 유리론자·리일원론자라는 평가에도 기정진이 마치 기의 존재성을 무시내지 인정하지 않고 있는 것 같이 인지하게 하는 오류가 내재되어 있다고 할 수 있다. 임성주는 기만을 근본으로 주장하는 유기론자·기일원자가 아니며, 기정진 또한 기를 전혀 필요 없는 것으로 판단하는 유리론자·리일원론자가 아니다. 임성주와 기정진은 둘 다 리를 근거자(所以然者)로, 기를 피근거자(其然者)로 이해하고 있으며, 리와 기의 존재성을 인정하고 있다. 임성주를 유기론자·기일원론자로, 기정진을 유리론자·리일원론자로 평가하는 것은 적절하지 않다고 할 수 있다.

전체적으로 보았을 때, 임성주과 기정진의 리기설은 주자학의 범주에서 벗어난 것이라고 할 수 없다. 다만 방법론상에서 차이를 보이고 있었을 뿐이다. 임성주은 기상氣上에서 리를 논하는 입장을 취하였고, 기정진는 리상理上에서 기를 논하는 입장을 취하였다. 이들은 리기를 논하는 방법에서 차이가 있었을 뿐이다. 임성주의 학설을 유기론·기일원론으로, 기정진의 학설을 유리론·리일원론으로 규정하고자 하는 주리·주기의 틀은, 임성주와 기정진의 학설을 주자학을 벗어난 것으로 곡해할 수 있는 매우 위험한 틀이라고 할 수 있다.

임성주과 기정진는 각기 상이한 입장에서 리일분수설에 접근하였다고 할 수 있다. 임성주는 처음에는 리일의 관점에서 논한 성만이 본연지성이라고 보아 인물의 본연성지성은 모두 같다는 주장을 하였다. 분수의 개·소·사람 간에 다른 성은 기질지성으로 규정하였다. 그러나 이후 임성주는 『맹자』「생지위성生之謂性」을 읽다가 개·소·

사람의 성 또한 본연지성으로 보아야 한다는 사유의 전환을 하였다.
그는 리일의 관점으로 보면 인물동의 본연지성이며, 분수의 관점으로
보면 인물이人物異의 본연지성이라고 하였다. 이러한 본연지성론은
새로운 리일분수론을 동반 한 것이었다. 리일분수를 리일과 기분수로
만 보려는 기존의 관점을 비판하고, 리일이 있으면 기일氣一도 있고,
기분수가 있으면 리분수도 있다고 주장하였다. 이러한 주장은 기존의
리일분수를 리일리분수로 해석하는 새로운 관점의 리일분수론을 가
능하게 했다. 통通·국국局으로 말하면 리통리국의 성립이다. 그는 리일
(리통)의 관점에서 인물동의 본연지성을, 리분수(리국)의 관점에서 인
물이人物異의 본연지성을 주장하였다. 리일리분수(리통리국)는 리를
중심으로 일원분수처가 매우 밀접하게 연결된다. 그는 개체의 본연지
성에 리동과 리이의 두 요소가 겹쳐 있다는 주장을 하기에 이르른다.
개체의 성에 일원의 천리가 그대로 동시에 자재하여 있다는 주장이
다. 그는 개·소·사람의 인물이人物異 본연지성에 인물동의 성인 리일
의 리가 그대로 자재하여 있다고 하였다. 그의 이러한 주장은 '성즉리
性卽理'가 어찌 본연지성이 같다는 증거만 되고, 본연지성이 다르다는
증거는 될 수 없단 말인가라고 하면서, '성즉리'를 인물동과 인물이를
모두 담보하는 명제로 해석하는데서[113] 보다 분명하게 드러나게 된
다. '성즉리'의 성에, 리일의 인물동의 측면과 리분수의 인물이의 측면
이 동시에 자재하여 있다는 주장이다. 하나의 성에 인물동의 측면과
인물이의 측면이 동시에 자재하여 있다는 주장은 낙론의 인물성동론

---

113) 『鹿門集』卷19, 「鹿盧雜識」, 25쪽: 今人每以性卽理三字 證性之同 … 則所
謂性卽理者 何獨爲同之證 而不可爲異之證也.

과 호론의 인물성이론의 주장을 모두 수용·절충하고 있는 견해라고 할 수 있다. 임성주가 말하는 '성즉리'성은 리분수의 측면에서 보면 기질과 불리不離 관계로 있는 인물이人物異의 본연지성이었고, 리일의 측면에서 보면 기질과 부잡不雜 관계로 있는 인물동의 성이었다. 임성주는 기질을 고려한 성도 기질을 고려치 않은 성도 모두가 본연지성이라고 판단하였던 것이다.[114]

기정진은 호락론자들의 학설에서 리일과 분수의 격단 현상을 보았다. 그리고 리를 중심으로 리일분수를 해석하여, 그 격단 현상을 해결하고자 하였다. 그는 리일분수를 리일지리와 리분수로 해석하고자 하였다. 이러한 점은 임성주와 동일하다고 할 수 있다. 기정진은 분수지리와 리일지리를 일체적 존재로 보고자 하였다. 즉 개념적으로는 리일지리와 분수지리가 나뉘어지지만 실제로는 한 존재의 두 측면이라는 점을 강조하였다. 그는 '분수가 리일의 자리이다.', '리일과 분수에 층절層節이 있는 것을 용납하지 않는다.' 등의 표현을 써가며 그 일체성을 강조하였다. 일체성은 리분상함理分相涵론으로 이어졌다. 리분상함理分相涵은 분수처를 리일지리의 자기동일적(自己同一的) 전개의 장으로 삼아, 분수지리와 리일지리의 일체성의 회복을 추구하는 논리체계라고 할 수 있다. 기정진은 리분상함의 논리는 치우치고 온전함이 있는 기질과 불리관계에 있는 분수의 성도 본연지성이라는 논리로 이어졌다. 즉 분수처의 개·소·사람 등의 기질에 따라 상호 다른 성 또한 본연지성으로 본 것이다. 이는 기정진이 리상理上에서 기질을 말하는

114) 『鹿門集』卷5, 「答李伯訥」, 20쪽: 本然者 本如此之謂也 … 自源頭直下來爲混 爲闢有本有末 雖不離形氣而亦不雜乎形氣 首尾一貫純善無惡 故謂之本然.

강한 리중심적 사유를 하고 있었기 때문이라고 할 수 있다. 기정진의 리중심적 사유는 리일의 관점에서 보아도 본연지성이고, 분수의 관점에서 보아도 본연지성이라는 성론으로 연결된다. 리분상함의 리일분수론이 리일의 관점에서 보아도 본연지성이고, 분수의 관점에서 보아도 본연지성이라는 성론으로 연결된 것이라고 할 수 있다. 기정진은 이러한 자신의 성론에 대해, '동同 가운데에 이異가 있고, 이異 가운데에 동同이 있다.'고[115] 하였다. 임성주도 "일一이면서 만萬이고 만萬이면서 일一이니, 동同이면서 능히 이異이지 아니할 수 없고, 이異이면서 일찌기 동同이지 않을 수 없는 것이, 바로 리의 전체이다."[116]라고 한 바 있다. 임성주와 기정진은 모두가 리일·리분수 측면을 모두 본연지성으로 보아야 한다는 동일한 사고를 하고 있었다고 할 수 있다.

임성주와 기정진은 모두가 리일분수를 리를 중심으로 새롭게 구축하고 있다. 호론자들은 분수를 기를 중심으로 해석하는 기존의 관점을 비판하고,[117] 분수를 리를 중심으로 해석하는 새로운 관점의 리일분수론을 구축하고 있다. 그들의 호론과 낙론 비판은 매우 유사한 것이었다. 임성주와 기정진은 낙론자들의 인물성동론에 대해 분수처에 제대로 자재하지 못하는 공허한 성론이라고 비판하였다. 낙론자들은 리일의 성만을 본연지성으로 보고, 분수의 성은 기질지성으로 규정하였다. 이들은 이러한 성론에 대해, 리일의 리가 분수처에 온전히 자재

---

115) 『蘆沙集』 卷12, 「納凉私議」, 9쪽: 同中有異 異中有同.
116) 『鹿門集』 卷19, 「鹿廬雜識」, 25쪽: 一而萬 萬而一 同而不能不異 異而未嘗
不同者 乃理之全體也.
117) 리통기국은 분수를 기를 중심으로 해석하는 이론체계이다. 리통기국에 기반
한 리일분수 해석은 분수를 기를 중심으로 해석하게 한다.

하지 못하는 관점이라고 비판한 것이다. 분수처의 성도 본연지성으로 보아야, 리일의 리가 분수처에도 온전히 자재할 수 있는 데, 그렇지 못하고 허공에 매달려 있는 양상을 보인다는 것이다.

임성주와 기정진은 호론자들의 인물성론 또한 문제가 있다고 보았다. 그들은 한원진의 성삼층설에서 볼 수 있는 바와 같이, 초형기의 성과 인기질의 성을 상호 다르게 규정하고 있다. 초형기의 성은 리일의 성으로서 인물동의 성이고, 인기질의 성은 분수의 성으로서 인물부동의 성이다. 한원진은 리일의 초형기 성도 본연지성이고, 분수의 인기질 성도 본연지성이라고 하였다. 한원진은 인기질의 성에 각지各指라는 용어를 붙여 기질과 부잡관계로 설정하며, 인기질의 성에 대해 본연지성이라고 주장하였다. 임성주와 기정진은 한원진의 초형기의 성과 인기질의 성에 대해 층차를 두고 있는, 리일과 분수가 격단된 잘못된 성론이라고 비판하였다. 초형기의 성과 인기질의 성을 둘 다 본연지성으로 보고 있지만, 하나는 일원에 배치하여 인물동이라 하고, 하나는 분수에 배치하여 인물부동이라고 하고 있는, 초형기의 성과 인기질의 성을 서로 다른 본연지성으로 구분하고 있는 잘못된 성론이라고 보았던 것이다.

기정진은 후일 임성주의 일부 글을 보고 자신의 리일분수설과의 동질감을 느껴 다음과 같이 말한 바 있다.

> 파지 속에서 녹문 임성주가 논의한 한 문단의 글을 얻었는데, "진실로 다름(異)를 말한다면 단지 성만 다른 것이 아니라, 명命도 또한 다르다. 진실로 같음(同)을 말한다면 단지 성性만 같은 것이 아니라, 도道도 또한 같다."고 하였다. 이 말을 겉만 얼핏 보면, 자못 사슴

옆에 노루요 노루 옆에 사슴 같으나, 그 실지 내용은 도리道理의 원두源頭를 조금도 빠짐없이 설한 것이다. 이천伊川의 리일분수 네 글자가 이 분에 의지하여 일맥이 우리나라에 떨어지지 않았는가 한다. 그 전서를 얻어서 연구해 보지 못하는 것이 안타깝다.118)

기정진은 정이천의 리일분수 네 글자가 임성주에 의지해 일맥이 우리나라에 떨어진 것 같다고까지 말했다. 그가 이와 같은 평가를 한 가장 큰 근거는, "진실로 다름異를 말한다면, 단지 성만이 다른 것이 아니라 명命도 또한 다르고"와 "진실로 같음同을 말한다면, 단지 성만이 같은 것이 아니라 도道도 또한 같다."였다. 논의를 '리일분수설'에 접목시켜 보면, 임성주의 글이 그의 '리일분수설'에 충실한 것이었음을 알 수 있다. 리일이 분수지리로 자재함에 기와 부잡관계라는 측면에서 보면, 리동理同으로서 본연지성이요·인물성동이며, 또한 성과 도道가 모두 같은 경우다. 그리고 리일이 분수지리로 자재함에 기와 불리관계라는 측면에서 보면 리이理異로서 본연지성이요·인물성이人物性異이며, 또한 성과 명命 모두가 다른 경우이다. 임성주는 자신의 관점에서 '리일분수설'의 본지를 충실히 이행하고 있었다고 할 수 있다. 기정진은 바로 이러한 면을 임성주의 글에서 살펴보았던 것이며, 이에 "이천의 리일분수 네 글자가 이 분에 의지하여, 일맥이 우리나라에 떨어지지 않았는가 한다." 라고 하였던 것이다.

그러나 임성주와 기정진의 리일분수설은 또한 차이가 있다고 하지

---

118) 『蘆沙集』卷12,「納涼私議」, 16쪽: 碎紙中得鹿門任氏一段議論 苟言異則非但性異命亦異也 苟言同則非但性同道亦同也 此言 驟看外面 殆若鹿邊者獐 獐邊者鹿 而其實說得道理源頭無有滲漏 伊川理一分殊四字賴此公 而一脈不墜於東方歟 恨不得其全書而考閱也.

않을 수 없다. 임성주는 분수를 위주로 성을 논해야, 비로소 동이同異의 두 가지 측면을 모두 본연지성으로서 포용할 수 있고, 이러한 성만이 실實 하다는 입장을 취하고 있었다. 반면에 기정진은 리일을 위주로 성을 논해야, 비로소 동이同異의 두 가지 측면을 모두 본연지성으로서 수용할 수 있고, 또한 이러한 성만이 참된 것이라는 입장을 취하고 있었다고 할 수 있다. 임성주가 분수를 위주로 성을 논하는 입장은 그가 기상氣上에서 일원·분수처의 리를 논하는 입장을 취하고 있는 것과[119) 연관이 있다고 할 수 있다. 기상氣上에서 리를 논하는 입장이 자연스럽게 분수를 위주로 성을 논해야 올바르다는 논의로 이어지고 있는 것이라고 할 수 있다.

임성주와 기정진이 둘 다 호락의 리일지리과 분수지리의 떨어짐을 비판했지만, 이들 사이에도 미세한 차이가 있다고 할 수 있다. 기정진은 리일지리 자체가 그대로 분수처에 자재하는 것으로 보고 있어 분수지리가 리일지리와 완벽한 일치를 보이는 반면에, 임성주의 경우는 리일지리가 분수지리로 자재하는 것은 기정진와 같지만, 리일지리와 분수지리에 대소大小의 분별이 있다고 하는 견해를 보이고 있다.

이들의 이러한 차이는 근본적으로 임성주가 기상에서 리를 언급하는 입장을 취하고 있는 반면에, 기정진은 리상에서 기를 언급하는 입장을 취하고 있는 것과 연관이 있다고 할 수 있다. 기상에서 리를 논하는 입장이 일원처보다는 분수처를 위주로 성을 논하는 입장으로 이어졌고, 리일지리와 분수지리를 상즉관계로 보면서도 대소로 구분

---

119) 上同 卷19,「鹿廬雜識」, 4쪽: 萬理萬象也 五常五行也 健順兩儀也 太極元氣也 皆卽氣而名之者也.

하는 의식을 가지게 했다고 할 수 있다. 리일지리와 분수지리를 기상에서 논하다보니 기의 영향으로 리일지리와 분수지리를 대소로 구분하는 의식 또한 생겨났다고 할 수 있다. 반면에 리상에서 기를 논하는 입장은 강한 리중심적 특성을 띠는 것이었고, 이러한 강한 리중심적 사유가 일원의 리일지리가 기의 영향 여부와 관계없이 그대로 분수지리로 자재하게 된다는 논리를 동반하였다고 할 수 있다.

임성주와 기정진 사이에 작은 차이가 있기는 하지만, 이들이 둘 다 분수지리를 리일지리와 상즉되어 있는 본연지성으로 보고 있다는 점에서, 임성주와 기정진의 리일분수설은 천명天命에 근거한 성선의 강력한 실현을 보장해주는 특성이 있다고 할 수 있다. 유학의 종지인 성선의 성의 구현을 통해 대동세계로 나아갈 수 있는 길을, 그들의 시대와 그들의 학적 체계 속에서 재확립한 것이라고 할 수 있다.

만약, 임성주와 기정진이 인물성동이와 리기문제에 대해 치밀한 논의를 하고 있는 점만을 가지고, 이들을 단순히 관념론자들로 평가한다면 잘못된 평가라고 본다.『녹문집』에는 성誠과 경敬, 향약鄕約, 조세租稅 제도의 개혁, 예禮의 확립 등에 관한 대사회적인 노력과 언급들이 실려 있다.『노사집』에도 수양론修養論에 관한 글은 물론, 지도층인 사대부들의 청렴결백한 기풍 확립을 강조하고, 삼정三政의 폐단을 지적한 것과, 외세의 침입에 대비한 방책, 대사회적 개혁 등 평천하平天下와 관련된 글들이 다수 실려 있다. 이러한 점들로 미루어 볼 때, 이들의 인물성동이와 리일분수설에 대한 논의는 대사회적인 활동을 더욱 공고히 하기 위한 하나의 기초작업 이었다고 보는 것이 타당하다.

제6장
19세기 실학과 호락논변 영향

호락의 인물성동이론에 대한 논의는 주자학자들 뿐만 실학자들 사이에서도 찾아볼 수 있다. 보통 실학자들은 주자학을 부정하고 새로운 학문체계를 구축한 사람들로 이해하는 경우가 많다. 이러한 실학자들이 인물성동이에 대해 고찰한 내용이 있다고 하면 의외의 일로 받아들여지기도 한다.

그러나 살펴보면 한국의 실학자들은 주자학에 뿌리를 두고 있는 사람들이었다. 그들은 대체로 정통 주자학을 학습하여 이에 대해 해박하였고, 주위의 주자학자들과도 지속적으로 교류하였다. 호락논변은 조선후기 한국 주자학자들 사이에서 논의되던 거대 담론이었다. 이러한 거대 담론에 대해 동시대의 실학자들이 주위의 주자학자들과 교류하면서 자신의 의견을 개진하고 논구한 것은 어찌 보면 매우 자연스러운 일이었다고 할 수 있다.

대체로 실학자들은 주자학의 이기심성론의 체계를 비판하고 새로운 방식으로 고찰하였다. 인성·물성에 대해서도 그 진술 방식이 기존의 주자학자들과 다른 경우가 많았다. 예를 들어 성호星湖 이익 李瀷

(1681~1763)은 개체의 성은 기질지성만이 있다는 관점에서 인물성이론을 주장하고 있다.

> 리가 사물에 자재하는 것으로부터 말을 하면 다만 모름지기 기질 지성만을 말할 수 있을 뿐이다. … 물에 있어서는 물의 성이 되고, 불에 있어서는 불의 성의 되며 소는 소의 성이 되고, 말은 말의 성이 된다.[1]

본연지성 차원에서 인물성동이를 언급하고 있는 주자학자들과 차이가 있다. 실학자들의 인물성동이에 대한 견해는 변용되어져 주자학자들과 다른 방식으로 논의되어지고 있다. 실학자 가운데 담헌湛軒 홍대용洪大容(1731~1783)과 다산茶山 정약용丁若鏞(1762~1836)의 인물성동이론에 대해 살펴보고자 한다.

1 홍대용의 낙론적 견해

홍대용은 인물성동론을 지지하였던 미호渼湖 김원행金元行(1702~1772)의 제자이다. 소중화小中華 의식을 가지고 있던 일반 주자학자들과 달리, 오랑캐인 청나라에서도 배울 것은 배워야 한다는 현실적 태도를 취하였다.[2] 홍대용은 청나라를 통해 서양의 과학 지식을 직접

---

1) 『星湖全書』 卷5, 「答洪亮卿」, 6쪽: 從理在物上說 則只須言氣質之性 … 在水 爲水之性 在火爲火之性 牛爲牛性 馬爲馬性.
2) 김인규, 「북벌에서 북학으로: 담헌 홍대용」, 『한국실학사상사』, 한국철학사연구회, 170쪽.

접하고 익힌 북학파의 핵심 인물 가운데 한 명이다.

주자학에서의 음양오행론陰陽五行論을 비판하고 주자학적 음양오행론에 얽매이는 것을 경계하였다. 그는 천지 사이에 음陰과 양陽 두 기가 별도로 있어서 변화와 조화를 부린다는 것은 후세의 학자들이 지어낸 것이라고 하였다.

> 그 근본을 살펴본다면 실상 햇빛의 옅음과 깊음에 속할 뿐, 천지 사이에 별도로 음과 양의 두 기氣가 있어서, 때에 따라 나타나기도 하고 숨기도 하며 조화를 이끌어 간다는 것은 후세 사람들의 말이다.[3]

오행에 대해서도, 오행은 만물萬物을 다섯 가지 기로 구분한 총명總名일 뿐이니, 반드시 목화토금수木火土金水 다섯 가지로 말하지 않아도 된다고[4] 하였다. 홍대용은 화火에 해당하는 태양과, 수水와 토土에 해당하는 땅을 만물을 생성하는 기본 단위로 보았다. 목木과 금金은 화·수·토(火·水·土)와 더불어 대등하게 병행하여 논의할 수 없는 것이라고[5] 하였다.

홍대용은 오행을 상수학적象數學的 측면에서 생극生克이니 비복飛伏이니 하며 장황스럽게 논의하는 것에 대해서도 강하게 비판하였다.

---

3) 『湛軒集』內集 卷4,「毉山問答」, 30쪽: 究其本 則實屬於日火之淺深 非謂天地之間 別有陰陽二氣 隨時生伏 主張造化 如後人之說也.

4) 앞의 책,「毉山問答」, 30쪽: 古人隨時立言 以作萬物之總名 非謂不可加一 不可減一 天地萬物適有此數也 故五行之數 原非定論.

5) 앞의 책,「毉山問答」, 30쪽: 夫火者日也 水土者地也 若木金者 日地之所生成 不當與三者竝立爲行也.

오행의 수數는 원래 정론定論이 아니다. 그런데 술가術家에서 이를 조종으로 삼아 하도河圖와 낙서洛書로써 억지로 맞추고, 역易의 상수 象數로 파고 들어가, 생극生克이니 비복飛伏이니 하여 지루하게 얽어 매고 여러 술수를 장황하게 이야기하니, 끝내 그런 이치는 없다.[6]

음양오행에 대한 비판적 견해는 중국을 통해 들어온 서구 과학적 지식의 영향으로 보인다.[7] 홍대용은 만물의 어머니에 해당하는 땅과 만물의 아버지에 해당하는[8] 해 등을 구성하는 존재로 태허太虛의 기를 말하고 있다.

태허太虛는 본디 고요하고 비었으며 가득히 차 있는 것은 기이다. 안도 없고 바깥도 없으며 시작도 끝도 없다. 쌓인 기가 일렁거리고 엉겨 모여서 형체를 이루고, 허공에 두루 퍼져서 돌기도 하고 멈추기도 하니, 곧 땅과 달과 해와 별이 이것이다.[9]

홍대용은 태허의 기가 땅·달·해·별뿐만 아니라 인·물과 심心까지도 구성한다고 보았다.

----

6) 앞의 책, 「毉山問答」, 30쪽: 五行之數 原非定論 術家祖之 河洛以傅會之 易象 以穿鑿之 生克飛伏 支離繚繞 張皇衆技 卒無其理.
7) 김인규, 「조선후기 漢譯西學書가 실학파의 자연관에 끼친 영향」『한국사상과 동서교섭』, 심산출판사, 722~728쪽; 이현구는 홍대용의 오행에 대한 설명에 대해 국내에서 많이 읽힌 것으로 여겨지는 바그노니(A.Vagnoni)의 『空際格致』의 내용(1663)과 유사하다고 지적한 바 있다. (이현구, 「최한기의 기학의 성립과 체계에 관한 연구」, 37쪽)
8) 앞의 책, 「毉山問答」, 31쪽: 地者 萬物之母 日者 萬物之父.
9) 앞의 책, 「毉山問答」, 19쪽: 太虛廖廓 充塞者氣也 無內無外 無始無終 積氣汪 洋 凝聚成質 周布虛空 旋轉停住 所謂地月日星 是也.

천지에 가득 차 있는 것은 다만 기氣일 뿐이고, 리는 그 속에 자재해 있다. 기의 본본本을 논하면 담일澹一하고 텅 비어 있어 청탁淸濁이 있음을 말할 수 없다. 그것이 오르내리고 휘날리며 서로 부딪히고 일렁임에 이르러 찌꺼기가 생겨서 고르지 않게 되었다. 이에 맑은 기를 얻어서 분화한 것은 사람이 되고, 탁한 기를 얻어서 분화한 것은 물物이 된다. 그 가운데 지극히 맑고 지극히 순수해서 신묘하여 헤아릴 수 없는 것이 심心이 된다.[10]

홍대용은 태허의 기에서 인·물과 심의 구성을 말하면서, 음양과 오행을 전혀 언급하지 않고 있다. 일반 주자학자들은 보통 중간에 음양과 오행을 두고 만물 구성을 말한다.

홍대용은 『의산문답』에서 전통적인 천원지방설天圓地方說에서 벗어나 땅이 둥글다는 지원설地圓說[11]·땅이 빠른 속도로 돈다는 지전설地轉說과[12]·우주가 한량없다는 공계空界 무한설 등을 언급하고 있다. 공계가 무한하다고 소개하고 있는 내용이다.

은하銀河란 여러 세계를 묶은 한 세계로, 공계空界에 두루 돌아

---

10) 앞의 책, 卷1, 「心性問」, 3쪽: 充塞于天地者 只是氣而已而理在其中 論氣之本 則澹一冲虛 無有淸濁之可言 及其升降飛揚 相激相蕩 糟粕煨燼 乃有不齊 於是得淸之氣而化者爲人 得濁之氣而化者爲物 就其中至淸至粹神妙不測者 爲心.

11) 앞의 책, 「毉山問答」, 19쪽: 實翁曰 甚矣 人之難曉也 萬物之成形 有圓而無方 況於地乎 月掩日而蝕於日 蝕日必圓 月體之圓也 地掩日而蝕於月 蝕體亦圓 地體之圓也, 然則月蝕者 地之鑑也 見月蝕而不識地圓 是猶引鑑自照 而不辨其面目也 不亦愚乎.

12) 앞의 책, 「毉山問答」, 20쪽: 夫地塊旋轉 一日一周 地周九萬里 一日十二時 以九萬之濶 趁十二之限 其行之疾 亟於震電 急於炮丸 地旣疾轉.

한 큰 테두리를 이룬 것이다. 이 큰 테두리 속에 많은 세계가 있으니 그 개수가 몇 천 몇 만이나 된다. 해와 지구와 여러 세계도 그 중에 한 개 일 뿐이다. 이 은하는 태허에 있는 한 개의 큰 세계이다. 그러나 지구에서 볼 때만 이와 같을 뿐 지구에서 보는 것 외에, 은하계와 같은 것이 몇 만 몇 억 개인지 알 수 없다. 나의 자그마한 눈에 의하여, 갑자기 은하가 가장 큰 세계라 할 수도 없을 것이다.[13]

홍대용은 저서 『주해수용籌解需用』에서는 지구 둘레와 지름을 계산한 내용과, 지구에서 행성들 간의 거리를 측정하고 계산한 수학식들까지 소개하고 있다.[14] 그의 서구 과학적 지식이 상당히 높은 단계에까지 이르렀음을 알 수 있다.

홍대용은 서구과학적 지식을 학습하고, 전통적인 방식의 음양·오행론으로는 자신의 학문적 의견을 제대로 피력할 수 없다고 보아, 음양·오행론을 비판한 것이라고 할 수 있다. 그리고 태허의 기로써 우주와 세계의 변화를 설명하고 있다.

홍대용은 기에서 뿐만 아니라 리에서도 새로운 논의를 하고 있다. 그는 리의 '무형無形'한 특성을 문제 삼았다.

무릇 리를 말하는 자는, 반드시 무형無形이나 리가 있다고 말 한다. 이미 형체가 없다고 하였는데, 있다는 것은 어떤 물건인가? 이미 리가 있다고 하였는데, 어찌 형체가 없는 것이 있는 것을, 있다고

---

13) 앞의 책, 「毉山問答」, 23쪽: 實翁曰 銀河者 叢衆界以爲界 旋規於空界 成一大環 環中多界 千萬其數 日地諸界 居其一爾 是爲太虛之一大界也 雖然 地觀如是 地觀之外 如河界者 不知爲幾千萬億.

14) 이봉호, 「홍대용의 『의산문답』에 나타난 우주론 근거로서 『주해수용』의 삼각함수」, 『동방학』 43집, 107~119쪽 참조.

이를 수 있겠는가? 대개 소리가 있으면 있다고 하고, 색깔色이 있으면 있다고 하고, 냄새와 맛이 있으면 있다고 한다. 이미 이 네 가지가 없는 것은 형체가 없고 방소方所가 없으니, 이른바 있다는 것은 어떤 물건인가? 또 소리가 없고 냄새가 없으면서 조화造化의 추뉴樞紐와 품류品類의 근저根柢가 된다고 말하는데, 이미 작위作爲하는 바가 없는데, 무엇으로써 그 추뉴와 근저가 됨을 보겠는가? 또 이른바 리는 것은 기氣가 선善하면 또한 선하고 기가 악하면 또한 악하니, 이 리는 주재하는 바가 없이 기가 하는 바를 따를 뿐이다.15)

홍대용은 리는 소리·색·냄새·맛이 있지 않은 것으로 보아, 형체와 공간方所을 차지 않고 있는 존재이고, 이러한 존재는 조화造化의 추뉴樞紐와 품류品類의 근저根底가 될 수 없다고 하였다. 리는 기가 선하면 또한 선하고, 기가 악하면 또한 악한, 주재하는 바가 없이 그저 기가 하는 바를 따를 뿐인 그런 존재라고 하였다.

홍대용은 현실에서의 사실적이고 감각적인 개념들을 중심으로, 리의 무형에 대해 말하고 있다, 잘 보아야 할 점은 그가 '주재함이 없다'고 하지 않고, '주재하는 바가 없이' 기가 하는 바를 따를 뿐이라고 한 점이다. '주재함이 없다는 것'과 '주재하는 바가 없다'는 큰 차이가 있다. 그동안 많은 학자들이 이 구절을 '주재함이 없다'의 의미로 해석해 왔다.16)

---

15) 앞의 책, 卷1,「心性問」, 1쪽: 凡言理者 必曰無形而有理 旣曰無形 則有者是何物 旣曰有理 則豈有無形而謂之有者乎 盖有聲則謂之有 有色則謂之有 有臭與味則謂之有 旣無是四者 則是無形體無方所 所謂有者是何物耶 且曰無聲無臭而爲造化之樞紐 品彙之根柢 則旣無所作爲 何以見其爲樞紐根柢耶 且所謂理者 氣善則亦善 氣惡則亦惡 是理無所主宰而隨氣之所爲而已.

16) '주재함이 없다'는 해석은 대체로 홍대용의 기중심적 서술과 연계되어 있다.

홍대용은 유형有形[17])의 사실적이고 감각적인 개념들로 리를 논하고 있다. 소리가 있고 색깔이 있는 유형의 세계는[18]) 선한 기와 악한 기가 뒤섞여 있다. 유형의 세계에서 무형의 속성을 가진 리는 기에 의지할 수 밖에 없다. 이에 리는, 기가 선하면 또한 선하고 기가 악하면 또한 악한 양상을 띠게 된다. 홍대용은 리의 추뉴와 근저됨을 볼 수 없다고 하였다. 볼 수 없다는 것은 감각적인 개념이다. 추뉴와 근저됨을 감각적으로 볼 수도 없고, 사실적으로 작위作爲하는 기에 따라 '기가 선하면 리 또한 선하고, 기가 악하면 리 또한 악한' 양상을 띠고 있으니, 리에 대해 '주재하는 바가 없다.'고 한 것이다.

그런데, 홍대용은 다른 문장에서는 리가 만물의 근저로서 존재하고 있음을 언급하고 있다.

> 대개 소리가 있고 색깔이 있어 만물의 형形이 되는 것은 오기五氣의 거칠고 탁함粗濁이다. … 드넓어費 천지가 능히 실을 수가 없고,

---

리를 기의 종속 개념으로 보아 '주재함이 없다'의 의미로 해석하였다고 할 수 있다. 백민정은 「담헌 홍대용의 이기설과 인성론에 관한 재검토」(『퇴계학보』 124집)에서, 그동안 연구자들이 리의 주재성을 부정하며, 홍대용의 리개념을 분석하고 평가해 왔다고 하였다. 예로 든 연구자들은 윤사순, 허남진, 김문용, 김인규, 박희병, 김용헌, 이경보이다.(87~88쪽 참조) 백민정은 이어서, "홍대용이 말한 리개념은 작용성과 주재성을 갖지 못하지만, 그렇다고 해서 기에 종속된 것은 아니었다고 본다.(79쪽)"라고 하였다. 동의한다. 이어서 "필자는 명시적으로 홍대용이 말한 리 개념의 작용성을 증명해내기가 어려웠다.(91쪽)"라고 하며, 증명을 못하고 논문을 끝냈다. 홍대용이 리에 대해 구체적인 서술을 하지 않고 있기 때문에 어려움을 겪은 것으로 보인다.

17) '有形'은 이이의 '理無形 氣有形'에서 차용하였다. 『栗谷全書』 卷10, 「答成浩原」, 25쪽: 理無形也 氣有形也.

18) 앞의 책, 卷1, 「中庸問疑」, 1쪽: 盖有聲有色 而爲萬物之形者.

은밀隱하여 귀신鬼神이 엿볼 수가 없는 것은, 이 도道가 소리도 없고 냄새도 없으면서無聲無臭 품휘品彙의 근저根柢가 되는 소이所以이다.19)

'소리가 있고 색깔이 있어서 만물의 형체가 되는 것은 오기惡氣의 탁함이다.'는 것은, 유형有形의 존재자들이 오기五氣의 거칠고 탁한 측면으로 이루어졌다는 의미라고 할 수 있다. 홍대용은 이 유형의 세계에 소리도 없고 냄새도 없는, 즉 감각적으로 인식할 수 없는 만물의 근저가 되는 리(道)가20) 있음을 말하고 있다.

앞에서는 리를 소리도 없고 냄새도 없는 것이라고 논하며, 리가 조화의 추뉴와 만물의 근저가 됨을 볼 수가 없다고 하였다. 그런데 이 문장에서는 오히려 소리도 없고 냄새도 없으면서도 만물의 근저가 된다고 하고 있다. 앞 문장은 유형한 기의 측면에서 무형한 리를 의도적으로 논한 것이라고 할 수 있다. 앞 예문의 해당 부분을 다시 보겠다. "또 소리가 없고 냄새가 없으면서 조화造化의 추뉴樞紐와 품류品類의 근저根柢가 된다고 말하는데, 이미 작위作爲하는 바가 없는데, 무엇으로써 그 추뉴와 근저가 됨을 보겠는가?" 홍대용의 의도에 따라 다시 정리하면 다음과 같이 말할 수 있다. '감각적인 소리와 냄새가 없으니 사실적인 형체 또한 없다고 보아야 한다. 형체가 없으니 사실적으로 작위하는 바도 없다. 작위하는 바가 없는데 무엇으로 그 추뉴와

---

19) 앞의 책,「中庸問疑」, 24쪽: 盖有聲有色而爲萬物之形者 五氣之粗濁也 … 費而天地不能載 隱而鬼神不得窺者 此道之所以無聲無臭而爲品彙之根柢也.

20) 홍대용은 理氣와 道器를 같은 개념으로 쓰고 있다. 앞의 책,「中庸問疑」, 24쪽: 理氣之懸 判若天壤 如是滾合爲說 不幾於混圇鶻突而有害於道器之分耶.

근저됨을 감각적으로 목도할 수 있겠는가?' 홍대용은 김원행의 문하에서 공부한 주자학적 소양을 갖춘 인물이다. 리를 '소리·냄새·형체·사실적으로 행하는(작위) 모습·감각적 목도' 등으로 표현할 수 없음을 그 자신이 이미 알고 있다고 할 수 있다. 그럼에도, 이러한 용어를 사용하여 리를 표현한 것은, 다분히 의도적으로 서술한 것으로 보아야 한다. 그가 의도적으로 진술하고 있음은 '리의 무형'을 통해서도 확인할 수 있다. 홍대용의 의도적 진술은 리의 무형한 속성을 비판적으로 언급하면서 시작되었다. 그러나 다른 문장에서는 리의 무형함을 긍정하면서 유형한 기와 엄격히 구별해야 한다고 하였다.21) 리의 무형함을 긍정하면서도, 다른 한편으로 리의 무형함을 사실적이고 감각적인 용어들로서 비판한 것은 의도적 진술이라고 할 수 있다. 의도적으로 진술된 문장에서는 리의 진면목을 제대로 파악하기가 어렵다. 의도적으로 작성하지 않은 문장에서 홍대용은 '리가 소리도 없고 냄새도 없으면서無聲無臭 품휘品彙의 근저根柢가 된다.'고 하였다. 홍대용은 리를 만물의 근저로 여기고 있었다고 보아야 한다. 앞으로 살펴볼 내용들을 보면, 홍대용은 여전히 리를 독립적 실체로 인정하고 있고, 기에 대한 '소이연자所以然者'로서 논하고 있다. 이러한 내용들은 그가 리를 만물의 근저로서 인정하고 있다는 것을 뒷받침한다.

　홍대용의 스승 김원행은 낙론학자이다. 낙론의 배경에는 이이의 학설이 자리 잡고 있다. 이이는 무위한 리는 유위한 기를 타고 발현하고,22) 이때에 리는 '기연자其然者'인 기氣에 대해 '소이연자所以然者'로

---

21) 앞의 책, 「孟子問疑」, 23쪽: 理無形而氣有形 理氣之別 天地懸隔.
22) 앞의 책, 「答成浩原」, 26쪽: 理無爲而氣有爲 故氣發而理乘.

서의 관계성을 가지게 된다고 하였다.[23] 간단히 말하면 유위有爲한 기에 대해 무위無爲한 리가 '소이所以'의 특성을 띠게 된다는 것이다. '소이'에는 리가 만물의 근저라는 의미 또한 함유되어 있다. 홍대용은 리기를 논할 때, 기를 중심으로 서술하는 경우가 많다. 기를 중심으로 서술하며, 태허의 기가 땅·해·별뿐만 아니라 인·물과 심心까지 구성한다고 하였고, 리의 무형에 대해 비판한 문장 또한 기의 유형한 측면을 중심으로 서술한 것이었다. 홍대용은 기를 중심으로 서술하면서도 기에는 리가 항시 자재하여 있다고 보았다.[24] 그는 유형의 존재에 자재하여 있는 리를 '소이'로서 언급하였다.

> 주옥珠玉은 지극한 보배이고, 똥이 있는 흙糞壤은 지극히 천賤하니 이것은 기氣이다. 주옥을 보배로 여기는 소이所以와 분양糞壤을 천하다 하는 소이는 인의仁義이니, 이것은 리이다.[25]

홍대용은 리와 기를 엄격히 구별하여. 리는 리이고, 기는 기라고 하였다.

> 리는 리이고 기가 아니며, 기는 기이고 리가 아니다. 리는 무형無形하고 기는 유형有形하니, 리기의 나뉨은 천지와 같이 현격하다.[26]

---

23) 『율곡전서』卷14,「易數策」, 49쪽: 一動一靜者 氣也 動之靜之者 理也 … 其然者 氣也 其所以然者.
24) 앞의 책, 卷1,「心性問」, 3쪽: 充塞于天地者 只是氣而已而理在其中.
25) 앞의 책,「心性問」, 2쪽: 珠玉至寶也 糞壤至賤也 此氣也 珠玉之所以寶 糞壤之所以賤 仁義也 此理也.
26) 앞의 책,「孟子問疑」, 23쪽: 盖理者理也 非氣也 氣者氣也 非理也 理無形而氣

무형無形한 리와 유형有形한 기를 독립된 실체로 보아, 나누어 구별하고 있음을 확인할 수 있다. 그는 이어서 리가 있으면 반드시 기가 있고 기가 있으면 반드시 리가 있으며,[27] 리와 기는 밀접한 기역도器亦道 도역기道亦器의 관계성을 띠고 있다고 하였다.

리를 버리고 홀로 존재하는 기가 없으나 기는 스스로 기이며, 허공에 매달려 홀로 존재하는 리는 없으나 리는 스스로 리이다. … 대체로 합하여 말하면 '기역도器亦道' '도역기道亦器'이고, 나누어 말하면 형이상形而上과 형이하形而下이다.[28]

홍대용이 리와 기를 형이상자形而上者와 형이하자形而下者로 엄격히 구별하면서도, 동시에 기와 리를 '기역도器亦道 도역기道亦器'의 불리不離 관계로 파악하고 있음을 알 수 있다. 홍대용은 형이상과 형이하의 설을 지켜, 리와 기를 판연히 나누어 각각의 독립된 존재로 여기는 것도 잘못이고, '기역도器亦道 도역기道亦器'의 설을 극도로 주장하여 리를 기라고 하거나, 기를 리라고 하는 것도 잘못된 주장이라고 비판하고 있다.[29] 리와 기를 '기역도器亦道 도역기道亦器'의 관계로 보는 관점은 불상리不相離의 관점이고, 리와 기를 엄격히 구분하는 관점

有形 理氣之別 天地懸隔.

27) 앞의 책,「孟子問疑」, 23쪽: 有理必有氣 而言理則曰理而已 有氣必有理 而言氣則曰氣而已.

28) 앞의 책,「孟子問疑」, 23쪽: 無遺理獨存之氣 而氣自氣也 無懸空獨立之理 而理自理也 … 盖合而言之 器亦道 道亦器 分而言之 形而上 形而下.

29) 앞의 책,「孟子問疑」, 23쪽: 守上下之說 而謂判然各立者 固非矣 執道器之論 而謂道可以爲器 而器可以爲道 則其實又甚矣.

은 불상잡不相雜의 관점이다. 홍대용은 주자학에서 리기를 불상리不相離·불상잡不相雜의 관계로 보는 관점을 여전히 유지하고 있었다고 할 수 있다.

홍대용의 리기론에서, 기가 작용하는 곳에는 언제나 리가 있으며, 기가 구성한 만물 가운데도 리가 내재하여 있다. 형이하자인 기와 형이상자인 리는 밀접한 불리관계를 띠면서도 엄격히 구별되고 있다. 만물의 근저인 리는 '소이所以'로서 자리 잡고 있다.

홍대용은 인·물의 분화를 기의 차이로 언급하고, 각 존재에 리가 내재되어 있음을 인의예지로서 말하고 있다. 사람은 맑은淸 기로 구성된 존재이고, 다른 존재들物은 탁濁한 기로 이루어졌다고 보았다.[30] 리를 말함에 있어서 그는 어떤 때는 인·물로 나누어 말하기도 하고,[31] 인과 물을 합쳐서 물物로 논하기도 하였다. 인과 물을 합쳐 물로 논하는 것은, 사람과 타 존재를 같은 선상에 있는 존재로 보고자 하였기 때문에 나온 표현이라고 할 수 있다.

> 천天에 있어서는 리라 하고 물物에 있어서는 성性이라 하며, 천에 있어서는 원형이정元亨利貞이라 하고 물物에 있어서는 인의예지라 하지만, 그 실은 하나이다.[32]

사람을 포함한 각 존재자들을 물物로 표현하였다. 그리고 각 존재

---

30) 앞의 책, 卷1, 「心性問」, 3쪽: 於是得淸之氣而化者爲人 得濁之氣而化者爲物.
31) 앞의 책, 卷1, 「心性問」, 1쪽: 人有人之理 物有物之理.
32) 앞의 책, 「心性問」, 36쪽: 在天曰理 在物曰性 在天曰元亨利貞 在物曰仁義禮智 其實一也.

자들이 인의예지를 가지고 있다고 하였다. '천天에 있어서는 리라 하고 물에 있어서는 성이라 하며'라는 문장을 통해, 홍대용이 천리개념을 가지고 있었다는 것을 알 수 있다. 그리고 천리가 각 존재자에게 인의예지의 성으로 자재하는 것으로 여기고 있다는 것을 짐작할 수 있다.

홍대용은 인의예지의 성을 초목·금수·사람이 그 기질과 관계없이 동일하게 가지고 있다고 보았다.

> 초목草木의 리는 곧 금수禽獸의 리이고, 금수의 리는 곧 사람의 리이고, 사람의 리는 곧 하늘의 리이다. 리는 인仁과 의義일 뿐이다.33)

초목·금수·사람이 그 기질과 관계없이 가지고 있는 리는 하늘의 리 즉 천리이다. 초목의 리는 금수의 리이고, 금수의 리는 사람의 리이고, 사람의 리는 '하늘의 리'라고 하였다. 초목·금수·사람이 천리를 품부 받아 가지고 있음이 확실해졌다. 예문 중 "리는 인仁과 의義일 뿐이다"의 인과 의는, 그가 "인의를 말하면 예지가 그 중에 있고, 인을 말하면 의가 또한 그 중에 있다."고34) 한 점으로 미루어, 인의예지의 축약임을 알 수 있다. 홍대용은 초목·금수·사람이 동일하게, 천리天理를 인의예지의 성으로 가지고 있는 것으로 보고 있다. 천리가 사람과 타 존재에 오상의 리로서 동일하게 내재되어 있다는 견해는, 낙론

---

33) 앞의 책, 「心性問」, 1쪽: 草木之理 卽禽獸之理 禽獸之理 卽人之理 人之理 卽天之理 理也者 仁與義而已矣.
34) 앞의 책, 「心性問」, 1쪽: 言仁義則禮智在其中 言仁則義亦在其中.

자들이 일원一原의 관점에서35) 천리가 사람과 타 존재에 인의예지의 성으로서 동일하게 자재하여 있다고 한 것과 같다고 할 수 있다. 홍대용은 기나 기질을 언급하지 않고, 곧 바로 초목·금수·사람에게 있는 리가 같다고 하였다. 각 존재자의 리가 같다고 할 때는 기질을 언급할 필요가 없기 때문에 그와 같이 말했다고 할 수도 있다. 그러나 그보다는 홍대용이 낙론 문하에서 공부한 점으로 미루어 보아, 인물동人物同의 성을 말할 때에는 기질을 고려하지 않고 언급한다는, 낙론의 일반적 견해에 영향을 받은 주장으로 보는 것이 더 합리적일 것 같다. 호

---

35) 낙론의 '일원의 관점'이라고 할 때의 일원은 천리로 바꾸어도 무방한 개념이다. 낙론 학설에서 일원은 理通이고, 리통은 理一이며, 리일은 천리이기 때문이다. 이와 같이 볼 때, 일원의 관점은 천리의 관점이라고 할 수 있다. 낙론은 일원의 관점(천리의 관점)에서 人과 物이 리를 동일하게 가지고 있고, 그 리가 인의예지라고 하였다. 홍대용은 천의 관점에서 인과 물이 리를 동일하게 가지고 있고, 그 리가 인의예지라고 하였다. 낙론의 일원의 관점과 홍대용의 천의 관점은 그 맥락을 같이 하고 있다고 할 수 있다. 홍대용의 관점을 천의 관점이라고 한 것은 그가 천의 관점에서 인과 물이 균등(人物均)하다고 하였기 때문이다. 좀 더 나아가면 홍대용이 말하고 있는 天은 太虛之氣로서의 천이라고 볼 수도 있고, 리로서의 천이라고도 볼 수 있다. 왜냐하면 홍대용이 '기가 있으면 반드시 리가 있고, 리가 있으면 반드시 기가 있다'고 하였고, 담일청허한 태허의 기를 언급하면서도, 전제로 리가 기에 자재해 있다고 하였기 때문이다. 태허의 기에 所以然者로서 자재한 리는 천리이다. 이와 같이 볼 경우 홍대용의 천의 관점은 또한 천리의 관점으로 해석해도 무방하다. 홍대용이 기를 중심으로 진술하는 방식을 취하고 있기 때문에 잘 드러나지 않은 것이다. 홍대용은 서구과학의 영향으로 물질과 물질의 원리에 보다 많은 관심을 가지게 되었고, 이러한 사유가 기를 중심으로 서술하는 양상으로 드러났다고 할 수 있다.
앞의 책, 「孟子問疑」, 23쪽: 有理必有氣 而言理則曰理而已 有氣必有理 而言氣則曰氣而已.
앞의 책, 卷1, 「心性問」, 3쪽: 充塞于天地者 只是氣而已而理在其中 論氣之本則澹一冲虛.

론자들도 인물성동의 본연지성을 말할 때에는 기질을 고려하지 않고 있다. 그러나 이때의 본연지성은 인의예지의 성이 아니라, 각구일태극各具一太極을 성으로서 상정한 것이다. 호론자들이 인의예지의 성을 말하는 단계는 인기질因氣質의 중층의 성이다. 호론자들은 정통正通한 기질을 타고난 사람만이 인의예지의 오상을 온전히 가지고 있고, 편색偏塞한 기질을 타고난 다른 존재들은 그 기질에 따라 서로 다르게 인의예지의 일부를 성으로 가지고 있다고 하였다. 홍대용이 천리의 리를 초목·금수·사람이 모두 동일하게 가지고 있고, 그 리가 바로 인의예지라고 본 것은, 호론의 인물성이론과는 전혀 다르고, 낙론의 인물성동론과 같다고[36] 할 수 있다.

---

36) 홍대용은 성론에서와 마찬가지로 심론에서도 人物心同의 입장을 취하고 있다. 人物性同은 낙론을 계승하는 것이라고 할 수 있지만, 人物心同은 낙론을 계승하는 것이 아니라 오히려 낙론과 노선을 달리 하는 것이다. 낙론의 心同은 人物心同이 아니라, 聖凡心同이다. 성범심동은 人人心同이다. 낙론의 대표학자인 이간은, 사람이 귀貴하고 물物이 천하다고 할 때 비교되는 것은 심心이라고 하였다. 人物心異이다. 낙론의 인물단계에서의 심성은, 人物性同·人物心異의 양상을 띠고 있다.

이러한 문제점을 발견한 임성주는 禽獸의 경우, "心없는 性이 있다고 말하는 것과 같다"고 비판한 바 있다. 아직까지 학계에서 홍대용의 인물동의 심을, 낙론의 人物性同·人物心異 불일치 문제와 연관 지어, 거론하거나 연구한 논문은 없다. 심도 있는 고찰이 필요한 부분이라고 본다.

『외암유고』 卷12,「未發有善惡辨」, 21쪽: 人爲貴者 而所貴非性也 乃心也 人貴物賤 所較者此心.

앞의 책,「心性問」, 3쪽: 人物之心 其果不同乎.

앞의 책,「心性問」, 3쪽: 虎狼之於子也 慈愛之心 油然而生 蜂蟻之於君也 敬畏之心 自然而生 此可見其心之本善 與人同也.

『鹿門集』卷19,「鹿廬雜識」, 22쪽: 今謂人之異於禽獸者 心也 非性也 是將謂有無心之性乎. 임성주의 비판에 관한 내용은 제7장「낙론 미발심의 한계성

홍대용이 리를 중심으로 인성人性과 물성物性의 동일함을 말하는 관점은 스승이었던 김원행의 영향 속에서 이루어진 것으로 보인다. 김원행은 사람과 다른 존재들이 동일한 리를 품부 받아 가지고 있고, 사람과 다른 존재들이 똑 같이 인의예지의 오상을 가지고 있다고 보았다.[37)]

인물성동론의 입장을 취하고 있는[38)] 홍대용은 인물성이론에 대해 비판적 이었다.

> 범과 이리의 인仁과 벌과 개미의 의義는 그 드러난 곳을 따라 말한 것이다. 그 성으로 말하면 범과 이리가 어찌 인仁에만 그치며, 벌과 개미가 어찌 의義에만 그치겠는가?[39)]

극복과 확대」 참조.

37) 『湛湖集』 卷8, 「答房錫弼」, 35쪽: 人與禽獸 固皆同得天地之理氣 … 然性則通同是一理. ; 卷5, 「答任同知」, 1쪽: 自本然而言之 則萬物一原 人也有健順五常 物也有健順五常. ; 앞의 책, 「答任同知」, 1쪽: 蓋嘗聞之 性只是一箇理而已 … 自其不相雜而單指 則命之曰本然之性.

38) 홍대용은 "夫同者理也 不同者氣也.「심성문」, 2쪽", "理也者 一而已矣.「심성문」, 1쪽", "凡物 同則皆同 異則皆異 是故理者 天下之所同也.「심성문」, 3쪽" 라고 하며, 일관되게 人物이 가지고 있는 리에 대해 같다고 하였다. 이때의 리는 인의예지의 성에 해당된다. 그는 인물의 성과 관련해 특별히 누구와 논쟁을 하거나 자세한 진술도 하지 않았다. 낙론의 영향으로 인물의 리는 당연히 같다고 보았기 때문이라고도 할 수 있고, 『의산문답』·『임하경륜』·『주해수용』 등을 통해 알 수 있는 바와 같이 다른 것에 관심이 집중되어 있었기 때문이라고도 할 수 있다. 그 다른 관심이란 田制·官制·教育·軍事·天文·地理·天體運行·數學·測量·樂器 등과 같은 실생활과 연관되거나, 과학적 사실과 관련된 것들이었다.

39) 앞의 책, 「心性問」, 2쪽: 虎狼之仁 蜂蟻之義 從其發見處言也 言其性則 虎狼 豈止於仁 蜂蟻 豈止於義乎.

인물성이론자인 한원진은 각 존재들이 그 기질에 따라 인의예지를 달리 소유하고 있다고 보았다. 사실 이 부분이 한원진 성론의 핵심이다. 이 부분이 무너지면 한원진의 성론 전체가 무너지게 된다. 홍대용은 인물성이론의 핵심점을 지적한 것이라고 할 수 있다. 한원진의 견해를 좀 더 구체적으로 언급하겠다. 한원진은, 정통한 기질을 타고난 사람은 품부 받은 오행의 기가 온전하고 모두 빼어나 인의예지 오상 전체를 온전하고 순수하게 갖출 수 있지만, 치우치고 막힌 편색한 기질을 타고난 다른 존재들은 오행을 얻었으되,[40] 품부된 오행의 기가 치우쳐 있고 일부만 빼어나 인의예지 오상 중 일부분만을 거칠고 치우치게 갖추고 있다고 보았다. 사람은 목금화수木金火水의 빼어난 기를 모두 얻어서 인의예지 전체를 온전히 잘 갖추고 있으나, 범과 이리는 목기木氣의 빼어남만을 얻어서 인仁만을 거칠게 갖추고 있고, 벌과 개미는 금기金氣의 빼어남만을 얻어서 의義만을 거칠게 갖추고 있다고 보았다.[41]

---

40) 『南塘集』卷8,「上師門」, 15쪽: 五行之氣闕一 則不得生物 故人物之生 雖皆均受五行之氣 物之所受 極其偏駁 故其理亦極偏駁 豈可以此而與論於仁義禮智之粹然者哉.

41) 『南塘集』卷8,「與崔成仲別紙」, 18~19쪽: 五常者五行秀氣之理也 必得秀氣然後其理方謂之五常 如不得秀氣 則未嘗無其理 亦不可謂之五常也 人則盡得五行之秀 故五常之德無不備 物則惑得一氣之秀而不能盡得其秀 故虎狼之仁 蜂蟻之義之類 僅存其一德之明 而其餘德則不能有也. ; 上同 卷9,「論性同異辨」, 8쪽: 虎狼之仁 蜂蟻之義之類 是於五行中 亦得其一段秀氣 故其理爲仁爲義 而終不能全也. ; 上同 卷7,「上師門」, 3쪽: 就人心中 各指其氣之理而名之則木之理爲之仁 金之理謂之義 火之理謂之禮 水之理謂之智 四者各有間架不相淆雜 而亦不雜乎其氣而爲言 故純善而無惡 人則稟氣皆全 故其性亦皆全 物則稟氣不能全 故其性亦不能全 此人與物不同 而人則皆同之性

198

인물성동론자였던 이간이나 김원행은 이러한 복잡한 논의를 할 필요가 없었다. 기질을 고려하지 않고 사람과 타 존재의 리와 성을 말하는 입장에 있었기 때문이다. 그들은 사람과 타 존재가 인의예지의 성을 동일하게 가지고 있다는 입장을 취하고 있었다. 범과 이리가 인仁만을 가지고 있는 것이 아니라 의예지義禮智도 가지고 있으며, 벌과 개미는 의義만을 가지고 있는 것이 아니라 인예지仁禮智도 가지고 있다고 보았다. 홍대용은 이간이나 스승인 김원행과 같은 입장을 취하며, 인물성이론자들의 주장을 비판하고 있었던 것이다. 홍대용의 인물성동론적 사유는 '인물균人物均'으로 이어지고 있다.

> 사람의 관점에서 타 존재(物)를 보면 사람이 귀貴하고 타 존재가 천賤하지만, 타 존재의 관점에서 사람을 보면 타 존재가 귀貴하고 사람이 천賤하다. 하늘의 관점에서 보면 사람과 타 존재가 균등(人與物均也)하다. … 지금 그대는 어찌 하늘의 관점에서 타 존재物를 보지 않고 사람의 관점에서 타 존재를 보는가? 42)

홍대용은 사람들이 자신의 관점에서 타 존재를物 평가하여 사람이 귀하고 타 존재는 천賤하다고 하는 데, 이러한 관점은 상대적 관점에 불과하다고 보았다. 이러한 상대적 관점을 유지하게 하면, 타 존재의

也. ; 上同 卷9, 「與李公擧別紙」, 29쪽: 天地生物 莫不與之以元亨利貞之理 人則受之以正通之氣 故所得之理 皆全且粹 而爲仁義禮智之性 物則受之以偏塞之氣 故所得之理 亦偏且粗 而不得爲仁義禮智之性 此理甚明 又何疑乎.

42) 앞의 책, 「毉山問答」, 18~19쪽: 爾誠人也 五倫五事 人之禮義也 群行呴哺 禽獸之禮義也 叢苞條暢 草木之禮義也 以人視物 人貴而物賤 以物視人 物貴而人賤 自天而視之 人與物均也 (…) 今爾曷不以天視物 而猶以人視物也.

관점에서 보았을 때는 각자 자신들이 소중하므로 타 존재物가 귀하고 사람이 천하다는 논리가 발생하게 된다고 판단했다. 이에 홍대용은 그러한 상대적 관점에서 벗어나 보편적 관점인 하늘天의 관점에서 사람과 타 존재를 볼 것을 촉구하고 있다. 하늘의 관점에서 보면 사람과 타 존재가 균등하다. 보통 이를 홍대용의 '인물균론人物均論'이라고 한다.

홍대용의 '인물균'은 낙론의 인물성동론을 기반으로 이룩된 것이라고 할 수 있다. 낙론의 인물성동론이 홍대용의 인물성동론으로 이어졌고, 홍대용의 인물성동론적 사유가 잘 드러난 한 예가 '인물균'이라고 할 수 있다.

낙론은 일원一原으로써 인물의 성을 논하면 인·물이 인의예지의 성을 동일하게 가지고 있다고 하였다. 홍대용은 낙론의 사유를 이어받아, 천에 있는 리가 물物에 인의예지의 성으로서 내재한다고 하였다. 이때의 물은 인간과 다른 존재를 동일한 선상의 존재로 보고, 하나로 묶어서 언급된 개념이다.[43] 홍대용은 인과 물을 나누어서 사람·금수·초목으로 언급하기도 하고, 다 묶어서 물物로 언급하기도 하며,[44] 존재자들

---

43) 앞의 책, 「心性問」, 36쪽: 在天曰理 在物曰性 在天曰元亨利貞 在物曰仁義禮智 其實一也.

44) 人·物을 묶어서 物로 표현하고 있는 점을 관습적 표현으로 볼 수도 있다. 그러나 홍대용이 '人物之無分'(「毉山問答」, 19쪽)을 언급하고 있다는 사실을 고려해 볼 때, 관습적 표현으로만 볼 수 없다고 본다. 물질의 구성이나, 우주적 시각 등 서구 과학의 영향 속에서 '人物同'의 사유가 '人物無分'으로 드러났고, 이러한 '人物無分'사유가 서술과정에서 人·物을 묶어서 物로 표현하는 점으로 나타나고 있다고 본다. 홍대용은 「毉山問答」에서 서구과학적 내용을 서술하며 자주 人과 物을 묶어서 物(萬物)로 표현하고 있다. 다른 학자들에 비해 그 빈

이 동일하게 리나 인의예지의 성을 가지고 있다고 진술하였다.

홍대용의 이러한 인물성동론적 사유가, 하늘의 관점에서 보면 사람과 물이 균등하다는 '인물균'으로 이어졌다고 할 수 있다.

서구과학의 영향 또한 고려해 보아야 한다. 홍대용은 지구가 둥글다는 지원설地圓說과 우주가 끝없다는 공계空界 무한설을 주장하였다. 다음은 「의산문답」에 있는 공계 무한설 관련 내용이다.

> 하늘에 가득 찬 별들은 세계가 아님이 없다. 성계星界에서 보면 지구地界 또한 별이다. 끝없는 세계가 우주 공간空界에 흩어져 있다. 오직 이 지구地界만이 교묘히 정 가운데에 위치해 있다는 이러한 리는 없다. … 뭇 세계衆界에서 관觀[45]하는 것도 지구에서 관觀하는 것과 다름이 없다. 각자가 스스로 가운데라 말하니, 각각의 나머지 별들은 중계衆界가 된다.[46]

도가 매우 높다. 예를 들면 아래와 같다.

앞의 책, 「毉山問答」, 19쪽: 夫地者 水土之質也 其體正圓 旋轉不休 渟浮空界 萬物得以依附於其面也.

앞의 책, 「毉山問答」, 21쪽: 是以火之上炎 本於日也 潮之上湧 本於月也 萬物之下墜 本於地也.

45) 觀이라는 용어를 쓴 것은, 각 별에는 그 별에서 살아가는 생명체가 있다고 보았기 때문이다. 각 별에 생명체가 있다고 본 것은 명백한 오류이다. 홍대용은 태양에서 태어난 생명체는 순수한 불의 기운을 품수 받았기 때문에, 그 기질이 명랑하고 그 性은 세차고 굳세다고 보았다. 달에서 태어난 생명체는 순수한 얼음의 기운을 품수 받았기 때문에, 그 기질이 맑고 그 性은 차갑고 깨끗하다고 하였다.

앞의 책, 卷4『毉山問答』, 23~24쪽: 日者體大於地 其數多倍 其質火 其色赤 … 生於本界者 稟受純火 其體晃朗 其性剛烈 …月者體小於地 三十居一 其質氷 其色淸 … 生於本界者 稟受純氷 其體瀅澈 其性潔淨.

46) 앞의 책, 卷滿4, 「毉山問答」, 22쪽: 滿天星宿 無非界也 自星界觀之 地界亦星

무한한 우주 내에서는 가운데가 없다. 내가 있는 별이 가운데가 되면, 다른 나머지 별들은 타자로 상대화 된다. 무한한 우주 입장에서 보았을 때에는 이 별이나 저 별이나 다 하나의 세계이며 동일하다. 무한한 우주의 입장은, 일원의 관점의 확대라고 볼 수 있다. 확대된 일원은, 이전의 일원과 구분된다.

홍대용의 과학적 학습은, 기에서는 음양과 오행에 대한 비판과 태허의 기에 대한 재인식으로 이어졌다. 리에서는 소리·색·냄새·맛 등 감각적 사실들을 기반으로 한, 무형無形한 리에 대한 비판으로 이어졌다. 그는 감각적 사실들을 기반으로, 리가 추뉴와 근저가 됨을 볼 수가 없다고 하며, 리의 주재성까지 문제 삼는 진술을 하였다. 홍대용의 리기에 대한 새로운 접근과 서술은 서구과학을 학습하면서 이루어진 변화이다. 리의 무형에 관한 비판적 진술이 의도적인 것이었다고 할지라도, 그 과정에서 표현된 리와 기에 대한 서술은 이전의 주자학자들과 다른 것이었다. 음양과 오행에 대한 비판은 기 개념의 변화로만 그치는 것이 아니다. 홍대용의 리기론에서 리와 기는 밀접한 '기역도器亦道 도역기道亦器'의 관계이기 때문에, 기의 변화는 리의 변화로 연결되고 있다고 보아야 한다.

무한한 우주를 논하고 그 우주에서 작용하는 과학적 원리까지 말하고 있는 사람이 언급하는 천天과, 그렇지 않고 전통적 사유 속에서만 언급하는 천은 분명 다르다고 보아야 한다.

변화된 천관과 변화된 리기론 하에서 언급된 홍대용의 인물성동론

也 無量之界 散處空界 惟此地界 巧居正中 無有是理 … 衆界之觀 同於地觀 各自謂中 各星衆界.

은 이전의 주자학자들의 인물성동론과 차이가 있다고 보아야만 한다. 서구의 과학적 사유를 함유한 홍대용의 인물성동론은 각 존재들을 대등하게 여기는 측면이 강화된 특성이 있는 것이었다. 홍대용은 사람·금수·초목이 형체적 측면에서 거의 다름이 없고, 뒤섞여 살아가는 모습을 살펴보면 귀천의 등급이 없다고 하였다.[47] 사람·금수·초목을 예의禮義를 중심으로 대등하게 논하였으며,[48] 심지어는 물物을 스승으로까지 격상시켜[49] 사람과 대등한 선상에서 논의하였다.

홍대용의 '인물균'은 변화된 인물성동론에 함유되어 있는 사유가 잘 드러난 한 예라고 할 수 있다.[50] 홍대용의 변화된 인물성동론 사유는 '역외춘추域外春秋'로도 드러나고 있다.

공자는 주周 나라 사람이다. 왕실이 날로 낮아지고 제후들이 쇠약

---

47) 앞의 책, 卷4,「醫山問答」, 18쪽: 人之所以異於物者幾希 夫髮膚之質 精血之感 草木與人同 況於禽獸乎 我復問爾 生之類有三 人也 禽獸也 草木也 草木倒生故有知而無覺 禽獸橫生 故有覺而無慧 三生之類 块軋泯埶 互相衰旺 抑將有貴賤之等乎.

48) 앞의 책, 卷4,「醫山問答」, 18쪽: 五倫五事 人之禮義也 羣行呴哺 禽獸之禮義也 叢苞條暢 草木之禮義也.

49) 앞의 책, 卷4,「醫山問答」, 19쪽: 是以古人之澤民御世 未嘗不資法於物 君臣之儀 蓋取諸蜂 兵陣之法 蓋取諸蟻 禮節之制 蓋取諸拱鼠 網罟之設 蓋取諸蜘蛛 故曰聖人師萬物.

50) 그 동안 학계에서는 대체로 홍대용이 人物性同論을 계승하였고 이러한 인물성동론의 연장선 상에서 人物均이 나왔지만, 인물균은 인물성동론과 구별되는 새로운 논의인 것으로 규정하여 왔다. 이와 같이 볼 경우, 홍대용의 인물성동론과 인물균의 괴리 현상이 발생한다. 이보다는 홍대용의 인물성동론 자체가 변화된 것이었고, 이러한 변화된 인물성동론의 사유가 인물균을 비롯한 다양한 의견으로 표출되었다고 판단하는 것이 더 타당하다고 본다.

해지자 오吳 나라와 초楚 나라가 중국을 어지럽혀 도둑질하고 해치기를 싫어하지 않았다. 춘추春秋는 주나라 역사서다. 안과 바깥의 엄정함이 또한 마땅하지 않은가? 그러나 공자로 하여금 바다를 건너 구이九夷에 거주하게 하였다면 중국의 법을 써서 구이를 변화시키고 주 나라 도道를 역외域外에서 일으켰을 것이다. 안과 밖의 구분과 존양尊攘의 의리로, 저절로 마땅히 역외에 춘추域外春秋가 있게 되었을 것이다. 이것이 공자가 성인聖人된 까닭이다.[51]

천리가 사람·금수·초목에 인의예지의 리로서 동일하게 자재하여 있다는 홍대용의 인물성동론의 사유가, 사람·금수·초목을 균등하게 여기는 '인물균'뿐만 아니라, 각 나라를 차별 없이 보는 관점으로도 이어지고 있음을 볼 수 있다. 홍대용은 어느 나라든 공자가 거주하였다면, 그 나라를 변화시키고 도를 일으켜, 그 나라에『춘추』가 있게 되었을 것이라고 하였다. 변화된 인물성동론적 사유가 '역외춘추域外春秋'로 드러나고 있다고 할 수 있다.

2 정약용의 호론적 견해

정약용은 조선후기의 대표적인 실학자이다. 정약용이 활동하였던 시기에도, 대다수를 차지하고 있던 주자학자들 사이에서 인물성동이 논변을 비롯한 호락논변의 주요 쟁점 사항들이 여전히 중요한 사상적

---

51) 앞의 책, 卷4, 「毉山問答」, 37쪽: 孔子周人也 王室日卑 諸侯衰弱 吳楚滑夏 寇賊無厭 春秋者周書也 內外之嚴 不亦宜乎 雖然 使孔子浮于海 居九夷 用夏變夷 興周道於域外 則內外之分 尊攘之義 自當有域外春秋 此孔子之所以 爲聖人也.

담론으로 논의되고 있었다.[52] 정약용도 저서에서 인성과 물성에 대한 의견을 피력하고 있다. 리기심성理氣心性을 재규정하고 독자적인 학적 체계를 세운 정약용은, 인성人性과 물성物性에 관한 논의 또한 자신의 학적 체계에 새로운 방식으로 흡수하여, 이전의 주자학자들이나 동시대의 실학자들과도 다른 독특한 견해를 제시하고 있다. 정약용의 인성과 물성에 대한 서술에는 서구의 과학서적과 천주학天主學의 영향 또한 스며있다고 할 수 있다.

정약용도 또한 홍대용과 마찬가지로 전통 성리학자들의 음양론과 오행론에 대해 비판적이었다. 정약용은 음양이라는 이름은 햇빛이 비추어지고 가려짐에 따라 생긴 것이며, 그늘진 곳을 음이라 하고 비추어진 곳을 양이라 한 것인데, 햇빛의 명암明暗에 불과한 이것을 가지고 만물을 구성하는 부모로 여기는 것은 옳지 않다고 하였다.[53] 오행에 대해서도 만물 가운데 다섯 가지의 물物에 불과한 것이니, 이것으로써 천지 만물을 생하는 것으로 논의하는 것은 적절하지 않다고 하였다.[54]

정약용은 리라는 이름이 형성된 과정을 언급하며, 전통주자학에서 성을 리라고 하는 것에 대해서도 근거가 없는 것이라고 비판하였다.[55] 주자학자들이 성을 리라고 하는 것에 대해 정약용이 근거가 없

---

52) 조은영, 「다산사상 형성의 이론적 배경과 체계에 대한 연구」, 성대박사학위논문, 10~12쪽.

53) 『與猶堂全書』2集 卷4, 「中庸講義補」, 1~2쪽: 陰陽之名 起於日光之照埯 日所隱曰陰 日所映曰陽 本無體質 只有明暗 原不可爲萬物之父母.

54) 앞의 책, 3쪽: 況五行不過萬物中五物 則同是物也 而以五生萬 不亦難乎. 앞의 책, 24卷, 「洪範」: 或稱五行 或稱六府 總認爲材物 未嘗云天地生成之理 本於此五也.

다고 비판한 것은, 성의 존재성을 부정하는 데에 초점이 있었던 것이 아니라, 주자학에서의 천리 개념을 비판하는 데에 초점이 있었던 것으로 보인다. 이러한 점은 아래의 글을 통해 살펴볼 수 있다.

> 대저 리라고 하는 것은 어떤 것인가? … 텅 비고 막막하여 이름도 없고 형체도 없는데, 우리들이 이것으로부터 품부 받아 성을 얻었다고 한다면 또한 도道가 되기 어려울 것이다.56)

리는 텅비고 막막하고 이름도 형체도 없는 것이며, 이러한 존재로부터 품부 받아 성을 얻었다고 한다면, 그 성은 사람들이 따르고 실천할 도道로서 자리 잡기가 어렵다고 보았다. 주자학에서와 같이 천리가 사람들에게 성을 부여한다고 보는 것은 적절치 않다고 비판한 것이라고 할 수 있다.

정약용은 성을 주자학적 천리 개념의 내재로 보는 것은 적절치 않다고 보고, 성리학에서 언급하는 천의 자리에, 주자학적 리가 아닌 인격적 주재자인 상제上帝를 위치시키고자 하였다. 이는 『논어』「팔일八佾」의 "그렇지 않다. 하늘天에 죄를 얻으면 빌 곳이 없다."는57) 문장에 나오는 천天에 대한 해석을 통해 확인할 수 있다. 주자는 이때의 천을 "천天은 곧 리이다."라고 하였고, 정약용은 "천은 상제를 말한

---

55) 앞의 책, 卷6,「孟子要義」, 26쪽: 理者 本是玉石之脈理 治玉者察其脈理 故遂 復假借 以治爲理 … 靜究字義 皆脈理治理法理之假借爲文者 直以性爲理有 古據乎.

56) 앞의 책,「孟子要義」, 38쪽: 夫理者何物 … 空空漠漠 無名無體 而爲吾人禀於 此而受性 亦難乎其爲道矣.

57) 『論語集註』「八佾」: 子曰 不然 獲罪於天 無所禱也.

다.”라고 주석하였다.[58] 주자는 천을 천리로 보았고, 정약용은 상제로 보았다.

정약용은 상제를 영명靈明한 주재자라고 하였다.[59] 영명한 상제로서의 천은 인간 세계를 내려다보고 살펴보는[60] 그런 존재이다. 이에 이러한 존재를 의식하는 사람들은 항상 조심하게 된다.

군자가 어두운 방에 있으면서도 두려워하고 떨며 감히 악한 행동을 하지 못하는 것은 상제가 너에게 임하여 있음을 알기 때문이다.[61]

상제는 신神들과 인간들은 물론 세상의 모든 만물을 조화造化하고 주재·제어하는 절대적 존재이다.[62] 정약용은 주재자인 천의 자리에

---

58) 『論語集註』「八佾」: (朱子) 天卽理也 其尊無對.
『與猶堂全書』2 卷7,「論語古今注」, 51쪽: (茶山) 補曰 天謂上帝也.
조은영은 이에 대해 다음과 같이 말하고 있다. “다산은 주재적 천인 상제를 천에 대한 바른 이해로 본다. … 다산은 천을 상제라 풀이하고 있다. … 다산은 조선유학의 주류였던 성리학의 ‘天卽理’의 명제를 대신하여 ‘天卽上帝’를 표방한 것이다.”. (위의 논문, 71~78쪽)
59) 『與猶堂全書』 卷8, 『中庸策』, 51쪽: 靈明主宰之天.
60) 앞의 책, 卷3,「中庸自箴」, 5쪽: 天地靈明 直通人心 無隱不察 無微不燭 照臨此室 日監在玆.
61) 『與猶堂全書』2 卷3,「中庸自箴」, 5쪽: 君子處暗室之中 戰戰栗栗 不敢爲惡 知其有上帝臨女也.
62) 앞의 책, 卷36,「春秋考徵」, 24쪽: 上帝者何 是於天地神人之外 造化天地神人萬物之類 而宰制安養之者也 謂帝爲天 猶謂王爲國… 若云禮天是郊天 則皇皇上帝 下與司土之神及四方諸神 列爲同秩 分受六玉 亦不可曰周公善制禮也 … 乃以上帝下同土神及四方之神 平爲一秩 分受六玉可乎 必無是矣. ; 앞의 책, 卷27,「尙書古訓」, 27쪽: 皇天上帝 至一而一無二 至尊而無匹. 임부연

영명靈明한 절대적 존재를 위치시킴으로써, 현실 세계에서 발생하는 도덕적 문제들을, 보다 더 강력하게 선한 방향으로 이끌어 나갈 수 있는 논리 체계를 확보하게 되었다고 할 수 있다.

정약용 철학에서 리 개념은 영명靈明한 인격적 존재인 천에 흡수되어 그가 새롭게 규정하고 있는 천 개념과 함께 동반적으로, 혹은 인격적 천 개념의 전제하에 언급되고 있다.[63]

주자학의 천리天理 비판과 상제로서의 인격적 천 개념 성립은 새로운 성론을 동반한 것이었다. 그는 주자학자들이 성을 순선純善한 본연지성과 선악을 함유하고 있는 기질지성으로 나누어, 이를 달리 규정하며 상호 논쟁하고 있는 것에 대해, 본연지성과 기질지성 두 개의 성이 있다는 논의이니 옳지 않다고 비판하면서, "벼의 성이 물을 좋아하되 다시 건조함을 좋아하는 성이 없고, 기장의 성이 건조함을 좋아하되 다시 물을 좋아하는 성이 없는 것과 같이"[64] 각각의 존재에는 각자 그들이 좋아하는 성이 있다고 주장하였다. 정약용은 기호嗜好를 중심으로 한 새로운 성론을 주장하였다.

성이란 기호嗜好에 중점을 두고 말한 것이다. … 성이란 글자의

은 정약용의 상제 개념 형성에, 청년 시절 읽은 마테오리치의 『天主實義』와, 그에게 천주교를 전한 이벽李蘗(1754~1785)이 큰 영향을 준 것으로 판단하고 있다. (「정약용이 발견한 천명과 교제交際」, 13쪽)

63) 앞의 책, 卷4, 「中庸講義補」, 2쪽: 草木禽獸 天於化育之初 賦生生之理 以種傳種 各全性命而已. ; 앞의 책: 豈上天生物之理 本自如此乎. ; 앞의 책, 「中庸自箴」, 13쪽: 自其布散處而觀之 則其理著顯 故愚夫皆知 愚婦能行.

64) 앞의 책, 卷2, 「心經密驗」, 26쪽: 人無二性 如稻性好水 再無好燥之性 黍性好燥 再無好水之性 先儒謂性有二 一曰本然之性 二曰氣質之性.

의미가 본래 이와 같기 때문에 맹자는 성을 논함에 반드시 기호를 가지고 설하였다. … 성이란 글자의 본래 뜻이 기호에 있음이 아닌 가?[65]

정약용은 기호의 성을 각 존재자들이 그 존재의 성으로서 가지고 있다고 보았다.[66] 그런데 정약용은 사람과 금수를 대비시키며 그 성이 다르다고 하였다.

사람의 성은 곧 사람의 성이고, 개·소의 성은 곧 금수禽獸의 성이다.[67]

사람의 성을 별도로 나누어 금수 성과 대비시키고 있는 것은, 사람의 성을 개의 성·소의 성과는 다른 특별한 성으로 보고자 하는 의도가 깔려있는 것이라고 할 수 있다. 정약용의 이러한 의도는 다음 문장에서 보다 구체화 되고 있다.

본연지성本然之性을 논함에 있어서 사람은 도의道義와 기질이 합해져서 하나의 성이 되니 이것이 본연이다. 금수는 기질지성氣質之性 하나만 가지고 있는 것이 또한 본연이다.[68]

---

65) 앞의 책, 「孟子要義」, 32쪽: 性者 主於嗜好而言 … 性之字義 本如是也 故孟子論性 必以嗜好言之 … 性之本義 非在嗜好乎.

66) 앞의 책, 「心經密驗」, 25쪽: 性之爲字 當讀之如雉性鹿性草性木性 本以嗜好立名 … 今論人性 人莫不樂善而恥惡.

67) 앞의 책, 卷6, 「孟子要義」, 19쪽: 人性卽人性 犬牛之性卽禽獸性.

68) 앞의 책, 「孟子要義」, 19쪽: 人性卽人性 犬牛之性卽禽獸性 至論本然之性 人之合道義氣質而爲一性者 是本然也 禽獸之單有氣質性性 亦本然也.

사람의 본연지성은 도의와 기질이 합하여 된 성이고, 금수의 본연지성은 따로 있는 것이 아니라 그 기질의 성이 곧 본연의 성이라는 것이 정약용의 생각이라고 할 수 있다.

> 금수의 경우에는 본래 받은 것이 기질의 성氣質之性일 뿐이다. 이 하나의 성을 제외하고 또 어찌 형기를 초월한 성이 그 형체에 깃들여 있겠는가? 기질의 성이 곧 그 본연이다.[69]

정약용은 금수의 성을 언급하며 형기를 초월한 성이 별도로 있는 것이 아니고, 각각의 금수들의 기질에 깃들여 있는 성이 곧 그 존재의 본연지성이라고 보았다. 형기를 초월한 성은 호론과 낙론 모두가 본연지성으로 여기고 있다.[70] 정약용은 형기를 초월한 별도의 성이 금수들의 본연지성으로서 자리 잡고 있는 것이 아니라, 각각 가지고 있는 그 기질지성이 곧 본연지성이라고 보았다. 사람의 본연지성에 대해 언급할 때에는 다른 점이 있다. 기질 외에 도의道義를 추가하고[71]

---

69) 앞의 책, 20쪽: 若禽獸者 本所受者 氣質之性而已 除此一性之外 又安有超形之性 寓於其體乎 氣質之性卽其本然也.

70) 제2장 「1.이간의 인물성동론」, 「2.한원진의 인물성이론」 참조.

71) 氣質과 道義는 정약용의 학설에서 人心과 道心의 바탕이 된다. 사람에게는 기질의 욕구와 도의의 욕구가 있으며, 인심은 기질의 욕구가 드러난 것이고, 도심은 도의의 욕구가 드러난 것이라고 보았다. 정약용은 인간이 금수와 다른 점은 오직 도심에 있다고 보았다. 정약용은 인간의 기질과 금수의 기질은 별 차이가 없고 기질의 욕구 또한 다름이 없다고 보았다. 이러한 기질에 대한 인식이, 인간과 금수가 다른 점은 오직 도심에 있다는 논의로 이어지고 있다고 할 수 있다. 정약용의 학설에서 道義는 인간만이 가진 특성을 나타내는 중요한 개념 가운데 하나이다. 정약용은 인간만이 가진 본연지성을 특화하여 道義之性이라 칭하고 있다.

있다. 사람의 본연지성을 다른 존재들의 본연지성보다 특별하게 여기고 있다는 것을 알 수 있다.[72]

정약용은 사람에게 본연지성과 기질지성 두 개의 성이 있지 않다고

앞의 책,「孟子要義」, 19쪽: 人恒有二志 相反而竝發者 有餽而將非義也則欲受而兼欲不受焉 有患而將成仁也則欲避而兼欲不避焉 夫欲受與欲避者 是氣質之欲也 其欲不受而不避者 是道義之欲也.

앞의 책,「孟子要義」, 20쪽: 故粵自上古 已有人心道心之說 人心者氣質之所發也 道心者道義之所發也 人則可有此二心.

앞의 책,「孟子要義」, 59쪽: 人與禽獸最相近 , 耳聽目視無以異也 , 鼻嗅舌舐無以異也 , 食色安逸之欲無以異也。所異者 , 惟是一箇道心

앞의 책,「孟子要義」, 18쪽: 道義之性 明明吾人獨得.

72) 정약용은 사람이 가지고 있는 기호의 성 또한 다른 존재자들보다 특별하다고 여기고 있다. 그는 사람이 가지고 있는 기호의 성을 좀 더 세분하여 설명하였다. 사람은 形軀之嗜好와 靈知之嗜好의 성을 가지고 있으며, 形軀之嗜好는 耳目口體의 기호를 성으로 삼은 것이고, 靈知之嗜好는『중용』의 天命之性과 맹자의 性善·盡性의 성에 해당 된다고 하였다. 정약용은 形軀之嗜好를 人心의 기호로, 靈知之嗜好를 道心의 기호로 분류하기도 하였다. 다산 철학에서 形軀는 기질적 속성으로 인해 선을 막고 악에 빠지게 하는 역할도 하지만, 선을 할 수도 있고 악을 할 수도 있는 權衡을 가진 주체가 自主之權을 行할 때에는, 선악이 없는 중립적 도구 역할을 하게 된다. 선악은 行事 후에 성립되기 때문이다. 본 장에서는 본연지성 차원에서의 인물의 구분 문제에 중점을 두고 있기에, 形軀之嗜好나 靈知之嗜好에 대한 부분은 본문에서 논의하지 않고자 한다. 앞의 책, 1集 卷16,「自撰墓誌銘」, 16쪽: 曰性者嗜好也 有形軀之嗜 有靈知之嗜 均謂之性 故召誥曰節性 王制曰節民性 孟子曰動心忍性 又以耳目口體之嗜爲性 此形軀之嗜好也 天命之性 性與天道 性善盡性之性 此靈知之嗜好也. 앞의 책, 2集 卷5,「孟子要義」, 33쪽: 召誥曰 節性惟日其邁 王制曰修六禮以節民性 孟子曰動心忍性 此所云性者 人心之嗜好也 商書祖伊之言曰不虞天性子思曰率性 孟子曰性善 此所云性者 道心之嗜好也. 앞의 책, 卷15,「論語古今注」, 17쪽: 惟其形軀相囿 爲沮善陷惡之具也. 形軀의 중립적 도구 역할에 대해서는 이숙희의「다산 정약용의 선악에 대한 이해와 행行 개념」, 166~172쪽 참조.

하였다.[73] 그리고 금수의 성에 대해 '기질지성이 곧 본연지성이다.'고 하였다. 이는 사람에게 두 개의 성이 있는 것이 아니라 하나의 성만 있다고 보는 관점을 금수에게까지 확대 적용하고 있음을 뜻하는 것이라고 할 수 있다. 금수 또한 두 개의 성이 있는 것이 아니기 때문에, 본연지성이 따로 있는 것이 아니고 '금수가 가지고 있는 기질지성이 곧 금수의 본연지성이다.'라고 언급했다고 할 수 있다.

정약용은 주자학자들이 하나의 성을 본연지성과 기질지성으로 나누어 논하는 것을 비판하고 있다. 주자학자들이 두 개의 성으로 나누어, 본연지성은 순선하여 악이 없는純善無惡 성으로, 기질지성은 선할 수도 있고 악할 수도 있는可善可惡 성으로 논하고 있다고 보았다.[74] 그리고 마침내는 이러한 논의들이 '맹자는 단지 본연지성만 말하고 있고 기질지성은 논하지 않고 있기 때문에 미비하다'고[75] 주장하는 지경에까지 이르렀다고 비판하였다.

정약용은, 본연지성은 선을 주로 하고, 기질지성은 악을 주로 하는 이분법적 사고이며, 이 두 성이 합쳐져야 온전한 성이 되는데 이때의 성은 양웅의 선악이 혼재된 성에 불과하고, 그 기질지성만 말할 것

---

73) 앞의 책, 卷2, 「心經密驗」, 26쪽: 人無二性 … 先儒謂性有二 一曰本然之性 二曰氣質之性.

74) 앞의 책, 「心經密驗」, 26쪽: 先儒謂性有二 一曰本然之性 二曰氣質之性 乃云 本然之性 純善而無惡 氣質之性 可善而可惡. ; 앞의 책, 1집 卷19, 「答李汝弘」 43쪽: 宋諸先生原以本然之性爲性 又以氣質之性亦名爲性.

75) 앞의 책, 「心經密驗」, 26~27쪽: 遂謂孟子單據本然之性 不論氣質之性爲未備. 앞의 책, 「孟子要義」, 34쪽: 明道曰性固善也 然惡亦不可不謂之性 陳曰繼識 氣質之性 卽善惡方各有著落 不然則惡從何處生 孟子說未備 又曰 程子發此 義 孟子專說義理之性 則惡無所歸 是論性不論氣 孟子之說爲未備.

같으면 순자의 성악의 성에 해당 되는 문제점이 있다고 하였다.[76] 정약용은 양웅의 선악이 혼재된 성이나 순자의 성악의 성은, 성이 아니라고非性 비판하고 있다.[77]

　그는 본연지성과 기질지성의 이분법적 논의는 육경六經과 사서四書 어디에서도 찾을 수 없는[78] 근거가 빈약한 방식이라고 보았다. 정약용은 본연지성과 기질지성을 두 개의 성으로 논하는 방식을 비판하고, 각 존재에는 하나의 성만이 있다는 입장을 취했다. '사람에게 두 개의 성이 없다.'나 '금수의 경우 기질지성이 곧 본연지성이다.'는 견해는 이러한 입장에서 나온 것이라고 할 수 있다.

　각 존재자에 하나의 성만이 있다고 하였으니 그 성은 본연지성 측면에서 접근할 수도 있고, 기질지성 측면에서 접근할 수도 있다. 그렇

---

76) 앞의 책,「孟子要義」, 34쪽: 義理之性 主乎善 氣質之性 主乎惡 二性相合 乃爲全性 則楊子云善惡渾之說爲正論也 單言氣質之性 則筍卿子性惡之說爲正論也.

77) 앞의 책, 卷19,「答李汝弘」, 43쪽: 揚雄以有可善可惡之理 而謂之性混 荀卿以有難善易惡之勢 而謂之性惡 摠以非性爲性. 정약용은 양웅이나 순자의 성에 대해 '非性'이라 비판하고 있지만, 이들의 주장을 그의 이론체계 내에 수용하는 모습도 보이고 있다. 그는 虛靈한 本體인 靈體에는 三理가 있다고 하며, 양웅의 성론을 可善可惡의 '權衡'에, 순자의 성론은 難善易惡의 '行事'에 배치하고 있다. 이러한 배치는 靈體를 심으로 가지고 있는 (인간) 주체가, 현실에서의 악할 가능성과 악으로 빠지기 쉬운 난관을 뚫고 스스로 선한 경향성을 실현해 나아가는 과정을 효과적으로 설명하는 역할을 하고 있다.
　앞의 책, 卷2,「心經密驗」, 28쪽: 靈體之內 厥有三理 言乎其性 則樂善而恥惡 此孟子所謂性善也 言乎其權衡 則可善而可惡 此告子湍水之喩 揚雄善惡渾之說所由作也 言乎其行事 則難善而易惡 此荀卿性惡之說所由作也 荀與揚也 認性字本誤 其說以差 非吾人靈體之內 , 本無此三理也.

78) 앞의 책, 卷6,「孟子要義」, 19쪽: 伏惟本然氣質之說 不見六經 不見四書.

다면, 혹자或者는 정약용이 말하고 있는 인·물 상이相異의 성에 대해, 본연지성만이 아닌, 기질지성 상에서의 논의라고도 주장할 수 있다. 정약용이 각 존재의 기질의 차이를 반영하여 인·물의 기질지성이 서로 다르다는 주장을 하는 것으로 보아도 무방하다고 주장할 수도 있다.

아니면 '기질지성이 곧 본연지성이다.'를 역으로 '정약용이 말하는 본연지성은 곧 기질지성이다.'로 전환하여, 알고 보니 본연지성 차원에서 다르다고 한 것이 아니라, 실은 기질지성 차원에서 인·물의 성이 다르다고 한 것이라고 주장할 수도 있다.

첫 번째와 같이, '각 존재의 기질의 차이를 고려하여 기질지성 차원에서 인·물의 성이 다르다고 한 것이다.'라고 할 경우, 곧 바로 어려움에 봉착하게 된다. 정약용이 사람과 다른 존재들의 기질의 구분에 그리 적극적이지 않았기 때문이다. 정약용은 오히려 기질의 같음을 말하고 있다.

> 인간과 금수禽獸는 매우 서로 가까워서, 귀로 듣고 눈으로 보는 것에 다름이 없다. 코로 냄새 맡고 혀로 핥는 것에 다름이 없다. 식색食色과 안일安逸의 욕구도 다름이 없다.[79]

정약용은 그 기질(형체)이 같더라도 그 성이 서로 다른 경우가 셀 수도 없이 많다고까지 진술하고 있다.

> 그 성이 같지 않은 것을 다 헤아릴 수가 없다. 이리와 개가 형체

---

79) 앞의 책, 「孟子要義」, 59쪽: 人與禽獸最相近 耳聽目視 無以異也 鼻嗅舌舐 無以異也 食色安逸之欲 無以異也.

는 같지만 그 성은 서로 통通할 수가 없다. 꿩과 닭이 형체는 같지만 그 성은 서로 통할 수가 없다.[80])

이리와 개가 형체가 같지만 그 성이 서로 통通하지 않고, 닭과 꿩이 그 형체가 같지만 그 성이 서로 통하지 않는다는 말을 하고 있다. 그 성이 통하지 않는다는 말은, 곧 그 성이 서로 다르다는 의미를 내포하고 있다고[81]) 할 수 있다. 그 기질(형체)이 같더라도 그 성이 상호 간에 다른 경우가 수없이 많다고 한 것으로 볼 수 있다.

정약용은 각 존재의 기질의 차이를 적극적으로 언급하지 않고 있다. 오히려 기질의 같음을 말하고 있다.[82]) 따라서 정약용이 인·물의 기질의 차이를 고려하여 기질지성의 다름을 말하고 있다고 보는 것은 무리이다.

두 번째로, '기질지성이 곧 본연지성이다.'를 '본연지성이 곧 기질지성이다.'로 전환해, 정약용이 '본연지성이 다르다고 한 것'은, '실은 기질지성이 다르다고 한 것이다.'라고 보는 견해이다. 정약용이 하나의 성을 말하고 있기 때문에 그럴 듯해 보인다. 그러나 이 전제는 성립될 수 없다. 정약용이 기질지성에 대해 인·물이 동일하게 가지고 있는

---

80) 앞의 책, 「孟子要義」, 20쪽: 而其性不同者 不可勝數 狼與犬 同形而其性不能相通 雉與鷄 同形而其性不能相通.

81) 이는 이어지고 있는 문장에서도 확인할 수 있다. "今也人不能蹠禽吠盜 牛不能讀書窮理 若其本同 何若是不相通也 人物之不能同性也 審矣.(「孟子要義」, 20쪽)"에서 '(何若是)不相通'은 '人物 不同'의 의미를 띠고 있다. 또한 '(何若是) 不相通'은 '(人物之)不能同性也'의 의미로 이어지고 있다. 정약용은 '不相通'을 '不同'의 뜻으로 사용하고 있다고 할 수 있다.

82) 앞의 책, 「孟子要義」, 20쪽: 大抵人之所以知覺運動 趨於食色者 與禽獸毫無所異.

성이라고 선언적으로 말하고 있기 때문이다. 정약용은 『맹자』「생지위성生之謂性」장을 논의하며, 선유先儒들이 기질지성에 대해 인·물이 각각 다르게 가지고 있다고 하였지만, 자신이 볼 때는 인·물이 동일하게 가지고 있는人物同得 성이 분명하다고 입장 정리를 하였다.[83]

호락론자들은 본연지성뿐만 아니라 기질지성이 다르다고 할 때도, 기질의 차이를 고려해가며 그 성이 다르다고 하였다. 그런데 정약용은 오히려 인·물 사이의 기질의 같음을 말하고 있다. 인·물 사이의 기질의 같음을 말하는 호락론자는 없다. 더 나아가 정약용은 기질지성에 대해 인물이 동일하게 가지고 있는 성이 분명하다고 하였다. 호락론자 중에 인·물의 기질지성이 같다고 주장하는 학자 또한 없다. 정약용의 인·물의 기질과 기질지성에 관한 위와 같은 견해는 호락론자들과 전혀 다르다.

정약용은 기질지성으로써 인·물 간의 서로 다른 성을 말하지 않고 있다. 인·물 사이의 서로 다른 성은 본연지성이다. 정약용은 1790년에 정조正祖(1752~1800)와 개·소·사람의 성과 관련된 문답을 나누면서[84] 사람과 금수의 본연지성이 다르다고 하였고,[85] 25년이 흐른 뒤

---

83) 앞의 책,「孟子要義」, 18쪽: 氣質之性也 (自註:人物所同得) … 氣質之性 明明 人物同得 而先儒之各殊.

84) 앞의 책,「孟子要義」, 18쪽: 庚戌十月閣課 御問曰犬牛人之性 是本然之性歟 是氣質之性歟 以率性之性論之 犬率犬之性 牛率牛之性 人率人之性 各率其 性之自然 則犬牛人之性 似本然之性 以猶字與歟字觀之 是言不同也 犬不能 爲牛之性 牛不能爲犬之性 犬牛不能爲人之性 則犬牛人之性 似氣質之性 此 當作何邊看歟. 說者曰孟子論性不論氣 未嘗言氣質之性 何獨於此言氣質之 性 此則恐未然.

85) 앞의 책,「孟子要義」, 19쪽: 人性卽人性 犬牛之性卽禽獸性 至論本然之性 人

에 그 내용을 다시 검토하면서[86] 인·물의 본연지성은 원래부터 각각 같지 않다고 다시 한 번 더 강조하였다.

> 신은 홀로, 본연지성은 원래부터 각각 같지 않다고 생각하였습니다.[87]

호락론자들은 인·물의 성이 다르다고 할 경우 그 다른 이유를 기질에서 찾아 적극적으로 설명하고 있다. 기질지성뿐만 아니라 본연지성의 경우도 마찬가지다. 호론자인 한원진은 본연지성이 다르다고 주장하였을 때, 그 성이 다르게 되는 이유를 기질의 차이에서 찾았고, 성과 기질과의 관계를 새로운 방식으로 설정하며, 본연지성이 다르다고 주장하였다.[88] 그런데 정약용은 그러한 구체적 설명을 하지 않고 있다. 기질의 차이를 말하기는커녕 역으로 사람과 금수의 기질에 대해 다름異이 없다고 하였고, 금수와 금수의 기질이 같지만 그 성이 다른 경우가 셀 수 없이 많다고 하였다. 이와 같은 경우, 각 존재의 본연지성이 다른 이유를 기질과의 관계 속에서 원활히 설명할 수 없다. 본연지성이 다른 이유를 설명하고자 할 때 곤란한 문제가 발생하고 있다.

또한, 정약용은 기질지성에 대해 '인·물 동득同得'이라고 하였다. 정약용은 인·물이 하나의 성만을 가지고 있다는 입장을 취하고 있다.

之合道義氣質而爲一性者 是本然也 禽獸之單有氣質之性 亦本然也 何必與氣質對言之乎.

86) 앞의 책, 「孟子要義」, 19쪽: 庚戌課講 今二十有五年矣 一問一對 怳如隔晨 顧其所對.

87) 앞의 책, 「孟子要義」, 20쪽: 臣獨以爲本然之性 原各不同.

88) 제2장 「2. 한원진의 인물성이론」 참조.

그렇다면 인·물이 기질지성을 동득同得 하였다면, 논리적으로 본연지성도 동득同得 하였다고 보는 것이 옳다. 금수의 경우는 '기질지성이 곧 본연지성이다.'라고 하였으니 더욱 그러하다. 그런데 정약용은 각 존재에 있는 본연지성에 대해 '원래부터 각각 같지 않다.原各不同'이라고 하였다. '인·물 부동득不同得'이다. 논리적 충돌이 발생하고 있다.

주자학의 리기범주 체계에서, 본연지성이 다르다고 하였으면, 그 다른 이유를 기(氣質)에서 찾아야 하는 데, 정약용의 학설에서는 기(기질)에서 찾기가 어렵다. 더욱이 기질지성을 '인·물 동득同得'이라고 하였다면, 본연지성도 '인·물 동득同得'이라고 하여야 하는 데, 정약용은 '본연지성은 인·물이 원래부터 같지 않다'는 입장을 취하고 있다. 주자학의 리기범주 체계로는 정약용이 본연지성이 다르다고 하는 이유를 원활하게 설명하기가 어렵다. 다른 설명 통로를 찾아야 한다.

정약용은 본연지성에 대해 '원래부터 각각 같지 않다.原各不同'고 하였다. '원래原'부터 같지 않게 한 주체를 생각해 볼 수 있다. 정약용의 학설에 그러한 주체가 있다. 인격적 천인 상제上帝이다. 정약용은 천리天理의 자리에 영명靈明한 절대적 주재자인 상제를 모셨다. 상제의 명命에 의해, 각 존재의 본연지성이 '원래부터 각각 같지 않다.原各不同'고 하게 되면, 모든 문제점들이 해결된다. 인·물의 기질에 다름이 없더라도, 금수와 금수의 기질이 같더라도, 각각의 존재에 상제가 서로 다르게 본연지성을 부여했다고 하면 된다. 하나의 성이기에 기질지성이 동득同得이면, 본연지성 또한 동득이어야 하는데, 그렇지 않은 논리적 모순도, 절대적 주재자인 상제가 원래부터 리(性)를 달리 부여하였기 때문이라고 하면 해결된다. 정약용의 학설에서 인·물 간

218

에 서로 다른 본연지성은 상제의 명에 의해 원래부터 각각 다르게 부여되었다고 볼 수 있다.

다음 글은 인격적 천인 상제가 각 존재자에게 기질과 관계없이 서로 다른 명命을 내리고 있음을 보여 준다.

> 그 성이 같지 않은 것을 다 헤아릴 수가 없다. 이리와 개가 형체는 같지만 그 성은 서로 통通할 수가 없다. 꿩과 닭이 형체는 같지만 그 성은 서로 통할 수가 없다. 천天이 부여한 명命이 원래부터 저절로 같지 않기 때문이다.[89]

인격적 천인 상제에 의해, 각 존재는 원래부터 서로 다른 명을 부여받게 된다. 부여되는 명은 절대적인 것이어서, 굳이 그 기질의 동형同形 여부나, 각 존재의 기질의 차이를 고려해가며, 본연지성이[90] 다른 이유를 복잡하게 설명할 필요가 없다.

정약용은 상제의 명을 각 존재자들이 리로서 부여 받고 있으며, 이리 또한 각 존재자마다 다르다고 보았다.

> 그 부여받은 바의 리가 원래부터 저절로 같지 않다.[91]

앞에서는 명命이 원래부터 저절로 다르다고 하고, 이번에는 부여받

---

89) 앞의 책, 卷6, 「孟子要義」, 20쪽: 狼與犬 同形而其性不能相通 雉與鷄 同形而 其性不能相通 天賦之命 原自不同故也.

90) 앞에서 살펴보았듯이 정약용은 人物異의 性을 氣質之性으로서 논하지 않고 있다. 본연지성과 기질지성으로 논할 경우, 정약용이 논하는 人物異의 성은 모두 본연지성이다.

91) 앞의 책, 卷6, 「孟子要義」, 20쪽: 其所賦之理 原自不同.

은 리가 원래부터 저절로 다르다고 말하고 있다. '원래부터'는 '본질적'이라는 의미를 담고 있다. '저절로自'는 '저절로 그러한自然'의 의미라고 할 수 있다.[92] 절대적 존재가 부여하는 명이나, 절대적 존재로부터 부여받은 리는 자연自然한 것이다. 인격적 천인 상제가 부여한 명은 본질적으로 서로 다르고 절로 그러한 自然 것이다. 각 존재가 부여받은 리 또한 본질적으로 서로 다르고 절로 그러한自然것이다.

이 리는 각 존재자들에게서 각기 다른 본연지성으로서 자재하게 된다. 정약용은 사람은 도의와 기질이 합쳐진 본연지성을 가지고 있고, 다른 개·소 등의 금수는 그 기질의 성이 곧 그 존재의 본연지성이라고 하였다. 각 존재자들은 서로 다른 본연지성을 가지고 있고, 그 본연지성이 가지고 있는 성향에 따라 각기 다른 삶을 살아가게 된다.

> 본연지성은 원래부터 각각 같지 않다. 사람은 선을 좋아하고 오욕을 부끄러워하며 수신修身하여 도道를 지향하는 것이 본연本然이다. 개는 밤에 지키고 도둑을 향해 짖고 지저분한 것을 먹으며 새를 쫓는 것이 본연이다.[93]

기호는 본연지성의 성향이다. '선을 좋아하고 오욕을 부끄러워하며'는 인성의 기호이며, '수신修身하여 도道를 지향하는 것'은 '선을 좋아하고 오욕을 부끄러워하는' 기호를 가진 인간이 나아가야할 바다. 각 존재는 본연지성이 다르고 기호 또한 각기 다르다. 각 존재들은

---

92) 앞의 책, 卷19,「答李汝弘」, 43쪽: 天命每同於自然.
93) 앞의 책, 卷6,「孟子要義」, 20쪽: 本然之性 原各不同 人則樂善恥汚 修身向道 其本然也 犬則守夜吠盜 食穢從禽 其本然也.

그 본연지성이 가지고 있는 기호에 따라 삶을 영위한다. 본연지성이 따로 있고, 기호의 성이 따로 있지 않다. 하나의 성이라고 보아야 한다. 본연지성의 성향이 기호이고, 기호의 성이라고 할 때의 그 성이 곧 그 존재의 본연지성이다.

다음 글은 기호의 성이 곧 그 존재의 본연지성임을 알려주고 있다. 정약용이 1816년에 문산文山 이재의李載毅(1772~1839)에게 답한 7번째 편지에 있는 내용이다.

> 정현은 『모시전毛詩箋』에서 말하기를 "물고기의 성은 추우면 연못으로 피한다", "무수리의 성은 악을 탐한다", "능에의 성은 나무에 머무르지 않는다"고 하였으며, 또한 '사슴의 성은 산림을 좋아하고 꿩의 성은 새장을 싫어한다'는 뜻으로 말하였는데, 이와 같은 유類는 이루 셀 수 없이 많으니 어찌 좋아함嗜好와 싫어함厭惡으로서 본성本性을 삼지 않은 것이 있겠는가?[94]

'추우면 연못으로 피한다'는 물고기가 가지고 있는 성의 기호이며, 이때의 물고기의 성은 물고기의 본성本然之性이다. '산림을 좋아하는 것'은 사슴이 가지고 있는 성의 기호이며, 이때의 사슴의 성은 사슴의 본성이다. '추우면 피하는' 기호로서의 성이 곧 물고기의 본성이고, '산림을 좋아하는' 기호로서의 성이 곧 사슴의 본성이다. 더 축약하면 '추우면 피하는' 싫어함은 물고기의 본성이고, '산림을 좋아하는' 좋아함은 사슴의 본성이다. 이에 정약용이 "어찌 좋아함嗜好와 싫어함厭惡

---

94) 앞의 책, 卷 19, 「答李汝弘」, 42쪽: 鄭玄詩箋曰魚之性寒 則逃于淵 曰鷲之性貪惡 曰鴇之性不樹止 又如云麋鹿之性好山林 雉之性惡樊籠 若此類不可勝數 何嘗不以嗜好厭惡爲本性耶.

으로서 본성本性을 삼지 않은 것이 있겠는가?"라고 말한 것이다.

본성이 곧 그 존재의 기호의 성임은 다음 글을 통해서도 접근할 수 있다.[95]

천명지성은 또한 기호로서 말할 수 있다.[96]
천명지성은 또한 마땅히 기호로서 구해야만 한다.[97]

천명의 성은, 인격적 천으로부터 부여 받은 본성[98]이다. 각 존재는 고정된[99] 자신만의 본성을 가지고 있다. 각 존재들의 고유한 본성은 각자의 기호로서 말할 수 있다. 이에 정약용은 천명지성은 기호로서 말할 수 있다거나 마땅히 기호로서 구해야 한다고 하였다. 그런데 '또한'이라는 용어를 덧 붙였다. 천명지성의 본성을 전제하고 이후 기호를 말하는 어법을 취하고 있다. 이 어법은 다른 글에서도 종종 발견된다.

정약용은, 맹자 「고자告子」장과 「진심盡心」장에서 말하고 있는 성자는 모두가 기호로서 말한 것이라고 하였고,[100] 각 존재들이 가지고

---

95) 정약용이 본성을 부정하고 있는 것으로 보는 학자들이 있다. 이에 좀더 논의를 진행하고자 한다.

96) 앞의 책, 「中庸自箴」, 2쪽: 天命之性 亦可以嗜好言.

97) 앞의 책, 卷32, 「梅氏書平」, 24쪽: 則天命之性 亦當以嗜好求之.

98) 앞의 책, 「孟子要義」, 33쪽: 本性所受之天命也 天命之謂性 非是之謂乎.

99) 앞의 책, 「孟子要義」, 20쪽: 各受天命 不能移易 牛不能强爲人之所爲 人不能强爲犬之所爲.

100) 앞의 책, 「心經密驗」, 26쪽: 今觀孟子言性 皆以嗜好立喻(自註: 告子盡心篇) 凡以是也.

있는 성은 치성雉性·녹성鹿性·초성草性·목성木性·인성人性과 같이 각 존재에 맞게 읽어야 한다고 하였다. 그리고 이 성들은 모두 '본래 기호로서 이름한 것이다.'라고 하였다.[101] 같은 어법이다. 이 어법을 통해 정약용이 '본성이 곧 기호의 성이다.'로 이해하고 있었음을 확인할 수 있다.

치성雉性·녹성鹿性·초성草性·목성木性·인성人性은 각 존재가 천으로부터 받은 고정된 본성[102]이다. 이 본성에 대해 정약용은 '본래 기호로서 이름한 것이다.'라고 하였다. 정약용은 각 존재가 고유하게 가지고 있는 본성이 곧 각 존재의 기호의 성이라고 여겼던 것이다.

다소 길게 논의했지만, 논리적 분석을 떠난 실제상에서는 각 존재의 본성이 곧 각 존재의 기호의 성이기 때문에, 치성雉性·녹성鹿性·인성人性이라고 언급할 때에, 이미 기호의 의미가 내포되어 있다고 보아야 한다. 각 존재가 가지고 있는 성의 기호를 구체적으로 말하면 다음과 같다. 꿩의 성은 산을 좋아하고, 사슴의 성은 들판을 좋아하고, 벼의 성은 물을 좋아하고, 기장의 성은 건조함을 좋아한다. 사람의 성은 선을 좋아한다.[103] 녹성鹿性이라고 할 때에 이미 그 성에 들판을

---

101) 앞의 책, 26쪽: 性之爲字 當讀之如雉性鹿性草性木性 本以嗜好立名 不可作 高遠廣大說也… 今論人性 人莫不樂善而恥惡.

102) 앞의 책, 「孟子要義」, 33쪽: 本性所受之天命也 天命之謂性 非是之謂乎.

103) 앞의 책, 「心經密驗」, 26쪽: 雉性好山 鹿性好野. … 稻性好水 黍性好燥. … 今論人性 人莫不樂善而恥惡. 人性의 嗜好는 樂善而恥惡이다. '樂善'이 중심개념이고 '恥惡'은 보조개념이다. 人性의 嗜好를 말할 때 그 중심 개념만으로 언급해도 무방하다고 본다. 정약용 자신도 그와 쓸 때가 종종 있다. 또한 '樂善'은 원래 '好善'으로 서술해야 하나, 정약용의 7대조 諱가 '好善'이어서 이를 피해 '樂善'기술한 것이다. 앞의 책, 卷19, 「答李汝弘」, 31쪽: 惟其性樂

좋아한다는 의미가 내포되어 있고, 치성雉性이라고 할때에 이미 그
성에 산을 좋아 한다는 의미가 내포되어 있다고 보아야 한다. 마찬가
지 논법으로 '천명지성'의 성자에는 이미 기호의 의미가 내포되어 있
다고 보아야 한다. 이에 '천명지성'의 성자는 '또한 기호로서 말할 수
있다.', '또한 마땅히 기호로서 구해야만 한다.'는 논의가 이루어지게
된다.

　　모든 생명이 있는 존재는 인격적 천으로 부터 부여받은 하나의 본
성을 갖추고 있다. 각 존재는 그 본성이 가지고 있는 기호에 따라 각
자의 삶을 영위 한다. 정약용은 이것을 천명이라고 하였다.

　　　모든 존재들은 각각 하나의 성을 갖추고 있고 그 성에는 제각기
　　기호가 있어 그 삶을 영위해 갈 수 있게 하였으니, 이것이 천명天命
　　이다.104)

　　천의 명을 본성으로 갖춘 각 존재자들에게 기호는 각기 다른 당위
적 기호로서 자리 잡게 된다.

　　　사람의 성이 선에 마땅함이 배추가 오줌에 마땅하고 마늘이 닭똥
　　에 마땅하고 벼가 물에 마땅하고 기장이 건조에 마땅함과 같은 것
　　이 아니겠는가? 마땅하다는 것은 좋아하는 것이다.105)

　　善恥惡而已.(自註:有私諱 故言樂善.)
104) 앞의 책, 卷19,「答李汝弘」, 43쪽: 凡物各具一性 使有嗜好 以濟其生 此天命也.
105) 앞의 책,「答李汝弘」, 43쪽: 人性之宜於善 不猶菘之宜溲 蒜之宜糞 稻之宜
　　水 麥之宜燥也乎 宜之也者 嗜之也.

'마땅하다는 것은 좋아하는 것이다.'는 각 존재의 본성이 가지고 있는 기호가 당위적 기호임을 뜻한다.

정약용은 다른 존재자들과 달리, 인간은 영명한 심체를 가진 자율적 존재라고 보았다. 기호로서의 본성은 이 심체 가운데에 자재하게 된다.[106] 인간은 천명에 따라 선을 좋아하는 삶을 지향하게 된다. 그러나 동시에 영명한 심체를 가진 인간은 선악문제에 있어서 자작自作하여[107] 결정할 수 있는 자주지권自主之權을 가지고 있다.[108] 그렇지

---

[106] 앞의 책,「論語古今注」, 10쪽: 謂天於生人之初 賦之以好德恥惡之性於虛靈本體之中.;「論語古今注」, 11쪽: 虛靈本體 孟子謂之大體 … 何況性也者 非大體之全名 乃就大體之中 執其好惡之理 而別立一名.

[107] 정약용은 기호를 당위적 기호로 보았다. 당위는 무엇을 마땅히 해야 한다는 의미를 가진다. 마땅히 해야 한다는 당위를 말하기 위해서는 존재자들에게 스스로 행할 수 있는 자율이 주어져야 한다. 자율이 주어지지 않는 당위는 더 이상 당위라고 할 수 없다. 자율이 있어야 그 마땅히 해야 할 바를 행했는지 행하지 못했는지를 말할 수 있다. 행함이 있어야 행함의 결과를 가지고 善惡와 功罪를 논할 수 있다. 그런데 정약용은, 생명이 있는 모든 존재들이 당위적 기호를 가지고 있다고 해놓고, 자율에 해당하는 自作 능력은 인간만이 가지고 있는 것으로 처리했다. 인간을 제외한 다른 존재들이 自作할 수 없는 이유로 '不得不然'을 제시했다. '不得不然'은 필연도 아니고 당위도 아닌 애매한 개념이다. 이러한 애매한 개념은 금수와 나무 등 다른 생명체들 또한 당위적 기호에 따르는 삶을 살기는 하지만, 過不及의 차이가 없는 고정된 능력(定能)만을 가진 존재로 규정하는 방향으로 이어졌다. 과불급의 차이가 없다는 것은 선악의 윤리문제를 논할 수 없다는 뜻이다. 自作 능력을 가진 인간은 스스로 선택하여 행할 수 있다. 이에 선악문제를 논할 수 있고 功罪를 논할 수 있다. 이를 통해서도 정약용이, 인간과 타 존재들을 명확히 구분하는 의식을 가지고 있었음을 확인할 수 있다.
앞의 책,「孟子要義」, 18쪽: 且人之於善惡 皆能自作 以其能自主張也 禽獸之於善惡 不能自作 以其爲不得不然也.
앞의 책,「孟子要義」, 18쪽: 人遇盜 或聲而逐之 或計而擒之 犬遇盜 能吠而

못한 다른 존재자들과 크게 다른 점이다.

정약용은 인성과 물성이 본연지성 차원에서 상호 다르다는 인물성 이론적 입장을 취하고 있다. 그의 인물성이론적 입장은 인물성동론적 사유들에 대한 비판으로 이어지고 있다.

이제 건순오상健順五常의 덕을 사람과 타 존재가 같이 얻었다고 말한다면 누가 주인이고 누가 종이겠는가. 모두 등급等級이 없으니 어찌 위에 있는 하늘이 만물을 낳는 이치가 본래부터 이와 같겠는 가?[109]

정약용은 건순오상의 덕을 사람과 다른 존재들이 동일하게 가지고 있다고 보는 인물동론에 반대하고 있다. 그는 인의예지의 명칭은 본래 사람들이 행한 뒤에 생겨나는 것이라고 보았다.[110] 사람이 이러한

聲之 不能不吠而計之 可見其能皆定能也.

앞의 책,「中庸講義補」, 4쪽: 過不及之差 在於人不在於物 誠以人之所能皆 活動 禽獸之所能皆一定 旣然一定 夫安有過不及之差乎 雞之晨鳴 犬之夜 吠 虎之搏噬 牛之䑛犢 蜂之護君 蟻之聚衆 千年同俗萬里同風 夫豈有過不 及之差乎 況草木之春榮秋瘁 先花後實 各有定性 毫髮不差 安得以吾人之 病通 擬之於群物乎.

108) 앞의 책,「孟子要義」, 18쪽: 且人之於善惡 皆能自作 以其能自主張也. ;「孟 子要義」, 33쪽: 予之以自主權 使其欲善則爲善 欲惡則爲惡 游移不定 其 權在己 不似禽獸之有定心 故爲善則實爲己功 爲惡則實爲己罪 此心之權也.

109) 앞의 책, 卷4,「中庸講義補」, 2쪽: 今乃云 健順五常之德 人物同得 孰主孰奴 都無等級 豈上天生物之理 本自如此乎.

110) 앞의 책, 卷5,「孟子要義」, 22쪽: 仁義禮智之名 成於行事之後 故愛人而後謂 之仁 愛人之先 仁之名未立也 義我而後謂之義 善我之先 義之名未立也 賓 主拜揖而後禮之名立焉 事物辨明而後智之名立焉. 정약용이 인의예지를 行 事 이후에 이루어지는 덕으로 보았다는 것은, 그가 인의예지를 부정하지 않

데 다른 존재들이 오상을 동일하게 가졌다고 한다면 인정할 수 없다는 입장을 취했다.[111] 정약용은 인격적 천인 상제가 내린 명은 사람과 다른 존재들 간에 서로 다르며, 인물성동론과 같은 입장을 취하면, 등급적 구분이 없어지는 잘못이 있게 된다고 보았다.

정약용은 사람을 상제로부터 영명함을 부여받은 가장 뛰어난 존재로 분류하고 있다. 그는 초목·금수·사람 사이에 등급적 차이가 있다고 보아 다음과 같이 말하고 있다.

성에는 삼품이 있다. 초목은 성은 생은 있지만 지각이 없고, 금수의 성은 이미 생이 있고 또 지각이 있으며, 우리 사람의 성은 이미 생이 있고 지각이 있고 또한 신령하고 선하다.[112]

정약용은 초목·금수·사람을 층차적으로 보고 있다. 가장 하등한 존재인 초목은 생만 있고, 금수는 생과 지각이 있으며, 사람은 생과 지각 이외에 영명함과 선을 가지고 있다. 이러한 도식은 사람과 다른 존재들이 본질적으로 같을 수 없다는 관점에서 나온 것이다. 정약용은 사람을 상제의 명을 받아 이세상을 주관하는 존재로 보고 있다.[113]

고 있음을 뜻하는 것이다. 그는 天理의 내재로 보는 주자학적 인의예지관을 비판하였을 뿐이다. 인의예지를 규정하는 방식이 달라졌을 뿐, 인의예지는 여전히 사람들이 힘써 노력해 갖추어야 할 덕목이었다. 앞의 책, 「孟子要義」, 22쪽: 仁義禮智 知可以行事而成之 則人莫不俛焉孳孳 冀成其德 仁義禮智 知以爲本心之全德 則人之職業.

111) 앞의 책, 「中庸講義補」, 2쪽: 人猶然矣 況云五常之德 物亦同得乎.

112) 앞의 책, 卷4, 「中庸講義補」, 47쪽: 性有三品 草木之性 有生而無覺 禽獸之性 旣生而又覺 吾人之性 旣生旣覺 又靈又善.

113) 앞의 책, 卷15, 「論語古今注」, 15쪽: 主此世者 非人而誰 天以世爲家 令人行

정약용의 성삼품설은 마테오 리치의 삼혼설과 유사하기 때문에 『천주실의』의 영향을 받았다고 보는 경우가 많다. 그러나 정약용이 사람의 특성으로 '선'이라는 도덕성을 강조한 반면에, 마테오 리치는 '사물에 대한 추론'이라는 이성적 사유능력을 강조한 점에서 상호 차이가 난다고[114] 할 수 있다.

정약용이 인물성동론적 견해들에 대해 여러 곳에서 비판하고 있으나 그 요지는, 인·물이 천지의 리를 동일하게 얻어서 성으로 삼게 된다면 이는 인·물에 차등이 없는 것이고, 사람의 성과 금수의 성을 섞어서 하나로 여기는 것이기 때문에, 분별이 없게 되는 잘못된 주장이라는 것이다.[115] 그는 이러한 시각에서 만물이 천명을 동일하게 받아 만물의 리가 같다는 주장에 대해 반대 하였고,[116] 초목과 금수가 사람과 동일하게 성을 가졌다고 보는 주장에 대해서도 주인과 종을 구별 못하는 그릇된 견해여서 받아들일 수 없다고[117] 하였다.

善 而日月星辰草木禽獸 爲是家之供奉.

114) 최영진, 『한국 성리학의 발전과 심학적·실학적 변용』333~335쪽.

115) 앞의 책, 卷5, 「孟子要義」, 59쪽: 性理家每以性爲理 故集注謂人物之生 同得天地之理위성 此所謂本然之性也 本然之性無有大小尊卑之差等 … 今乃以人性獸性 渾而一之可乎… 此係古今性道之大關 不敢不辨.

116) 앞의 책, 卷6, 「孟子要義」, 21쪽: 萬物一原 悉稟天命 苟以是而謂之理同. ; 앞의 책, 卷4, 「中庸講義補」, 46쪽: 盖以萬物皆受命於天故 謂之理同 … 但所謂理同者 不惟曰其受命同也 竝其所稟靈妙之理 人物皆同.

117) 앞의 책, 卷15, 「論語古今注」, 15쪽: 今欲與草木鳥獸 遞作主人 豈中於理乎 左右商度 人物之同此性 不敢聞命.

3 인물성동이론의 변용적 등장

중국에서 주자학朱子學이 양명학陽明學으로 교체되고 청나라 고증학考證學이 발달하는 동안에도, 한국에서는 주자학이 치밀하게 논의되어지며 지속적으로 발달하였다. 인물성동이논변은 한국 주자학이 발달하는 과정에서, 주자학 내에 잠재되어 있던 학문적 부정합성이 문제로 드러나며 발생한 학술 논쟁이라고 할 수 있다.

주자는 『중용』1장 「천명지위성天命之謂性」에서는 사람과 타 존재가 모두 인의예지仁義禮智의 오상을 동일하게 부여받아 가지고 있다는 의미로 해석되는 주석을 달았고, 『맹자』 「고자상告子上」에서는 사람만이 인의예지의 성을 온전히 갖추고 있고, 다른 존재들은 인의예지의 성를 온전히 갖추지 못한 것으로 해석되는 주석을 달았다. 주자학에는 인물성동론과 인물성이론으로 해석될 수 있는 두 측면의 논의가 혼재되어 있었다. 이 해석의 문제가 조선조 이간과 한원진 대에 크게 노정 되었고, 많은 학자들이 가세하며 대규모 논쟁으로 발전하였다.

인물성동이논쟁은 거대한 담론이었으며, 실학자들 사이에서도 논의가 이루어졌다. 실학자들은 대체로 주자학의 리기심성론理氣心性論 체계를 비판하고 새로운 방식으로 거론하였다. 인성과 물성에 대해서도 그 진술 방식이 기존의 주자학자들과 다른 경우가 많았다.

홍대용은 낙론 계열의 학자였으나, 서구 과학을 학습하면서 학문적 변화가 있었다. 그의 학문적 변화는 리기 양 방면으로 나누어 말할 수 있다. 홍대용은 기에서는 음양과 오행을 비판하였고, 담일청허湛一淸虛한 태허지기太虛之氣를 재인식하고 태허지기를 중심으로 만물의 생성과 분화를 언급하였다.

리에서는 무형無形한 리의 속성을 소리·색깔·냄새·맛 등 사실적이고 감각적 개념들을 중심으로 비판하였다. 소리·색깔·냄새·맛이 없는 것은 형체가 없고 공간적 위치도 차지 않는 것이라고 하였다. 무형한 리는 형체가 없으니 작위하는 바가 없고, 조화造化의 추뉴樞紐와 만물의 근저根底가 됨을 볼 수가 없다고 하였다. 그저 기가 선하면 선하고, 기가 악하면 악한 양상을 띠며, 주재하는 바가 없이 기가 하는 바를 따를 뿐이라고 하였다.

많은 학자들이, 홍대용의 기중심적 서술과 무형한 리를 비판하며 주재하는 바가 없다고 한 점을 들어, 홍대용이 리의 주재성을 부정하고 있다고 판단해 왔다. 그러나 홍대용은 리의 주재성을 직접적으로 부정하는 언급을 한 적이 없다. 기중심의 의도적 진술을 하며, 주재하는 바가 없이 기가 하는 바를 따를 뿐이라고 하였다.

홍대용은 다른 문장에서는 리가 만물의 근저根底라고 하였고, 리의 무형無形한 속성에 대해서도 긍정하고 있었다. 또한 그는 '기역도器亦道 도역기道亦器'를 언급하며 리와 기를 밀접한 불리不離관계로 보면서도, '리는 리이고 기는 기이다'라고 하여 리기를 부잡不雜 관계로 파악하였다. '리는 리이고 기는 기이다'는 리를 독립된 실체로 본다는 의미 역시 가지고 있는 것이었다. 독립된 실체로서의 리는 소이연자所以然者로서의 특성을 유지하고 있었다. 홍대용이 리의 주재성을 부정하고 있다는 근거는 어디에서도 찾아 볼 수 없다.

홍대용은 초목·금수·사람이 천리天理의 리를 동일하게 가지고 있으며, 이때의 리는 인의예지의 성이라고 하였다. 홍대용은 인물성동론의 입장을 취하고 있다. 그의 인물성동론은 낙론의 인물성동론을 계승하고는 있지만, 전통적인 낙론과도 차이가 있는 것이었다. 우주로 까지 확대된 변화된 천天관과 변화가 있는 리기론 하에서 언급된 홍대용의 인물성동론은 주자학자들의 인물성동론과 차이가 있다고 보아야만 한다. 서구의 과학적 사유를 함유한 홍대용의 인물성동론은 각 존재들을 대등하게 여기는 측면이 강화된 특성이 있는 것이었다. 홍대용은 사람·금수·초목이 형체적 측면에서 거의 다름이 없고, 뒤섞여 살아가는 모습을 살펴보면 귀천의 등급이 없다고 하였다. 사람·금수·초목을 예의禮義를 중심으로 대등하게 논하였으며, 물物을 스승으로까지 격상시켜 사람과 대등한 선상에서 논의하였다. '인물균'은 변화된 인물성동론에 함유되어 있는 사유가 잘 드러난 한 예라고 할 수 있다. 홍대용의 변화된 인물성동론적 사유는 모든 나라 모든 지역이 다 정계正界라는 '균시정계均是正界'나[118] 공자가 거주했다면 어느 나라에서든 발전과 『춘추』가 있었을 것이라는 '역외춘추域外春秋'로 확대되어 드러났다. '균시정계均是正界'나 '역외춘추域外春秋'는 각 나라나 지역을 차별 없이 보는 관점이다.

정약용은 주자학의 리를 비판하고, 천의 자리에 리 대신 인격적 천인 상제上帝를 두고 있다. 리 개념은 이후 영명靈明한 인격적 주재자인 천에 흡수되어 그가 새롭게 규정하고 있는 천 개념과 함께 동반적

---

118) 앞의 책, 「毉山問答」, 21쪽: 北有鄂羅 南有眞臘 鄂羅之天頂 北距北極爲二十度 眞臘之天頂 南距南極爲六十度 兩頂相距爲九十度 兩地相距爲二萬二千五百里 是以鄂羅之人 以鄂羅爲正界 以眞臘爲橫界 眞臘之人 以眞臘爲正界 以鄂羅爲橫界 且中國之於西洋 經度之差 至于一百八十 中國之人 以中國爲正界 以西洋爲倒界 西洋之人 以西洋爲正界 以中國爲倒界 其實戴天履地 隨界皆然 無橫無倒 均是正界. 鄂羅: 러시아. 眞臘: 캄보디아

으로, 혹은 인격적 천 개념의 전제하에 언급되었다.

정약용은 주자학자들이 본연지성과 기질지성을 둘로 나누고 있는 것을 비판하며, 하나의 성만이 있다는 입장을 취하고 있었다. 인·물의 성에 대해서는 서로 다른 성을 가지고 있다고 하였다.

하나의 성만이 있다는 것은, 그 성을 본연지성으로도 볼 수 있고, 기질지성으로도 볼 수 있다는 의미를 띠고 있다고 할 수 있다. 금수의 성에 대해 '기질지성이 곧 본연지성이다.'고 한 점을 보면 더욱 그러하다. 그렇다면 인·물의 성이 다르다고 할 때의 성 또한 본연지성으로도 볼 수 있고, 기질지성으로도 볼 수 있어야 한다. 그러나 정약용은 기질지성에 대해서는 '인·물 동득同得'이라 선언하고, 인·물의 성의 다름을 본연지성으로써만 진술하였다.

본연지성이 다르다고 할 경우, 호론자들은 그 성이 다른 이유를 기질의 차이에서 찾고, 기질과의 관계 속에서 각 존재의 본연지성의 다름을 설명하였다. 그런데 정약용은 오히려 사람과 금수의 기질에 차이가 없다고 말하였고, 이리와 개, 꿩과 닭은 그 형체가 같지만 그 본연지성은 다르며 이러한 예는 셀 수조차 없이 많다고 하였다. 기질의 같음을 말하는 정약용의 학설에서는 기질의 차이로 본연지성의 다름을 말할 수가 없다. 정약용의 인물이人物異의 본연지성론은 호론과 다르며, 주자학의 리기범주 체계에서 벗어난 것이다.

정약용은 호론자들과 전혀 다른 방식으로, 각 존재의 본연지성의 다름을 언급했다. 그 다른 방식은 다름 아닌 인격적 천인 상제의 명命에 의해 부여되는 본연지성이다. 인격적 천인 상제를 제외하고서는 각 존재가 서로 다른 본연지성을 갖추고 있다는 것을 원활하게 설명할 방법이 없다. 정약용은, 상제의 명에 의해 각 존재가 서로 다른 리를 부여받고, 그 리를 서로 다른 본연지성으로서 갖추고 있다고 보았다.

정약용의 인물이人物異의 본연지성에서는 기질의 같고 다름이 크게 문제 되지 않는다. 호론은 기질의 차이를 면밀하게 고찰하고 그 기질과의 관계 속에서 인물이의 본연지성을 주장하였다. 기질의 차이를 크게 문제 삼지 않고 있는 정약용의 인물성이론은, 한원진의 인물성이론 보다 급진적인 인물성이론이었다고 할 수 있다.

정약용은 인격적 천인 상제의 명에 의해, 사람·꿩·사슴·풀·나무 등 각 존재들이 각각의 본연지성을 가지고 있고, 이 본연지성이 가지고 있는 성향 내지 경향성이 그 존재의 기호라고 보았다. 본연지성이 따로 있고, 기호의 성이 따로 있는 것이 아니다. 하나의 성이라고 보아야 한다. 본연지성의 성향 내지 경향성이 기호이고, 기호의 성이라고 할 때의 그 성이 곧 그 존재의 본연지성이다. 각 존재는 자신의 본연지성을 가지고 있고, 그 본연지성이 가지고 있는 기호에 따라 삶을 영위한다. 기호는 당위적 기호로서의 특성이 있어서, 각 존재의 삶을 마땅한 방향으로 이끄는 방향타와 같은 역할을 하고 있다.

한원진은 리 자체만을 말할 경우에는 사람과 타 존재의 본연지성이 같다고 보아 초형기 단계의 성을 설정하고 있다. 이에 비해 정약용은 한원진에서 볼 수 있는 인물동人物同의 초형기 단계의 성 자체를 부정하고 있다. 둘 다 인물성이론人物性異論적 입장을 취하고 있지만, 한원진은 분수分殊의 측면에서 본연지성을 규정하고 있고, 정약용은 인격적 천天의 관점, 일원분수一原分殊 식으로 말하면 일원의 측면에서 성을 규정하고 있다고 할 수 있다. 원래 일원의 측면에서 인물의 성을 언급하면 인물성동론人物性同論이 도출되는 것이 일반적인 현상이다.

그러나 정약용은 인격적 천이 원래부터 서로 다르게 사람과 물物에 본연지성을 부여했다는 관점을 제시하며 인물성이론人物性異論으로 나아갔다. 사상사적 흐름상에서 보았을 때 정약용의 인물성이론은 호락논변의 영향속에서 이루어진 것이었으며,[119] 기존의 주자학자들의 인물성이론과 다른 변용된 새로운 관점의 인물성이론人物性異論이라고 할 수 있다.

인물성동이논변은 중국이나 일본 등 다른 국가에서는 찾아볼 수 없는 한국에서만 진행된 독자적인 우리철학이었다. 이간과 한원진의 격렬한 논쟁 이후, 한국의 주자학자들은 1900년대 초반까지 끊임없이 이 문제를 다루며 다양한 해석을 내 놓았다. 이러한 인물성동이 논변은 주자학자들 선에서만 논의되고 있지 않았다. 실학자들도 당시의 거대 담론이었던 인물성동이에 대해 관심을 가지고, 자신들의 학적 체계 속에서 다루고 있었다. 홍대용과 정약용은 기존의 주자학자들과 다른 새로운 사유 체계를 기반으로 인물성동과 인물성이에 대해 거론하였다. 변용變容된 형태의 인물성동이론이라고 할 수 있다.

---

119) 최영진 교수는 "다산이 인간과 자연의 본성에 대하여 치밀한 학설을 구축할 수 있었던 이유는 그가 조선 후기 유학의 최대 논쟁인 '호락논쟁'의 성과를 비판적으로 수용하였기 때문이다."라고 하였다.(『한국 성리학의 발전과 심학적·실학적 변용』, 337쪽)

제**7**장
20세기 주자학자 이철영의 새로운 호락논변설

    성암醒菴 이철영李哲榮(1867~1919)은 근대 전환기에 살았던 항일 의식이 투철한 학자였다.[1] 근대 전환기의 신지식을 접했지만 서양의 기계 문명이나 부강함보다도 공맹의 도를 더 중시하고 이를 기반으로 한 새로운 세상을 꿈꾼 인물이었다.[2]

    이철영은 주자학에 밝았으며, 특히 호락논변에 관심이 많았다. 호락논변에 대해 한원진과 이간 사이의 논쟁으로부터 시작되었다고 보았다.

> 우리나라 유학자들 사이에 호론과 낙론이 있는 것은 한원진과 이간으로부터 시작되었다.[3]

---

1) 백원철, 「한말·일제초기 지방유생의 배일의식과 저항행동의 양상」, 『한문학보』제21집 참조.

2) 『醒菴集』下, 「致日人片綱鳥殿書」, 13쪽: 今東洋之有國有民者 致由堯舜 敎尙孔孟 以誠心行之 則何畏乎西洋之富强 何羨乎西洋之器械乎.

3) 『泗上講說』, 도서출판문사철, 2012, 69쪽: 東儒之有湖論洛論 自韓南塘李巍巖始矣.

한원진과 이간 사이의 학술 논변은 두 사람 사이의 논쟁으로 그치지 않고 조선 후기 내내 이어지며, 거대한 논변으로 확대되었다. 이 논변은 1900년대 초까지 이어졌다. 이철영은 1918년에 탈고한 『사상강설泗上講說』에서 당시까지도 학자들이 호론과 낙론 두 진영으로 나뉘어져 논쟁을 진행하고 있었고, 호론도 아니고 낙론도 아닐 경우 비난을 했다고 하였다.

> 한원진의 설을 따르는 자는 충청지역湖中에 많이 거주하여서 호론이라 칭하고, 이간의 설을 따르는 자는 서울 경기지역洛中 많이 살아 낙론이라 칭한다. 끝내 하나가 될 기약 없이 각자 문호를 세워서 서로 충고하고 꾸짖어 지금까지 수백 년이 되었는데도 끝나지 않고 있다. 세상의 학자들은 낙론을 주로 하지 않으면 반드시 호론을 주로 하고 있다. 양론 사이에서 찬성과 반대를 결정하지 않고 있거나, 양론과 다른 자는 호론도 아니고 낙론도 아니라고 하며 비난의 눈으로 바라본다.4)

이철영은 호락논변의 논쟁점들을 살펴보고 그 논쟁점들이 한원진과 이간 사이에 벌어졌던 주요 쟁점에서 크게 벗어나지 않고 있음을 알았다. 이에 한원진과 이간의 학설을 중심으로 호론과 낙론의 주장을 재정리하였다. 재정리 작업은 단순한 검토와 정리에 그치지 않고, 호론과 낙론을 포괄하면서도 새롭게 종합 정리하는 방향으로 발전하였다.5) 이철영은 성삼양설性三樣說이라는 새로운 독창적인 이론을 제

---

4) 앞의 책, 69쪽: 放是從南塘說者 多居湖中 故稱以湖論 從巍巖說者 多居洛中 故稱以洛論 終無歸一之望 而各立門庭 互相譏誚 迄今數百年而未已 故世之 學者 不主乎洛 必主乎湖 又有不決從違 違於兩論者 便以非湖非洛目之

시하는 데까지 이르렀다.

이철영은 이이를 매우 존경하였다. 인물성동이와 미발심성을 논하면서 자주 이이의 학설을 예로 들어 주장의 근거로 삼았다.[6]

먼저 이철영의 핵심이론을 인물성론과 미발심성론으로 나누어 살펴보고자 한다. 여기에서 거론된 내용들은, 이후 다른 단원에서 보다 상세하게 논의 될[7] 예정이다

1 이철영의 인물성론

낙론학자인 이간은 인·물에 자재한 성을, 일원 관점의 본연지성과 분수 관점의 기질지성으로 나누었다. 호론학자인 한원진은 성을 삼층으로 나누어 초형기의 본연지성, 인기질因氣質의 본연지성, 잡기질雜氣質의 기질지성으로 구분하였다. 이철영 또한 성을 삼층으로 나누고 있다.

이철영은 리기·음양·오행·오상 등 주요 개념들을 주자학의 범주체계 내에서 이해하고 있다. 일반 주자학자들처럼 리가 기질에 자재할 때 성개념이 성립된다고 보았고, 이때의 성을 본연지성과 기질지성으로 구분하였다.

---

5) 이상익, 「이철영의 섬삼양설」, 『한국철학사상사』, 한울아카데미, 254쪽.
6) 정성희, 「조선말기 호락논쟁의 통합론 연구」, 『양명학』제30호, 272쪽.
7) 이 과정에서 다소 중복되는 느낌이 들 수도 있지만, 매번 새로운 논의가 이어질 수 있도록 하겠다.

성에는 이미 본연과 기질 두 가지가 있다. 이러한 명칭은 옛 성현들께서 후세에 전한 가르침이다.[8]

이철영은 본연지성과 기질지성을 한원진과 같이 삼층으로 구분하고자 하였다. 그는 한원진이 말하고 있는 일원 관점인 초형기 본연지성과 분수인 인기질의 본연지성을 합해서 상층으로 삼고,[9] 기질지성을 둘로 나누어 중층과 하층으로 삼는 새로운 형태의 성론을 구상하였다.

성에 일원一原·본연本然·기질氣質 삼층이 있다는 것은 한원진이 이미 말했다. 나의 견해는 … 일원과 본연을 합하여 상 일층으로 삼아서 리를 단언單言하고, 기질을 중층과 하층 두 층으로 나누어서 기를 겸언兼言하면 그 참람하고 망령됨이 심하지 않다고 본다.[10]

이철영은 상층의 성을 본연지성, 중층의 성을 기지본연지성氣之本然之性,[11] 하층의 성을 기지기질지성氣之氣質之性[12]이라 이름하고, 이러한 자신의 새로운 성론 체계에 대해 삼양三樣이라[13] 칭하였다. 보통이와 같은 삼층의 성론에 대해, 한원진의 성삼층설과 구분하여 이철

---

8) 『泗上講說』, 60쪽: 性既有本然氣質之二 其稱此古昔聖賢之垂訓.
9) 한원진이 언급한 일원의 성과 인기질의 본연의 성을 합하여 상일층으로 삼은 부분에 대해서는 제7장 「3. 호락의 인물성동이론에 대한 기본 입장」 참조.
10) 앞의 책, 44쪽: 性有一原本然氣質三層 韓南塘已言之矣 以吾管窺 … 以一原本然合爲上一層 而單言理 以氣質分爲中下二層 而兼言氣 不其僭妄之甚乎.
11) 앞의 책, 45쪽: 氣之本然之性
12) 위의 책, 111쪽: 氣之氣質之性
13) 위의 책, 36쪽: 此三樣性. ; 46쪽: 故有此三樣之性.

영의 성삼양설이라고 한다. 이철영은 기지본연지성을 줄여서 기본지성氣本之性[14])이라고도 하고, 기지기질지성을 축약해서 기질지성氣質之性[15])이라고도 하였다.

상층의 본연지성은 인물동人物同의 성이다. 이철영은 이 영역의 성을 지칭할 때 기질을 고려하지 않고 말한다는 의미에서 초호기超乎氣라는 용어를 사용하고 있다.

> 이미 기를 초월하였으니超乎氣 성은 오상五常을 모두 받아서 모자라거나 빠진 것이 없다. 이것이 「중용장구」에서 이른바 "인·물이 생生할 때, 각각 그 부여받은 리로 인하여 건순·오상의 덕을 삼는다."고 말한 것이다. 대저 이와 같으니 개의 리와 소의 리가, 어찌 일찍이 사람의 리와 조금이라도 다름이 있겠는가?[16])

상층의 성은 개·소·사람 등의 기질을 논리적으로 고려하지 않고 초월하여 말하는 성이다. 기질을 고려하지 않고 언급하니 개·소·사람의 리가 조금도 다름이 없게 된다. 이철영은 상층의 성에 대해 『중용』1장의 주자朱子 주석을 예로 들어가며, 인·물이 모두 오상五常으로서의 성을 동일하게 가지고 있는 측면이라고 보았다.

이철영은 상층의 인물동의 본연지성을 태극으로 표현하기도 하였다. 개·소·사람 등의 기질에 자재하여 있는 리를 단지單指하면 태극

---

14) 위의 책, 46쪽: 亦可曰 氣本之性.
15) 위의 책, 46쪽: 亦可曰 氣質之性.
16) 앞의 책, 55쪽: 則旣超乎氣 而性能盡稟五常 無所欠缺 此中庸章句所謂人物之生 因各得其所賦之理 以爲健順五常之德者也 夫如是 則犬之理 牛之理 何嘗少異於人之理哉.

太極인데, 이 태극이 바로 인·물이 동일하게 가지고 있는 본연지성이라고 보았다.[17]

이철영은 상층의 본연지성을 오상과 태극으로 표현하며, 인·물이 동일하게 가지고 있는 성이라고 하였다. 이러한 관점은 외형적으로 이간이 말하고 있는 본연지성과 같아 보인다. 이간 또한 본연지성을 단지로 언급되는 성, 인물동오상·인물동태극으로서의 성이라고 하고 있다.[18]

그러나 태극에 대한 언급을 살펴보면, 이간과 차이가 난다. 이간이 말한 태극은 통체일태극과 각구일태극 가운데, 통체일태극에 해당된다.[19] 이철영은 상일층의 성을 각구일태극이라 하고 있다.[20] 인물동의 성을 각구일태극으로 보는 관점은 오히려 한원진과 같다. 한원진은 상일층의 인물동의 본연지성을 각구일태극이라고 보았다.[21]

인물동의 본연지성에 대해, 이철영은 '초호기超乎氣'라는 용어를 사용하고 있고, 이간과 한원진 또한 유사한 용어를 사용하고 있다. 이간은 '초형기超形器', 한원진은 '초형기超形氣' 또는 '초형기超形器' 라는 용어를 사용하고 있다.[22] 용어는 다르지만, 기질을 초월한 성을 말하

---

17) 앞의 책, 36쪽: 本然之性 是單指太極 而天地人物 皆同也.
18) 제2장 1. 이간의 인물성동론 참조.
19) 제2장 2. 한원진의 인물성이론 참조.
20) 앞의 책, 46쪽: 是之謂本然之性 犬牛人皆同 而所謂萬物各具一太極者也.
21) 『經義記聞錄』卷6,「理氣性情圖說」, 19쪽: 氣局中亦有理通之可言 萬物各具一太極 人性皆善 是也.
22) 『巍巖遺稿』卷7,「上遂菴先生別紙」, 16쪽: 以一原言 則天命五常俱可超形器 而人與物 無偏全之殊 是所謂本然之性也.
　　한원진은 超形氣와 超形器를 혼용하여 쓰고 있다.

고 있고, 그 성을 태극이라 한 점이 동일하다. 그렇치만 이미 언급한 바와 같이 태극을 놓고 보면 상호 간에 같고 다름이 있다.

앞에서 살펴본 예문에서, 이철영은 "성에 일원一原·본연本然·기질 氣質의 삼층이 있다. … 기질을 중층과 하층 두 층으로 나누어서 기를 겸언兼言하면"이라고 하였다. 종래의 기질지성을 중층과 하층 둘로 나누었고, 이 나뉜 성들이 둘 다 기를 겸하고 있다는 의미를 띠고 있다. '겸언兼言'은 보통 겸지兼指로 언급되며, 때로는 합지合指라고도 하였다.23) 예문에서는 중층과 하층의 성이 둘 다 기를 겸지한 가운데 이룩된 성이라는 뜻으로 쓰였다.

이철영은 중층의 성이 겸지하고 있는 기와, 하층의 성이 겸지하고 있는 기를 구분할 필요성을 느꼈고, 이에 기를 본연과 기질 두 측면으로 나누었다. 그리고 중층의 성은 기의 본연의 측면과 겸지하여 말하고, 하층의 성은 기의 기질의 측면과 겸지하여 언급하였다.24)

그러나 본격적으로 인물의 성을 논하는 단계에 들어가면, 기를 심으로 치환하고. 기의 본연과 기질을 심의 본연과 기질로 치환하여, 중층의 성과 하층의 성을 논하고 있다. 그는 사람은 사람의 심을 가지고 있고, 소는 소의 심을 가지고 있고, 개는 개의 심을 가지고 있다고 하였다. 더 나아가 사람의 심에 본연과 기질이 있듯이, 소의 심에도

『南塘集』卷11,「擬答李公擧」, 9쪽: 理本一也 而有以超形氣而言者 有以因 氣質而名者 有以雜氣質而言者 超形氣而言則太極之稱是也 而萬物之理皆 同矣.

『南塘集』卷8,「與崔成仲別紙」, 15쪽: 盖太極者 超形器而言之也 五常者 因 氣質而名之也.

23) 앞의 책, 44쪽: 兼指氣者.; 앞의 책, 110쪽: 合指其理氣.

24) 앞의 책, 36쪽: 氣本之性 是兼指陰陽之本然 … 氣質之性 是兼指陰陽之氣質.

본연과 기질이 있고, 개의 심에도 본연과 기질이 있다고 보았다.[25]

이철영 각 존재에 내재된 리와 심의 본연의 측면을 겸지하여 중층의 성을 말하고,[26] 개·소·사람의 성이 다르다고 하였다. 인물성이人物性異이다. 이어서 각 존재에 내재된 리와 심의 기질의 측면을 겸지하여 하층의 성을 말하고, 개·소·사람의 성이 각각 같지 않다고 하였다.[27] 하층의 성의 측면에서 성을 논하면 개와 개, 소와 소, 사람과 사람의 성이 같지 않다고 본 것이다.

기존의 기질지성을 둘로 나누어 기지본연지성과 기지기질지성이라 칭하고, 구분하는 방식은 이전에 없던 것이다. 이철영이 창안한 새로운 주장이다.[28]

이철영은 성선의 성을 기지본연지성에 배치하고, 사람·개·소·말 등의 성선의 성이 각기 다르다고 하였다. 사람이 자신의 기지본연지성을 따르면 사람이 갖추어야 할 선이 갖추어지고,[29] 개나 소 같은 타 존재들이 그들에게 갖추어진 기지본연지성을 따르면 비록 인성人性의 귀함에는 미치지 못하더라도 또한 각기 그 선성善性을 행하는 것이라고 보았다.[30] 한원진이 중층의 인기질의 성을 각 존재마다에서

---

25) 앞의 책, 45쪽: 夫人之有人心之本然氣質 牛有牛心之本然氣質 犬有犬心之本然氣質.

26) 앞의 책, 45쪽: 兼指各心之本然與理 是之謂氣之本然之性. ; 앞의 책, 60쪽: 氣本之性 人與物始異.

27) 앞의 책, 46쪽: 兼指各心之氣質與理 是之謂氣之氣質之性 犬牛人之各各不同.

28) 앞의 책, 60쪽: 今又以氣質之性 分爲兩樣者 雖若新說 此非創爲勤加之號 實隨自然之義 而錫之之名.

29) 앞의 책, 47쪽: 氣之本然之性 是眞犬牛人 各得之本性 故人而循此性 便達于本然之性 而萬善足焉.

의 선한 성이라고 하였듯이, 이철영 또한 중층의 기지본연지성을 각 존재가 마땅히 따라야 할[31] 선한 성이라고 보았던 것이다.

기지본연지성은 한원진의 인기질의 본연지성과 유사하나, 한원진의 인기질의 본연지성이 기질과의 관계를 부잡不雜으로 설정하며 건립된 것임에 비해, 이철영의 기지본연지성은 불리不離 관계로[32] 설정하면서 이룩된 성이라는 점에서 다르다. 한원진이 부잡관계로 설정한 기질은 선악의 속성을 함유하고 있는 기질이다. 만약 이철영이 기지본연지성과 불리관계로 설정한 기질이, 한원진의 인기질 성에서의 기질과 같이 선악善惡의 속성을 띠고 있다면, 기지본연지성은 기질의 악의 속성으로 인해 본연지성으로서의 지위를 갖지 못할 것이다. 이철영은 이러한 문제점을 중층에서의 기질을 본연本然 즉 기질의 선한 측면으로 설정해서 피해 갔다.[33]

기지기질지성은 한원진의 잡기질의 성과 마찬가지로 사람과 사람이 다르고, 소와 소가 다르고 개와 개가 다른 성이다.

> 기지기질지성은 인인人人·물물物物이 각기 같지 않다.[34]

---

30) 앞의 책, 47쪽: 犬牛而循此性 雖不及於人性之至貴 亦各爲其善性.

31) 앞의 책, 42쪽: 此卽物之率性之道 而亦各有能其職事者也.

32) 한원진은 因氣質의 本然之性을 各指로 논하였고, 이철영은 氣之本然之性을 兼指로 논하였다. 氣(氣質)와의 관계에 있어서 各指는 不雜관계로, 兼指는 不離관계로 볼 수 있다.

33) 이철영이 기지본연지성 단계에서 不離관계로 설정한 기질은 기질의 선한 측면이다. 이에 대한 자세한 고찰은 제7장 「이철영의 미발심성론」 참조.

34) 앞의 책, 60쪽: 氣之氣質之性 人人物物 各不同也.

한원진의 성론에서 잡기질단계의 성은 기질과 불리관계이다. 이때의 기질은 선악의 속성을 가진 청탁수박淸濁粹駁한 기질이다. 한원진은 불리관계로 있는 기질의 차이로 인해 사람과 사람·소와 소·개와 개 사이의 성이 달라진다고 하였다. 이철영 또한 하층의 성은 선악의 속성이 있는 청탁수박한 기질과 불리관계로 있다고 하였다. 그리고 사람과 사람·소와 소·개와 개가 각기 다른 기질의 차이로 인해[35] 사람과 사람·소와 소·개와 개의 기지기질지성이 달라진다고 하였다.

한원진의 삼층의 성과 이철영의 삼양의 성을, 일원분수一原分殊 상에서 살펴보면 외형적으로 동일하다. 한원진은 인물동의 본연지성은 일원에, 인기질의 인물이人物異의 본연지성은 분수에, 잡기질의 기질지성은 분수지분수分殊之分殊에 배치하였다. 이철영 또한 인물동의 본연지성은 일원에,[36] 기지본연지성은 분수에, 기지기질지성은 분수지분수에 배치하고 있다.[37] 상호 동일하다.

그러나 내적으로는 차이가 있다. 각 층의 성을 지칭하는 방법적 용어인 단지·각지各指·겸지를 적용하면 그 차이가 확연히 드러난다. 한원진은 일원의 본연지성을 단지로, 인기질의 본연지성을 각지各指로, 잡기질의 기질지성을 겸지로 논하고 있다. 한원진과 달리 이철영은 단지와 겸지만 적용하고 있다. 일원의 본연지성을 단지로 논하는 점은 한원진과 같다. 하지만 한원진과 달리 중층과 하층의 성에 겸지만 적용하여 논하였다. 중층과 하층의 성에 대한 규정이 한원진과 달

---

35) 앞의 책, 45쪽: 夫人之有人心之本然氣質 牛有牛心之本然氣質 … 以其氣質言之 則人人不同 牛牛不同 犬犬不同.

36) 앞의 책, 60쪽: 太極一原之妙者 性之本然也 故曰 本然之性 人與物同也.

37) 앞의 책, 46쪽: 氣之本然之性 是一太極之分殊 氣之氣質之性 是分殊之分殊.

라지면서 발생한 차이점이다. 한원진이 중층의 성과 기질을 부잡 관계로, 하층의 성과 기질의 관계를 불리관계로 설정하고 있는 것과 달리, 이철영은 중층과 하층의 성을 모두 불리관계로 설정하고 있다. 이러한 이철영의 독특한 설정은, 그가 이시異時의 관점을 수용하면서 발생하고 있다. 이시의 관점에 대해서는 다음 장에서 진술을 이어가겠다.

2 이철영의 미발심성론

미발심성논변은 미발·미발심·성 개념이 상호 연결되며 복잡하게 논의되었다. 논의가 복잡해진 이유는 심개념 때문이다. 호락의 미발심성논변에서 성과 대비되어지는 미발심은 기이다. 호락논변에서 기는 심으로 전환된다. 분수처의 기는 기질이다. 기질을 분석하면 음양으로 이루어진 기의 측면과 오행으로 구성된 질의 측면으로 나눌 수 있다. 음양의 기는 순수하지만, 오행의 질에는 청탁수박淸濁粹駁한 가지런하지 않음이 있다. 호락론자들은 미발심을 허령과 기품으로 나누고 있다. 허령은 음양의 기로 구성된 기의 순수한 측면이다. 기품은 오행의 질의 청탁수박한 속성이 반영된, 순수한 기와 순수하지 않은 기가 뒤섞여 있는 측면이다.

기의 순수한 속성와 청탁수박한 속성은 주자학에서 윤리적 의미로 연결된다. 순수한 기로 이루어져 있는 허령은, 호락론에서 순선한 속성을 띤 미발심의 측면으로 자리 잡고 있다. 순수한 기와 순수하지 않은 기가 뒤섞여 있는 기품은, 호락론에서 선악의 속성을 띤 미발심의 측면으로 자리 잡고 있다.

호락론자들은 허령과 기품을 구분하고 있다. 이간도 허령과 기품을 구분하고 있고, 한원진도 허령과 기품을 구분하고 있다. 그러나 이간과 한원진 사이에는 중요한 차이가 있었다. 이간은 논리적 구분을 넘어서 허령과 기품을 실재적으로 나누어 보려는 경향성이 있었고, 한원진은 논리적 구분일 뿐 허령과 기품이 같이 있는 일심一心만이 있을 뿐이라는 입장을 취하고 있었다.

이철영은 허령과 기품을 미발심성논변의 핵심 요인으로 여기고 있다. 이철영은 성삼양설 가운데 중층과 하층의 성을 미발심과 연관지어 논하고 있다. 이에 따라 허령과 기품의 문제 또한 중층과 하층의 성을 중심으로 거론되고 있다.

이철영은 허령을 음양의 순수한 기로 구성된 것으로 보았다. 성삼양설에서 중층의 성을 논할 때, 성과 불리관계로 설정한 기질은 음양의 순수한 기로 이루어진 허령이다.[38] 그는 순수한 기로 구성된 허령을 심지본연心之本然으로, 기품을 심지기질心之氣質로 보고자 하였다.[39] 이간이 허령에 기반을 두고 본연지심을 말하고, 기품에 기반을

---

38) 앞의 책, 36쪽: 氣本之性 是兼指陰陽之本然 而物則不及於人.
   앞의 책, 110쪽: 本然虛靈時者 吾合指其理氣而名之曰 氣之本然之性.
39) 이철영이 허령에 대해서는 '心之本然'이라고 직접적으로 말했지만, 기품에 대해서는 '心之氣質'이라고 따로 분리하여 언급하지는 않았다. 그러나 '心之虛靈氣稟'을 '心之本然氣質'과 같은 의미로 보고 있고, '心之虛靈'을 '心之本然'이라 하였다. 따라서 나머지 '心之氣稟'은 '心之氣質'로 보아야 한다. 너무나 당연한 사실이기 때문에 굳이 표현하지 않은 것으로 보인다.
   앞의 책, 101쪽: 心之虛靈氣稟者.; 45쪽: 心之本然氣質 ; 60쪽: 虛靈者 心之本然.; 124쪽: 心之氣質.

두고 기질지심을 말하고 있는 것과 같다. 이철영은 심지본연과 본연지심, 심지기질과 기질지심을 같은 의미를 띠고 있는 것으로 보아 혼용하고 있다.[40]

이철영은, 이간이 미발을 중저미발中底未發과 부중저미발不中底未發로 구분하는 방식을 도입하여, 자신의 학설에 적용하고 있다.

> 미발은 중中한 때와 부중不中한 때가 있다. … 심체心體의 밝음이 일찍이 멈춘 적이 없다. 그러므로 중한 미발이 있는 것이다. 비록 심체의 밝음이 일찍이 멈춘 적이 없다고 할지라도, 수양 전에 기품에 구애되는 것은 또한 어찌할 수가 없다. 그러므로 부중한 미발이 있는 것이다.[41]

심체心體는 허령을 뜻한다. 허령이 밝게 지속적으로 드러나고 있는 때를 중저미발에, 기품에 구애되는 때를 부중저미발에 매치하고 있음을 알 수 있다.

이철영은 심체인 허령을 성인과 범인이 동일하게 가지고 있다고 보았다.[42] 그는 보통사람들이 비록 기품에 구애되어 부중저미발 상태

---

40) 사실 心之本然을 거꾸로 읽으면 本然之心이고, 心之氣質을 거꾸로 읽으면 氣質之心이다. 같은 의미의 용어이다. 이철영이 혼용하여 쓰고 있는 점 또한 당연하다고 할 수 있다. 이철영은 이에 대해 세세히 말하지 않고 이간과 한원진의 미발심성논변을 다루면서 혼용하고 있다. 중요한 문제이기도 하여 미리 서술하였다.

41) 앞의 책, 62쪽: 未發有中不中之時 … 心體之明 有未嘗息者 故有中底未發 雖以心體之明 有未嘗息者 而未修爲之前 其氣稟所拘 亦無奈何 故有不中底未發.

42) 앞의 책, 72쪽: 若論心之虛靈實體 則聖凡何嘗有不同也.

에 있지만, 수양을 착실하게 지속하면 기질변화를 통해 허령한 중저 미발 상태로 진입할 수 있다고 하였다.[43]

> 사람의 기질의 미악美惡이 비록 일정하여 변하지 않더라도 … 그 본연한 허령의 체體는 성인과 범인이 똑같다. 그러므로 보통 사람들 이 착실하게 수양하는 공을 쌓으면 탁한 기질을 맑은 기질로 변화 시키고, 잡박한 기질을 순수한 기질로 변화시킬 수 있어서, 모든 사 람이 요순과 같은 성인이 될 수 있다.[44]

수양을 착실하게 하면 탁한 기질을 맑은 기질로, 잡박한 기질을 순 수한 기질로 변화시킬 수 있어 모두가 요순과 같은 성인 될 수 있다고 하였다. 탁한 기질과 잡박한 기질은 기품에 해당된다. 그는 허령한 심체는 성인과 범인이 똑 같다고 하였다. 위의 문장은 범인의 경우 수양을 하여 기질변화를 하면, 본질적으로 가지고 있는 허령한 심체 상태를 회복할 수 있다는 의미를 띠고 있다고 할 수 있다. 허령한 심 체가 잘 드러나는 심은 본연지심이다. 이철영은 본연지심을 회복하면 요순과 같은 성인이 될 수 있다고 본 것이다.

이간은 한원진과 미발심성 논쟁을 하면서 본연지심을 성범간에만 적용시켰다. 이에 비해 이철영은 타 존재에게까지 확대하고 있다. 인 간 이외에 다른 존재들도 본연지심과 기질지심을 가지고 있다고 보았 다.[45] 사람은 순수하고 깨끗한 정통正通한 기로 이루어진 본연지심을

---

43) 앞의 책, 65쪽: 是以因其一瞬間呈露之虛靈本體 而充廣之 繼續之 … 向所謂 不中底未發 已無所在 其於酬應萬變 無往而非中矣.
44) 위위 책, 96쪽: 其本然虛靈之體 聖凡一同 故其在衆人 實用修爲之工 則可以 變濁之淸 變駁之粹 而人皆可以爲堯舜矣.

가지고 있고, 다른 존재들은 치우치고 막힌 편색偏塞한 기로 이루어진 본연지심을 가지고 있다고 보았다.46)

이철영은 각 존재의 본연지심과 상층의 본연지성을 합한 것을 기지 본연지성이라고 하였다.47) 기지본연지성은 사람과 사람이 같고, 소와 소가 같고, 개와 개가 같되, 사람·소·개는 상호 다른 성이다. 성론에 서 기지본연지성이 각 존재 간에 상호 다른 것은, 성때문이 아니라 본연지심 때문이라고 보았다. 사람·소·개의 허령한 본연지심이 각기 다르기 때문에,48) 각기 다른 본연지심과 합쳐진 성 또한 달라질 수 밖에 없다고 하였다. 그는 이러한 양상이 나타나는 이유를 이이의 기 국氣局으로써 설명하였다.

> 리통·기국이다. 그러므로 개와 소에 있어서 심기의 체가 이미 치 우쳤으니 성 또한 치우쳐 있다.49)

개와 소의 심기의 체가 치우쳐 있다는 것은 본연지심이 치우쳐 있 다는 의미라고 할 수 있다. 이철영은 개와 소의 심체는 치우쳐 있으며, 개와 소는 이러한 본연지기로 이루어진 본연지심을 가지고 있다고 보았다. 위 문장에서의 개와 소의 치우쳐 있는 성은 리국理局의 성으

---

45) 앞의 책, 45쪽: 夫人有人心之本然氣質 牛有牛心之本然氣質 犬有犬心之本然 氣質.

46) 앞의 책, 60쪽: 虛靈者 心之本然也 … 天地人正通氣之純清也 故曰浩然之氣 聖衆同 而與物之偏塞氣之本然 始異也.

47) 앞의 책, 60쪽: 合心與性之本然者 氣之本然之性也.

48) 앞의 책, 111쪽: 心本然之人與物不同 人則皆同.

49) 앞의 책, 52쪽: 理通氣局 故在犬牛上 心氣之體已偏 則性亦偏.

로서50) 기지본연지성에 해당된다. 기지본연지성은 성선의 성이다. 결국 사람·소·개 간에 성선의 성이 다른 이유를 사람·소·개 등이 가지고 있는 본연지심 자체가 다른 것에서 찾았다고 할 수 있다.

이철영은 미발일 때 기질에서 순수한 기를 단지하여 허령 즉 본연지심이라고 하였다. 본연지심은 인물심이人物心異이다. 그는 또한 리를 단지하여 본연지성이라고 하였다. 본연지성은 인물성동人物性同이다. 그런데 인물이人物異의 본연지심은 삼양설에서 중층 즉 분수에 위치하고, 인물동人物同의 본연지성은 상층 즉 일원에 위치한다. 이철영의 심성론에서는 단지한 본연지성과 단지한 본연지심이 일치하지 않고 있다. 단지한 본연지성과 본연지심은 모두 순선하다. 그런데도 단지한 본연지성과 본연지심을 일치시키지 않고 격을 달리하고 있다. 그는 격이 다른 이유를 리는 형이상자이고 기는 형이하자이기 때문이라고 하였다. 이철영은 형이상자인 리는 보편적이어서 사람과 타 존재에 동일하게 자재하여 있을 수 있지만, 형이하자인 기는 국한적局限的 특성이 있어서 아무리 본연지심이라고 할지라도 사람과 타 존재간에 서로 동일하다고 할 수 없다고 하였다.51) 본연지심은 기에 속한다. 본연지심이라고 할지라도 제한과 특수의 속성이 있는 기까지 인물동이라고 볼 수 없었던 것이다.

---

50) 앞의 책, 52쪽: 彼犬牛 … 非但氣之局 理亦局. '或曰'로 시작하는 문장 중의 일부이나, 이철영 또한 동의하고 있다.
51) 앞의 책, 49쪽: 性之本然同 而氣之本然不同者 若是何也 栗翁曰 理通氣局 以此料之 理形而上者 無形故無爲 無爲故妙 妙故通 通故太極全體在犬在牛在人 … 氣形而下者 有形故有爲 有爲故粗 粗故局 局故纔成形質 …而犬牛之氣 自是犬牛之氣 而非復人之氣.

이철영은 제한적 속성을 가진 본연지심 때문에 삼양의 중층의 성에 인물이人物異이면서 인인동人人同인 구분이 있게 된다고 하였다.

> 왜 기지본연지성에 대해 말하기를, 사람과 타 존재 간에는 서로 같지 않으나, 사람에 있어서는 모두 같다고 말하는가? 심의 본연이 사람과 타 존재 간에는 서로 같지 않으나 사람에 있어서는 모두 같다는 것으로 미루어보면, 이와 같다는 것을 알 수 있다.[52]

이철영은 하층의 성인 기지기질지성에서 성차가 생기는 이유도 심에서 찾았다. 하층에서의 심은 본연지심이 아닌, 기품에 얽매인 기질지심이다.[53]

> 왜 기지기질지성에 대해 말하기를, 사람과 사람이 서로 다르다고 말하는가? 심의 기질이 사람과 사람 간에 같지 않은 것으로 미루어보면 이와 같다는 것을 알 수 있다.[54]

이철영은 청탁수박한 속성이 있는 기질지심으로 인해서 성 또한 인물이人物異이면서 인인이人人異·우우이牛牛異·견견이犬犬異인 특성을 띠게 된다고 보았다.

이철영은, 이간이 중저미발의 허령한 본연지심에서 본연지성을 논

---

52) 앞의 책, 111쪽: 何以言氣之本然之性 人與物不同 人則皆同也 推心本然之人
與物不同 人則皆同 而知其如此也.
53) 앞의 책, 111쪽: 性之在心 氣稟所拘之時者 吾合指其理氣而名之曰 氣之氣質
之性.
54) 앞의 책, 111쪽: 何以言氣之氣質之性 人人不同也 推心之氣質之人人不同 而
知其如此也.

하는 방식을 삼양설 가운데 중층에 배치하였다. 또한 부중저미발의 기품에 기반한 기질지심에서 기질지성을 논하는 방식을 하층에 배치하였다. 다만 중층에 배치할 때 본연지성을 기지본연지성으로 바꾸었다.

이간은 허령과 기품을 나누고, 허령한 중저미발에 본연지심과 본연지성을 매치하고, 기품의 혼란스러움이 있는 부중저미발에 기질지심과 기질지성을 매치하였다. 이로 인해 이간은 한원진으로부터 이심이성론二心二性論이라는 비판을 받았다. 이간이 계분界分의 논리를 내세워 극구 부인했지만, 이 비판은 논리적으로 타당한 면이 있는 것이었다. 이간의 미발심성론에는 논리적 구분을 넘어서 허령과 기품을 두 곳으로 나누어, 한 곳에서는 본연지심과 본연지성을 논하고, 또 다른 한 곳에서는 기질지심과 기질지성을 논하고 있다는 의심을 받기에 충분한 것이었다. 이점을 인지한 한원진은 이간이 한 층에서는 허령·중저미발·본연지심·본연지성을 배치하여 논하고, 다른 한 층에서는 기품·부중저미발·기질지심·기질지성을 논하고 있다고 강하게 비판하였다.

그런데 이철영 또한 중층에 허령·중저미발·본연지심·기지본연지성을 배치하고, 하층에 기품·부중저미발·기질지심·기질지성55)을 배치하고 있다. 일견 이철영 역시 심을 둘로 나누고 성을 둘로 나누고 있다는 비판을 받기에 충분해 보인다. 이철영은 평소에 본연지심과 기질지심은 본질적으로 같은 자리에 있는 하나의 심이고, 기지본연지성과 기질지성 또한 본질적으로 같은 자리에 있는 하나의 성일뿐이라

---

55) 이철영은 氣之氣質之性을 간단하게 氣質之性이라고도 하였다. 편의상 기질지성이라고 간단히 기술하였다.

는 일심일성 一心一性의 입장을 견지하고 있었다. 이 입장과도 배치되어 보인다.

이간이 이심이성론이라는 비판을 받게 된 계기는, 그가 순선한 허령과 선악이 있는 기품은 반드시 나누어 논해야 한다는 입장을 취하고 있었기 때문이다. 이간은 허령과 기품을 명확하게 나누어 논해야만 성선의 성인 본연지성을 올바로 설명해 낼 수 있다고 보았다. 이간은 허령과 기품을 나누어, 허령에 기반한 본연지심에서 본연지성을 논하고, 기품에 기반한 기질지심에서 기질지성을 말했다. 이때 언급된 본연지성은 성선의 성이었다.

한원진은 비록 미발의 심에 허령과 기품의 양 측면이 있지만, 실제로는 일처一處에 허령과 기품이 동시적으로 있는 일심一心만이 있을 뿐이라는 입장을 취하고 있었다. 그는 굳이 미발의 심에서 성을 구하는 입장을 취하지도 않았다. 기질 속에 있는 하나의 성을 단지하면 본연지성이고 겸지하면 기질지성이라고 하였다. 기품과 허령이 동시에 있기 때문에 미발도 중한 미발과 부중한 미발로 나누지 않고 하나의 미발만이 있을 뿐이라고 하였다.

이철영 또한 허령과 기품을 어떻게 설명하느냐가 중요한 관건이라는 것을 알고 있었다. 이철영은 허령과 기품을 이간과 같이 나누어 논하되 시간 개념을 도입하여, 이심二心으로 본다는 비판을 해결하고자 하였다. 그는 허령은 언제나 자약自若하게 있는데, 이 허령이 기품에 얽매일 때도 있고, 기품에 얽매이지 않을 때도 있다고 보았다. 기품에 얽매이지 않고 허령이 그대로 드러나는 시기를 중저미발이라고 하였다. 그리고 허령이 기품에 얽매여 혼란스러운 때를 부중저미발이라고 하였다. 이철영은 이를 거울에 비유하여 보다 쉽게 설명하고 있다.

비록 먼지가 거울의 표면을 가려도 거울 속의 밝음은 참으로 언제나 그대로이다. 그러므로 먼지가 제거되면 밝은 때가 있고, 먼지가 끼면 어두운 때가 있게 된다. 그러한 즉 기품이 구속하지 않으면 중中을 얻은 때가 있게 되고, 기품이 구속하면 부중한 때가 있게 된다.[56]

거울은 기질이고, 거울 속의 밝음은 허령이고, 먼지는 기품이다. 거울 속의 밝음은 언제나 그대로 자약하게 있다. 다만 먼지에 가려진 때와 먼지에 가려지지 않은 때가 있다. 먼지에 가려지지 않아 밝음이 그대로 드러나는 때가 바로 중저미발일 때이고, 먼지에 가려져 밝음이 제대로 드러나지 않은 때가 부중저미발이라는 의미를 담고 있다.

이철영은 미발에 중저미발과 부중저미발의 두 양상이 있지만, 기실 하나의 미발일 뿐이라고 하였다.[57] 하나의 미발이 중저미발로 드러날 때도 있고, 부중저미발로 드러날 때도 있다고 본 것이다. 이는 밝음이 먼지에 가려질 때도 있고, 가려지지 않을 때도 있다는 논리와 같다. 이렇게 볼 경우, 때에 따라 달라지는 하나의 미발만이 있게 된다. 기품에 얽매이지 않아 허령이 밝게 드러날 때는, 기품에 얽매여 허령이 잘 드러나지 않을 때가 아니다. 본연지심일 때는 기질지심일 때가 아니고, 기질지심일 때는 본연지심일 때가 아니다. 하나의 미발일 때, 하나의 심이 있게 된다.

이철영은 허령이 자약하게 있어 그대로 잘 드러나는 때인 중저미발을 성삼양설의 삼층 가운데 중층에 배치하였다. 기품에 가려져 허령

---

56) 앞의 책, 64쪽: 譬諸鏡 鏡裏之明 中底未發也 鏡面之塵 不中底未發也 雖塵翳于鏡面 而鏡裏之明 固自若也 故塵去而有時乎明 塵來而有時乎昏 氣稟不拘 則有時乎得中 氣稟拘之 則有時乎不得中矣.
57) 앞의 책, 64쪽: 未發雖有兩樣 其實則一而已矣.

함이 잘 드러나지 않는 때인 부중저미발은 성삼양설의 삼층 가운데 하층에 배치하였다. 이철영은 중층의 중저미발에서 허령한 본심지심과 기지본연지성을 말하고, 하층의 부중저미발에서 기품에 얽매인 기질지심과 기질지성을 말했다.

하나의 심이 중층의 허령한 본연지심으로 드러날 때도 있고, 하층의 기질지심으로 드러날 때도 있다. 일심이 유지된다. 본연지심에서 구해지는 성은 기지본연지성이고, 기질지심에서 구해지는 성은 기질지성이다. 하나의 성이 중층의 기지본연지성일 때도 있고, 하층의 기질지성일 때도 있다. 일성이 유지된다.

일심일성이 중층의 본연지심·기지본연지성일 때도 있고, 하층의 기질지심·기질지성일 때도 있다. 언제나 심과 성은 일심일심이 유지된다. 이철영은 이심이성이라는 비판을 시간 개념을 도입하여 피해 갔다고 할 수 있다.

이철영은 일심에 내재한 허령과 기품을, 허령할 때와 기품에 얽매일 때의 두 때로 나누는 방식을 이시異時라 하고, 이시의 관점을 중층과 하층에 적용하였다. 허령이 유지될 때인 중층과 기품에 얽매여 혼란스러운 때인 하층으로 나누는 방식은 이시異時의 관점이다. 허령한 본연지심과 기품에 얽매인 기질지심은 이시로 논해진다. 심이 이시로 논해지면 성 또한 이시로 논해진다. 중층의 본연지심일 때의 성은 기지본연지성이다. 하층의 기질지심일 때의 성은 기질지성이다.

이철영은 한 자리에 있는 심이 본연지심으로 드러나기도 하고, 기질지심으로도 드러난다고 보았다. 이와 같이 한 자리의 심으로 보는 것을 이철영은 동위同位라고 하였다. 이철영은 허령과 기품을 공간적으로 한 자리에 있는 것으로 보는 방식을 동위라 하고, 이 동위의 관점을 미발의 심과 성에 적용하였다. 본연지심과 기질지심이 동위이고, 본연지성과 기질지성 또한 동위이다. 한 자리에 있는 하나의 성이 중층의 기지본연지성으로 자리 잡기도 하고, 하층의 기질지성으로 자리 잡기도 한다. 본연지심과 기질지심이 동위이고, 기지본연지성과 기질지성이 동위인 것은 그가 일심일성의 관점을 유지하고 있었기 때문이다.[58] 본연지심일 때도 있고 기질지심일 때도 있는 일심 一心은, 이처 二處에 있는 심이 아니다. 이처二處에는 이심二心이 있게 된다. 일심이 일처一處에서 때에 따라 달리 드러나고 있다는 것이 이철영의 주장이다. 일처는 이철영이 말하고 있는 동위와 같다. 성 또한 이처의 이성二性이 아니다. 일처에 위치한 일성이 기지본연지성일 때도 있고, 기질지성일 때도 있게 된다.[59] 성 또한 동위이다.

이철영은 미발에서의 심과 성을 동위이시同位異時로 규정하고 있다. 그런데 그의 이시의 관점은 사실 이간의 미발심성론에서 영향을 받은 것이다. 이간은 한원진으로부터 이처二處에서 이심과 이성을 주장하고 있다는 비판을 받고 있었다. 이철영 또한 이간에게는 실제로 이처二處의 이심이성二心二性으로 볼 수 있는 문제점이 있다고 보았다. 이철영은 이처의 이심이성으로 보는 관점을 이위異位라 하고 있다. 이간의 이위의 관점에 대해서는 이철영 또한 동의하지 않고 있었다.

이철영은 또 한편으로 이간의 미발심성론에는 이시異時의 관점이

---

58) 앞의 책, 87쪽: 心性之本然與氣質其位同者 何也 一心一性故也.
59) 앞의 책, 59쪽: 大學所謂明德 孟子所謂浩然之氣 程朱所謂神明虛靈 與夫性有本然氣質者 皆指一處爲言.

있다고 보았다. 이간은 미발심을 두 때로 나누는 경우가 있었다. 기품에 얽매이지 않아 허령한 상태일 때의 심을 본연지심이라 하고, 이 본연지심에서 본연지성을 구했다. 기품에 얽매여 혼란스러운 상태일 때의 심을 기질지심이라 하고, 이 기질지심에서 기질지성을 말했다. 이간은 기품의 구속 여부에 따라60) 미발의 심에 두 때가 있게 된다고 하였다. 심뿐만 아니라, 심에서 언급되고 있는 성 또한 이시異時의 영역 안에 있다고 할 수 있다.

이시의 논리는 이간의 미발심성론에서 쉽게 찾아볼 수 있다. 이간은 미발의 허령한 본연지심이 보존될 때도 있고 보존 안 될 때도 있다고 하였다.61) 그는 미발의 본연지심이 보존될 때를 중저미발의 시기로 보았고, 보존 안 될 때를 부중저미발의 시기로 보았다. 이간은 본연지심이 보존되어 있는 중저미발의 시기에는 기품인 혈기가 물러나 심이 고요하고 허명虛明한 상태에 있게 된다고 하였다. 본연지심이 보존되지 않은 부중저미발이 시기에는 기품인 혈기가 작용하여 심이 선악이 뒤섞인 혼란한 상태에 있게 된다고 보았다.62) 이시의 관점이

---

60) 『巍巖遺稿』卷12,「未發有善惡辨」, 31쪽: 以其拘與不拘 而有是二指.

61) 『巍巖遺稿』卷12,「未發有善惡辨」, 16쪽: 此心存則寂然時 皆未發之中 … 心有不存 則寂然木石而已 大本有所不立也.

62) 『巍巖集』卷12,「未發辨」, 27쪽: 明德卽天君也 血氣卽氣質也 天君主宰 則血氣退廳於百體 而方寸虛明 此大本所在 而子思所謂未發也. 天君不主宰 則血氣用事於方寸 而淸濁不齊 此善惡所混 而德昭(筆者註:南塘)所謂未發也. 이간은 子思의 미발을 중저미발로, 덕소의 미발은 부중저미발로 보고 있다. 이간의 미발심성론에서 明德은 心體로 虛靈과 동일한 의미로 사용되고 있다. 天君은 심을 상징하는 말이다. 이 문장에서의 天君은 본연지심이다. 보다 자세한 내용은 제3장「이간의 미발심성론」을 참조하기 바란다.

라고 할 수 있다.

이철영은, 한원진이 이간의 미발심성론을 비판할 때, 이위의 관점에 대해서는 잘못되었다고 꾸짖어도 되나, 이시의 관점까지 잘못되었다고 비판하면 안 된다고 하였다.[63] 이철영은 이간의 이위의 관점에 대해서는 잘못이 있다고 보았으나, 이시의 관점은 긍정하고 있었다. 그러나 이철영은 이간의 이시의 관점을 그대로 수용하여 사용하지 않았다. 이간의 이시를 성삼양설의 중층과 하층에 적용하고 있다. 또한 이시에 동위同位를 덧붙여 사용하고 있다. 동위와 같이 사용되는 이시는 동위로 인해 새로운 의미를 띤다. 중층과 하층에 적용된 이시는 그 자체로 이간의 이시의 관점과 차이가 있다. 이철영의 이시의 관점은 이간의 이시의 관점과 동일하다고 할 수 없다.

이철영은 미발에서의 심과 성을 동위이시同位異時로 보고, 자신만의 미발심성론을 전개하고 있다. 그는 동위이시의 미발심성을 자신의 성삼양설 가운데 중층과 하층에 적용하였다.[64] 중층의 기지본연지성에서 리를 단지하면 상층의 본연지성이 된다. 상층·중층·하층에서는 인물성동이문제가 거론되고 있다. 중층과 하층에서는 미발에서의 심성문제가 같이 논의되고 있다. 이철영의 성삼양설은 인물성동이이론과 미발심성론이 하나의 체계에서 같이 논의되고 있는 독창적 이론체계라고 할 수 있다.

이철영은 동위이시적 관점에서, 이간과 한원진의 미발심성론을 평가하고 그 잘못된 점을 비판하였다. 앞에서 언급하였듯이 이철영은

---

63) 『泗上講說』, 101쪽: 但責其異位者 可也 兼責其異時者 則不可也.
64) 앞의 책, 59쪽: 兼指其理與氣 … 氣本之性也 氣質之性 亦同此位 而但時不同也.

이간의 미발심성을 이위이시異時異位로 보았다. 그는 한원진의 미발 심성론에 대해서는 동위동시同位同時라고 하였다. 이철영은 이간과 한원진이 자신들의 병폐를 깨닫지 못하고, 상호 다른 관점에서 상대방을 공격하고 있었고, 이에 결국 합의점 없이 논쟁만 하다가 결국 둘 다 참다운 경지에 이르지 못했다고 하였다.[65] 이철영은 이간은 이위異位에, 한원진은 동시同時에 잘못이 있다고 보았다.

이위는 허령과 기품을 이처二處로 나누고, 본연지심과 기질지심, 본연지성과 기질지성 또한 이처로 나누는 관점이다.[66] 동위와 대립되는 개념이다.

동시는 허령과 기품을 동시적으로 있는 일심으로 보는 관점이다.[67] 동시의 관점에서는 허령과 기품이 동시에 같이 있는 일심을 강조하기 때문에 미발심을 본연지심과 기질지심으로 나누지 않는다. 이시와 대립되는 개념이다. 심의 문제는 성의 문제로 연결된다. 동시는 심과 함께 성에도 적용된다. 본연지성과 기질지성 또한 동시로 논해진다.[68] 동시의 관점에서는 본연지성과 기질지성을 논리적으로 구분은 하지만, 이시의 두 성으로 여기지 않는다. 동시는 한원진의 미발심성을 비판할 때 언급되고 있다. 허령과 기품을 동시에 있는 일심으로 보게 되면, 기품으로 인해 허령의 순선함이 손상된다고 비판하였다. 본연지성과 기질지성을 동시에 있는 일성으로 언급하면, 기질로 인해

---

65) 앞의 책, 87쪽: 巍巖之說 主異時異位 南塘之說 主同時同位 兩皆不及眞境.

66) 앞의 책, 89쪽: 夫如是則 (巍巖)以虛靈與氣稟 分作兩處 … 性之本然氣質亦 分屬於兩處 各成部伍.

67) 앞의 책, 103쪽: 南塘旣以虛靈氣稟爲同時看.

68) 앞의 책, 112쪽: 南塘旣說到性三層 而猶不知此者 何也 恐是主同位同時之見.

본연지성이 자리 잡지 못한다고 비판하였다.

이철영은 한원진과 이간이 비록 자신들이 잘못을 깨닫지는 못했지만, 논쟁하는 과정에서 상대방의 잘못을 밝히는 성과 또한 있었다고 하였다.

> 이간이 비록 이위의 실수를 스스로 깨닫지 못했지만, 한원진의 동시의 폐단을 밝혀 말할 수 있었다. 한원진은 비록 동시의 실수를 깨닫지 못했지만, 이간의 이위의 병폐를 밝혀 말할 수 있었다.[69]

이철영은 동위이시의 관점에서, 이간과 한원진의 미발심성론의 잘못을 지적하고, 그들의 장점을 자신의 성삼양설의 체계 속에 수용하였다. 이에 대한 내용은 별도의 장을 두어 좀 더 자세하게 진술하겠다.

3 호락의 인물성동이론에 대한 기본 입장

이간과 한원진은 상호 논변을 하는 과정에서, 이전의 한국 주자학계에서 사용하지 않았던 새로운 용어들을 사용하고, 이전에 없었던 새로운 이론체계를 구축 하였다. 이간 학설의 독창성은 미발심성론에서 잘 드러나고 있고, 한원진 학설의 독창성은 인물성론에서 잘 드러나고 있다. 이간은 논변 과정에서 '중저미발中底未發'·'부중저미발不中底未發', '본연지심本然之心'·'기질지심氣質之心'이라는 새로운

---

69) 위의책, 98쪽: 巍巖不自覺其異位之失 而能明言南塘同時之弊 南塘雖不自覺其同時之失 而能明言巍巖異位之病.

용어를 사용해가며, 자신의 독창적 미발심성론을 전개 하였다. 한원진은 '인기질因氣質의 성', '각지各指'라는 독특한 용어를 새롭게 발굴하여 의미를 부여하였고, 이를 자신의 이론체계에 적용하였다. 그리고 이를 바탕으로 '성삼층설性三層說'이라는 새로운 이론체계를 구축하였다.

이철영은 이간의 독창성이 스며있는 '중저미발'·'부중저미발', '본연지심'·'기질지심'이라는 용어를 그대로 사용하였다. 이에 비해 한원진의 독창성이 함유되어 있는 '인기질의 성'은 자신의 이론체계에서 사용하지 않고 있다. 그는 오히려 한원진의 '인기질의 성'을 비판하고, '기지본연지성'·'기본지성'·'기지기질지성',이라는 새로운 용어들을 만들어 사용하였다. 이철영은 이밖에 '동위同位'·'동시同時', ·'이위異位'·'이시異時'라는 용어들을 새롭게 만들어 사용하고 있으며, '성삼양설'이라는 독자적 이론체계를 구축하였다.

철학자들은 언어학자가 아니다. 가급적 기존의 용어를 이용하고, 필요할 경우 기존의 용어에 새로운 의미를 부여하여 사용한다. 호락론자들이 새로운 용어를 창조하여 사용하거나, 기존의 문장에서 새로운 용어들을 발굴하여 사용하고 있다는 것은, 그만큼 호락논변이 이전에 없었던 새로운 논변이었음을 뜻하는 것이라고 할 수 있다.

이철영은 이간과 한원진의 주장을 둘 다 비판하고 있지만, 이간보다는 한원진에 대한 비판에 좀 더 집중되어 있다. 이간의 주장에 대해서는 우호적인 태도를 취하는 경우가 많았지만, 한원진의 학설에 대해서는 매우 비판적인 태도를 취하고 있었다.

한원진은 성에는 삼층의 성이 있다고 하였다. 초형기超形氣의 사람과 다른 존재가 모두 같은 성, 인기질因氣質의 사람과 다른 존재가 같지 않은 성, 잡기질雜氣質의 사람과 사람이 다르고 소와 소가 다르고 개와 개가 다른 성이 있다고 하였다.

> 리는 본래 하나인데 초형기超形氣하여 말하는 것이 있고, 인기질因氣質하여 이름하는 것이 있고, 잡기질雜氣質하여 말하는 것이 있다. 초형기하여 말하면 태극이라 칭함이 이것이니 만물萬物의 리가 모두 같다. 인기질하여 이름하면 건순오상健順五常의 명칭이 이것이니 인물人物의 성이 다르다. 잡기질하여 말하면 선악의 성이 이것이니 사람과 사람人人, 물과 물의物物의 성이 또한 다르다.[70]

한원진은 두 개의 본연지성과 한 개의 기질지성을 설정하고 있다. 초형기의 태극으로서의 성을 인물동人物同의 본연지성이라하고 있고, 또한 인기질의 성을 기질과 부잡不雜의 관계로 설정하며 인물이人物異의 본연지성이라고 하였다.[71] 이외에 잡기질의 성은 기질지성으로 분류하였다. 한원진은 각지各指라는 용어까지 만들어가며 인기질의 순선한 본연지성에 대해 설명하였다.[72]

그러나 이철영은 한원진의 성삼층설에 두 개의 본연지성이 있는 문제점이 있다고 보았고[73] 한원진의 초형기 성과 인기질의 성을 단지

---

70) 『南塘集』卷11, 「擬答李公擧」, 9쪽: 理本一也 而有以超形氣而言者 有以因氣質而名者 有以雜氣質而言者 超形氣而言則太極之稱是也 而萬物之理皆同矣 因氣質而名則健順五常之名是也 而人物之性不同矣 雜氣質而言則善惡之性是也 而人人物物又不同矣.

71) 『南塘集』卷7, 「上師門」, 3쪽: 上二層(筆者註:超乎形氣·因氣質의 性) 本然之性, 下一層(筆者註:雜氣質의 性) 氣質之性.

72) 『經義記聞錄』卷3, 「太極圖」, 14쪽: 各指其氣之理 故有五常名目不同 亦不雜乎其氣而言 故爲純善無惡之性.

262

單指에 속하는 것으로 하나로 묶고, 잡기질의 성을 겸지兼指에 속하는 것으로 재분류 하고자 하였다.74) 한원진이 인기질의 성을 사람·개·소 등의 각 존재의 기질과 부잡관계로 설정하며 인물부동人物不同의 본연지성이라 하고 있지만, 이철영은 성과 기질을 부잡관계로 설정하는 순간, 그 성은 리통 관점의 인물동의 성이 된다고 보았다.75)

이철영은 한원진의 인기질의 성에 대해 비판적인 태도를 취하였다. 이간 또한 인기질의 성에 대해 비판적인 태도를 취하고 있었다. 이철영과 이간이 인기질의 성을 비판하고 있지만, 그 비판하는 관점이 상호 달랐다. 이철영이 인기질의 성을 단지의 본연지성으로 보고자 한 것에 비해, 이간은 인기질의 성을 겸지의 기질지성으로 이해 하였다.76) 이철영이 인기질의 성을 초형기의 성과 묶어서 본연지성으로 규정하는 것이 옳다고 본 것에 비해, 이간은 한원진의 인기질의 성을 본연지성이 아닌 기질의 영향하에 있는 성으로, 삼층설의 잡기질의 성과 함께 묶어 기질지성으로 규정하는 것이 옳다고 보았다.

이철영은 이간의 인물동의 본연지성에 대해서는 비판적이지 않았다. 이간의 본연지성론이 자신의 본연지성론과 크게 어긋나지 않는다고 판단하였기 때문이라고 할 수 있다.

---

73) 앞의 책, 108~109쪽: 夫性有三層之云 雖若新說 … 然但其所差 在於單指理之性有二也 … 本然之性 不可有二也.

74) 앞의 책, 44쪽: 單指理字 上中二層 而兼指氣者 下一層.

75) 앞의 책, 108~109쪽: 理通 故雖於禽獸 氣質之中 超其氣而單指理 是爲本然之性 而與人同 故本然之性 不可有二也.

76) 『巍巖遺稿』 卷7, 「答韓德昭別紙」, 16쪽: 以異體言 則天命五常 俱可因氣質而不獨人與物有偏全 聖與凡之間 又是千階萬級 而偏處性命俱偏 全處性命俱全 是所謂氣質之性也.

이간은 한원진과의 논변과정에서 본연지성과 기질지성의 구분은 기를 겸하고 있는지 여부에 달렸다고 보고, 본연지성을 논할 때는 기가 고려된 것인지 아닌지를 잘 살펴야 한다고 주장하였다. 기질지성은 기질의 제약을 고려한 성이지만, 본연지성은 기질의 제약을 배제한 단지의 성이라고 보았기 때문이다.

리를 단지單指하여 말하면 본연일 뿐이다. 본연과 기질사이에 성은 단지 이 리이다. 이러한 까닭에 성의 자리를 말할 때에는 대기帶氣 여부를 살펴야 한다.77)

인물의 본연지성은 대기帶氣 하지 않고 논해야 한다고 주장한 이간의 견해에 대해, 이철영은 옳다고 동의하면서 다음과 같이 말하였다.

대기帶氣하지 않은 것으로 말하면 오상이 곧 성이고, 성은 곧 리이고, 리는 곧 태극이고, 태극은 곧 천명天命이고, 천명은 곧 일원一原이니 인·물人物의 본연지성이다.78)

이간과 큰 차이가 없어 보인다. 둘 다 기를 띠지 않고 말해야 일원의 인물동의 본연지성을 올바로 말할 수 있다는 입장을 취하고 있다. 그러나 살펴보면, 이철영과 이간의 본연지성에는 차이가 있다. 이철영의 본연지성이 한원진의 인기질의 성까지 끌어안은 본연지성인 것

---

77) 『巍巖遺稿』 卷7, 「答韓德昭別紙」, 21~22쪽: 若單言理則卽本然而已矣 而本然氣質之間 性只是此理也 是故言性處 所審在帶氣與否.

78) 앞의 책, 121쪽: 以不帶氣者言之, 五常卽性, 性卽理, 理卽太極, 太極卽天命, 天命卽一原, 而人與物本然之性也.

에 비해, 이간이 말하고 있는 본연지성은 인기질의 성을 배제한 본연
지성이기 때문이다. 이러한 차이점은 일원의 성을 논하는 데서 찾아
볼 수 있다. 이간은 일원의 초형기의 성을 통체일태극統體一太極의 자
재로 이해하고 있었다. 이에 비해 이철영은 일원의 성을 각구일태극各
具一太極으로 보았다.79) 한원진 또한 일원의 인물동의 성을 각구일태
극으로 이해하고 있었다.80)

호락론자들은 본연지성을 종종 인의예지신仁義禮智信의 오상五常으
로,81) 설명 하고 있다. 이간은 일원의 관점에서 인물동의 본연지성을
논하며, 오상·태극·본연지성을 동일한 존재의 서로 다른 명칭으로
보았다.

> 천명·오상·태극·본연 등 명칭이 비록 많지만, 이것들은 리의 가
> 리킴에 따라 이름을 달리하고 있는 것에 불과하니, 처음부터 피차彼
> 此·본말本末·편전偏全·대소大小의 다름이 있는 것이 아니다.82)

이간의 성론에서 인물동의 본연지성은 인물동의 오상과 같다. 이에

---

79) 앞의 책, 46쪽: 於是就犬牛人異體上 挑出各心之理 不雜其氣 是之謂本然之
性 犬牛人皆同 而所謂萬物各具一太極者也.

80) 『經義記聞錄』 卷6, 「理氣性情圖說」, 19쪽: 氣局中亦有理通之可言 萬物各具
一太極.

81) 주자학에서 仁義禮智信 가운데 信은 오행으로 치면 土에 해당되며 방위로
치면 중앙에 해당된다. 동서남북 네 방향이 정해지면 중앙은 언급하지 않아도
저절로 있게 된다. 주자학에서는 보통 중앙에 해당하는 신을 언급하지 않고
오상이라 칭하는 경우가 많다.

82) 『巍巖遺稿』 卷4, 「上遂菴先生別紙」, 44쪽: 天命五常太極本然 名目雖多 不過
此理之隨指異名 而初非有彼此本末偏全大小之異也.

비해 인물부동의 본연지성론을 주장하는 한원진은 존재자들이 기질에 따라 서로 다른 오상을 소유하고 있다고 주장하였다. 한원진은 인기질의 본연지성을 존재자들이 각기 달리 소유하고 있다는 것을, 오행의 차이에 따른 오상의 차이로 설명하였다. 즉 정통한 기질을 타고난 사람은 품부 받은 오행의 기가 온전하고 모두 빼어나 오상의 덕 전체를 온전하고 순수하게 갖출 수 있지만, 치우치고 막힌 편색한 기질을 타고난 다른 존재들은 오행을 얻었으되,[83] 오행의 기가 치우쳐 있고 일부만 빼어나 오상의 덕중 일부분만을 거칠고 치우치게 갖추고 있다고 하였다. 예를 들어 사람은 목금화수木金火水의 빼어난 기를 모두 얻어서 인의예지의 덕 전체를 온전히 잘 갖추고 있으나, 범과 이리는 목기木氣의 빼어남만을 얻어서 인의 덕만을 거칠게 갖추고 있고, 벌과 개미는 금기金氣의 빼어남만을 얻어서 의義의 덕만을 거칠게 갖추고 있다는 것이다.[84] 한원진의 인기질의 인물성이론은 인물이오상

---

83) 『南塘集』卷8,「上師門」, 15쪽: 五行之氣闕一 則不得生物 故人物之生 雖皆均受五行之氣 物之所受 極其偏駁 故其理亦極偏駁 豈可以此而與論於仁義禮智之粹然者哉.

84) 『南塘集』卷8,「與崔成仲別紙」, 18~19쪽: 五常者五行秀氣之理也 必得秀氣然後其理方謂之五常 如不得秀氣 則未嘗無其理 亦不可謂之五常也 人則盡得五行之秀 故五常之德無不備 物則惑得一氣之秀而不能盡得其秀 故虎狼之仁 蜂蟻之義之類 僅存其一德之明 而其餘德則不能有也.
上同 卷9,「論性同異辨」, 8쪽: 虎狼之仁 蜂蟻之義之類 是於五行中 亦得其一段秀氣 故其理爲仁爲義 而終不能全也.
上同 卷7,「上師門」, 3쪽: 就人心中 各指其氣之理 而名之則木之理爲之仁 金之理謂之義 火之理謂之禮 水之理謂之智 四者各有間架不相淆雜 而亦不雜乎其氣而爲言 故純善而無惡 人則稟氣皆全 故其性皆全 物則稟氣不能全 故其性亦不能全 此人與物不同 而人則皆同之性也.
上同 卷9,「與李公擧別紙」, 29쪽: 天地生物 莫不與之以元亨利貞之理 人則

266

론人物異五常論이라고 할 수 있다.

이철영은 성은 오상의 총명摠名이며 성외에 별도의 오상이 없고, 오상 이외에 별도의 성이 없다고 하며,[85] 성과 오상을 동일한 존재의 서로 다른 명칭으로 보는 것에 대해 별다른 이의를 제기하지 않고 있다. 그러나 그는 오상이라는 명칭이 본래 사람의 성을 설명하는 데서 나왔기 때문에, 사람을 제외한 다른 존재들에게까지 적용하는 것은 마땅하지 않다고 하였다.[86] 실제로 이철영은 한원진에게서 보여지는 것과 같이 범과 이리가 인仁의 덕을 갖추었다거나 벌과 개미가 의義의 덕을 갖추었다거나 하는 식의 언급을 자제하고 있다. 그는 형기를 초월한 초형기의 입장에서 사람과 타 존재들을 같이 언급하며, 사람과 타 존재들이 오상의 리를 동일하게 갖추어고 있다고 말하는 것에는 찬성하지만,[87] 기지본연지성 단계에서 인의예지신의 오상을 배치하여 범과 이리가 인의 덕만을 거칠게 갖추고 있다거나, 벌과 개미가 의의 덕만을 거칠게 갖추고 있다거나와 같이, 사람이 아닌 타 존재들의 본연지성을 인의예지신과 결부시켜 말하는 것은 적절하지 않다고 여겼다. 이철영은 그 이유를 개·소·말 등의 다른 존재들의 본연지성을 인의예지신으로 언급하게 되면, 사람과 금수의 구별이 모

受之以正通之氣 故所得之理 皆全且粹 而爲仁義禮智之性 物則受之以偏塞之氣 故所得之理 亦偏且粗 而不得爲仁義禮智之性 此理甚明 又何疑乎.

85) 『泗上講說』, 도서출판문사철, 2012, 44쪽: 性者 五常之摠名 五常者 性之分殊 性外非別有五常 五常外非別有性.

86) 앞의 책, 57쪽: 五常之名 本出於人 而不宜於物.

87) 앞의 책, 55쪽: 以理看性 則旣超乎氣 而性能盡稟五常 無所欠缺 此中庸章句 所謂人物之生 因各得其所賦之理 以爲健順五常之德者也 夫如是 則犬之理 牛之理 何嘗少異於人之理哉.

호해질 수 있기 때문이라고[88] 하였다. 기존의 호락론자들과 다른 점이다. 한원진과 이간을 비롯한 호락론자들은 오상으로서 인물의 성을 논하고 있다.

이간·한원진·이철영의 오상에 대한 이해 차이는 그들이 성선의 성으로 삼고 있는 인물의 성과 연계하여 보면 보다 명확해진다. 이간은 일원의 측면에서 오상을 논하며 사람과 타 존재가 모두 오상을 인물동의 성으로 가지고 있다고 보았다. 이간은 이때의 인물동오상人物同五常의 성을 성선의 성으로 삼고 있다.[89]

이에 비해 한원진은 성선의 성인 오상을 분수처인 인기질 단계에 배치하고 있다. 일원의 인물동의 본연지성을 언급하고 있지만, 이때의 성에 대해서는 오상으로 말하지 않고 있으며, 성선의 성 또한 아니라고 보았다. 한원진은 분수의 인기질 단계에 이르러서야, 각 존재들이 인의예지의 오상을 원래부터 달리 가지고 있다고 하였고, 이 인물이오상人物異五常의 본연지성을 성선의 성이라고 하였다.[90]

이철영은 이간이나 한원진과 다른 방식으로 성선의 성을 설정하고 있다. 이철영은 성선의 성을 성삼양설 가운데 중층의 성인 기지본연지성 단계에 배치하였다.

> 기지본연지성은 진실로 개·소·사람이 각각 얻은 본성이다. 그러므로 사람이 이 성을 따라 본연의 성에 도달하면 온갖 선이 갖추어

---

88) 앞의 책, 57쪽: 其或犬牛人兼氣性處 以五常滾並說去 是幾於人獸之無別 其可乎哉.
89) 제2장 「1. 이간의 인물성동론」 참조.
90) 제2장 「2. 한원진의 인물성이론」 참조.

진다. 개와 소가 이 성을 따르면 비록 인성人性의 지극히 귀함에는
미치지 못한다할지라도, 또한 각각에서 그 선성善性이 된다.[91]

기지본연지성 단계에서는 개·소·사람의 본연지성이 상호 다르
고,[92] 이 상호 다른 본연지성이 바로 성선의 성이라고 보았다. 이철영
은 앞에서 언급하였듯이, 오상을 인물동의 초형기의 성 단계에서만
말하고, 기지본연지성 단계에서는 오상에 대해 진술하지 않고 있
다.[93] 그 이유는 개·소·말 등의 본연지성을 인의예지의 오상으로서
말하게 되면, 사람과 금수의 구별이 모호해 질 수 있다고 보았기 때문
이다.

이간은 일원의 인물동오상人物同五常의 본연지성을 말하고, 이때의
인물동오상의 성을 성선의 성이라고 하였다. 한원진은 분수의 인물이
오상人物異五常성을 본연지성을 말하고, 이때의 인물이오상의 성을 성
선의 성이라고 보았다. 이철영은 일원의 인물동오상의 성을 본연지성
이라고 언급하고, 성선의 성은 분수의 기지본연지성에 배치하였다.

이철영이 일원의 인물동오상의 성을 말하고 있는 점은 이간과 같
다. 그러나 이간이 일원의 인물동오상의 성을 성선의 성으로 보고 있
는데 비해, 이철영은 성선의 성으로 여기지 않고 있다.

이철영과 한원진이 일원의 본연지성을 말하고 있는 점은 같다. 그

---

91) 앞의 책, 47쪽: 惟氣之本然之性 是眞犬牛人 各得之性 故人而循此性 便達于
   本然之性 而萬善足焉 犬牛而循此性 雖不及於人性之至貴 亦各爲其性善.
92) 앞의 책, 111쪽: 何以言氣之本然之性 人與物不同 人則皆同也.
93) 이철영은, 이간과 한원진 사이의 논쟁을 언급할 때에는 어쩔 수 五常을 거론하
   고 있다. 그러나 자신의 氣之本然之性 단계를 설명할 때에는 오상에 대해 말
   하지 않고 있다.

러나 이철영은 오상을 일원에서만 언급하고 있고, 한원진은 분수의 성에서만 말하고 있다. 이철영과 한원진이 중층의 성을 성선의 성으로 보고 있는 점이 같다. 그리고 둘 다 성선의 성을 개·소·사람 등 각 존재가 서로 달리 가지고 있다고 하였다. 둘 다 성선의 성을 분수처의 본연지성으로 보아, 한원진은 인기질因氣質의 본연지성이라 하였고, 이철영은 기지본연지성氣之本然之性이라고 하였다. 하나 한원진의 인기질의 본연지성은 오상으로서의 본연지성이며 기질과 부잡不雜관계로94) 설정된 성이다. 이에 비해 이철영의 기지본연지성은 오상으로서의 본연지성이 아니며, 기질과 불리不離관계로 설정된 성이다.

오상과 성선의 성을 본연지성과 연관지어 살펴보면, 이간과 한원진의 인물성론의 특징적 차이뿐만 아니라, 이철영의 인물성론이 이간이나 한원진과 어떻게 다른지가 보다 분명하게 드러난다. 이철영의 인물성론은 이간의 인물성동론과도 같은 점과 다른 점이 있고, 한원진의 인물성이론과도 같은 점과 다른 점이 있다.

4 낙론 미발심의 한계성 극복과 확대

호락논변 과정에서 이간은 미발심설에서, 한원진은 인물성론에서 각기 독자적인 학설을 구축하였다. 이간은 본연지심과 기질지심이라는 새로운 심론을 주장하였고 이를 중저미발과 부중저미발을 통해 구체화 시켜나갔다. 그러나 이간의 본연지심·기질지심론은 사람을

---

94) 『朱子言論同異攷』卷2, 1쪽: 性雖因氣質而名 然其所指爲性之物 則實指其中所賦之理 非雜乎氣質而言也.

중심으로 전개되고 있어서, 인성과 타 존재의 성을 함께 다루고 있는 그의 성론과 일치하지 않는 단점이 있었다. 이간의 본연지심과 기질지심론은 성인과 범인의 심상태를 규명하고, 수양을 통해 범인의 기질지심을 성인의 본연지심으로 변화시켜야 한다는 주장에 초점이 맞추어져 있었다.

이철영은 자신의 학설에 이간의 본연지심·기질지심을 도입 하였다. 그러나 그대로 도입하지 않고 본연지심·기질지심을 타 존재物에까지 확대하여 적용하고자 하였다.95) 이철영은 이간의 본연지심·기질지심에 기지본연지성과 기지기질지성을 매치하여 미발에서의 사람과 타 존재의 심과 성을 함께 논의했다.

한원진은 성을 초형기의 인물동의 성, 인기질의 인물부동의 성, 잡기질의 인인·물물부동의 성으로 구분하여 성삼층설을 주장하였다. 성삼층설은 사람과 타 존재의 성의 층차를 이전보다 논리적으로 정밀하게 규정한 공이 있는 것이었다. 다만 이간과 한원진 사이의 논쟁에서 알 수 있듯이 중층인 인기질의 성이 자주 문제가 되어 등장 하고 있다. 한원진은 인기질의 성을 성선의 성이라고 주장하지만, 이간은 기질의 영향을 받는 기질지성에 불과한 것이라고 하였다.

이철영은 인기질의 성을 초형기의 성과 같이 단지로 분류하여 한층으로 삼고, 다시 기존의 기질지성을 나누어서 기지본연지성과 기지기질지성으로 나누어 성삼양설을 주장하였다.96) 한원진의 성삼층설

---

95) 앞의 책, 44쪽: 盖心有本然氣質兩般 李巍巖已言之矣 但議於人 而不及於物.

96) 앞의 책, 44쪽: 性有一原本然氣質三層 韓南塘已言之矣 但單指理者 上中二層 而兼指氣者 下一層 以吾管窺 直引其心說 兼議於物 借引其性說 以一原本然合爲上一層 而單理 以氣質分爲中下二層 而兼言氣 不其僭妄之甚乎.

을 도입하되 재구성하는 방식으로 도입하였다고 할 수 있다. 이철영은 낙론의 독자적 학설인 심론과, 호론의 독자적 학설인 성삼층설을 자신의 학설에 끌어들이되, 이를 수정 보완하여 성삼양설을 주장하였다.

이간은 미발을 얕은 의미(淺言之)와 깊은 의미(深言之)로 분류하고, 얕은 의미의 미발을 부중저미발不中底未發이라 하고, 깊은 의미의 미발을 대본저미발大本底未發이라고 하였다. 이간은 부중저미발에 대해 아래와 같이 말하고 있다.

> 주자朱子가 말하기를, "희노애락喜怒哀樂이 아직 드러나지 않았는데도 부중不中한 것은, 기질이 덩어리져서 단단한 돌처럼 되었기 때문이다."라고 하였고, 또 "보통의 사람들은 미발 일때에 이미 스스로 혼란에 빠져 있으니, 감응하여 발하는 곳感發處에 이르러 어찌 성인聖人의 중절中節함과 같을 수 있겠는가"라고 하였다. 이러한 여러 가지 말들은 다만 중인衆人이 사물에 접하지 않은 것으로써 얕게 말한 것이다.淺言之 사물을 접하지 않은 것에 의거하였기 때문에 거칠게 미발이라고 한 것이며, 정情의 작용에 속하지 않기 때문에 또한 성이라고 하였지만, 사실 그 성은 거칠어서 의지할 만한 것이 될 수 없기 때문에 군자는 성으로 여기지 않았다. 공자가 말한 '상근지성相近之性'으로부터 이황과 이이가 '성 또한 선악이 있다'고 한 것에 이르기까지 모두 이것을 지적한 것이다. 이러한 까닭에, 주자朱子는 '악한 것은 진실로 바르지 못한 것이나, 선한 것이라 하더라도 반드시 중中인 것은 아니다'라고 말했다. 이것이 부중저미발不中底未發이니 자연히 하나의 경계를 이룬다.[97]

---

97) 『巍巖遺稿』卷12, 「未發辨」, 27~28쪽: 朱子曰喜怒哀樂之未發而不中者 是氣質塊然如頑石相似 又曰衆人未發 已自泊亂 至感發處 如何會如聖人之中節 此數說者 則只以衆人之不接事物而淺言之 據不接事物 故粗謂之未發 不屬

이간은 보통사람인 중인衆人의 미발은 혼탁한 기질에서 연유한, 거칠고 수준 낮은 '천언지淺言之'상의 부중不中한 미발이라 하고 있다. 중인은 미발일 때조차도 혼란한 상태에 빠져 있다고 보았으며, 이때의 성은 공자가 말한 상근지성相近之性·이황과 이이가 말한 선악이 있는 성 즉 기질지성에 해당한다고 보았다.

이간은 대본저미발大本底未發에 대하여 다음과 같이 언급하고 있다.

또, 주자朱子가 말하기를 "사람의 일심一心은 담연허명湛然虛明하여 거울이 빈 것과 같고 저울이 수평을 이룬 것과 같으니, 일신一身의 주재主宰가 되는 것은 참으로 그 진체眞體의 본연함이다. 그러므로 아직 감응하지 않았을 때에 지극히 허虛하고 지극히 정靜하여 이른바 감공형평鑑空衡平의 본체는 비록 귀신이라도 그 틈을 들여다볼 수 없다."고 하였다. 또 말하기를, "희노애락喜怒哀樂이 아직 발하지 않았을 때의 중中은 중인衆人과 성인聖人이 모두 같다."고도 하였다. 이러한 여러 가지 말들은 대체로 성인과 범인 모두의 그 본래의 밝은 본체本明之體를 가리켜서 깊이 있게 말한 것이다.深言之 본명지체本明之體에 의거하였기 때문에 성범聖凡이 일치하지 않음이 없으며, 리기의 근원에 의거하였기 때문에 심과 성의 근본이 둘이 아니다. 기실 그 마음이 사정팔당四亭八當하기 때문에 그 성이 한 편으로 치우치거나 기울어지지 않은 것이다. 이러한 이유로 자사子思의 미발 한마디가 실로 천성千聖이 드러내지 못한 것을 밝혔다고 하는 것이니, 그 이치가 대체로 지극히 정밀하다. 이러하기 때문에 주자는, "이 마음으로써 만물의 변화에 응한다면 나아가서 중中 아님이 없다."라고 말하였다. 이것이 대본저미발大本底未發이니 참되게 세워

情用 故亦謂之性 而實則其性龐在靠不得 故君子有不性焉 自孔子相近之性以下 至退栗亦有善惡者 皆指此也 故朱子曰惡者固爲非正 而善者亦未必也 此不中底未發 自是一界分也.

진 자리이다.[98]

이간은 천언지淺言之의 부중저미발不中底未發과 구분하여 심언지深
言之의 대본저미발大本底未發을 별도로 논하고 있다. 이간은 대본저미
발을 성인聖人과 중인衆人이 기질의 차이에 관계없이 동일 하게 가지
고 있다는 주장을 이끌어내고 있다. 이간은 심의 상태에 따라 성의
상태 또한 달라진다는 생각을 하고 있었다. 대본저미발의 심은 진체眞
體·본명지체本明之體 등으로 언급되는 순수한 기로 구성된 심으로 본
연지심에 해당된다. 인용문에서의 '한 쪽으로 치우치거나 기울어지지
않은 성'은 대본의 성으로서 본연지성에 해당된다.

이간은 부중저미발과 대본저미발로 구분하고 있는 이유에 대해, 이
와같이 미발을 나누어 그 양 측면을 잘 살펴야만 자사子思가 말하는
미발의 본지를 올바르게 파악할 수 있기 때문이라고 하였다.[99] 자사
가 『중용』에서 언급하고 있는 미발은 대본저미발에 해당하는 미발이
다. 따라서 이간의 미발론은 부중저미발에 무게를 두고 있는 것이 아

---

98) 『巍巖遺稿』卷12,「未發辨」, 28쪽: 又朱子曰人之一心 湛然虛明 如鑑之空如
衡之平 以爲一身之主者 固其眞體之本然 故其未感之時 至虛至靜 所謂鑑空
衡平之體 雖鬼神有不得窺其際也 又曰喜怒哀樂之未發之中 衆人與聖人都
一般 此數說者 蓋通聖凡指其本明之體 而深言之 據其本明之體 故聖凡無異
致 理氣之原 故心性無二本 而實則其心四亭八當 故其性不偏不倚 此子思未
發一言 實發千聖所未發 而其理蓋極精矣 故朱子曰以此心 而應萬物之變 無
往而非中矣 此大本底未發 眞箇是築底處也.

99) 『巍巖遺稿』卷12,「未發辨」, 27쪽: 未發二字 煞自有淺深界分 … 知其淺 又知
其深 竭其兩端而後 子思所謂未發本旨 方昭晰呈露矣.
『巍巖遺稿』卷12,「未發辨」, 31쪽: 未發已發 各有境界 此亦大綱說也 必就未
發二字 勘究其淺深精粗 又各有境界而後 方可見 未發本旨也.

274

니라 대본저미발에 그 중점을 두고 있는 견해라고 할 수 있다.

이간은 심을 순선한 본체와 선악이 혼재한 기품의 측면으로 나누고, 악의 요소인 탁박한 혈기의 작용 여부로써 대본저미발과 부중저미발을 구분하기도 하였다. 그는 심天君이 주재의 특성을 유지하고 있어서, 탁박한 혈기가 물러나 잠잠하고, 심의 본체가 담연허명하여, 심이 순선한 상태를 유지하고 있을 때를 대본저미발의 시기로 여겼다. 심이 주재하지 못하여 악의 요소인 혈기가 작용하고, 심의 본체가 담연허명한 상태를 유지하지 못한 선악이 혼재되어 있는 때를, 부중저미발의 시기로 보았다.[100] 혈기가 작용하는 심은 기품에 구애된 심이고, 혈기가 물러나 담연허명한 심은 기품에 구애되지 않은 심이다.[101] 기품에 구애되지 않은 심은 대본저미발의 성인과 중인이 모두 갖고 있는 본질적인 심이고, 기품에 구애되어진 심은 부중저미발의 혼매하고 방종한 중인이 가지고 있는 심이다. 이간은 기품에 구애되지 않은 본질적인 심을 본연지심이라 하고 있고, 기품에 구애된 혼매하고 방종한 심을 기질지심이라 칭하고 있다. 이간은 부중저미발의 기질지심에서 겸지兼指의 방법으로 기질지성을 언급하였고, 대본저미발의 본연지심에서 단지單指의 방법으로 본연지성을 언급[102]하고

---

100) 『巍巖集』卷12「未發辨」, 27쪽: 明德本體則聖凡同得 而血氣淸濁則聖凡異稟 明德卽天君也 血氣卽氣質也 天君主宰 則血氣退廳於百體而方寸虛明 此大本所在 而子思所謂未發也 天君不主宰 則血氣用事於方寸 而淸濁不齊 此善惡所混 而德昭(筆者註:南塘)所謂未發也.
『巍巖遺稿』卷4,「上遂菴先生別紙」, 39쪽: 濁駁是血氣也 退伏卽本心純然矣.

101) 『巍巖遺稿』卷5,「上遂菴先生」, 2쪽: 夫氣稟所拘之明德 則其昏明有萬不齊矣.

102) 『巍巖遺稿』卷12,「未發有善惡辨」, 31쪽: 以大學章句言之 其曰虛靈不昧 以

있다.

그러나 자세히 살펴보아야 할 부분이 있다. 이간이 중저미발과 부중저미발에 바탕을 두고 언급한 심과 성은 모두가 성인과 범인에 대한 언급으로 가득 차 있다. 그는 사람을 제외한 타 존재의 심과 성을 중저미발과 부중저미발에 결부시켜 논의하지 않고 있다. 중저미발에서는 개·소·말의 심이 순선하다거나, 부중저미발에서는 개·소·말의 심이 서로 다르다거나와 같은 일체의 언급이 없다. 이간이 이와같은 태도를 취하고 있는 것은 어째서일까라는 의문이 들지 않을 수없다. 그 이유는 그의 관심이 사람의 심성을 규명하는 데에 집중되어 있었기 때문인 것 같다. 이간의 중저미발과 부중저미발의 미발심성론에서의 관심은 성인과 범인의 미발심의 상태를 구분하여 성인의 미발심성을 규명하고, 어떻게 보통사람의 미발심을 성인의 미발심으로 변화시킬 것인가에 집중되어 있었다고 할 수 있다.

이간의 학설에서 성인의 미발심으로의 전환은 곧 성선인 본연지성의 온전한 확보를 의미한다. 그가 미발심을 중저미발과 부중저미발로 세밀히 분석한 것은 심을 궁극적 존재로 보아서가 아니라, 심을 통해 성선의 성인 본연지성을 온전히 규명하고 확보할 수 있다고 보았기 때문이다. 결국 이간은 인물성동이론을 말할 때도, 중저미발과 부중저미발에서의 미발심과 성을 언급할 때도 언제나 그의 관심은 사람에

具衆理而應萬事者 此本然之心也 其曰爲氣稟所拘者 此氣質之心也 心非有二也 以其拘與不拘 而有是二指 則所謂大本之性者 當就其本然之心而單指 所謂氣質之性者 當就其氣質之心而兼指 雖同一方寸 而拘與不拘之間 其界分自在 則又安可都無分別 而單指兼指滾說一處乎 然則德昭所認之心 不過是氣質之美惡.

게 집중된 것이었다고 할 수 있다. 좀 더 구체적으로 언급하면 사람의 성선의 성인 본연지성에 그 초점이 맞추어져 있었다고 할 수 있다. 이간이 중저미발과 부중저미발을 논한 미발심성론에서 사람 이외의 개·소·말 등의 타 존재들의 미발심과 성을 정밀하게 논하지 않은 이유가 될 수 있다.

이간은 대본저미발의 기품에 구애되지 않은 허령한 심을 본연지심이라하고, 이 본연지심에서 단지의 방법으로 본연지성을 논했다. 또한 부중저미발의 기품에 구애된 혼란스러운 심을 기질지심이라하고, 이 기질지심에서 겸지의 방법으로 기질지성을 언급하였다. 이러한 견해는 이철영과 다를 바 없는 것이었다고 할 수 있다. 이간은 성에 있어서도 리통의 인물동의 성과 기국의 인물부동의 성을 말하고 있다.[103) 이때의 인물동의 성은 기질과 부잡의 관계로 설정된 것으로서 리에 해당된다. 이점 역시 이철영과 동일하다. 이철영은 리통 기국으로써 인물성을 논하면 그 동이에 대한 변설로서 충분하다는 입장을 취하고 있었다.

> 율옹李珥이 말씀하시기를, "사람의 성이 물의 성이 아닌 것은 기의 국局이며, 사람의 리가 곧 물物의 리인 것은 리의 통通이다."라고 하셨다. 이것은 개·소·사람의 동이同異에 관한 변설에 대해 다 말한 것이라고 할 수 있다.[104)

---

103) 巍巖遺稿』卷8, 「未發詠」, 20쪽: 栗谷所謂氣局 朱子所謂性不同者 又非卽 此本然兼擧氣質而言歟. 이간은 일원의 관점과 리통의 관점을 동일한 의미로 사용하고 있다.

104) 『泗上講說』, 도서출판문사철, 2012, 57쪽: 栗翁曰 人之性 非物之性者 氣之 局也 人之理 卽物之理者 理之通也 此於犬牛人性同異之辨 可以盡之矣.

이철영은 이이의 리통기국설을 적극 지지하며, 리통으로 보면 개
·소·사람의 리가 동일하고, 기국으로 보면 개·소·사람의 성이 다르
다는 입장을 취하고 있다.

이철영은 이간의 중저미발·부중저미발론과 이이의 리통기국설을
자신의 학설에서 같이 언급하고 있다. 이점에서 문제가 발생하게 된
다. 이철영과 이간이, 리통의 리를 기질과 부잡의 관계로 설정하면서
본연지성으로 보는 점은 동일하며 문제가 없다. 하지만 이철영은 기
국에서의 개·소·사람 간에 다른 성을 그의 기지본연지성론에 도입
하여 설명하고자 하였고, 이간의 중저미발 또한 그의 기지본연지성에
관한 논의에 도입하고자 하였다. 이때 충돌이 일어나게 된다. 이간의
중저미발은 사람과 사람 즉 성인聖人과 보통사람 간의 미발심을 구분
지어 설명하는 과정에서 나온 개념이다. 이간의 미발론은 그 제한성
으로 인해, 다른 존재들까지 설명하고자 하는 이철영의 성론을 원활
히 설명할 수 없는 한계성을 띤 것이었다고 할 수 있다.

이에 이철영은, 이간의 미발론을 도입하되 개·소·말 등 다른 존재
들에게까지 확대 하였다. 이간의 미발론을 받아들이되, 사람뿐만 아
니라, 개·소·말 등 다른 존재들도 사람과 마찬가지로 본연지심을 가
지고 있는 것으로 이간의 미발론을 확대하였다. 이간의 미발론을 확
대하면서 이철영의 기지본연지성론에서는 심과 성이 온전하게 설명
되고, 더 나아가 성삼양설이 체계적으로 자리 잡게 되는 기반이 이루
어졌다.

사실 리통기국으로 인물의 성을 논할 때, 이철영과 이간은 큰 차이
가 있었다. 리통은 문제가 없지만, 기국의 성에 대해 이간이 기질지성
으로 언급하였기 때문이다. 사람과 다른 존재의 성선의 성이 상호 다

르다는 관점을 가지고 있는 이철영으로서는 기국의 성을 단순히 기질지성으로만 인정할 수 없는 것이었다. 기국의 인물부동의 성이 바로 각 존재에서의 성선의 성이라고 보았기 때문이다. 성선의 성은 본연지성이다. 이에 이철영은 기국의 성을, 기의 제한성을 띠는 성이기는 하지만, 인물부동의 본연지성으로 정리·규정하고, 그 명칭 또한 개·소·말 등 간에 차이가 있는 이체異體상의 본연지성이라는 의미에서 기지본연지성이라 이름하고 있다. 이철영은, 이간의 부중저미발상의 심인 기질지심 또한 개·소·말 등의 다른 존재들에게까지 확대하고 있다. 그는 확대된 기질지심에서의 성을 그의 성삼양설중 기지기질지성에 배치하였다.

이철영이, 이간의 중저미발과 부중저미발상의 본연지심과 기질지심을 다른 존재들에게까지 확대하게 됨에 따라, 이간의 미발심론이 내포하고 있던 문제점이 해결되고 있다고 할 수 있다. 즉 중저미발과 부중저미발상에서 언급된 성론과 인물성동이론에서 언급된 성론의 불일치 문제가 해결되는 점이 또한 있었다고 할 수 있다. 다시 말해 중저미발과 부중저미발상에서 논의되던 성은 어디까지나 성인聖人과 보통사람들의 성이었다. 중저미발에서 논의된 성은 성인과 보통사람들이 공통적으로 가지고 있는 성이었고, 부중저미발에서 논의된 성은 보통사람들이 평소에 가지고 있는 성이었다. 다른 존재들物에게까지 확대된 성이 아니었다. 왜냐하면 이간은 중저미발과 부중저미발을 사람에게만 적용하여 논의하였기 때문이다. 이간은 중저미발과 부중저미발을 개·소·말 등 다른 존재들에게는 적용하지 않았다. 따라서 이간이 중저미발에서 언급된 본연지성은 사람의 본연지성을 뜻하고 있었고, 부중저미발에서 언급된 기질지성 또한 사람의 기질지성을 지칭하고 있었다고 할 수 있다. 그러나 이간이 인물성동이론 상에서 말한 성은 사람과 타 존재들 간의 성을 다룬 것이었다. 본연지성과 기질지성 모두가 사람과 타 존재들 간의 동이同異 문제와 결부되며 드러나고 있다. 이간이 중저미발상의 본연지심에서 단지한 성은 인간의 본연지성이었고, 부중저미발상의 기질지심에서 겸지한 성은 인간의 기질지성이었다. 이간이 인물성동이론상의 기질에서 단지한 성은 사람과 다른 존재들의 본연지성이었고, 기질과 겸지한 성은 사람과 다른 존재들의 기질지성이었다. 이간의 중저미발과 부중저미발상에서 언급된 성론과 인물성동이론에서 언급된 성론의 불일치이다.

이철영은 중저미발의 본연지심을 다른 존재들에게까지 확대하여 개·소·말 등도 본연지심을 가지고 있다고 하였다.[105] 그리고 이 본연지심과 리를 겸지한 것이 각 존재들의 성선의 성이며, 이 성선의 성이 본연지성 즉 기지본연지성이라고 하였다.[106] 그는 부중저미발의 기질지심을 다른 존재들에게까지 확대하여 개·소·말 등도 기질지심을 가지고 있다고 하였다. 그리고 이 기질지심과 겸지한 성이 바로 그 기질의 기질지성 즉 기지기질지성이라고 하였다.[107] 이간의 학설에서 드러났던, 중저미발과 부중저미발상에서 언급된 성론과 인물성동이론에서 언급된 성론의 불일치 문제가 해결 되고 있음을 알 수

---

105) 앞의 책, 45쪽: 又孟子生之謂性章 有犬牛人之說 故乃就犬牛人異體上 論心 論性 以此推之 則可以盡知餘物之心性矣 夫人有人心之本然氣質 牛有牛心 之本然氣質 犬有犬心之本然氣質.

106) 앞의 책, 46쪽: 兼指各心之本然與理 是之謂氣之本然之性. 본연지심에 내재한 리를 단지하여 그 본연지심과 부잡관계로 설정하면 인물동의 본연지성이 된다. 앞의 책, 46쪽: 就犬牛人異體上 逃出各心之理 不雜其氣 是之謂本然之性.

107) 앞의 책, 46쪽: 兼指各心之之氣質與理 是之謂氣之氣質之性.

있다.

중저미발의 본연지심을 다른 존재들에게까지 확대하며 건립된 이철영의 기지본연지성론은, 이간과 같은 낙론자들의 미발심성론이 가지고 있었던 또 다른 문제점을 해결하고 있다. 이간은 심성일치心性一致를 말하고 있다. 그러나 이때의 심성일치는 인인人人단계에서의 심성일치였다. 요순의 심에는 요순의 성이 일치되어 있고, 척교의 심에는 척교의 성이 일치되어 있다는 것이 이간의 심성일치론이었다. 선한 요순의 본연지심에는 선한 요순의 본연지성이 짝되어 있고, 악한 척교의 기질지심에는 악한 척교의 기질지성이 짝하여 있다고 보는 것이 이간의 심성일치론이었다.[108] 그러나 사람과 사람을 논하는 단계를 벗어나 사람과 다른 존재의 미발심과 성을 논하는 단계로 나아가면 이간의 심성일치가 맞지 않게 된다. 이간과 같은 낙론자들의 학설에서 본연지성은 인물동인데, 심은 인물부동이어서, 미발심과 미발의 본연지성이 상호 일치가 안되는 점이 있었다.[109] 이점에 대해서는 일찍이 임성주가 언급한 바가 있다.

요즈음, 사람이 금수와 다른 것은 심이요 성이 아니다라고 하니, 이것은 곧 심이 없는 성이 있다고 말하는 것이 아니겠는가? 주자朱

---

108) 『巍巖遺稿』 卷12, 「未發有善惡辨」, 21~22쪽: 所謂實事 則必待夫理氣同實 心性一致 然後方可謂實事 何者 盖旣有堯舜之性 又必有堯舜之心 然後方 喚做堯舜 此實事也 彼跖蹻者 獨無其性哉 其心非堯舜 故跖蹻而止 豈可以 其性之堯舜 而引跖蹻躋堯舜哉 其非實事也 亦明矣.

109) 『巍巖遺稿』 卷 12, 「未發有善惡辨」, 21쪽: 天下之物 莫不有心 而明德本體 則惟人之所獨也 天下之性 亦莫不善 而人皆堯舜 則非物之所與也 是謂天 地之性 人爲貴者 而所貴 非性也 心也 人貴物賤 所較者此心.

子의 일설에 인·물人物이 같은 것은 리요, 같지 않은 것은 심이다라고 하였다. 지금 사람들이 핑계삼는 것이 대체로 여기에 있으나, 자못 주자가 같은 것은 리이다라고 한 것은 다만 이 리를 똑같이 품득하였다고 말한 것일 뿐임을 알지 못한 것이다. 아래 구절에 같지 않은 것은 심이다라고 함에 이르른 연후에라야 품부된 성을 설하였다. 대체로 심성이 하나라는 것은, 심을 말하면 성이 그 가운데에 있기 때문이다. 아래 문장에서 부자父子와 자웅雌雄으로 이어 간 것을 보면, 알 수가 있다. 만약 지금 사람들과 같이 말할 것 같으면 마땅히 금수가 인의仁義의 성은 갖추고 있으나 인의의 심은 없다고 하여야 하고, 혹은 성의 온전한 체體는 품득하였으나, 심의 온전한 체體는 품득하지 못했다고 하여야만 할 것이다.[110]

이 글의 요지는 다음과 같이 말할 수 있다. 낙론자들이 논리적 오류를 범하고 있다. 사람이 금수와 다른 것은 심이요, 같은 것은 성이다라는 입장을 견지하고 있는데 문제가 있다. 이로 인하여 금수의 경우 인의예지의 오상을 갖추고 있으나 인의예지의 심은 없다는 논의, 즉 성의 온전한 체는 품득하였으나 심의 온전한 체는 품득하지 못하였다는 논의가 나오고 있다. 이러한 논의는 심성일치가 아니다.

임성주의 글은 이간과 같은 낙론자들의 심성일치론이 인간과 다른 존재를 논하는 단계에서 오류를 범하고 있다는 점을 지적하고 있는 것이라고 할 수 있다. 낙론의 견해는 임성주가 지적하고 있는 바와

---

110) 『鹿門集』卷19,「鹿廬雜識」, 22~23쪽: 今謂人之異於禽獸者 心也 非性也 是將謂有無心之性乎 朱子一說 有曰人物之所同者理也 所以不同者心也 今人藉口 盖在於此 而殊不知朱子所謂所同者理 只言其同得乎此理耳 至下句不同者心 然後乃說禀賦之性 盖心性一也 言心則性在其中故爾 觀下文 以父子雌雄承之可見 若如今人之說 則當曰禽獸具仁義之性 而無仁義之心 或曰禀得性之全體 而不禀得心之全體.

같이, 주자의 "인·물人物이 같은 것은 리요, 같지 않은 것은 심이다"라는 말에 그 근거를 두고 있는 것이었다. 이간과 같은 낙론자들은 인물동의 측면을 본연지성으로 보고, 인물부동의 측면은 기질지성으로 보았다. 인물동의 성과 인물부동의 심을 일치시켜 보고, 이를 심성불일치라고 비판한 임성주와 같은 견해를 피하기 위해, 낙론자들이 인물부동의 심에는 본연지성이 짝하는 것이 아니라, 기질지성이 짝하는 것이다라고 주장할 수도 있다. 그런데 인·물단계에서 인물부동의 심이라고 할 때의 심은 사람의 경우 본연지심이다. 낙론자들은 타 존재와 비교하며 사람만이 본연지심을 가질 수 있다고 보았기 때문이다. 이간과 같은 낙론자들은 사람의 본연지심에서 본연지성을 논하는 입장을 취하고 있다. 따라서 만약 임성주의 비판을 피하려고 사람의 본연지심과 사람의 기질지성을 일치시킨다고 하면, 이때의 심성은 하나는 본연의 심이고, 하나는 기질의 성이어서 심성일치론에 어긋나는 것이 된다.

또한 사람의 본연지심과 사람의 본연지성을 일치시킬 경우, 외형적으로는 심성일치가 되겠지만, 내적으로는 본연지심은 인물부동의 심이고, 본연지성은 인물동의 성이어서 심성불일치가 된다. 임성주의 비판은 타당하며, 낙론자들은 사람과 다른 존재들의 심성을 논하는 단계에서 심성불일치의 오류를 범하고 있다고 할 수 있다.

이러한 인물단계에서의 심성의 불일치는, 이간이 미발의 중中은 사람만이 가지고 있을 수 있고, 다른 존재들은 가질 수 없다는 것과 같은, 인과 물을 구분하려는 성향을 가지고 있었기 때문에 나온 것이다.[111] 미발의 중을 사람만이 가지고 있을 수 있다는 것은 중저미발을 사람만이 가지고 있다는 것이고, 이는 곧 인의의 마음 즉 본연지심을 사람만이 가지고 있다는 논의로 이어진다. 다시 말해 이간과 같은 낙론자들은 사람만이 본연지심을 가지고 있고, 다른 존재들은 본연지심을 가지고 있지 않다고 여기고 있었다고 할 수 있다.

사람만이 본연지심을 가지고 있다고 보고, 사람과 다른 존재의 심을 인물부동으로 파악하는 이간과 같은 낙론자들의 견해는, 인물단계의 심성을 논할 때, 성과 일치하지 않는 구조적 특성이 있었다고 할 수 있다.

이철영의 기지본연지성은 인물단계의 성이다. 이간이나 다른 낙론자들이 내포하고 있던 인물단계에서의 심성불일치 문제는, 이철영의 기지본연지성론에서 해소되고 있다. 이철영의 기지본연지성은, 기질과 겸지하면서 이루어진 인물부동의 특성을 띠고 있는 본연지성이다. 낙론자들과 달리 이철영은 사람이외의 다른 존재들도 본연지심을 가지고 있다고 보았다. 이 본연지심을 인물부동으로 규정하고 있다. 이철영의 학설에서는 인물단계에서 본연지심과 본연지성이 상호 일치를 이룬다. 소에서는 소의 본연지심과 소의 본연지성이 일치를 이루고 있고, 사람에서는 사람의 본연지심과 사람의 본연지성이 일치를 이루게 된다. 이간이나 이간을 지지하는 낙론자들의 학설에서 보이는 인물단계에서의 본연지성과 미발심의 불일치 문제가 해결되고 있음을 볼 수 있다.

이철영은 이간의 미발심론을 도입하되 이를 다른 존재들의 미발심을 논하는 데까지 확대하였다. 미발심의 확대는 독자적 이론체계인 성삼양설을 체계적으로 건립하는데 중요한 기초가 되었다고 할 수 있다.

---

111) 『巍巖遺稿』卷12, 「未發有善惡辨」, 24쪽: 人能有中 而物不能有中者.

5 낙론의 심설과 호론의 성설을 결합한 삼양설로의 전환

한원진은 성삼충설을 단지單指, 각지各指, 겸지兼指라는 방법론적 용어로 설명하고 있다. 일원의 인물동의 초형기 성은 단지로, 분수의 인물부동의 인기질의 성은 각지로, 분수지분수分殊之分殊의 인물부동이면서 인인동인 잡기질의 성은 겸지로 설명하고 있다.

한원진은 초형기의 성과 인기질의 성을 둘 다 본연지성이라 하고 있지만, 그 둘의 구분에 대해 고심을 한 것으로 보인다. 한원진은 기질의 제약을 벗어난 인물동의 리를 초형기의 본연지성으로 상정하였다. 인기질의 본연지성은, 이체異體상에 서로 다르게 자재한 성을 그 이체의 기질과 부잡관계로 설정하고, 기질과 부잡관계이므로 기질지성이 아닌 본연지성이라 하였다. 한원진이 인기질의 성을 단지가 아닌 각지各指로 설정한 것은, 초형기의 성과 인기질의 성을 어떻게 구분하고 설명해야 합당한가라는 고민 속에서 이루어진 것으로 보인다. 한원진의 각지에는 개·소·사람 등 존재마다에 달리 자재하여 있는 인기질 단계의 각각의 성을, 그 각각의 기질과 상호 부잡의 관계로 설정한 성이라는 의미가 담겨 있다. 이철영은 이미 이 사실을 알고 있었다.

이철영은 한원진이 인기질단계의 성을 '원래부터 절로 같지 않다元自不同'고 언급하고 있음을 알고 있었고,[112] 어떠한 의미에서 각지라는 용어를 쓰고 있는지도 알고 있었다. 그러나 이철영은 한원진이 각지로 설명하고 있는 인기질의 성을 인정할 수 없었다. 이철영은 한원진의 각지의 인기질의 성에 대해 다음과 같이 비판하였다.

---

112) 『泗上講說』, 도서출판문사철, 2012, 120쪽: 看南塘答書有曰 … 其所率之性 元自不同 此已可見矣.

한원진이 오상에 인기질의 명칭이 붙여진 것을 가지고 성의 실체를 가리킨다고 하였으나, 기를 띠지 않은 것으로 말하면 사람과 다른 존재가 모두 같게 된다는 오묘함을 알지 못한 것이다. 부득불 사람과 다른 존재의 성에 나아가, 그 기와 부잡관계로 설정하고 각지各指 두 글자로써 일원의 성과 구분하였고, 리만을 언급하여 본연지성이라 이름하였다. 일원의 성과 기질지성의 두 사이에 두게 되니 삼층의 성이 되었다.113)

한원진이 인·물단계에서 각지의 방법으로 그 각 존재의 성을 기와 부잡관계로 설정하고, 그 기질에 자재한 인기질의 성을 실사實事의 성으로 인식하며 본연지성으로 규정하고 있지만, 이철영은 이 인기질의 본연지성을 인정하지 않고 있음을 알 수 있다. 한원진이 인기질의 본연지성을 일원의 성이나 잡기질의 성과 구분하여 중층에 배치하고 있으나 이는 잘못된 것이라고 보았다.

성삼층설에서, 중층의 인기질의 성은 일원의 본연지성과 분수지분수의 기질지성 사이에 위치해 있다. 이러한 특성 때문에 인기질의 성에 대한 비판은 본연지성의 측면에서 할 수도 있고, 기질지성의 측면에서도 할 수 있다. 이간은 기질지성의 측면에서 비판하며 한원진의 인기질의 본연지성은, 기질의 영향을 받는 성이기 때문에 기질지성에 불과하다고 비판하였다. 한원진의 각지의 방법을 인정하지 않았다.114) 이철영은 이간와 달리 본연지성의 관점에서 비판해 들어갔다.

---

113) 앞의 책, 112쪽: 南塘以五常之因氣質得名 指性之實體 而未知其不帶氣言 則人與物皆同之妙 故不得不就人與物性上 不雜其氣 而只以各指二字 分別於一原性 獨言理者 而明之曰本然之性 置之於一原性與氣質性之兩間 而爲三層.
114) 이간은 인물성론을 논함에 있어서 단지와 겸지 두 가지 방법만을 사용하고

286

이철영은, 한원진이 인기질의 성에 대해 각 존재의 기와 부잡관계로 설정하며 본연지성이라고 주장하고 있지만, 그와 같이 기를 띠지 않고 그 기와 부잡관계로 언급하게 되면 일원의 본연지성과 다를 바 없다고 보았다.[115] 이철영은 한원진과 같이 부잡의 관계로 인기질단계의 성을 본연지성으로 설정하게 되면, 일원의 본연지성과 더불어 두 개의 본연지성이 있게 되고,[116] 이 두 본연지성 간에 문제점이 발생한다고 하였다.

한원진은 삼층의 성에 대해 하나의 성의 세측면이라고 한 바 있다. 이러한 점에 입각해 볼 때, 인물동의 본연지성과 인물부동의 본연지성 또한 하나의 성의 두 측면이라고 할 수 있다. 한자리에 있는 두 개의 본연지성 그것도 동일하게 기질과 부잡관계로 설정된 두 개의 본연지성은 상호 충돌할 수밖에 없다. 이철영은 이 경우 어느 하나가 다른 하나를 따르는 식으로 나아갈 수밖에 없다고 보았다. 이때에 나타나는 문제점에 대해 이철영은 다음과 같이 언급하고 있다.

> 중층으로써 상층의 가리킴을 따르면, 사람과 다른 존재物가 같지 않고, 사람끼리는 모두 같다고 이른 것이 공허한 말이 된다. 상층으로써 중층이 가리킴을 따르면, 만물이 각각 일태극을 갖추고 있다는 말이 떨어져 안착할 곳이 없게된다.[117]

있다. 그는 단지의 방범으로 인물동의 본연지성을, 겸지의 방법으로 인물부동의 기질지성을 주장하였다.

115) 앞의 책, 108쪽: 雖於禽獸 氣質之中 超其氣而單指理 是謂本然之性 而與人同.

116) 앞의 책, 112쪽: 所謂中層性者 畢竟是不雜氣 而單言理者 則與所謂上層一原性 爲兩本然之性.

117) 앞의 책, 112쪽: 以中層從上層之指 則人與物不同 而人則皆同云者爲虛說

"중층으로써 상층의 가리킴을 따르면"은 상층의 인물동의 본연지성이 중심이 되는 경우이다. 이와 같이 되면, 한원진의 삼층설에서 인기질의 성이 가지고 있는 인물단계의 특성, 즉 인물부동이면서 사람끼리는 같은 본연지성의 특성이 공허한 설이 되어 버리게 된다고 본 것이다. 인기질의 성과 초형기의 성의 충돌이 초형기의 성을 중심으로 수렴되는 경우이다.

"상층으로써 중층이 가리킴을 따르면"은 중층의 인물부동의 본연지성이 중심이 되는 경우이다. 이와같이 되면, 한원진의 삼층설에서 일원의 성이 가지고 있는 인물동의 태극으로서의 특성이 자리잡을 곳이 없게 된다고 본 것이다. 한원진의 성삼층설에서 일원의 초형기의 태극은 구체적으로 언급할 경우 각구일태극에 해당된다. 이에 "만물이 각각 일태극을 갖추고 있다는 말이 떨어져 안착할 곳이 없게된다."고 하였다. 인기질의 본연지성과 초형기의 본연지성의 충돌이 인기질의 본연지성을 중심으로 수렴되는 경우이다.

이철영은 성삼층설에서의 기질과 부잡관계인 두 개의 본연지성의 존재는, 논리적 충돌로 이어질 수밖에 없고, 두 개의 본연지성의 충돌은 결국 어느 한 쪽의 본연지성이 자리 잡지 못하는 쪽으로 귀결된다고 본 것이다. 어느 한쪽의 본연지성이 자리 잡지 못하는 성삼층설은 더 이상 성삼층설이 아니다. 한원진의 성삼층설의 붕괴라고 할 수 있다.

이간의 미발심론을 받아들였듯이 한원진의 성삼층설을 받아들였다. 그러나 미발심에서와 같이 그대로 받아들이지 않고 보완하여 재

矣. 以上層從中層之指 則萬物各具一太極之言 無着落處.

288

구성하고 있다. 그는 한원진의 성삼층설에서 나타나고 있는 두 개의 본연지성을 하나로 통일하고, 기존의 기질지성을 둘로 나누어 기지본 연지성과 기지기질지성을 건립하였다.

> 심에 본연·기질 두 측면이 있다는 것은 이간이 이미 말했다. 다만 사람에서만 논의하고 다른 존재들에게까지 이르지 못했다. 성에 일원·본연·기질의 삼층이 있다는 것은 한원진이 이미 말했다. 다만 리를 단지한 것이 상·중 두 층이고, 기를 겸지한 것이 하 일층이다. 나의 좁은 소견으로는 곧바로 그 (이간의) 심설을 끌어와서 다른 존재들까지 겸하여 논의하고, 그 (한원진의) 성설을 빌려 끌어와서 일원과 본연을 합하여 상 일층으로 삼아 리를 단지하여 말하고, 기질을 중·하 두 층으로 나누어 기를 겸지하여 말해도, 그 참람하고 망령됨이 심하지 않다고 본다.[118]

이철영이 이간의 심설을 도입하고 한원진의 성삼층설을 빌렸다고 하나, 이쯤 되면 실상 신설이라고 할 수 있다. 그러나 이철영은 한원진의 인물분류법을 언급하며 그 영향을 받은 것임을 암시하고 있다. 이철영은 기존의 기질의 성을 나누어서 둘로 한 배경에 대해 다음과 같이 언급한 바 있다.

> 기질지성은 나뉘어 둘이 될 수 있다. 어째서인가? 기국氣局이기 때문에 비록 심기心氣 가운데 있다고 할지라도 또한 본本과 말末이

---

118) 앞의 책, 44쪽: 蓋心有本然氣質兩般 李巍巖已言之矣 但議於人 而不及於物 性有一原本然氣質三層 韓南塘已言之矣 但單指理者 上中二層 而兼指氣者 下一層 以吾管窺 直引其心說 兼議於物 借引其性說 以一原本然合爲上一層 而單言理 以氣質分爲中下二層 而兼言氣 不其僭妄之甚乎.

있다. 본은 이간이 말한 본연지심이고 한원진이 말한 심의 허령이다. 말末은 이간이 말한 기질지심이고 한원진이 말한 심의 기품이다. … 성이 심에 자재함에 본연·허령한 때에, 나는 그 리기를 합하여 가리켜 기지본연지성이라고 이름지어 말한다. 이 성은 인물부동이고, 사람끼리는 모두 같은 것이다. 참으로 한원진이 말한 바와 같다. 성이 심에 자재함에 기품이 얽매인 때에, 나는 리기를 합하여 가리켜 기치기질지성이라고 이름지어 말한다. 이 성은 사람 사람이 모두 같지 않은 것이다. 참으로 한원진이 말한 바와 같다.[119]

이철영은 미발심에 허령과 기품에 기반을 둔 본연지심과 기질지심이 있고, 성은 심 가운데 자재하여 있다고 보았다. 그런데 미발심성은 각 존재마다에서 본연지심에 본연지성이 자재하여 있는 때가 있기도 하고, 기질지심에 기질지성이 자재하여 있는 때가 있기도 하다고 보았다. 이철영은 자신의 기지본연지성 단계의 인물분류법이 한원진의 인기질 단계의 분류법인 인물부동人物不同·인인동人人同과 동일하다고 하였다. 또한 자신의 기지기질지성 단계의 인물분류법에 대해서도 인인부동으로서 한원진이 잡기질의 성에서의 인물분류법과 같다고하였다. 그런데 여기서 의문이 발생한다.

이철영의 성삼양설과 한원진의 성삼층설은 외형적으로 인물분류법이 동일하고, 둘 다 두 개의 본연지성을 설정하고 있다. 성삼양설과

---

119) 앞의 책, 109~110쪽: 惟氣質之性 可分爲二也 何者 氣局故雖於心氣之中 亦有本末 本是巍巖所謂本然之心 南塘所謂心之虛靈也 末是巍巖所謂氣質之心 南塘所謂心之氣稟也 … 性之在心 本然虛靈時者 吾合指其理氣而名之曰 氣之本然之性 是性人與物不同 而人則皆同者 果如南塘所云也 性之在心 氣稟所拘之時者 吾合指其理氣而名之曰 氣之氣質之性 是性人人皆不同者 果如南塘所云也.

성삼층설은 일원을 인물동으로, 분수를 인물부동 이면서 인인동人人同으로, 분수지분수를 인인부동人人不同·물물부동物物不同으로 분류하고 있다는 점에서 동일하다. 또한 한원진이 일원의 성과 분수의 성을 본연지성으로 규정하고 있는 것과 같이, 이철영 또한 일원의 성과 분수의 성을 본연지성으로 규정하고 있다.

그렇다면 이철영 또한 한원진의 학설에서 나타나고 있는 것과 같이 두 개의 본연지성의 설정으로 인한 문제점이 드러나야 한다. 그런데 역으로 이철영은 한원진의 학설에서 드러나고 있는 두 개의 본연지성의 문제점에 대해서 강하게 비판하고 있다. 그리고 한원진의 인기질의 본연지성과 일원의 본연지성을 합쳐서 하나의 본연지성으로 삼아야 한다고 주장하였다. 이철영은 이와 같이 한원진의 성론을 비판했음에도 여전히 한원진의 성삼층에서와 같이 두 개의 본연지성을 설정하고 있다. 비판을 피하기 어려운 점이 있다.

이철영은 문제점을, 중층의 성에서 기질과 성의 관계를 달리 설정하는 방법으로 피해가고 있다. 한원진이 경우 일원의 성은 기질을 벗어난 초형기의 성이므로 기질과의 관계가 부잡不雜이다. 인기질의 성 또한 기질에 따른 인물부동의 성이기는 하지만, 기질과의 관계가 부잡이다. 이철영은, 한원진이 일원의 성도 인기질의 성도 기질과의 관계를 부잡으로 설정하고 있다는 점에 주목하고, 두 성이 다를 바 없는 성이라고 하며, 두 개의 본연지성이 존재하는 문제점을 지적한 바 있다.

이철영은 한원진 학설에서 나타나고 있는 두 개의 본연지성의 문제점을, 일원의 성은 그대로 기질과 부잡의 관계로 두어 단지로 설명하고, 분수의 성은 한원진과 같이 기질과의 관계를 부잡으로 설정하지 않고 겸지로 설정해서, 한원진 학설에서 나타나고 있는 두 개의 본연지성이 충돌하는 문제점을 피해가고자 하였다. 그는 일원의 본연지성은 한원진과 같이 기질과의 관계를 부잡으로 설정하고, 분수의 본연지성은 기질과의 관계를 겸지로 설정하였다. 이철영은 자신의 성상양설에서는 일원의 성은 기질과의 관계를 부잡으로 설정하고, 분수의 성에서는 기질과의 관계를 겸지로 설정하여, 일원의 성과 분수의 성을 둘 다 본연지성으로 보아 두 개의 본연지성이 존재하는 양상을 띠고 있지만, 서로 충돌하지 않는다는 생각을 하고 있었다고 할 수 있다. 다시 말해 분수의 본연지성이 기질과 겸지한 것이어서 기질과 불리不離 관계를 유지하고 있으니, 기질과 부잡관계인 일원의 성과는 층차가 완전히 달라서 충돌하지 않는다는 의식을 가지고 있었다고 할 수 있다.

이철영은 성삼양설의 중층과 하층의 인물의 성을 말하면서 인물 분류가 한원진과 같다고 말했다. 이철영의 성삼양설과 한원진의 성삼층설은 인물의 분류 방식이 외형적으로 동일하다. 그러나 그는 자신의 성삼양설이 한원진의 성삼층설과 내적으로까지 같다고 여기지는 않았다. 이철영은 한원진의 성삼층설이 자신의 성삼양설과 유사하면서도 달라지게 된 결정적인 이유가 무엇일까 생각한 적이 있다. 이철영은 다음과 같이 말하고 있다.

> 내가 말하는 성삼양설은 기를 겸지한 것이 두 개가 있고, 리를 단지한 것이 한 개 있으니, 합쳐서 셋이 된다. 그런데 한원진이 이미 성삼층을 말하는 데에까지 이르렀으면서도 이것을 알지 못한 것은 어째서 일까? 아마도 동위동시同位同時의 견해를 주로 하여서, 허령과 기품에 구애됨이 절로 떨어지고 합하는 때가 있다는 것을 알지

못해서 그런 것 같다. 만약 허령과 기품에 구애됨이 서로 떨어질 수 없어서 여기에 리기를 겸하여 말한다면, 곧 하층의 사람과 사람이 같지 않은 성이어서 중층의 사람끼리 모두 같은 성이 될 수가 없다.[120)

이철영은 자신의 성삼양설과 한원진의 성삼층설이 다른 이유를, 한원진의 동위동시同位同時의 관점에서 찾았다. 동위는 허령과 기품을 한 자리에 있는 것으로 보는 관점이다. 이철영은 동위의 관점을 확대하여 미발의 심과 성 모두에 적용하고 있다. 한원진은 허령과 기품을 한자리에 있는 일심으로 보고 있다. 본연지성과 기질지성 또한 한자리에 있는 일성으로 보고 있다. 한원진은 미발에서의 심과 성을 모두 동위로 여기고 있다고 할 수 있다.

이철영의 심론에서 허령은 본연지심으로, 구애하는 기품은 기질지심으로 전환된다. 허령과 기품을 한 자리에 있는 일심으로 보는 한원진의 동위의 관점을 이철영 식으로 표현하면, 본연지심과 기질지심을 한 자리에 있는 일심으로 본다로 바꿀 수 있다.

이철영 또한 동위의 관점을 취하고 있기 때문에 동위는 큰 문제가 안된다. 문제가 되는 것은 동시이다. 동시同時는 허령과 기품을 동시에 있는 것으로 보는 관점이다. 한원진은 이간과 논쟁하는 과정에서 허령과 기품을 동시에 있는 일심으로 보고, 이간에게 허령과 기품을 둘로 나누어 이심二心을 주장하고 있다고 비판한 바 있다. 이철영은

---

120) 앞의 책, 111~112쪽: 吾之所謂性三樣說 以兼指氣者有二 單指理者有一 合爲三也 然則南塘旣說到性三層 而猶不知此者 何也 恐是主同位同時之見 故不知虛靈與氣稟所拘 自有離合之時而然也 若虛靈與氣稟所拘 相離不得 而於此兼言理氣 則卽是下層 人人不同之性 而不得爲中層 人則皆同之性也.

동시의 관점을 미발의 심과 성에도 적용하고 있다. 이철영은 한원진이 미발의 심과 성을 동위뿐만 아니라 동시로도 파악하고 있다고 판단하였다.

이간은 허령과 기품을 양분하여 중저미발의 허령에 기반을 둔 본연지심과, 부중저미발의 기품에 기반을 둔 기질지심으로 나누고 있다. 한원진은 이러한 이간의 미발심에 대해 심을 둘로 양분하는 견해라고 강력히 비판하면서,[121] 자신의 미발심론을 전개하였다. 한원진은 허령과 기품에 대해 이물二物이 아닌 일물一物이라고 하면서[122] 허령과 기품이 하나로 있는 일심[123]을 주장하였다.

이철영은 동위이시同位異時를 주장하고 있다. 한원진과 다른 지점은 이시이다. 이철영은 허령과 기품을 나누어 서로 다른 때에 존재하는 일심의 두 측면 보았고 이를 이시라고 하였다. 그는 이시의 관점을 확대해 심뿐만 아니라 성 또한 이시로 보았다. 이시는 이간의 미발심론을 재해석해 자신의 학설에 포함시킨 것이다. 이철영은 기지본연지성 단계의 본연지심과 기지기질지성단계의 기질지심을 서로 다른 때에 존재하는 하나의 심의 두 측면이라고 하였다.

이철영은, 한원진이 이시를 몰라서, 허령과 기품을 동시에 존재하는 것으로만 알았다고 보았다. 한원진과 같이 허령과 기품을 동시로

---

121) 『南塘集』 卷11, 「附未發氣質辨圖說」, 44쪽: 虛靈不昧其於方寸之中者爲一心 而名之爲本然之心 血氣淸濁充於百體之中者又爲一心 而名之爲氣質之心 則是心有兩體也.

122) 『南塘集』 卷15, 「與沈信夫」, 19쪽: 虛靈則氣稟之虛靈 氣稟則虛靈之氣稟 非有二物也 … 虛靈氣稟 元只一物者.

123) 『南塘集』 卷22, 「與舍弟別紙」, 4쪽: 大抵吾說心一也.

이해하면 이때의 성은 중층의 성이 되지 못하고 하층의 성이 된다고 하였다. 위 인용문에서의 "만약 허령과 기품에 구애됨이 서로 떨어질 수 없어서 여기에 리기를 겸하여 말한다면, 곧 이것이 하층의 '사람과 사람이 같지 않은 성'이어서 중층의 '사람끼리 모두 같은 성'이 될 수가 없다."는 문장은 바로 한원진이 허령과 기품을 동시의 관점에서 논의하고 있는데, 이와 같이 논의하면 중층의 성을 논할 수 없게 된다는 비판의 의미를 담고 있다고 할 수 있다.

이철영은, 한원진이 "허령과 기품에 구애됨이 절로 떨어지고 합하는 때가 있다는 것을 알지 못해서" 미발심에 허령한 본연지심일 때와, 기품에 구애된 기질지심일 때 두 가지가 있다는 것을 놓치고 있다고 보았다. 본연지심은 허령함에 기반을 둔 것으로서 허령과 기품이 떨어진 때이다. 기질지심은 허령함이 기품에 구애된 상태의 마음으로 허령과 기품이 합쳐져 같이 있는 때이다. 이철영은 본연지심과 성을 겸지하여 기지본연지성을 말하고, 기질지심과 성을 겸지하여 기지기질지성을 말하였다. 본연지심일 때와 기질지심일 때 두 때異時가 있다고 보는 이철영의 견해는 곧 성에 기지본연지성일 때와 기지기질기성일 때가 각각 있다는 주장으로 이어진다.

이철영이 보기에 한원진은 동위와 동시는 알았으나 이시異時를 모르고 있었다. 그리하여 인물단계에서 성을 기질과 부잡관계로 설정하며 인기질의 본연지성을 억지로 창출하고 있다고 여겼다. 인기질의 성에서 부잡관계로 설정된 기질은 기품과 허령이 같이 있는 기질에 해당된다. 이간이나 이철영의 심론으로 치면 기질지심에 해당된다. 한원진은 결국 기질지심과 성을 부잡관계로 설정하며 인기질의 본연지성을 주장한 것이 된다.

인물부동의 성은 리만을 단지한 것이 아닌, 리기 겸지의 성이다. 리만을 단지하면 인물동의 성이되고, 리기를 겸지하면 인물부동의 성이 된다. 한원진의 인기질의 인물부동의 성은 리기 겸지의 성에 해당된다고 할 수 있다. 이철영의 관점에서 볼 때, 한원진의 인기질의 인물부동의 성은 기질지심에서 언급되는 리기를 겸지한 기질지성에 불과한 것이었다고 할 수 있다. 이철영이 위 인용문에서 "만약 허령과 기품에 구애됨이 서로 떨어질 수 없어서 여기에 리기를 겸하여 말한다면, 곧 이것이 하층의 '사람과 사람이 같지 않은 성'이어서 중층의 '사람끼리 모두 같은 성'이 될 수가 없다."고한 것은, 한원진의 인기질의 성을 비판한 것이라고도 할 수 있다. '허령과 기품에 구애됨이 서로 떨어질 수 없어서'는 일심 즉 동시의 관점을 유지하고 있는 한원진의 심설을 비판하고 있는 것이라고 할 수 있다. '리기를 겸하여 말한다면'은 인물부동의 성과 연관된다. 위 문장은 다음과 같이 변환하여 말할 수 있다. '만약 한원진과 같이 허령과 기품이 떨어지지 않은 기질지심에서 리기 겸지의 인물부동의 성을 말하게 되면, 이것은 하층의 기질지성이어서 중층의 사람과 사람이 같은 성이 될 수가 없고, 하층의 사람과 사람이 같지 않은 성이된다.' 이철영의 관점에서 인기질의 성을 보면, 기질지심과 성를 부잡관계로 설정하며 본연지성이라 주장하고 있지만, 이 성은 기질지심과 같이 있는 성이어서 결코 본연지성이라고 부를 수 없는 것이었다. 기질지성을 기질지심과 부잡의 관계로 설정하고, 기질지성을 본연지성이라 칭하는 것에 불과하기 때문이다. 기질지심에서 언급되는 성은 기질지성이지 본연지성이 아니다.[124]

---

124) 이철영의 입장에서 쓴 글이다. 이간은 미발에서의 심과 성을 심성일치로 논했

이철영은, 한원진이 동시는 알았지만 이시를 몰랐기 때문에, 인기질의 성에서 오류를 범하고 있는 것으로 판단하였다고 할 수 있다. 본연지심과 기질지심의 두 때가 있다는 것을 알았다면, 본연지심과 성을 겸지하여 기의 본연지성을 말하고, 기질지심과 성을 겸지하여 기질지성을 언급할 수 있었을 텐데, 이시를 몰라서 억지로 인기질의 성을 기질과 부잡관계로 설정하면서까지 본연지성이라 주장하였다고 판단한 것이다. 이철영은 한원진의 성삼층설이 자신의 성삼양설과 다르게 된 핵심 이유를 이시를 모른 것 다시 말해 동시同時만을 고집한 것에 두고 있었다고 할 수 있다. 한원진의 성삼층설에서 드러나고 있는 두 개의 본연지성의 충돌문제, 기질지성이어야 할 인기질의 성을 본연지성이라고 주장하게된 계기의 근저에도 또한 이시異時를 모르고 동시同時만을 주장한 한원진의 잘못이 있는 것으로, 이철영은 판단하고 있었다고 할 수 있다.

이상으로 볼 때, 한원진의 성삼층설이 이철영의 성삼양설 형성에 영향을 주었다고는 할 수 있다. 그러나 이철영의 성삼양설이 한원진의 성삼층설을 그대로 따르고 있다거나, 성삼층설의 논리를 대부분 수용하여 형성된 것이라고 주장할 경우, 이는 오류이다. 이철영의 성삼양설은 한원진의 성삼층설에서 모티브를 얻어 형성되었지만, 성삼층설이 함유하고 있는 문제점을 비판하고, 이간의 심설을 도입하며 새롭게 재구조화한 신설이다.

고, 이철영은 이간의 심성일치 논법을 따르고 있다.

6 동위이시 관점의 독자적 미발심성론 전개

이철영은 동위이시 관점에서 한원진과 이간의 미발심성논변을 거론하였다. 한원진과 이간은 미발심을 상호 달리 규정하며 치열하게 논쟁을 하였다. 한원진은 허령과 기품을 동시에 존재하는 하나의 심의 두 측면으로 보았다. 한원진은 미발심을 허령과 기품으로 나누어 논할 수는 있지만 이를 기반으로 이심二心론을 주장해서는 안 된다는 입장을 취하고 있었다, 한원진은 미발심에 대해 하나의 심으로 존재하는 일물一物이라는 입장을 견지하였다.125) 한원진은 미발심의 본체인 허령을 심의 선한 측면으로, 맑고 탁하고 빼어나고 잡박한 기들이 가지런하지 않은 기품을126) 심의 유선악有善惡한 측면으로127) 보았다. 선한 허령과 선악이 있는 기품을 하나의 미발심으로 논할 경우, 미발심은 선악이 있는 기품으로 인해 유선악한 특성을 띠게 된다고 할 수 있다. 실제로 이간은 한원진의 미발심에 이러한 특성이 나타나고 있다고 보았다.128) 이간은 한원진의 미발심론이 유선악한 미발심으로 나아가는 것이라고 비판하였다. 이간은 미발심을 허령과 기품의 두 측면을 나누어, 허령한 측면을 본연지심으로 기품의 측면을 기질지심으로 언급하고 있다. 이간은, 한원진의 선악이 있는 미발심론의 배경에는 허령과 기품을 나누지 않고, 하나로 보고자 하는 잘못된 견해가 자리 잡고 있다고 거세게 비판하였다. 이철영은 이러한 이간과

---

125) 『南塘集』 卷15, 「與沈信夫」, 19쪽: 虛靈氣稟 元只一物者.

126) 上同 卷18, 「答金子靜」, 20쪽: 淸濁粹駁 氣稟本色也.

127) 上同 卷7, 「上師門」, 18쪽: 謂其心有善惡者 指其氣稟本色之不齊者.

128) 『巍巖遺稿』 卷12, 「未發有善惡辨」, 31쪽: 德昭所認之心 不過是氣質之美惡.

한원진 사이의 논쟁에 주목하였다. 그는 자신의 문집에 이간의 주장을 게재하였다.

　　이간은 바야흐로 한원진의 미발 기질에 맑고 사특함淑慝이 있다는 학설을 힐난 변설하였다. 그 스스로 말한 것에서 "심과 기품은 분별이 있으니, 방촌方寸에 갖추어져 있는 어둡지 않은 허령은 심이 되고, 온 몸에 충일한 청탁이 있는 혈기는 기품이 된다. 심은 스스로 심이고 기품은 스스로 기품이어서 나누어진 경계와 대오가 또한 매우 분명하다."라고 하였고, 또 말하기를 "이른바 대본지성大本之性은 본연지심에 나아가 단지한 것이고, 기질지성은 그 기질지심에 나아가 겸지한 것이다. 비록 같은 하나의 방촌일지라도 나뉘어진 경계가 절로 있으니, 어찌 모두 분별없이 다만 겸지 단지로써 일처一處에서 말해 나갈 수 있겠는가?"라고 하였다.[129]

　　이간이나 한원진과 같은 호락론자들의 학설에서, 숙특淑慝이나 청탁淸濁과 같은 기질의 속성은 심의 선악으로 전환된다. 인용문에서의 "한원진의 미발 기질에 맑고 사특함이 있다는 학설"은 곧 "한원진의 미발의 심에 선악이 있다는 학설"로 바꾸어 언급해도 하등 문제가 없다. 기질에 맑고 사특함이 있다는 비판의 기저에는, 허령과 기품을 하나로 보는 것에 대한 비판이 함유되어 있다고 할 수 있다. 이간은 허령과 기품의 나뉘어진 경계가 분명하니 반드시 나누어 보아야 한다

---

129) 『泗上講說』, 도서출판문사철, 2012, 88쪽: 巍巖方詰辨南塘未發氣質淑慝之 說 故其所自爲說則曰 心與氣稟有辨 虛靈不昧具於方寸者爲心 血氣淸濁充 於百體者爲氣稟 而心自心 氣稟自氣稟 界分部伍 亦甚井井 又曰 所謂大本 之性 就其本然之心單指 氣質之性 就其氣質之心兼指矣 雖同一方寸 而界 分自在 安可都無分別 而只以兼指單指 滾說一處乎云云.

고 주장하였다.

이간은 자신처럼 허령과 기품을 분명하게 나누어, 허령한 본연지심에 나아가 단지하여 대본지성(본연지성)을 말하고, 기품에 구애된 기질지심에 나아가 성을 겸지하여 기질지성을 말해야 한다고 보았다. 인용문의 "다만 겸지 단지로써 일처一處에서 말해 나갈 수 있겠는가?"는, 한원진과 같이 허령과 기품을 나누지 않고 하나의 심으로 보는 견해는, 결국에 단지의 본연지성과 겸지의 기질지성을 일처一處에서 논하는 잘못된 견해로 이어진다는 의미를 띠고 있다고 할 수 있다. 이간이 볼 때, 허령과 기품을 일심으로 보는 견해는, 일심에서 단지로 본연지성을 언급하고, 일심에서 겸지로 기질지성을 언급하는 것이니, 결국 일심의 일처에서, 단지의 본연지성과 겸지의 기질지성을 같이 말하는 그릇된 견해라고 본 것이다.

단지의 본연지성과 겸지의 기질지성을 일처에서 말하고 있다는 이간의 비판에 대해, 한원진은 하등 부정할 이유가 없다. 그는 본연지성과 기질지성을 일처에 있는 일성一性일 뿐이라는 입장을 취하고 있었기 때문이다. 허령과 기품을 구분하지 않고 있다는 비판에 대해서도, 한원진은 하등 부정할 이유가 없다. 그는 미발의 심에 대해 허령과 기품이 동시적으로 있는 일심一心일 뿐이라는 입장을 취하고 있기 때문이다.

한원진의 일심·일처에 대한 이간의 비판은, 그렇다면 미발심을 이심二心으로, 미발의 성을 이처二處에서 논해야 한다는 것인가라는 의문을 들게한다. 이처는 본연지성과 기질지성을 두 곳에서 언급하는 것이니, 성 또한 이성二性이 된다. 결국 한원진의 일심·일처에 대한 비판은 그렇다면 이간은 미발에서의 심과 성을 이심·이성으로 논해야만 한다는 것인가라는 의문으로 이어지게 된다.

실제로 이간은 한원진의 미발심성을 비판하면서 드러난 글들로 인해, 이심이성의 입장을 취하고 있다는 비판을 받게 된다. 한원진과 호론학자들은 이간이 이심이성의 해로운 주장을 하고 있다고 지속적으로 강하게 비판했다.

이철영 또한 이간이 허령과 기품을 두 곳으로 나누어서 이심이성의 비판을 초래하고 있다고 보았다.

> 이와 같다면 허령과 기품이 두 곳兩處으로 나뉘어져 허령은 항상 스스로 허명虛明하고, 기품은 항상 스스로 혼란하게 된다. 본연지성과 기질지성도 또한 두 곳으로 분속되어 각각 대오를 이루게 된다. … 이간이 한원진의 이심이성二心二性이라는 나무람과 꾸짖음을 받게된 이유가 이것이다.[130]

이철영은, 이간이 선악이 혼재되어 있는 기품을, 본연지성이 자리잡고 있는 허령과 섞을 수 없다는 점만 알고,[131] 허령과 기품을 두 곳으로 나누었고, 이러한 사유가 결국 본연지성과 기질지성까지 나누어, 이심이성으로 보는 점으로 이어졌다고 판단한 것이다.

그러나 이철영은 이간이 미발에서의 심과 성을 이심이성 보고 있는 점에 대해, 한원진과 같이 적극적으로 비판하지는 않고 있다. 그 또한 이간의 미발심성론에 대해 본연지성과 기질지성을 이처에서 논하는

---

130) 『泗上講說』, 도서출판문사철, 2012, 89쪽: 夫如是則 以虛靈與氣稟 分作兩處 虛靈常自虛明 氣稟常自混亂 而性之本然氣質 亦分屬於兩處 各成部伍 … 巍巖所以招南塘二心二性之譏誚者 是也.

131) 앞의 책, 89쪽: 但知善惡混之氣質 不可雜於虛靈中大本所立之位.

문제점이 있다고 보았다. 그러나 심을 기품으로 인한 기질지심과 허령한 본연지심으로 나누어, 기질지심일 때 기질지성을 말하고, 본연지심을 때 본연지성을 언급하는 방식은 매우 긍정적으로 평가하였다. 이처二處에서 본연지성과 기질지성을 논하는 방식은 이위異位이고, 기질지심을 때 기질지성을 말하고 본연지심일 때 본연지성을 말하는 방식은 이시異時이다. 이철영은 이간의 미발심성론에 이위의 잘못이 있지만 이시의 장점 또한 있다고 보았다.

이철영은 이간의 이시異時의 관점을 도입하여 자신의 중층의 성과 하층의 성을 논하고 있다. 그는 중층에서 본연지심일 때 기지본연지성을 언급하고, 하층에서 기질지심일 때 기지기질지성을 말하고 있다. 이간의 이시의 관점을 긍정적으로 도입하고 있는 이철영은, 이시와 대립되는 한원진의 동시의 관점을 문제 삼았다.

> 한원진이 이미 허령과 기품을 동시同時로 보았으니, 중과 부중不中 또한 동시에 있는 것으로 여기지 않을 수가 없다. … 그러한즉 실제로는 이간이 말하는 부중저미발에 은연중 합치되, 한원진으로서도 이것을 몰랐다는 것은 참으로 가히 의심스럽다.[132)]

이철영, 한원진의 심성론에 대해, 허령과 기품을 동시에 존재하는 일심으로 보았기 때문에, 중저미발과 부중저미발 또한 동시로 볼 수 밖에 없었다고 하였다. 중저미발과 부중저미발을 동시에 존재하는 것으로 보면, 이때의 미발심은 선악이 있는 기품으로 인해 유선악한

---

132) 앞의 책, 103쪽: 南塘旣以虛靈氣稟爲同時看 則不可不以中不中爲同時有者 … 然則實皆黯合於巍巖所謂不中底未發 以南塘而不知此者 誠可疑也.

미발심이 될 수 밖에 없다. 이간은 허령에 기반해 중저미발의 본연지심을 말하고, 기품에 기반해 부중저미발의 기질지심을 말하고 있다. 이간의 중저미발과 부중저미발에서 선악이 있는 미발은 기품에 기반을 둔 부중저미발이다. 부중저미발의 미발심은 기품으로 인해 유선악한 특성을 띠고 있다. 부중저미발에도 허령이 있으나 기품으로 인해 부중저미발의 미발심은 유선악한 특성을 띠게 된다.

중저미발과 부중저미발이 동시에 존재할 때의 심의 특성과, 이간의 부중저미발에서의 심의 특성이 동일하다. 둘 다 허령과 기품이 같이 있는 미발심이고, 둘 다 미발심이 유선악한 특성을 띠고 있다. 이에 이철영이 중과 부중이 동시에 있는 한원진의 미발은 이간의 부중저미발과 합치되는 것이라고 비판한 것이다.

이철영은 비판하면서 한마디 덧 붙였다. "이간이 말하는 부중저미발에 은연중 합치되니, 한원진으로서도 이것을 몰랐다는 것은 참으로 가히 의심스럽다." 이러한 비판은 이간에 동조적인 태도라고 할 수 있다. 한원진으로서는 답답할 일이다. 한원진은 본인 스스로 일심으로 있는 미발심에 대해, 이간이 말하고 있는 부중저미발에 해당한다고 말한 적이 없다. 한원진은 자신이 허령과 기품이 동시에 미발에 자재하여 있다고 주장함으로써 등장하고 있는 비판, 즉 미발심에 선악이 있다는 비판에 대해, 다음과 같이 방어하고 있다.

> 기에 비록 맑고 탁하고 아름답고 더러운 가지런하지 않음이 있으나, 미발일 때는 기가 작용하지 않기 때문에 선악이 드러나지 않아서, 담연허명湛然虛明할 뿐이다.[133]

---

133) 『南塘集』 卷11, 「附未發氣質辨圖說」, 45쪽: 氣雖有淸濁美惡之不齊 而未發

여기서의 "기에 비록 맑고 탁하고 아름답고 더러운 가지런하지 않음이 있으나"는 기품을 뜻한다. 선악은 기품에서 유래한 미발심의 선악을 뜻한다. 담연허명은 심의 체인 허령의 순선한 상태이다. 한원진의 주장은 비록 미발심에 기품으로 인한 선악의 요소가 있다고 할지라도, 미발일 때에는 이 기품이 작용하지 않기 때문에 선악이 드러나지 않아, 미발심이 담연허명한 순선한 상태를 유지한다는 것이다. 한원진의 주장에는, 자신이 말하고 있는 미발심이 비록 허령과 기품이 동시에 있는 심이기는 하지만, 결코 선악이 혼재되어 있는 이간의 부중저미발과 같지 않다는 의미가 함유되어 있다고 할 수 있다

이철영은, 한원진이 미발일 때는 기품이 작용하지 않은 선한 상태를 유지한다고 말했다는 것을 알고 있었다. 그럼에도 이철영은, 한원진의 미발심에 대해 이간의 부중저미발의 미발심과 같은 것이라는 생각을 유지하였다. 이는 그가 이간의 주장에 동조하고 있음을 뜻하는 것이라고 할 수 있다.

이간은, 한원진이 미발일 때는 기품이 작용하지 않아 미발심이 담연허명한 선한 상태를[134] 유지한다고 했음에도 불구하고, 여전히 한원진의 미발심론을 지속적으로 부정하였다. 이간이 한원진의 견해를 부정하였던 것은, 아무리 유선악한 기품의 측면이 작용하지 않아 미발심이 선한 상태를 유지한다고 할지라도, 기품이 미발에 허령과 같이 자재하여 있다는 한원진의 주장을 인정하게 되면, 심의 유선악한 면이 반드시 성에까지 영향을 주게 될 것이라고 보았기 때문이다.

之際 氣不用事 故善惡未形 湛然虛明而已矣.
134) 호락론에서 담연허명은 선하다는 윤리적 가치로 전환된다.

한원진이 주장하는 성선의 성에 짝하는 심은 본연지심과 기질지심이 혼재되어 있는 심이어서 성선의 성이 유선악한 심에 영향을 받아 성선의 성으로서의 지위를 유지하기가 어렵다. 혼재된 심과 성선의 성이 하나의 미발에 같이 있다는 것을 인정한다면, 이 인정은 곧 본연지심과 기질지심을 명확하게 나누어 본연지심과 본연지성이 일치하고, 기질지심과 기질지성이 일치하고 있다는 이간의 미발심성론에 대한 부정이 된다.[135] 뿐만 아니라, 미발을 본연지심의 측면인 중저미발과 기질지심의 측면인 부중저미발로 나누고 있는 이간의 미발론에 대한 부정으로 이어지게 된다. 따라서 이간은 결코 한원진의 주장을 인정할 수 없었던 것이다. 이간은 지속적으로 한원진의 미발심은 자신의 부중저미발의 미발심에 불과하다고 비판하였다.[136]

이철영은 이간의 중저미발과 부중저미발론을 자신의 미발심성론으로 끌어 들였고, 이간과 같이 미발심을 철저히 허령에 기반한 본연지심과 기품으로 인한 기질지심으로 나누는 입장을 취하고 있다. 이러한 이철영의 입장에서 볼 때, 허령에 기반한 미발심과 기품에 기반한 미발심을 나누지 않고 있는 한원진의 미발심은 인정할 수 없는 것이었다. 선악의 요소가 있는 기품이 순선한 허령과 일심으로 있다는 한원진의 미발심은 이간의 부중저미발의 미발심에 속하는 것이고,

---

135) 『巍巖遺稿』 卷5, 「上遂菴先生」, 3쪽: 心與性 氣與理 果若是其不相干涉歟 論大本而不論心之偏倚與否 則子思所言發未發 都是剩矣 小子於此 竊深訝惑焉.

136) 『巍巖集』 卷12, 「未發辨」, 27쪽: 天君主宰 則血氣退聽於百體而方寸虛明 此大本所在 而子思所謂未發也 天君不主宰 則血氣用事於方寸 而淸濁不齊 此善惡所混 而德昭(筆者註:南塘)所謂未發也.

더 나아가 자신의 기지기질지성 단계의 미발심에 해당한다고 지속적으로 비판하였다. 인용문에 있는 이철영의 "이간이 말하는 부중저미발에 은연중 합치되니, 한원진으로서도 이것을 몰랐다는 것은 참으로 가히 의심스럽다."는 문장은, 한원진의 미발심이, 이간의 부중저미발의 미발심에 해당되고, 또한 자신의 하층의 미발심에 해당된다는 생각이 반영된 것이었다고 할 수 있다.

한원진은 자신의 미발심성론에 대한 이간의 비판에 반격하였다. 그가 제시한 반격 중 가장 많이 회자되는 것이 '그렇다면 당신의 미발심성 논리는 성인에게는 기질지성이 없다는 해괴한 주장이다.'였다. 이철영 또한 이에 대해 자세히 논증하고 있다.

한원진은 이간의 미발심성론을 비판하며, 당신의 견해는 대본의 성이 한 층에 있고, 기품의 성이 또 한 층에 있는 것이라고 한 바 있다. 그리고 이러한 구분은 결국 성인聖人은 평생 한시도 부중저미발일 때가 없으므로, 성인은 결국 기질의 성이 없다는 것이 된다고 하였다. 더 나아가 '성인은 단지 한 성만 있고, 보통 사람은 두 성이 있게 되는 것'이어서 옳지 않다고 하였다. 이러한 내용은 이철영의 문집에도 그대로 실려 있다.[137] 한원진이 '성인은 한 성만 있게 된다.'고 비판한 것은, 이간의 논리에 따르면, 성인聖人은 미발심이 혼란스럽지

---

137) 『泗上講說』, 도서출판문사철, 2012, 100쪽: 南塘辨之曰 以未發之體 爲有中不中二層境界 以虛明湛寂爲中底界分 而大本之性具焉 是大本之性在一層氣稟之性 又在一層 … 方其爲大本 則無氣稟之性 方其爲氣稟 則無大本之性 性有時而有無 又豈性命之眞耶 且聖人平生 無一時不中底未發 則聖人終無氣質之性 而聖人只有一性 衆人却有兩性也 天之賦命 人之受性 有如是不同耶云云.

않아 부중저미발일 때가 없으니 기질지성이 없다는 것이며[138), 따라서 성인은 본연지성 한 성만 있다는 주장으로 귀결된다고 보았기 때문이다.

이간은 중저미발의 본연지심에서 본연지성을 논하고, 부중저미발의 기질지심에서 기질지성을 논한다. 본연지심은 순선한 마음이고, 기질지심은 선악이 있는 마음이다. 성인은 기질이 깨끗하여 그 마음 또한 순선한 본연지심이라고 보아야 한다. 그렇다면 이간의 학설에서 순선한 본연지심인 성인의 마음은, 중저미발과 부중저미발중 어디에 속해야 하는가라는 의문이 들게 된다. 당연히 이간의 학설에서는 중저미발에 속하는 것으로 보아야 한다. 중저미발은 순선한 본연지성이 자재하여 있는 곳이다. 한원진이 볼 때, 이간의 미발심성론에서 성인은 본연지심만 있으니,[139) 중저미발의 본연지성만 있다고 보아야 한다. 결국 성인은 기질지성이 없다는 논의가 아니냐는 결론을 내릴 수 있다. 한원진의 주장이다. 논리적으로 문제가 없어 보인다.

한원진은, 이간의 주장에 따르면 성인과 달리 보통 사람들은 중저미발과 부중저미발이 둘 다 있으니, 본연지성과 기질지성 또한 둘 다 가지고 있는 것이라고 하였다. 한원진은, 이간의 미발심성론에 대해 성인은 본연지성만 있고, 보통 사람들은 본연지성과 기질지성 둘 다

---

138) 『南塘集』卷11, 「擬答李公擧」, 4쪽: 高明以相近之性善惡之性 爲皆在不中底未發 則是以不中底未發爲氣質之性 界分矣 然則聖人之無不中底未發者 其氣質之性 又何處也.

139) 『南塘集』卷11, 「擬答李公擧」, 8쪽: 據高明此說 則天君主宰之時 血氣不在方寸之中 而天君不宰而後 血氣方在方寸之中矣 然則高明所謂本然氣質之心 在衆人則同一方寸 而在聖人則不然矣.

있다는 해괴한 결말로 이어지는 잘못된 것이라고 보았다. 이에 대해 이철영은 다음과 같이 말하고 있다.

성이 심의 허령을 따르면 중저미발이 되고, 성이 심의 기품을 따르면 부중저미발이 된다. 이것은 자연스러운 형세이다. 이간이 말한 대본저미발과 부중저미발은 실로 보통 사람의 두 미발의 정상情狀을 드러내는 것으로 적절하다. 한원진은 어찌 홀로 알지 못하고 도리어 나무란단 말인가?[140]

대본저미발은 중저미발과 같은 말이다. 이철영은, 이간의 중저미발과 부중저미발은 보통사람들의 두 미발의 양태를 잘 드러내는 것으로 이상이 없다고 하면서, "한원진은 어찌 홀로 알지 못하고 도리어 나무란단 말인가?"라고 하였다. 명백히 이간을 변호하는 말이다. 분명히 앞서서 진술된 한원진의 비판은 논리적으로 이상이 없었다. 이철영은 한원진이 무엇을 말하고 있는 지에 대해서도 잘 알고 있었다. 그런데도 오히려 잘 알지도 못하면서 비판만 하고 있다고 한원진에게 핀잔만 주었다. 도대체 무엇을 잘 알지도 못했다는 것일까? 이에 대한 답변은 이어진 다음 글에 있다.

그 이위異位를 꾸짖는 것은 옳으나, 그 이시異時까지 아울러 꾸짖는 것은 옳지 못하다. … 성인은 기질이 지극히 맑고 지극히 순수하여 기품에 구애됨이 없다. 그러므로 기질지성을 따르더라도 또한 순선할 뿐이다. 보통 사람은 기질은 맑고 탁하고 순수하고 잡박하여

---

140) 『泗上講說』, 도서출판문사철, 2012, 101쪽: 性從心之虛靈 而爲中底未發 性從心之氣稟 而爲不中底未發者 此其自然之勢也 巍巖之言 此大本底不中底者 實見得衆人兩未發之情狀 無復餘蘊矣 南塘何獨不知 而反譏之乎.

두 측면이 서로 없을 수가 없다. 그러므로 기질지성을 따르면 섞임이 없을 수 없으니, 본연의 순선한 성과 나뉘어 두 가지 모습이 된다. 성인의 성은 하나의 모습이고, 중인의 성은 두 모습을 인 것을 또한 어찌 의심하겠는가?[141]

이철영은 한원진에게 이위를 꾸짖는 것은 옳다고 하였다. 그러면서도 이어서 그 이시까지 아울러 꾸지는 것은 옳지 못하다고 하였다. 이철영이 보았을 때, 한원진이 했던 비판은 이간의 이위의 관점을 중심으로 이루어진 것이었다. 허령과 기품을 두 곳에 달리 배치하고, 허령한 상태의 부중저 미발에서 본연지성을 말하고, 기품에 얽매인 부중저미발에서 기질지성을 말하는, 이간의 이위의 관점에서는, 성인에게는 기질지성이 없다는 주장이 타당하다고 할 수 있다. 한원진의 비판은 이상이 없었고, 그래서 이철영 또한 이위를 꾸짖는 것은 옳다고 하였던 것이다. 그런데 이철영은 한원진에게 "그 이시異時까지 아울러 꾸짖는 것은 옳지 못하다."고 하였다. 문맥상 이점이 바로 한원진이 알지 못하고 있었던 부분이라고 할 수 있다. 그렇다면 이철영의 주장은, 이시의 관점에서 논하면 '성인에게는 기질지성 없다.'는 한원진의 비판이 틀렸다는 것이 된다.

이시의 관점에서는 하나의 미발심이 중저미발일 때도 있고, 부중저미발일 때도 있게 된다. 이시의 관점에서는 중저미발일 때는 부중저미발일 때가 아니고, 부중저미발일 때는 중저미발일 때가 아니다. 언

---

141) 앞의 책, 10쪽: 南塘何獨不知 而反譏之乎 但責其異位者 可也 兼責其異時者 則不可也 … 聖人氣質至淸至粹 無氣稟所拘 故從氣質之性 亦純善而已 衆人氣質淸濁粹駁 兩不能相無 故從氣質之性 不能無雜 而與本然純善之性 分爲兩樣 則聖人性一樣 衆人性兩樣者 亦何疑之哉.

제나 하나의 미발만이 있고, 그 미발에 해당하는 심성이 있게 된다. 이위와 다르다. 이위는 허령한 상태의 중저미발과, 기품에 얽매인 부중저미발이 양립하여 있다. 양립된 가운데 중저미발에는 본연지성만이 있고, 부중저미발에는 기질지성[142]만이 있으니. 중저미발 상태의 성인은 기질지성이 없다는 주장을 쉽게 도출할 수 있었다.

이시의 관점에서는 한 때에 하나의 미발만이 있다. 이철영은 예문에서 "성인은 기질이 지극히 맑고 지극히 순수하여 기품에 구애됨이 없다."[143]고 하였다. '기품에 구애됨이 없다'는 것은, 기품에 구애된 부중저미발이 없다는 것이다. 성인은 중저미발만이 있을 뿐이다. 그런데 이 중저미발 상태의 성인이 기질에 대해 '지극히 맑고 지극히 순수하다'고 하였다. 이철영은 중저미발 상태인 성인 또한 기질이 있다고 본 것이다.[144] 다만 그 기질이 보통 사람들과 다르게 지극히 맑고 지극히 순수하다고 하였다. 기질이 있으니 기질지성 역시 있다고 하여야 한다. 그리고 기질이 지극히 맑고 순수하니, 그 기질지성도 보통 사람들의 기질지성과 달라야 한다. 이에 이철영은 "기질지성을

---

142) 氣之氣質之性이 더 정확한 표현이다. 그러나 이철영 자신이 氣之本然之性을 氣本之性으로, 氣之氣質之性은 氣質之性으로 축약하여 사용하고 있다. 이에 이해의 편의를 위해 기질지성으로 칭하겠다. 앞의 책, 46쪽: 氣之本然之性(세주: 亦可曰 氣本之性) 氣之氣質之性(세주: 亦可曰 氣質之性)

143) 위의 예문 참조.

144) 기질이 없는 사람은 없다. 논리 전개상 필요하여 언급했다. 이철영은 聖人의 기질을 기품에 구애된 凡人의 기질과 다르다고 본 것이다. 수양을 통해 교기질이 이루어진 성인의 기질과, 그렇치 못한 범인의 기질을 구분한 경우이다. 異時의 관점에서 보았을 때, 성인은 부중저미발이 없지만, 그렇다고 하여 기질까지 없다고 할 수 없다. 이철영은 中底未發 상태의 성인의 기질을 기반으로, 성인도 기질지성이 있다는 주장을 하고 있다.

따르더라도 또한 순선할 뿐이다."라고 하였다. 이철영은 성인의 기질
지성에 대해 다음과 같이 말하고 있다.

> 성인은 기질이 지극히 맑고 지극히 순수하여 기품에 구애됨이 없
> 다. 그러므로 마침내 기질지성이 또한 순선할 뿐이다.145)

결국 이철영은 이시의 관점에서 보면, 성인 또한 기질지성이 있다
는 것이다. 다만 성인은 그 기질지성 조차도 순선하다고 하였다. 이시
의 관점에서 보면 한원진의 '성인에게는 기질지성 없다'는 주장은 오
류이다.

한원진은 이간의 미발심성론에 대해 '성인에게는 기질지성이 없
다.'는 주장이라고 하면서 그 문제점을 지적하였다. 한원진의 지적은
논리적으로 틀리지 않았다. 그러나 이철영이 보기에, 한원진이 비판
과 지적은 이간의 이위의 관점에서만 통하는 것이었다. 이철영은 이
간의 이위의 관점에 대해 잘못되었다고 하는 것은 옳지만, 이시의 관
점까지 틀리다고 보면 옳지 않다고 하였다. 이시의 관점에서 보면 오
히려 '성인에게는 기질지성이 없다.'는 한원진의 주장이 잘못된 것이
라고 하였다. 이철영은 성인도 기질지성이 있다고 주장하였다.

이철영은 이간의 이시의 관점을 수용하였고, 이를 자신의 성삼양설
에 적용하였다. 한원진의 '성인에게는 기질지성이 없다.'라는 비판은,
이철영에게도 향하는 것이었다고 할 수 있다. 이에 이철영은 한원진
의 '성인에게는 기질지성이 없다.'라는 주장에 대해, 이시의 관점에서

---

145) 앞의 책, 102쪽: 聖人氣質 至淸至粹 無氣稟所拘 故終氣質之性 亦純善而已.

적극적으로 비판하였다.

한원진의 '성인에게는 기질지성이 없다.'는 비판의 근저에는 허령과 기품의 구분 문제가 자리 잡고 있다. 이간이 허령과 기품을 명확히 구분해야 한다는 생각에 허령과 기품을 이위로 논하였고, 이 이위의 관점을 중저미발과 부중저미발, 본연지심과 기질지심, 본연지성과 기질지성에까지 확대하면서 발생한 문제점을, 한원진이 '성인에게는 기질지성 없다.'로 지적한 것이라고 할 수 있다.

이간은 매번 허령과 기품의 경계를 분명히 해야 한다고 하였다. 허령과 기품의 구분을 강조한 것은, 허령을 통해 순선한 본연지심을 확보하고자 하였기 때문이다. 성선의 성의 규명 여부는 순선한 심의 확보 여부에 달려 있다고 이간은 생각하고 있었다. 한원진은 논쟁하면서 이간의 의도가 무엇인지 알았다. 그러나 그는 기품을 떼어 내고 허령만을 가지고 심의 순선을 이야기하는 이간의 심론에 동의할 수 없었다. 한원진은 기회가 될 때마다 이간의 순선한 본연지심을 문제삼았다.

이철영은 허령과 기품을 나누어, 허령을 기반으로 심의 순선을 말하고 있는 이간의 미발심론에 동의하고 있었다. 그는 한원진의 글을 보면서, '왜 한원진은 심 본연의 순선함을 알지 못했을까?'라고 자문한 적이 있었다.

> (한원진이) 심기 본연의 순선함을 알지 못하는 것은 왜인가? 심기의 본연은 곧 사람이 태어나면서 얻은 호연지기浩然之氣이다. 호연지기에 어찌 순선하지 않음이 있겠는가? 어찌하여 매번 기품에 구애된 혼란한 것을 들어서, 심 본연의 허령함과 뒤섞어서 구별하지 못하는가? 참으로 받들어 질문하고 싶지만 할 수가 없다.[146]

이철영은 호연지기浩然之氣와 허령을 같은 기로 보고 있다.[147] 허령의 순선함은 사람이 태어나면서부터 얻은 본연한 호연지기인데, 왜 혼란스러운 기품과 허령을 구분하지 않아, 기품으로 인해 허령의 순선함을 침해하느냐고 하였다. 순선한 허령을 침해해서는 안 되고, 그러기 위해서는 순선한 허령을 별도로 인정해야 한다는 주장이다.

이간은 한원진의 미발심론에서 기품을 베어내어 버려야 한다고 하였다.[148] 그래야만 중저미발의 순선한 허령함을 확보 할 수 있고, 이 허령한 본연지심과 짝하는 성선의 본연지성을 올바르게 말할 수 있다고 보았기 때문이다. 이간과 이철영 둘 다, 한원진의 미발심성론에서의 폐단을 해결하기 위해서는 기품을 분리해야 한다고 주장한 것이다.

이러한 주장에 대해 한원진은 크게 반박하고 있다. 한원진은 기품을 분리해야 한다는 주장을 받아들일 수 없는 해괴한 것이라고 보았다.[149] 그는 기품을 베어내고 허령만 남게 되면 심선心善은 되겠지만, 이 주장은 이단인 불교의 심학으로 귀결되는 것이라고 비판하였다.[150] 한원진은 허령을 별도로 분리하여 순선한 본연지심을

---

146) 『泗上講說』, 도서출판문사철, 106쪽: 不知心氣本然之純善者 何耶 心氣之本然 卽人得以生浩然之氣 則浩然之氣 豈有不純善者乎 何故每擧氣稟所拘昏亂者 混同於心之本然虛靈者也 誠欲奉質 而不可得也.

147) 『泗上講說』, 도서출판문사철, 74쪽: 孟子所謂浩然之氣 卽是虛靈 而非別有一種之氣也.

148) 『南塘集』卷28, 「李公擧上師門書辨」, 1쪽: 公擧前此上師門書 擧愚說一段曰 未發之前 雖有善惡之偏云云 愚書善惡句上 本自有氣質二字 而刊去之 愚嘗怪之.

149) 앞의 책.

150) 『南塘集』卷32, 「書季明辨玉溪黎湖心性說後」, 3쪽: 其知氣質之有善惡者 輒斥氣質 以爲心外之物事 … 釋氏本心之學 幷歸一轍 豈不可惜哉.

확보하고 있는 이간의 심성론에 대해, 심의 본 모습을 잃고 심의 순선만을 주장하는 선가禪家의 심학과 같은 매우 해로운 주장이라고[151] 하였다.

한원진은 심의 순선만을 주장하는 설들은 밝고 신령한 심의 체만을 가지고 심선을 말하고 있는데, 이러한 설들은 이들이 놓치고 있는, 같이 있는 기품으로 인해, 결국 심의 순선함을 유지하지 못하고 반드시 망령된 행동을 하는 데에까지 이르게 된다고 보았다.[152] 한원진은 반드시 허령과 기품이 같이 있는 일심의 관점에서 심의 순선을 말하고 기질의 수양을 말해야 한다고 주장하였다.

이철영은 기품과 구분하여 심의 순선을 말하는게 무슨 문제냐고 하였다. 주자가 불교를 배척한 것은 그들이 본심本心을 선하다고 했기 때문이 아니라, 심을 리로 알고 기의 작용을 성이라 했기 때문이라고 하였다.[153] 주자도 본심을 선하다고 하는 것에는 반대하지 않았다는 의미다.

이철영은 만약 한원진과 같이 반드시 허령이 청탁한 기질과 떨어지지 않아서 미발심이 순선할 수 없다고 한다면, 맹자가 말한 본심本心

---

151) 『泗上講說』, 도서출판문사철, 71쪽: 南塘指目巍巖 以性同心善之學 而其與屏溪辨巍巖心純善之說曰 心純善之說 卽禪家宗旨 玆說之行 大爲吾道之害.

152) 『泗上講說』, 도서출판문사철, 75쪽: 夫以南塘而豈不知此乎 更觀其辨說之有歸宿如何耳 其說有曰 獨禪家之學 以心爲至善 釋氏曰 卽心卽佛 陸氏曰 當下便是 此皆心純善之謂也 … 可見禪家宗旨之所在矣 彼見得此昭昭靈靈之體 便認以爲至善 而不知此昭昭靈靈者 卽屬氣質 而氣便不齊 故其中煞有淸濁美惡之雜 任其流出者 不能皆善 而一以是爲本者 必至於猖狂妄行矣.

153) 『泗上講說』, 도서출판문사철, 82쪽: 盖朱子之斥釋氏者 以認心爲理 而作用爲性故也 非以其指本心爲善也.

314

· 양심良心, 주자가 말한 본연한 선심本然之善心 · 원래부터 선하지 않음이 없는 마음元無不善之心 등이 자리 잡을 곳이 없게 된다고 비판하였다.154) 한원진과 같이 허령과 기품을 동시로 보는 관점에서 심체의 순선함을 이야기하게 되면, 선악이 있는 기품으로 인해 허령한 본연지심이 자리 잡을 곳이 없게 된다고 본 것이다.

이철영은 이간과 한원진의 미발심성론의 근저에는 허령과 기품155)을 어떻게 보느냐의 문제가 미발심성 전체를 보는 관점으로 확대되고 있다는 것을 알게 되었다. 이를 인식한 이철영은 허령과 기품을 보는 방식에 따라 이간과 한원진의 미발심성론을 위位와 시時 개념을 사용하여 새롭게 정리하였다. 앞서 언급한 것과 같이 이철영은 이간의 미발심성론을 이위이시異位異時로, 한원진의 미발심성론을 동위동시同位同時로 규정하고, 자신의 미발심성론은 동위이시同位異時라고 하였다. 이철영은 자신의 동위이시의 관점에서 이간과 한원진의 미발심성론을 평가해 본 적이 있다.

> 이간이 비록 이위異位의 실수를 자각하지 못했지만, 한원진의 동시同時의 폐단을 밝혀 말할 수 있었다. 한원진은 동시의 실수를 자각하지 못했지만, 이간의 이위의 병폐를 밝혀 말할 수 있었다.156)

---

154) 『泗上講說』, 도서출판문사철, 79쪽: 若必曰 心之神明虛靈 終不離於氣質淸濁美惡之中 而不可謂之純善 則孟子所謂本心良心 朱子所謂本然之善心 元無不善之心者 無所着落處奈何.

155) 정확하게 표현하면 기품에 구애된 심이다. 간단하게 기품으로 쓰고자 한다. 호락론자나 이철영 또한 이와 같이 쓸 때가 종종 있다.

156) 앞의 책, 98쪽: 巍巖雖不自覺其異位之失 而能明言南塘同時之弊 南塘雖不自覺其同時之失 而能明言巍巖異位之病.

이철영이 볼 때, 이간은 허령과 기품을 이위로 설정하여, 본연지심과 기질지심을 이처二處의 독립된 두 심으로 논하고, 본연지성과 기질지성을 이처의 독립된 두 성으로 논하는 이위異位의 실수가 있었다.

그러나 또한 허령과 기품을 이시로 설정하여, 본연지심일 때에 본연지성을 심성일치로 논하고, 기질지심일 때에 기질지성을 심성일치로 논하는 이시의 장점이 있었다.

한원진은 허령과 기품을 동시로 설정하여, 본연지심과 기질지심을 동시에 존재하는 일심으로 논하고,157) 본연지성과 기질지성을 동시에 존재하는 일성으로 논하는 동시의 실수가 있었다. 그러나 또한 허령과 기품을 동위로 설정하여, 본연지심과 기질지심을 일처의 심으로 논하고, 본연지성과 기질지성을 일처의 성으로 논하는 동위의 장점이 있었다.

이철영은, 이간과 한원진이 자신들의 실수는 자각하지 못하고, 상대방의 잘못만을 지적하고 있다고 보았다. 즉 이간은 이위의 실수를 자각하지 못하고 한원진의 동시의 폐단을 지적하고 밝혔다. 한원진은 동시의 실수를 자각하지 못하고 이간의 이위의 병폐를 지적하고 밝혔다. 이철영은 이간과 한원진이 서로 자신들의 실수는 자각하지 못하고 다른 사람들의 잘못만을 지적하고 있어서 논쟁이 해결되지 못하고 지속될 수밖에 없었다고 판단하였다.

이철영의 동위이시同位異時의 미발심성론은, 외형적으로 보면 한원진의 동위동시同位同時에서 동위를 가져오고, 이간의 이위이시異位異

---

157) 이철영의 관점에서 쓴 글이다. 한원진은 자신의 미발심을 설명할 때 본연지심과 기질지심이라는 용어를 사용하지 않고 있다.

時에서 이시를 가져와 형성된 것으로 보인다. 이런 점에서, 이철영의 동위이시를 간단하게 한원진과 이간의 장점을 취합해 형성된 것으로 평가 할 수도 있다. 틀린 것은 아니다.

그러나 위와 같은 정리는 이철영의 동위이시의 관점을 과소 평가하는 것이다. 이철영은 동위와 이시의 관점을 성삼양설의 중층과 하층에 적용하고 있다. 중층의 미발심성과 하층의 미발심성을 이시로 논하고, 중층과 하층의 미발심성을 동위로도 논하고 있다.158) 동위로 일심 일성을 유지하면서, 이시로 미발심성의 구분을 언급하고 있다.159) 동위로 이심이성의 위험성을 피하고, 이시를 언급해 범인들이 수양을 통해 기질을 변화시켜, 하층에서 중층으로 올라갈 수 길을 열어주고 있다.160) 이철영의 동위이시의 관점은 이간과 한원진의 영향을 받았다고 할 수 있지만, 이간과도 다르고 한원진과도 다르다. 이전 학계에서 찾아 볼 수 없는 독자적인 관점이라고 보는 것이 타당하다.

---

158) 앞의 책, 87쪽: 兼指理氣 此明德也 氣之本然之性也 所謂氣稟所拘 與夫氣之氣質之性 亦同此地位 但有異其時之別耳.

159) 앞의 책, 87쪽: 心性之本然與氣質其位同者 何也 一心一性故也 其時異者何也 虛靈或有呈露時 氣稟或有拘之時故也.

160) 앞의 책, 74쪽: 衆人所以能變化氣質 以復其性初者 雖果有氣稟所拘之多 而以其有一瞬間 虛靈之體 與聖人無異故也. '기품소구'일 때는 하층의 부중저미발일 때이다. '虛靈之體 與聖人無異'일 때는 중층의 중저미발일 때이다.

제**8**장

호락논변 논쟁점

1 인물성동이논변 논쟁점

인물성동이논변의 핵심 논쟁점은 인·물사이의 본연지성 규정 문제에 있다고 할 수 있다. 이들은 실사實事에서의 본연지성을 주된 논쟁점으로 삼았다. 실사의 본연지성은 현실세계에서의 진리 실현과 관련된 성이다. 성선의 성이 이에 해당한다. 보통 '인물성동론이다.', '인물성이론이다.'라고 지칭할 때의 성은 성선의 성에 해당되는 본연지성이다. 이러한 점에서 인물성동이논변은 성선의 성을 중심으로 하는 논쟁이었고, 더 나아가 성선의 성의 규명과 관련된 논쟁이었다고도 할 수 있다.[1]

실사에서의 본연지성을, 낙론은 인물동人物同으로 규정하고자 하였

---

[1] 미발심성논변에서의 심성논쟁 또한 궁극적으로 본연지성의 규명과 관련된 논쟁이었다. 이때의 본연지성은 실사에서의 본연지성 즉 성선의 성이다. 인물성동이논변과 미발심성논변을 아우르는 핵심점은 성선의 성으로서의 본연지성이다. 이러한 점에서 호락논변은 성선의 성을 중심으로 한 논쟁이었다고 해도 과언이 아니다.

고, 호론은 인물이人物異로 규정하고자 하였다. 인·물사이의 본연지성 규정문제는 주자학의 리일분수와 밀접한 관련을 맺으며 전개되었다. 낙론은 리일분수 가운데 리일의 관점에서 인물동의 본연지성을 주장하였고, 호론은 리일분수 가운데 분수의 관점에서 인물이의 본연지성을 주장하였다. 앞에서 거론된 학자들의 본연지성에 관한 주장들을 리일분수와 관련지어 신술하며 정리하고자 한다. 그 과정에서 인물성동이논변의 논쟁점이 자연스럽게 부각 되리라고 본다.

인물성동이에 관한 논변은 이간과 한원진 사이에 오고 간 편지 글을 계기로 당시 학계에 크게 확대되었다. 이후 이 논변은 조선후기 학계에 급속히 퍼져 나갔고 조선 후기 내내 핵심 논쟁점으로 다루어졌다. 인물성동이논변이 학계에 급속히 퍼져 나간 것은, 주자학을 공부한 학자라면 누구나 쉽게 접근할 수 있는 논쟁이었고, 그러면서도 결론을 어떻게 내느냐에 따라 주자학을 보는 관점이 확연히 달라질 수 있는 중요한 의미를 내포하고 있는 논쟁이었기 때문이다.

인물성동이논변에 대해 주자학을 공부한 학자라면 누구나 쉽게 접근할 수 있는 논쟁이었다고 한 것은, 인성동이논변이 리일분수를 알기면 하면 누구나 접근이 가능한 토론 주제였기 때문이다. 리일의 입장에서 접근하면 당연히 인물성동론의 관점이 도출되고, 분수의 관점에서 접근하면 누구나 쉽게 인물성이론의 관점을 도출할 수 있다.

주자학에서 리일분수는 달의 비유로 곧 잘 언급된다. 하늘의 달은 하나이지만 여러 강과 냇가에는 수많은 달이 있다. 하늘의 달의 관점에서 말하면 수많은 강과 냇가에 비친 달은, 하늘의 달의 비침이며 모든 강과 냇가에 있는 달은 하늘의 달 자신이다. 하늘의 달의 관점에서 보면 강에 있는 달도 자신이요, 냇가에 있는 달도 자신이며, 우물

속에 있는 달도 자기 자신이다. 결국 하늘의 달의 관점에서 보면, 강의 달과 냇가의 달과 우물의 달이 같은 달이다. 하늘의 달의 관점은 리일의 관점이다. 달은 리일의 리가 자재한 것이다. 기질 속에 들어가면 성이라고 한다. 강·냇가·우물 속에 달이 들어가 있으니 성이다. 리일의 리가 자재한 성은 순수한 본연지성에 해당한다. 하늘의 달의 관점에서 보면 강·냇가·우물의 달이 같다는 것은 곧 각 존재들에 내재한 본연지성이 같다는 결론으로 쉽게 연결될 수 있다. 인물성동론에 해당된다.

반대로 강·냇가·우물의 관점에서 보면 강에 있는 달은 강에 있는 달이지 냇가에 있는 달이 아니며, 냇가에 있는 달은 냇가에 있는 달이지 우물에 있는 달이 아니다. 분수의 관점이다. 분수의 관점에서 논하면 강은 냇가가 아니고 냇가는 우물이 아니다. 강·냇가·우물은 상호 다르다. 분수의 관점에서 논할 때는 강·냇가·우물이라는 기질을 고려할 수밖에 없다. 기질을 고려하면 기질로 인해 성이 서로 달라질 수 있다는 결론을 쉽게 내릴 수 있다. 인물성이론이다. 그런데 여기서 좀 더 논의가 복잡해진다. 강·냇가·우물의 기질이 다르더라도 강·냇가·우물의 달 또한 하늘의 달과 같은 달이라는 입장을 유지하고자 하는 학자들은 이 달을 본연지성으로 규정하고자 하였다. 이들은 분수처의 기질로 인해 서로 다른 달에 대해, 분수처의 본연지성이 서로 다른 것이라고 주장하였다. 한원진과 같은 호론학자들의 주장이다. 그러나 리일의 관점에서 본연지성을 논하는 낙론학자들은, 분수처의 서로 다른 달은 강·냇가·우물이라는 기질의 차이에 따른 달이므로 순수한 본연지성이라고 할 수 없고, 기질지성이라고 주장하였다. 낙론학자들은 분수처의 강·냇가·우물의 달에 대해, 기질지성이 서로 다른 경우라고 주장하였다. 낙론학자들은 호론학자들이 기질지성을 본연지성이라 우기고 있다고 비판했다.

호론학자들은 기질지성에 대해 언급해야 했다. 그들은 강·냇가·우물에 있는 달은 강과 강, 냇가 와 냇가, 우물과 우물이 갖고 있는 기질의 차이에 따라 달라지게 된다는 입장을 취했다. 개개의 기질에 따라 물의 탁노가 다르니 물에 비친 달 또한 나르나고 본 것이나. 이에 따르면, 같은 강이라도 한강의 달, 금강의 달, 낙동강의 달, 영산강의 달이 다르다. 같은 냇가의 달이라도 냇가에 따라 상호 달라지고, 같은 우물의 달이라도 우물에 따라 상호 달라진다. 이들은 이때의 달이 바로 기질지성이라고 주장하였다. 호론자들은 이때의 달에 대해 사람과 사람의 달이 다르고, 개와 개의 달이 다르고, 말과 말의 달이 다르고, 소와 소의 달이 다르다고 하였다. 하지만 낙론자들은 이에 대해, 기질지성을 좀 더 세분하여 말한 것에 불과 하다고 보았다.

낙론의 대표 학자인 이간은 분수처의 강·냇가·우물 간에 달이 다른 것을 대분大分이라 하고, 강과 강·냇가와 냇가·우물과 우물 간에 달이 다른 것을 세분細分 이라 칭하고 있다. 이간은 대분이나 세분이나 다 기질지성이라 보았다. 이간 등의 낙론학자들이 볼 때, 한원진을 비롯한 호론자들은 대분의 기질지성을 본연지성이라고 주장하고, 세분의 기질지성만을 기질지성이라고 칭하고 있었다.

한강·냇가·우물 간에 다른 달은 분수에 해당한다. 강과 강·냇가와 냇가·우물과 우물 간에 달라지는 달은 리일분수로 말하면 분수에서 한번 더 분수된 분수지분수分殊之分殊에 해당한다고 할 수 있다. 한원진은 리일의 관점의 달을 본연지성이라 하고, 분수 관점의 달을 각 기질(강·냇가·우물)을 고려하였다는 점에서 인기질의 본연지성

322

이라하고, 분수지분수의 강과 강·냇가와 냇가·우물과 우물 간에 다른 달을 기질지성이라 칭하였다. 이것이 한원진의 성삼층설이다.

한원진의 성 삼층설에 이르면 다소 논의가 복잡해지지만, 이 정도의 논쟁은 주자학의 기본중에 기본인 리일분수를 공부한 학자라면 누구나 끼어들 수 있는 것이었다고 할 수 있다. 이와같이 누구나 끼어들 수 있는 논쟁임에도 이에는 매우 중대한 문제가 스며 있다. 어떠한 결론을 내리느냐에 따라 주자학을 보는 관점이 확연히 달라질 수 있기 때문이다. 바로 성선의 성과 관련된 문제이다. 성선의 성은 유학의 종지이다. 현실세계에서 실현해야 할 성의 본 모습이다.

정통주자학자들은 맹자의 성선설을 지지하고, 순자의 성악설을 이단으로 비판한다. 주자학에서 본연지성은 순선무악純善無惡한 성이다. 순선무악한 성은 성선의 성이다. 성선의 성이 곧 본연지성이라고 할 수 있다. 주자학자들은 맹자의 성선의 성을 본연지성으로, 순자의 성악의 성을 기질지성으로 분류한다. 본연지성과 기질지성의 분류는 엄격한 것이어서 기질지성을 본연지성이라고 하거나 본연지성을 기질지성이라고 하면 안된다. 본연지성과 기질지성의 분류에 문제가 있다고 여겨지면 곧 바로 거센 비판이 이어진다.

한원진은 리일 관점의 강·냇가·우물의 달을 본연지성으로 규정하고, 분수 관점의 강·냇가·우물의 달도 본연지성으로 규정하고 있다. 한원진과 같은 호론 학자들은 성선의 성이 어느 영역에 속하는지 선택해야만 한다. 이들은 분수 관점의 강·냇가·우물의 달을 성선의 성으로 규정하였다. 이간과 같은 낙론자들은 리일 관점의 강·냇가·우물의 달만이 성선의 성이라고 주장하였다. 성선의 규정이 달라진 것이다. 유학의 종지가 달라진 것이다. 종지가 달라지면 서로 이단이라고 칭하게 된다. 실제로 한원진 등의 호론학자들과 이간 등의 낙론학자들은 서로 상대방 진영의 학설을 이단이라고 강하게 비판하였다. 이들은 상대방의 학설을 공격하는 한편, 근거를 들어가며 자신들의 주장을 방어하였다. 호락론자들은 기존의 학설 가운데 자신들의 주장과 부합하는 견해들을 거론하며 치열하게 논쟁하였다. 논쟁은 인물성동이문제뿐만 아니라 미발심성·성범심동이를 비롯한 다양한 논쟁점들이 상호 연계되어지며 동시 다발적으로 진행되었다. 논쟁은 시간이 갈수록 점점 더 치밀해지고 점점 더 첨예하게 대립하였다.

호락론자들이 기존의 주자학설 가운데서 자신들의 주장에 맞는 다양한 근거들을 예로 들 수 있었다는 것은, 주자학 내에 서로 다른 의견, 즉 상호 불일치 하는 이론적 틈이 있었다는 것을 반증 한다고 할 수 있다. 이러한 내포되어 있던 이론적 문제가 호락론자들의 논쟁과정에서 겉으로 드러났다고 할 수 있다. 호락론자들은 기존 학설에서 자신들의 주장을 뒷받침 할 수 있는 견해들을 찾아내어 정밀하게 다듬고 보완하며 정합성을 추구하였다. 이러한 과정은 학문의 발전으로 이어졌다. 기존에 없던 새로운 논제들이 토론되었으며 해결책이 모색되었다. 새로운 용어가 등장하고 새로운 이론이 구축되었다. 기존의 주자학을 넘어서는 한국 철학의 발전이라고 할 수 있다.

인물성동이론은 주자학의 기본인 리일분수설을 알면 누구나 쉽게 접근할 수 있는 논쟁이었고, 또한 동시에 어떠한 결론을 내리느냐에 따라 이단으로 불릴 수 있는 유학의 종지와 관련된 것이었다. 논쟁은 쉬우면서도 이단으로까지 몰릴 수 있는 매우 중대한 결론과 이어져 있었다. 논쟁에 많은 학자들이 참여하게 된, 논쟁이 격렬해 질 수밖에 없었던 이유, 그리고 논쟁이 지속적으로 이어졌던 이유라고 할 수 있다.

오랜 시간 지속된 대부분의 학설들이 그렇듯이, 시간이 흐르면서 호락 두 진영의 논리를 종합·지양하려는 일군의 학자들이 나타났다. 앞에서 살펴본 임성주·기정진·이철영은 그와 같은 시도를 한 대표적인 학자들이다. 호락논변에 참가한 학자들은 매우 많고 연구 자료 또한 방대하다. 번역된 자료는 극히 일부이고 전공자는 손에 꼽을 정도로 적다. 연구가 지속된다면 좀 더 확장된 좀 더 정확한 성과가 있게 되리라고 본다.

임성주는 기존의 리통기국理通氣局적 사유를 비판하였다. 이간과 한원진을 비롯한 초기의 호락논쟁에 참가한 학자들은 이이계열의 노론학자들이었다.[2] 리통기국은 보편적 속성을 가지고 있는 리와, 특수한 제한적 속성을 가지고 있는 기로 구성된 이론틀이다. 리통기국은 기존의 리일분수와, 주자의 리는 같고 기는 다르다理同氣異는 관점이 결합되면서 이룩된 이론체계라고 할 수 있다. 리일과 리동이 합쳐져서 리통으로, 분수와 기이氣異가 합쳐져서 기국이 성립되었다고 할 수 있다. 리통기국은 이이의 독창적 학설이었고 이이 이후, 호락론자들은 리통기국적 관점에서 리일분수를 해석하였다. 이간과 한원진 역시 리통기국적 사유 속에서 리일분수를 해석하고 있었다. 리통기국적 사유속에서 리일분수를 해석할 경우, 리일은 리통의 리로, 분수는 기국의 기로 이해된다. 기의 관점에서 분수를 해석하게 되면 기의 제한성으로 인해 리는 위축되고 더 나아가 그 본연함이 축소되거나 상실되어질 수 있다. 임성주는 호론과 낙론의 학설에 이러한 문제점이 있다고 보고, 리통기국적 관점에서 리일분수를 해석하는 호락론자들의

---

2) 그 이후도 거의 대부분의 학자들이 이이계열의 학자들이었다고 할 수 있다.

학설을 강하게 비판하였다.

임성주는 분수를 기의 관점에서 해석하는 것을 지양하고, 분수를 리의 관점에서도 해석해야 한다고 주장하였다. 기국이 있으면 리국 또한 있다고 하였다. 그는 리통이 있으면 기통 또한 있다고 해야 하고, 기국이 있으면 리국 또한 있다고 해야 한다고 보았다. 통通과 일一은 모두 보편적 속성을 가진 용어로, 상호 치환될 수 있다. 국은 제한적 속성으로 인해 분수처에서 수많은 다양성을 창출한다. 임성주는 리통이 있으면 기통도 있고 기국이 있으면 리국도 있다는 주장을, 리일분수에도 적용하여 리일이 있으면 기일이 있고 기가 만萬이면 리도 또한 萬이라는 주장을 하였다. 만萬은 분수처의 다양성을 상징한다. 임성주의 주장은 리일이 있으면 기일이 있고, 기분수가 있으면 리분수도 있다는 주장이다.3) 그는 리일분수를 리일과 리분수로 해석하며, 이러한 리일분수에는 언제나 기일과 기분수로 이루어진 기일분수氣一分殊가 짝하여 있다고 주장하였다. 기존과 다른 해석이다. 기존의 학자들은 분수를 기국의 관점에서 즉 기의 측면에서 해석하려고 하였다. 리통리국, 리일리분수의 성립은 리를 중심으로 리일분수를 해석하는 새로운 관점이다.

기존의 호락론자들은 리통기국과 리일분수를 큰 구분없이 혼용하여 사용하였다. 낙론자들이 리통의 관점에서 인물동의 본연지성을 말했다고 하여도 되고, 리일의 관점에서 인물동의 본연지성을 말했다고 하여도 된다. 한원진과 같은 호론자들 역시 리통의 관점에서 인물동

---

3) 『鹿門集』卷19,「鹿廬雜識」, 7쪽: 通局二字 不必分屬理氣 盖自其一原處言之 則不但理之一氣亦一也 一則通矣 自萬殊處言之 則不但氣之萬理亦萬也 萬則局矣.

의 본연지성을 말하고, 기국의 관점에서 인물부동의 본연지성을 말했다고 해도 되고, 리일의 관점에서 인물동의 본연지성을 말하고, 분수의 관점에서 인물부동의 본연지성을 말했다고 해도 된다. 이와 같은 해석이 가능한 가장 큰 이유는, 그들이 기국의 기의 관점에서 분수를 해석하고 있었기 때문이다. 임성주는 이러한 호락론자들의 인물성동 이론을 비판하였다. 임성주의 리통리국, 리일리분수는 분수처에 있는 달을 리일의 관점에서 보아도 본연지성이고, 분수지리의 관점에서 보아도 본연지성이라는 새로운 본연지성론으로 이어졌다. 리국의 리는 순수한 리이기 때문에 기질지성이라고 할 수 없다. 본연지성이라고 하여야 한다. 임성주는 강·냇가·우물에 있는 달을, 리일의 관점에서도 본연지성이고, 분수의 관점에서도 본연지성이라고 하였다. 리일의 관점은 분수처의 강·냇가·우물에 하늘의 달이 그대로 본연지성으로서 자재한다는 주장이다. 그는 리일 즉 '리일의 리'의 관점에서 보면 강·냇가·우물의 달이 상호 같고, 분수 즉 '분수의 리'의 관점에서 보면 강·냇가·우물의 달이 상호 다르다고 하였다. 임성주는 성선의 성을 분수처의 달에 배치하였다. 성선의 성이 개·소·말·사람 등의 기질에 따라 상호 다르다는 입장을 취하였다.

임성주은 낙론학자들이 리일의 관점에서만 강·냇가·우물의 달을 본연지성이라 주장하고, 분수 관점의 강·냇가·우물의 달을 기질지성으로 주장하고 있다고 보았다. 그는 이러한 관점은 달이 분수처에 온전히 자재하지 못하는 결과를 초래한다고 보았다. 논리적으로 하늘의 달이 분수처에 온전히 자재하지 못하고 공허하게 허공에 매달려 있는 양상이라고 비판하였다. 공허하게 허공에 매달려 있는 양상을 띠게 된 이유는 분수처의 강·냇가·우물의 달을 본연지성으로 인정하지 않았기 때문이라고 보았다. 임성주는 낙론자들이 리통기국적 사유를 적용하여 분수를 기로 해석하였고, 그로 인해 분수의 성을 기질지성으로 해석하는 잘못을 범하고 있다고 비판하였다.

임성주는 호론학자들이 리일의 관점에서 강·냇가·우물의 달을 인물동의 본연지성으로 말하고, 분수 관점에서도 강·냇가·우물의 달을 본연지성이라고 말하지만, 분수의 달에 문제가 있다고 보았다. 호론학자들은 분수 관점의 강·냇가·우물의 달을 성선의 성으로 규정하고 실사에서의 참다운 본연지성이라고 주장하였다. 그러나 한원진과 같은 호론학자들은 분수의 달을 인기질의 달이라 하여 기질로 인해 달이 서로 다르다고 하였다. 리일의 달에 대해서는 기질의 제한을 받지 않는 초형기의 달이라 하여 서로 같다고 하였다. 두 달이 불일치한다. 하나는 인물동이고, 하나는 인물부동의 달이다.

임성주는 한원진과 같은 호론학자들이 하나의 달을 논리적으로 분리시키고 있다고 보았다. 이는 하늘의 달의 관점은 기의 영향을 받지 않는 리일의 달로, 분수처의 달은 기의 영향을 받는 달로 설정하였기 때문이다. 임성주는 호론자들이 분수를 기국의 관점에서 해석하여, 논리적으로 하늘의 달과 분수처의 달을 두 달로 분리시키는 오류를 범하고 있다고 비판하였다.[4] 그는 자신의 리통리국, 리일리분수의 사유는 그렇지 않다고 하였다. 리로 인해 일원과 분수가 분리되지 않고 있다고 보았다. 강·냇가·우물의 달에 리일의 관점의 달과 분수의 관점의 달이 동시적으로 겹쳐 있다고 주장하였다. 리로 인해 리통과 리

---

4) 『鹿門集』卷3, 「答櫟泉宋兄」, 4~5쪽: 俗見每以本然氣質分而二之 太極爲超形氣 五常爲因氣質 而性與太極爲不同 … 二說各異 而其析理氣而二之則一也.

국, 리일과 리분수가 분리되지 않고 밀접하게 하나로 소통되고 있다고 하였다.

그의 이러한 주장은 성즉리性卽理에 대한 독특한 해석으로 이어졌다. 임성주는 성즉리性卽理가 어찌 인물동人物同의 증거만 되고 인물이人物異의 증거는 될 수 없다고 하느냐면서, 성즉리의 성을 인물동과 인물이 두 측면에서 동시에 해석할 수 있다고 하였다.5) 강·냇가·우물의 달을 리일의 인물동으로 해석할 수도 있고, 분수의 인물이로도 해석할 수 있다는 주장이다. 낙론의 인물성동론과 호론의 인물성이론을 절충 또는 종합·지양하고 있는 것이라고 할 수 있다.

기정진 또한 호락의 리일분수 해석을 문제 삼았다. 임성주처럼 기분수를 문제 삼았으나 임성주와는 다른 방식으로 문제점에 접근하고 해결책을 모색하였다. 그는 호락론자들이 분수를 기의 관점에서 해석하고 있다고 보았으며, 그 원인을 이이의 '기자이機自爾'·'비유사지非有使之'논리에서 찾았다. '기자이'·'비유사지'는 이이 리기론의 주요 내용 가운데 하나이다. 기정진은 '기자이'·'비유사지'를 기의 자기원인적自己原因的 능동성能動性을 뜻하는 것으로 보았다.6) 리기 두 범주 체계내에서 기의 능동성이 커지면 커질수록, 명령자인 리의 존재성은 축소될 수 밖에 없다.7) 기정진은 '기자이'·'비유사지'의 기의 자기원

---

5) 『鹿門集』 卷19, 「鹿廬雜識」, 25쪽: 今人每以性卽理三字 證性之同 … 則所謂 性卽理者 何獨爲同之證 而不可爲異之證也.

6) 『蘆沙集』 卷12, 「猥筆」, 22쪽: 今曰其機自爾 自爾雖不竢勉强之謂 而已含有 己不他由之意 又申言之曰 非有使之者 說自爾時 語猶虛到 非有使之語意牽 確 眞若陰陽無所關由 而自行自止者.

7) 『蘆沙集』 卷12, 「猥筆」, 23쪽: 自爾二字 與所以然三字 恰是對敵 自爾爲主張 則所以然不得不退縮.

인적自己原因的 능동성能動性이 소이연으로서의 리의 명령을 제대로 수행되지 않게 하는 문제점을 발생시키고 있다고 비판하였다.[8] 기정진은 '기자이'·'비유사지'가 기의 확대를 불러오고 소이연자인 리를 축소시킬뿐만 아니라, 급기야는 분수가 기에 점령되어 기분수로 화하게 되는 현상을 일으킨다고 보았다.[9]

기분수의 강화는 기의 제약성의 강화를 뜻하며, 기의 제약성의 강화는 분수처에 리일지리가 분수지리로서 온전히 자재하지 못하게 되는 양상을 발생시키게 된다. 기정진은 리일지리와 분수지리의 단절 현상을 리분상리理分相離라고 하였다. 그는 논리적 명령자인 리의 존재성을 강화하고 리일분수를 리를 중심으로 재해석하여 리분상리현상을 극복하고자 하였다. 그는 분수가 곧 리일의 자리라고 하며,[10] 분수처를 리일지리의 자기동일적 전개의 장으로 삼고자 하였다. 기정진은 리는 본래 하나이므로 리일 가운데 분수지리가 함유되어 있고, 분수처에 리일지리가 자존해 있다는 리분상함理分相涵을 주장하였다. 리분상함은 리일지리와 분수지리를 원융한 일체적 관계로 보는 관점이다.[11]

기정진의 리분상함론은 편전의 성을 형이상의 리 즉 본연지성으로 보는 관점이다. 그는 리를 중심으로 리일분수를 재해석하며, 임성주

---

8) 『蘆沙集』卷12,「猥筆」, 24쪽: 初旣無使之然之妙 末又非有操縱之力 寄寓來乘 做得甚事 有之無所補 無之靡所闕 不過爲附肉之疣 隨驥之蠅 嗚呼可憐矣.

9) 『蘆沙集』卷12,「猥筆」, 22쪽: 曰自爾 曰非使時 其不得不然之故 已被氣分占取 不得不然之故 卽所以然也.

10) 『蘆沙集』卷12,「納凉私議」, 2쪽: 此分殊 便是理一處.

11) 앞의 책,「納凉私議」, 9쪽: 如吾之說則理分圓融 所謂體用一原 顯微無間者.

와 마찬가지로 리일의 인물동의 성과 분수의 인물이의 성을 모두 긍정하였다.[12] 기정진은 인물성동의 낙론과 인물성이의 호론의 다툼은, 분수가 기에 점령되며 나타난 리일지리와 분수지리의 단절현상으로 인한 것이라고 하며, 리분상함의 관점에서 낙론과 호론을 모두 비판하였다.[13]

기정진은 낙론의 인물동의 본연지성에 대해 리일의 관점에서 성을 말하고 있지만, 분수의 성을 본연지성으로 인정하고 있지 않기 때문에 병통이 있는 것이라고 비판하였다.[14] 리일의 관점의 성만 본연지성으로 인정하고 분수의 관점의 성은 본연지성으로 인정하지 않고 있기 때문에 병통이 있다고 지적한 것이지만, 그 내면에는 그렇게 된 원인인, 리일이 분수와 단절되어 있는 병통을 함께 언급하고 있는 것이라고 할 수 있다. 리일 관점에서의 강·냇가·우물의 달이 그대로 분수 관점에서의 강·냇가·우물의 달로 자리잡고 있어야 하는데, 리일 관점에서의 달이 그러하지 못하고 있으니 병통이 있다고 한 것이다. 낙론자들은 리일의 달을 온전한 달이라고 하나, 기정진은 온전한 달이기는 하지만 병든 달이라고 본 것이다.

호론에 대해서는 리일의 인물동의 성을 공허한 자리에 세우고 있으며, 이 성은 논리적으로 분수지리와 단절되어 있어 결과적으로 분수

---

12) 『蘆沙集』卷12,「納凉私議」, 12쪽: 先覺論性有言理同者 有言理不同者 非相戾也.

13) 앞의 책,「納凉私議」, 2쪽: 苟以理分爲兩截事 則一礙與殊之相反 若氷炭 其遼絶 若天淵 層級橫生 各占一位 以爲本然 而同異之論 紛然而起.

14) 『蘆沙集』卷12,「納凉私議」, 7쪽: 同五常而說本然 是着實的一原 … 但以偏全非本然之說觀之 却恐同五常之同字 已自帶病了.

가 없는 괴이한 성론으로 귀결되고 있다고 비판하였다. 분수의 인기질의 본연지성에 대해서도, 일원의 본연지성과 단절된 또 다른 분수의 본연지성을 세우고 있는 형국이어서, 일원의 측면과 단절된 괴이한 성이라고 비판하였다.[15]

기정진은 강·냇가·우물의 달을 리일의 관점에서 보면 인물동의 본연지성이고, 리분수 관점에서 보면 인물이人物異의 본연지성이라고 하였다. 임성주와 크게 다를 바 없다고 할 수 있다. 임성주와 기정진이 접근 방식은 서로 달랐지만 리일분수를 리일지리와 분수지리로 해석하며, 상호 유사한 방식으로 호론과 낙론을 비판하고 있었다고 할 수 있다.

호락의 인물성동이론은 실학자들에게도 영향을 끼쳤다. 홍대용은 리일의 관점에서 보면 강·냇가·우물의 달이 모두 본연지성이라는 인물성동론의 입장을 취하고 있었다.[16] 그러나 그의 인물성동론은 낙론 그대로의 인물성동론이 아닌, 서구과학의 영향으로 변화를 겪은 인물성동론이었다. 홍대용의 인물성동론은 강·냇가·우물의 달에 대해 같다고 하는 것뿐만 아니라, 강·냇가·우물 자체를 대등하게 보고자 하는 특징이 있는 것이었다. 그의 이러한 변화된 인물성동론의 특징은, 사람과 타 존재를 균등하게 보아야 한다는 의미를 담고 있는

---

15) 앞의 책, 「納涼私議」, 4쪽: 盖旣以無分爲一 則無怪其別立一層本然於本然之上 以爲萬物之一原 無怪其以仁義禮智爲因氣各指之性 而有人物性異之論.
16) 『湛軒集』內集「心性問」: 在天曰理 在物曰性 在天曰元亨利貞 在物曰仁義禮智 其實一也.
『湛軒集』內集「心性問」: 草木之理 卽禽獸之理 禽獸之理 卽人之理 人之理 卽天之理 理也者 仁與義而已矣.

'인물균人物均'17)에서 잘 드러나고 있다.

정약용은 강·냇가·우물의 달이 상호 다르다는 입장을 취하고 있었다. 그는 사람의 성은 사람의 성이고, 개의 성은 개의 성이며, 소의 성은 소의 성이라고 보았다. 정약용은 분수처의 사람의 본연지성을 개·소 등의 금수의 본연지성보다 우월하다고 보았다. 사람의 본연지성은 도의道義와 기질이 합쳐진 것으로 규정하고, 개·소 등의 금수의 본연지성은 기질의 성이 곧 본연지성인 것으로 규정하였다.

정약용은 본연지성이 다른 이유를, 하늘이 부여한 명命이 원래부터 서로 같지 않기 때문이라고 하였다. 리일분수식으로 말을 하면 리일의 관점에서 성을 규정하고 있다고 할 수 있다. 그는 리일 관점의 본연지성이 원래부터 개·소·사람 등에게 상호 다르게 부여되어 있다고 주장하였다.18) 이간과도 다르고 한원진과도 다른 본연지성론이라고 할 수 있다. 왜냐하면 리일의 관점에서 강·냇가·우물에 자재한 달이 상호 다르다고 하고 있기 때문이다. 이간이나 한원진은 물론, 지금까지 알려진 모든 호론과 낙론의 학자들이 그동안 리일 관점의 달에 대해서는 같다고 하였다. 기존의 주자학자들의 인물성이론과 다른 변용된 새로운 관점의 인물성이론이라고 할 수 있다. 이와 같은 현상이 발생한 원인은 일차적으로는 그가 인격적 천인 상제上帝를 주재자로서 상정하고 있었기 때문이며, 이차적으로는 인간을 타 존재보다 우월한 존재로 규정하고자 하는 학적 의도를 가지고 있었기 때문

---

17) 『湛軒集』內集 卷4, 「毉山問答」, 18쪽: 自天而視之 人與物均也.

18) 『孟子要義』「生之謂性」: 各受天命 不能移易 牛不能强爲人之所爲 人不能强 爲犬之所爲 非以形體不同 不能相通也 乃其所賦之理 原自不同.

이었다고 할 수 있다. 정약용의 인물성이론은 『천주실의』와 같은 서학의 영향속에서 이루어진 것이라고도 할 수 있지만, 동시에 조선의 호락논변이라는 학적 전통의 영향 속에서 이루어진 것이었다고도 할 수 있다.

이철영은 성삼양설을 주장하고 있다. 그의 성삼양설은 이간과 한원진의 특장점들을 도입하며 이루어진 것이다. 이철영은 그의 저서에서 이간의 학설에서는 미발심론을, 한원진의 학설에서는 성론을 받아들이고 있음을 시사한 바 있다. 그러나 세밀하게 분석해보면 그는 이간의 미발심론과 한원진의 성론을 그대로 받아들이지 않고 그 특장점을 수정·보완하며 도입하였다. 본 단원에서는 인물성동이 문제만 논하고 있기 때문에 성론만을 서술하고자 한다. 이철영은 한원진과 같이 성을 삼층으로 구분하고 있다. 외형적으로 보면 한원진과 유사하다. 그는 리일 관점의 인물동의 본연지성, 분수 관점의 인물이人物異면서 인인동人人同·소소동牛牛同·말말동馬馬同인 본연지성, 분수지분수 관점의 인인이人人異·소소이牛牛異·말말이馬馬異인 기질지성을 말하고 있다. 외형적 인물분류만 놓고 보면 한원진의 성삼층설과 동일하다고 할 수 있다.

그러나 내적으로 보면 이철영은, 한원진의 성삼층설 중 인기질의 성을 문제 삼고 있다. 한원진이 각지各指라는 명칭을 붙여가며 인기질의 성을 기질과 부잡관계로 설정하고, 인기질의 성을 인물이人物異의 본연지성이라 하고 있는데 오류가 있다고 비판하였다. 기질과 부잡관계로 설정하면 이미 그 성은 리일의 성으로 귀결된다고 하였다. 이철영은 문제점을 해결하고자 하였다. 그는 한원진의 인기질의 성과 초형기의 성을 합쳐서 하나의 성으로 상정하였다. 한원진의 각지를 무시하고, 인기질의 성과 초형기의 성을 묶어 단지單指로 언급되는 하나의 성으로 처리하였다. 그리고 일반적으로 언급되던 단지의 본연지성과 겸지의 기질지성이라고 할 때의 기질지성을 둘로 나누었다.

이철영은 겸지의 기질지성을 기질에 내재된 기의 본연한 측면을 고려한 기지본연지성氣之本然之性과, 종래의 청탁수박한 기질을 고려한 기지기질지성氣之氣質之性으로 나누었다. 이철영의 성삼양설은 리일 관점의 본연지성, 분수 관점의 기지본연지성, 분수지분수 관점의 기지기질지성으로 구성되어 있다. 리일 관점의 본연지성은 인물성동을, 분수 관점의 기지본연지성은 인물이人物異면서 인인동人人同·소소동牛牛同·말말동馬馬同인 인물성이를, 분수지분수 관점의 기지기질지성은 인인이人人異·소소이牛牛異·말말이馬馬異인 인인성이人人性異·물물성이物物性異의 측면을 각각 담당하는 역할을 수행 하고 있다. 이철영은 한원진과 동일하게 세 성을 하나의 성의 세 측면이라고 보고 있다.

이철영의 성삼양설이 한원진의 성삼층설과 크게 다른 점을 정리하면 다음과 같다.

첫째, 성삼층설에서의 초형기의 본연지성과 인기질의 본연지성을 하나로 합쳐 리일의 본연지성이라 하고 있다. 이철영의 성삼양설에서는 한원진의 성삼층설에서의 인기질의 본연지성을 부정하고, 인기질의 본연지성을 초형기의 본연지성으로 귀결시켜 하나의 성으로 보고 있다.

둘째, 기지본연지성을 기질과 불리不離관계로 설정하고 있다. 한원진이 중층의 성인 인기질의 성을 기질과 부잡관계로 설정하고 있는 것과 다르다. 한원진이 인기질의 성을 기질과 부잡관계로 설정한 것은 선악이 있는 기질을 성과 불리관계로 설정할 경우, 중층의 인기질의 성이 선악이 있는 기질로 인해 본연지성으로서 자리를 잡을 수 없기 때문이었다. 한원진은 인기질의 성에 성선의 성을 배치하고 있었다. 선악이 있는 기질의 영향을 받게 되면 성선의 성은 선악이 있는 성으로 변하여 더 이상 성선의 성으로서의 특성을 유지할 수 없게 된다. 이에 한원진이 성선의 성으로서의 특성을 유지하기 위한 방안으로, 성선의 성인 인기질의 성과 선악이 있는 기질을 부잡관계로 설정하게 되었다고 할 수 있다. 그런데 이철영은 기질과 중층의 성인 기지본연지성의 관계를 겸지인 불리관계로 설정하고 있다. 선악이 있는 기질과 불리관계로 설정 하였는데 어찌 중층의 성이 본연지성으로서의 지위를 유지할 수 있는지 의문이 들 수밖에 없다. 논리적으로 기질의 영향을 받는 중층의 성은 본연지성으로서의 지위를 유지할 수 없다고 보아야 한다. 그럼에도 이철영은 기질의 영향을 받고 있는 기지본연지성을 선하다고 주장하였다. 이러한 주장이 가능했던 배경에는, 이철영이 중층의 성과 불리관계에 있는 기질을 한원진과 다르게 규정하고 있는 점이 자리 잡고 있다.

셋째, 기지본연지성 단계의 기질을 선한 것으로 규정하고 있다. 이철영이 중층의 성인 기지본연지성을 기질과 불리관계로 설정하고 있으면서도 기지본연지성이 바로 성선의 성이라고 주장하는 배경에는, 기지본연지성 단계의 기질을 선한 것으로 규정한 점이 있다. 이철영은 중층의 성과 불리관계인 기질을 선한 기질로 규정하고, 비록 선한 기질이지만 기가 갖고 있는 제한성·특수성으로 인해 각 존재의 기질이 상호 다르다고 하였다. 그리고 서로 다른 기질로 인해 중층 단계의 본연지성 또한 존재마다 서로 다르다고 하였다. 즉 사람·소·말 등의 기질이 서로 다르고, 사람·소·말 등의 서로 다른 기질에 깃들여 있는 본연지성 또한 서로 다르다고 보았다. 그리고 이때의 서로 다른 본연지성이 바로 성선의 성이라는 것이 이철영의 주장이다. 이러한 논리가 가능한 까닭은 이철영이 불리관계에 있는 기질을 선한 것으로 규정하고 있었기 때문이다.

넷째, 중층과 하층의 성을 이시異時의 관점에서 논하고 있다.

이철영은, 한원진이 중층과 하층의 심성을 동시同時의 관점에서만 논하는 우를 범하고 있어, 본연지성이 기질의 선악으로 인해 본연지성으로서 자리를 잡지 못하고 있다고 보았다. 그는 하나의 성이 본연지심일 때는 기지본연지성으로 드러나고, 기질지심일 때는 기지기질지성으로 드러난다는 이시異時의 관점을 주장하였다.

이철영의 성삼양설은 성선의 성을 분수의 기지본연지성에 배치하고 사람·소·말 등의 성선의 성이 상호 다르다는 입장을 취하고 있다. 따라서 이철영의 인물성론은 강·냇가·우물의 달이 상호 다르다는 인물성이론에 해당 된다고 할 수 있다. 그러나 이철영의 인물성이론은 한원진의 인물성이론과 또한 다르다고 보아야 한다. 이철영의 인물성이론에서는 성선의 성을 기질과 불리관계로 설정하고 있지만, 기질이 선하다는 입장을 취하고 있기 때문에, 성선의 성인 기지본연지성이 리일의 본연지성과 소통하는 데 있어서 기질이 장애가 되지 않고 있다고 할 수 있다. 리통의 리와 리국의 리, 리일지리과 분수지리의 상즉성을 기반으로 인물성동과 인물성이의 동시적 겹침을 말하고 있는 임성주나 기정진보다는, 리일과 분수의 소통이 떨어진다고 할 수 있지만, 한원진의 관점보다는 상대적으로 강력한 소통성을 가지고 있다고 할 수 있다. 한원진의 인기질의 본연지성은 비록 기질과 부잡관계로 설정된 성이기는 하지만 이미 기질의 영향을 어느 정도 받고 있는 기국의 성이기 때문이다.

이철영의 기지본연지성 또한 기질과 불리관계로 설정되며 기질이 영향을 받고 있다. 그러나 이때의 기질은 순선한 기질이기 때문에 기지본연지성과 리일의 본연지성의 소통이 한원진의 성론에서 보다 상대적으로 좀 더 원활하게 이루어지는 체계를 갖추고 있다고 할 수 있다.

이철영의 학설에서는 리일 관점의 달인 강·냇가·우물의 서로 같은 달과, 분수 관점의 달인 강·냇가·우물의 서로 다른 달이, 임성주나 기정진의 성론 보다 원융한 일체성을 띠고 있다고 할 수 없다. 그러나 한원진의 성론 보다는 논리적으로 상호 밀접하게 소통하는 점이 있다. 만약 임성주와 기정진이 이철영의 성삼양설을 본다면, 한원진의 학설보다는 긍정적으로 판단하겠지만, 이이의 기국을 따르고 있기 때문에 기가 분수에 영향을 주어 리일과 분수 사이에 틈이 있게 된다는 비판을 할 것 같다. 다시 말해 이철영이 이이의 기국의 논리를 여전히 긍정하고 기국의 본연지성을 말하고 있기때문에, 리의 관점의 달과 분수 관점의 달이 원융하게 소통하지 못하는 문제점이 발생하고 있음을 지적하리라고 본다.

② 미발심성논변 논쟁점

호락논변은 크게 보아 인물성동이논변과 미발심성논변으로 압축할 수 있다. 인물성동이논변은 리일분수 상에서 실사의 본연지성 즉 성선의 성을 어떻게 규정할 것인가의 문제가 논쟁으로 확대된 것이다. 리일분수 상에서 논하다 보니 사람뿐만 아니라 타 존재의 본연지성에 관한 부분으로까지 확대되었고, 본연지성에 관한 정밀한 탐구는 성의 또 다른 측면인 기질지성으로까지 확대되었다.

미발심성논변 또한 미발에서의 본연지성을 어떻게 규명할 것인가의 문제가 논쟁의 핵심이었다. 이때의 본연지성 역시 성선의 성에 해당된다. 성선의 본연지성을 명확히 하려다 보니 미발심의 문제가 부각되었고, 미발심의 문제는 중中한 미발과 부중不中한 미발의 구분 문제로 이어졌다.

인물성동이논변에서나 미발심성논변에서나 핵심은 성선의 성에 해당하는 본연지성이다. 모든 논쟁점은 이 핵심처로 이어졌다. 인물성동이논변에서 기질지성이 문제가 된 것은 기질지성이 중해서가 아니라 기질지성을 명확히 해야만 성선의 본연지성을 올바로 규명할 수 있었기 때문이다. 마찬가지로 미발심성논변에서 미발심의 중中과 부중不中, 기질지심과 본연지심 등이 문제가 된 것은 심이 성보다 더 중요해서가 아니라, 이 심을 명확히 해야만 성선의 본연지성을 올바로 규명할 수 있었기 때문이다.

유학에서 성선의 성은 현실세계의 인간이 마땅히 실현해야만 하는 종지宗旨이다. 이에 대한 판단에 오류가 있게 되면 이단으로 비판받는다. 규명 과정에서의 오류는 결론의 오류로 이어진다. 낙론자들은 호론자들이 기질지성을 성선의 본연지성이라 우기고 있다고 보았다. 호론자들은 낙론자들이 현실과 동떨어진 엉뚱한 성을 성선의 본연지성이라 우기고 있다고 비판했다. 이들은 서로 상대방의 규명 과정의 논리적 오류를 지적하고 자신들이 옳다고 주장하였다.

미발심성논변이 인물성동이논변보다 복잡해진 것은, 심이라는 새로운 변수가 등장하였기 때문이다. 심은 시간 개념이 결부된다. 시간에 따라 변화하는 심의 문제를 논하다 보니 복잡해졌다고 할 수 있다.

인물성동이논변은 리일분수 상에서의 리개념을 중심으로 논의되었다. 리는 시간성이 배제된 절대 개념이다. 인물성동이논변에서 리와 리의 내재인 성은 공간 개념 상에서 논의되었다. 분수처의 기질조차 시간을 배제하고 공간 개념만 적용하였다. 단지單指·각지各指·겸지兼指 등의 용어는 호락론자들이 성과 기질의 관계를 공간 상에서 달리 설정하며 논의하고 있었다는 것을 잘 보여주는 용어라고 할 수 있다. 이들은 시간성을 배제한 채, 기질과의 관계에 따라 단지로 인물동의 본연지성을, 각지로 인물이의 본연지성을 논하였고, 겸지로 인물의 기질지성에 대해 설명하였다.

미발심성논변은 심으로 인해 시·공간 상에서 논해졌고, 인물성동이논변은 공간 개념 상에서 논의되었다. 이간과 한원진의 미발심성론과 인물성동이론이 그러했고, 당시 이에 동조한 호론과 낙론학자들역시 마찬가지였다.

이간과 한원진을 비롯한 호락론자들은 미발심을 기품과 허령으로 구분하였다. 허령은 심의 순선한 측면이고, 기품은 심의 선악이 뒤섞여 있는 측면이다.

이간은 심을 기품에 기반을 둔 기질지심과, 허령에 기반을 둔 본연지심으로 구분하였다. 미발 또한 구분하여 기질지심 상태일 때를 부중저미발이라 하고, 본연지심 상태일 때를 중저미발이라고 하였다. 이간은 기질지심과 기질지성을 매치하고, 본연지심과 본연지성을 매치하였다. 그는 이러한 미발에서의 심과 성의 매치를 심성일치라고 하였다. 이간은 반드시 심성일치로 논해야 옳다고 하였다. 이간의 심성일치론은 기질지심과 기질지성을 한 개의 묶음으로 구분하고, 본연지심과 본연지성을 또 다른 묶음으로 구분하는 것이다. 이러한 구분에 대해 호론학자들은 이심이성론二心二性論이라고 비판하였다. 심을 두 개로 나누고, 성을 두 개로 나누고 있다고 본 것이다. 이간은 이에 대해 본연지심과 기질지심은 미발심의 두 측면일 뿐이고, 본연지성과 기질지성은 성의 두 측면일 뿐이라고 항변하였다. 계분界分이라는 용어까지 사용해가며 논리적 구분일 뿐이라고 주장하였다.19) 그러나 호론자들은 받아들이지 않았다. 그들은 이간을 비롯한 낙론의 미발심성론에 대해, 심을 둘로 나누고, 성을 둘로 나누는 해로운 주장이라고 지속적으로 비판하였다.20) 이심이성 비판은 그 시작이 미발심의 두 측면인 허령과 기품을 둘로 나누어 구분하는 데서 시작되었다. 심의 순선한 측면과 선악이 혼재된 측면은 반드시 구분되어야만 한다는 것이 이간을 비롯한 낙론학자들의 주장이다. 호론자들은 이간이 허령과 기품을 구별하는 데 그치지 않고, 두 층으로 나누어 한 층에서는 본연지심과 본연지성을 논하고, 또 다른 한 층에서는 기질지심과 기질지성을 논하고 있다고 비판하였다. 다시 말해 논리적 구분에 그치지 않고, 실제적 존재 구분으로 이어졌다고 본 것이다. 이러한 비판은

---

19) 『巍巖遺稿』卷12,「未發有善惡辨」, 31쪽: 以大學章句言之 其曰虛靈不昧 以具衆理而應萬事者 此本然之心也 其曰爲氣稟所拘者 此氣質之心也 心非有二也 以其拘與不拘 而有是二指 … 雖同一方寸 而拘與不拘之間 其界分自在 則又安可都無分別.

20) 『南塘集』卷11,「擬答李公擧」, 5쪽: 高明所謂心者 無論本然氣質 皆以氣言 而又力辨其界分部伍之不同 夫以兩氣之界分部伍不同者 相對而言曰某心某心 則非二心乎 二心所具之性 果非二性乎.

이간이 공간적으로 기품과 허령을 나누어 배치하고 있다고 보았기 때문에 나온 것이다. 이간의 주장에는 허령과 기품을 두 공간으로 나누어, 한 곳에서는 기질지심과 기질지성을 말하고, 또 다른 한 곳에서는 본연지심과 본연지성을 말하고 있는 것으로 볼 수 있는 혐의가 있었다.

공간적 구분은 독립된 존재 개념으로 이어진다. 공간적 구분을 하게 되면 허령에 기반한 본연지심과 기품에 기반한 기질지심이 두 개의 공간에 각각 독립된 실체로서 존재하게 된다.[21] 이간은 심에서 성을 말하고 있다. 독립된 실체인 본연지심에서 언급된 본연지성 또한 기질지성과 별개인 독립된 실체로서 존재하게 된다. 기질지심에서 언급되는 기질지성도 별개의 독립된 실체로서 존재하게 된다. 한원진은 독립된 실체인 본연지성과 기질지성이 존재하는 양상을, 두 존재가 어깨를 맞대고 머리를 가지런히 하고 있는 웃음나는 상황으로 묘사하였다.[22] 두 성이 실체로서 존재하게 되면, 본연지성이 상대적 개념으로 전락하게 되고, 더 이상 성선의 성으로서의 절대적 가치를 가질 수 없게 된다. 허령과 기품을 공간적으로 나누어 심과 성을 논하고 있는 이간 심성론의 문제점이다.

이간의 미발심성론에는 공간 개념만 적용된 것은 아니었다. 시간 개념 또한 적용되고 있었다. 이간은 허령에 기반을 둔 본연지심과 기품에 기반을 두고 있는 기질지심으로 나누고, 본연지심일 때 본연지

---

21) 高明以虛靈不昧爲本然之心 以氣稟所拘爲氣質之心 而虛靈氣稟分作二心 氣稟居外而虛靈居內.

22) 『南塘集』卷11,「附未發氣質辨圖說」, 44쪽: (외암의 견해는) 衆人氣質之性時 … 與大本之性齊頭比肩 迭相用事 如鬪者之相捽 心性各有兩體.

성이고, 기질지심일 때 기질지성이라고 하였다. '때'는 시간 개념이다. 허령과 기품을 양쪽으로 배치하는 공간 개념이 우선되고 시간 개념이 뒤 따르는 양상이라고 할 수 있다. 이간 미발심성론은 시간 개념 보다는 공간개념에 치중되어 있다고 할 수 있다. 한원진을 비롯한 호론자들은 이간의 미발심성론이 공간 개념에 치중되어 있다는 점을 인지하고, 그 문제점을 집중 공격하였다고 할 수 있다.

한원진 역시 이간처럼 미발심을 기품과 허령으로 구분하고 있었다. 그러나 그는 기품과 허령의 구분에 대해, 논리적 구분일 뿐 실체적 존재 구분이 아니라는 입장을 취하고 있었다. 허령과 기품이 심의 두 측면이지만, 실제로는 하나의 심으로 있는 일심一心만이 있을 뿐이라고 하였다. 한원진은 미발심을 본연지심과 기질지심으로 나누는 것을 반대 하였다. 미발도 본연지심 상태인 중저미발과, 기질지심 상태인 부중저미발로 나눌 수 없다고 하였다. 하나의 미발만이 있을 뿐이라고 주장하였다. 고요한 미발상태에서는 선악이 있는 기품이 작용하지 않아 허령의 순선함이 그대로 유지된다고 보았다. 선악의 속성이 드러나지 않는 기품을 문제 삼아, 현실 세계에 일심으로 존재하는 심을, 굳이 허령과 기품으로 나눌 필요가 없다고 본 것이다.

한원진은 성에 대해서도, 비록 본연지성과 기질지성의 구분이 있지만, 하나의 성의 두 측면으로서 기질과 겸해서 보느냐 겸하지 않고 보느냐에 따른 이론적 구분만 있을 뿐이라고 하였다. 한원진은 미발과 심과 성을 나누지 말고, 하나의 미발, 하나의 심, 하나의 성으로 논해야 한다고 하였다. 호론학자들은 이러한 한원진의 미발심성론을 지지하였다.

이간을 비롯한 낙론자들은 한원진의 미발심성론에 대해 적대적으로 비판하였다. 허령과 기품이 일심으로 있게 되면, 선악이 있는 기품이 허령의 순선함을 침해하여, 미발심이 순선함을 유지하지 못하고 선악의 속성을 띤 미발심이 된다고 하였다. 다시 말해 낙론식으로 이야기 하면 기질지심이 된다고 본 것이다. 낙론자들은, 한원진이 허령과 기품이 동시적으로 있는 일심만을 주장하니, 한원진의 미발심은 언제나 본연지심이 없고 기질지심만 있게 된다고 하였다. 미발도 하나만 있다고 하니, 기품의 침해로 인해 중저미발이 없고 혼란스러운 부중저미발만이 있게 된다고 하였다. 성에 있어서도 본연지성과 기질지성이 동시적으로 있는 하나의 성만 있다고 하니, 한원진의 학설에서는 기질의 침해로 인해 본연지성은 없고 기질지성만 있게된다고 비판하였다.

한원진이 미발에서는 기품이 작용하지 않아 문제가 되지 않는다고 누차 강조하고 있음에도 불구하고, 이간을 비롯한 낙론자들은 그들의 비판을 거두지 않았다. 이들의 비판은 한원진이 허령과 기품을 시간적으로 동시에 존재하는 일심으로 보고 있었기 때문에 나온 것이었다. 한원진은 허령과 기품을 논리적으로 구분은 하되, 두 측면이 동시에 일심으로 존재하는 미발심만이 있을 뿐이라는 입장을 줄곧 유지했다. 성에 있어서도 본연지성과 기질지성의 두 측면이 동시에 존재하는 일성만이 있을 뿐이라고 하였다. 한원진의 미발에서의 심과 성은 동시적 관점에서 논해지고 있다. '동시同時'는 시간 개념이다.

한원진의 미발심성론에는 시간 개념뿐만 아니라 공간 개념 또한 있었다. 허령과 기품의 두 측면이 동시에 일심으로 존재하는 것으로 보아야 한다고 주장하면서, 미발심은 이처二處의 이심二心이 아니라 일처一處의 일심一心이며, 성 또한 이처의 이성二性이 아니라 일처의 일성만이 있을 뿐이라고 하였다. '처處'는 공간 개념이다. 시간 개념이 우선되고, 공간 개념이 뒤 따르는 양상이라고 할 수 있다. 다시 말해 한원진의 미발심성론은 시간 개념에 치중되어 있다고 할 수 있다.

이간을 비롯한 낙론자들은 한원진이 허령과 기품을 나누지 않고 동시적 존재로 보고 있는 점을 집중적으로 거론하였다. 이간과 낙론 자들은 심에서 성을 논하는 입장을 취하고 있었기 때문에 심에 대한 분석을 중요하게 생각하고 있었다.[23] 이들은 자신들의 학문적 입장에 서 한원진의 성론보다는 미발심이 가지고 있는 동시의 문제점을 집중 비판했다.

이간과 한원진은 구조적으로 취하고 있는 입장이 달랐기에 상호 충돌할 수밖에 없었다. 충돌은 격렬했고 화해할 수 없는 것이었다. 미발심성론에서 핵심은 성이며, 그 중에서도 성선의 성에 해당하는 본연지성이다. 미발심에 대한 논증과, 미발심성의 관계에 대한 논증 은 모두 성선의 본연지성을 향한 것이었다. 이들은 도착점이 서로 달 랐다. 규명한 성선의 성이 서로 달랐다. 이간과 한원진은 같은 주자학 자임에도 불구하고 서로를 이단이라고 공격하였다.

---

23) 이간은 미발에서의 심과 성을 반드시 心性一致로 논해야 한다고 하였다. 심 성일치는 심에서 성을 논하는 구조적 특성을 띠고 있다. 본연지심에 본연지성 을 일치시켜 논하고, 기질지심에 기질지성을 일치시켜 논한다. 심에 대한 이 해와 분석이 중요해진다. 이간은 "사람이 귀하다고 할 때 귀한 것은 성이 아니 라 바로 심이다."라고까지 말한 바 있다. 물론 본질적으로 성보다 심이 더 중 요하다고 보아서가 아니다. 심에서 성을 논하는 입장을 취하고 있었기에 나온 말이다.
『巍巖遺稿』卷12,「未發有善惡辨」, 21쪽: 人爲貴者 而所貴非性也 乃心也 人 貴物賤 所貴者此心.

이간은 한원진의 미발심성론에 대해, 끝내 성선의 성을 확보하지 못하고, 기질지성에 불과한 성을 성선의 본연지성이라 주장하고 있다고 비판하였다. 한원진이 주장한 본연지성은 성선의 성이 아니고, 순자의 성악의 성에 해당되는 기질지성에 불과한 것이라고 판단했다. '동시'의 시간 개념에 치우친 결과, 한원진이 끝내 성선의 성을 확보하지 못하고 있음을 지적하고 있는 것이다. 본연지성과 기질지지성이 동시적으로 존재할 경우, 본연지성은 기질의 영향으로 본연지성으로서 자리를 잡지 못하고, 기질지성으로 전락하게 된다. 물론 이것은 이간 입장에서의 주장이다.

이간은 한원진에게 심성을 올바르게 논의하고자 하면, 미발의 심에서 기품을 베어내어 버리라고 충고 하였다. 한원진의 심론에서 선악의 속성이 있는 기품을 제거하면 허령만 남고, 이 허령한 본연지심에서 심과 일치하는 본연지성을 언급하면, 그 본연지성이 곧 성선의 성이어서 온전한 성을 확보할 수 있다고 보았던 것이다. 이러한 심성론은 이간이 심과 성을 공간적으로 나누어, 본심지심에서 본연지성을 논하는 방식을 취하고 있었기에 나온 것이다. 결국 이간은 자신의 방식과 같이 미발의 심성을 공간적으로 나누어 논해야 성선의 성을 확보할 수 있다고 주장한 것이다.

이간은, '동시'의 시간 개념에 치우쳐 일심만을 주장하고 있는 한원진의 미발심성론에 대해, 기품으로 인해 심은 기질지심에 불과하고, 성은 기질지성에 불과하며, 미발 또한 부중저미발에 불과하다고 주장했다. 한원진에게 기품을 베어내라고 한 것은, 그와 같이 하면 심이 본연지심이 되고, 성이 본연지성이 되고, 미발 또한 중저미발이 된다고 보았기 때문이다.

한원진은 기품을 베어 버리라는 이간의 충고를 해괴한 것으로 보았다. 한원진은 미발의 심에서 기품을 제거하면 그 심은 심의 본 모습을 잃은 망심妄心에 불과하며, 이러한 본 모습을 잃은 허망한 심에서 언급되는 성은 허공에 매달린 것과 같아, 성 또한 온전한 본연지성으로 자리 잡지 못하게 된다고 하였다. 성선의 성을 확보할 수 없다는 것이다. 한원진은, 기품을 제거하고 순선한 측면인 허령만을 가지고 참된 본연지심이라 주장하고 있는 이간의 심에 대해, 불교에서 말하는 본심本心과 같다고 비판하였다. 더 나아가 허망한 본연지심에서 본연지성을 일치시켜 논하니, 이는 기를 성으로 알았던 옛先秦 시대의 학자들과 견해가 같은 잘못된 주장이라고 비판하였다. 허령과 기품을 공간적으로 나누고 허령의 측면에서만 본연지심과 본연지성을 논하고 있으니, 심이 순선하기는 하나 현실에서의 심의 본 모습을 잃은 망심에 불과하고, 선가禪家의 본심과 같은 허망한 심이라고 보았던 것이다. 한원진은 공간적으로 분리하고 허령한 심의 측면에서만 언급하는 본연지성은 결코 성선의 성이 될 수 없다고 비판하였다. 이때의 본연지심은 기품이 없는 심이다. 한원진은 기품氣稟없는 심은 참다운 심의 모습이 아니며, 이러한 기품 없는 심에서 언급되는 성 또한 참다운 성선의 성이 될 수 없다고 보았던 것이다.

한원진의 비판은 구체적으로 이어졌다. 이간이 '성인에게는 기질지성이 없다.'는 오류를 범하고 있다고 보았다. 이간 심성론의 문제점을 제대로 지적한 것이라고 할 수 있다. 이간은 중저미발의 본연지심에서 본연지성을 논하고, 부중저미발의 기질지심에서 기질지성을 논하고 있다. 중저미발은 맑고 고요하며 혼란스럽지 않은 안정된 미발이고, 부중저미발은 사물에 접하지 않았을 때조차도 혼란스러운 범인의

미발이다. 한원진은, 이간의 논리에 따르면 성인은 미발심이 혼란스럽지 않으니 부중저미발일 때가 없고, 부중저미발일 때가 없으니 기질지성 또한 없다고 하였다. 한원진은, 이간이 성인에게는 기질지성이 없고, 본연지성 한 성만 있는 이상한 심성론을 말하고 있다고 비판하였다. 공간개념에 치우쳐 한층에서는 본연지심일 때 본연지성이라 논하고, 또 다른 한층에서는 기질지심일 때 기질지성이라 하고 있는, 이간 심성론의 구조적 문제점을 지적한 것이다라고 할 수 있다. 물론 이간이 논리적 구분을 내세워 변론하였지만, 공간 개념에 치우쳐 있었기 때문에 한원진의 '성인에게는 기질지성이 없다.'는 비판을 초래하였다고 할 수 있다. 한원진은 이간의 심성론은 구조적으로 성인은 본연지성만 있다는 해괴한 결말로 이어지는 오류가 있다고 비판하였다.

한원진과 이간으로부터 시작된 호론과 낙론 사이의 논쟁은 1900년대 초반까지 생존한 이철영 때까지도 학자들 사이에서 지속적으로 논의되었다. 이철영은 호락논변에 대해, "끝내 하나가 될 기약 없이 각자 문호를 세워서 서로 충고하고 꾸짖어 지금까지 수백 년이 되었는데도 끝나지 않고 있다."고 하였다. 이철영은 오랜 검토를 통해, 호론과 낙론의 미발심성론이 가지고 있던 장점과 단점을 파악하고 장점을 수용하여 독자적인 이론체계를 건립하였다.

이철영은 호론과 낙론의 대표적 인물이었던 한원진과 이간의 학설을 예로 들어가며 자신의 주장을 진술하였다. 이철영은, 한원진이 지적하고 있던 이간 심성론이 가지고 있는 공간 개념 상에서의 문제점을 인정하였다. 또한 이간이 지적하고 있던 한원진의 심성론이 가지고 있는 동시의 문제점에 대해서도 이해하고 비판적인 태도를 취하였다.

이철영은 호론과 낙론 간에 미발심성논쟁이 끝없이 이어진 이유를 미발에서의 심과 성을 바라보는 관점의 차이에서 찾았다. 호론과 낙론은 미발의 심과 성에 시간과 공간 개념을 상호 다르게 적용하고 있었고, 이러한 다른 적용이 미발의 심과 성을 상호 다르게 보는 관점으로 굳어지며 끝없이 논쟁을 이어왔다고 보았다.

그는 자신이 생각한 시·공간 개념을 정확히 표현하기 위해 새로운 용어들을 만들거나 기존의 용어에 의미를 부여해 사용하였다. '이위異位'·동위同位는 공간 개념을 명확히 표현하기 위해 새로 만든 만든 용어이다. 시간 개념을 명확히 표현하기 위해 이시異時라는 용어를 새로 만들었고, 기존에 있던 동시同時에 의미를 부여해 사용하였다.

이철영은 이간과 같이 공간적으로 허령과 기품을 두 곳으로 나누는 방식을 이위라고 하였다. 이철영은 이위의 관점을 미발과 미발에서의 심과 성에도 적용하였다. 이철영은, 이간이 허령과 기품을 두 곳으로 나누고, 허령이 있는 곳에 본연지심·본연지성을 배치하고, 구애하는 기품 있는 곳에 기질지심·기질지성을 배치하여 논하는 이위의 관점을 가지고 있다고 보았다. 그는 이간이 이위의 관점에서 미발심성을 논하고 있었기 때문에, 이로 인해 한원진으로부터 이심이성二心二性이라는 책망과 놀림을 받게 되었다고[24] 판단했다.

한원진의 이간에 대한 비판은 이위의 관점에 집중되어 있었다. 이간의 본연지심에 대해 선가의 본심과 같다고 한 비판이나, 기를 성으

---

24) 앞의 책, 89쪽: 以虛靈與氣稟 分作兩處 虛靈常自虛明 氣稟常自混亂 而性之本然氣質 亦分屬於兩處 各成部伍 … 巍巖所以招南塘二心二性之譏誚者 此也.

로 알고 있다는 비판, 성인은 기질지성이 없다는 비판 등은 모두가 이간이 이위의 관점을 취하고 있었기 때문에 유발된 것이라고 할 수 있다. 이철영의 이위의 관점을 적용하여[25] 이간의 심성론을 살펴보면, 한원진의 비판이 타당하다는 것을 발견할 수 있다.

본연지심이 선가의 본심과 같다는 비판은, 이간이 순선한 허령을 선악이 있는 기품과 섞어 말할 수 없다는 생각에, 허령과 기품을 이위로 논하게 되어 발생한 것이다. 이위 관점에서의 본연지심은 기품과 분리된 별도의 심이다. 허령만으로 이루어진 심이다. 이간은 독립적으로 존재하는 허령한 본연지심을 순선하다고 주장하였다. 허령과 기품이 동시에 같이 있는 일심을 주장하는 한원진이 볼 때, 이간의 본연지심은 순선하기는 하나 기품과 떨어져 있어서 참된 심이 아니다. 이간의 순선한 본연지심은 불교에서 '마음이 곧 부처다'라고 할때의 본심과 같은[26] 순선함 만을 강조한 심이다. 한원진의 비판은 논리적으로 타당하다고 할 수 있다.

기를 성으로 알고 있다는 비판은 불교의 본심과 같다는 비판의 연장선 상에 있는 것이라고 할 수 있다. 이간은 공간적으로 별도로 존재하는 순선한 본연지심을 설정하고, 이 순선한 본연지심에서 본연지성을 말하고 있다. 이때의 본연지심은 허령한 기로 이루어진 심이다. 결국 이간은 허령한 본연지기에서 본연지성을 말하고 있었다고 할 수 있다. 이에 한원진의 기를 성으로 알고 있다는 비판이 있게 된 것

---

25) 아래의 내용은 이철영의 이위의 관점을 적용하여 필자가 재구성한 것이다. 원문에 근거 하였다.

26) 앞의 책, 75쪽: 獨禪家之學 以心爲至善 釋氏曰 卽心卽佛 陸氏曰 當下便是 此皆心純之謂也.

이다. 한원진의 비판은 논리적으로 옳다.

성인聖人에게는 기질지성이 없다는 비판은, 중저미발·부중저미발과 관련이 있다. 이간은 허령한 중저미발과 기품에 얽매인 부중저미발을 이위로 나누었다. 이간은 부중저미발에 대해 기질지성이 자재한 범인凡人의 미발이라고 하였다. 중저미발에 대해서는 본연지성이 자재한 성인과 범인 모두가 가지고 있는 미발이라고 하였다. 이위의 관점에서의 중저미발과 부중저미발은 공간적으로 각각 떨어져 존재하는 두 개의 미발이다. 그렇다면 성인은 부중저미발일 때가 없으니, 성인에게는 기질지성이 없다고 할 수 있다. 한원진의 비판은 논리적으로 타당하다.

이철영은 한원진의 비판들에 대해, 이간이 미발심성을 공간적으로 둘로 나누는 이위의 관점을 가지고 있었기 때문에 발생한 것이라고 보았다. 이간의 이위의 관점에 대한 한원진의 비판들에 대해서는 수긍하였다. 그러나, 이간이 순선한 허령과 선악이 있는 기품을 논리적으로 구분界分하고 있는 점에 대해서까지 부정한 것은 아니었다. 이철영은 순선한 허령과 선악이 있는 기품은 반드시 구분해야 한다고 하였다. 이간과 같은 입장이다. 이러한 동조는 자칫 다시 이위의 관점이 가지고 있던 문제점으로 되돌아 갈 수 있는 위험성이 있는 것이라고 할 수 있다. 순선한 허령과 선악이 있는 기품의 구분이 엄격해지면, 자칫 허령과 기품을 독립된 실체로 구분하는 방향으로 나아가기 쉽기 때문이다. 독립된 실체로서의 구분은 이위의 관점이다. 이철영은 이러한 위험성을 이간의 미발심성론이 가지고 있던 또 다른 관점, 허령과 기품을 이시異時로 보는 관점을 부각시켜, 자신의 심성론으로 수용함으로써 피해갔다. 이철영은 이간의 미발심성론을 이위이시異位異時

로 평가하고 있다.

이철영은 이간이 시간적으로 허령과 기품을 나누는 방식을 이시라고 하였다. 이간은 미발심을 허령함을 유지할 때와 기품에 얽매여 혼란스러울 때로 나누어 미발의 심성을 언급하기도 하였다. 이철영은 이시의 관점을 미발심성론 전반으로 확대하여 적용하였다. 그리고 이러한 이시의 관점을 자신의 성삼양설의 중층과 하층에 적용하였다.

이철영은 성삼양설의 중층에 허령·중저미발·본연지심·기지본연지성을 배치하고, 하층에 기품·부중저미발·기질지심·기질지성[27]을 배치하여, 중층과 하층을 이시로 논했다. 이시의 관점이 적용된 성삼양설의 중층과 하층은, 하나의 미발심이 드러나는 두 때가 된다. 중층의 심성일 때는 하층의 심성이 아니고, 하층의 심성일 때는 중층의 심성이 아니다. 언제나 하나의 심과 하나의 성이 있게 된다. 더 이상 본연지심과 기질지심이 대립하지 않고, 본연지성과 기질지성이 대립하지 않게 된다. 이위에서의 본연지심과 기질지심 독립된 존재로서 대립하고, 본연지성과 기질지성이 독립된 존재로서 대립하는 문제점이 해결되고 있다고 할 수 있다. 언제나 미발심성이 하나의 미발, 하나의 심, 하나의 성으로서 있게 된다. 일심일성이 유지되어 한원진의 이심이성이라는 비판 또한 피할 수 있다. 이시의 관점이 적용된 성삼양설은 이위의 문제점을 해결하고 있는 새로운 방식의 이론체계라고 할 수 있다.

이철영은 이시 외에 동위 또한 말하고 있다. 동위는 공간적 개념이다. 이위와 상대되는 개념이다. 이위는 앞에서 언급하였듯이 허령과

---

27) 이철영은 氣質之性과 氣之氣質之性을 혼용하여 사용하고 있다.

기품을 공간적으로 이처二處로 나누고, 허령에 기반을 둔 본연지심과 기품에 기반을 둔 기질지심을 이심二心으로 언급하는 관점이다. 동위는 이시와 달리, 허령과 기품을 공간적으로 일처一處에 존재하는 일심으로 보는 관점이다. 이철영은 동위의 관점 또한 성으로까지 확대하였다. 호락론자들은 동위의 관점에서 벗어나지 않으려고 노력했다. 한원진은 철저히 동위의 관점을 유지했고, 이간 또한 동위의 관점을 유지하려고 노력했다. 다만 그 논리적 구분이 지나쳐 상대 학자들로부터 이위의 관점으로 나아갔다는 혐의와, 이위의 관점이라는 비판을 받았던 것이다.

이철영은 미발에서의 심성은 공간적으로는 동위로 시간적으로는 이시로 파악해야만 옳다고 하였다. 그는 동위이시同位異時의 관점에서 미발심성론을 전개하였다. 이철영은 이간의 미발심성론을 이위이시異位異時로 규정하고, 한원진은 동위동시同位同時로 규정하였다. 이철영은 이간과 한원진을 낙론과 호론의 대표적 인물로 생각하고 있고, 호락의 주요 논쟁점들이 이들의 주장에서 벗어나 있지 않다고 여겼다. 이러한 점에서 이철영이 낙론의 미발심성을 이위이시로, 호론의 미발심성을 동위동시로 규정하고 있다고 보아도 무방하다고 본다.

동시는 허령과 기품을 동시적으로 존재하는 일심으로 보는 관점이다. 이간과 이철영은 한원진이 허령과 기품을 동시로 보는[28] 폐단을 강하게 비판했다. 동시의 관점에서는 허령과 기품이 동시에 같이 있는 일심을 강조하기 때문에 미발심을 본연지심과 기질지심으로 나누지 않는다. 동시의 관점 또한 심과 함께 성에도 적용되어, 본연지성과

---

28) 앞의 책, 103쪽: 南塘旣以虛靈氣稟爲同時看.

기질지성을 동시적으로 있는 일성으로 본다.29) 본연지성과 기질지성
을 논리적으로 구분은 하지만, 이시의 두 성으로 여기지 않는다. 동시
는 한원진의 미발심성을 비판할 때 언급되고 있다. 비판자들은 한원
진의 미발심에 대해 허령과 기품을 동시에 있는 일심으로 보고 있어
서, 허령의 순선함이 기품으로 인해 훼손되는 것을 피할 수 없다고
하였다. 본연지성과 기질지성 또한 동시에 있는 일성으로 이해하고
있어서, 본연지성이 기질로 인해 자리를 잡지 못하는 현상이 발생하
고 있다고 비판하였다.

이간의 이시의 관점을 수용하여 동위이시를 주장하고 있는 이철영
은 이간에 우호적 이었다. 이철영은 이간이 한원진으로부터 받았던
비판들에 대해 옹호하는 입장을 취했다. 한원진이 이간의 순선한 본
연지심에 대해 불가佛家의 본심과 같다고 한 비판, 기를 성으로 알고
있다는 비판, 성인은 기질지성이 없다는 주장이라고 한 비판 등에 대
해 변호하는 자세를 취했다.

이간의 본연지심에 대해 불가의 본심과 같다고 한 비판은, 그 초점
이 본연지심의 순선에 있었다. 이간은 허령에 기반한 본연지심을 설
정하고, 본연지심에 대해 순선하다고 하였다. 한원진은 기품과 분리
하여 순선한 본연지심을 설정하고 있는 이간의 심론을 잘못된 것이라
고 공격하였다. 한원진은 그러한 본연지심은 참된 심이 아니라 불가
의 본심과 같은 잘못된 것이라고 하였다. 이철영은 공간적으로 둘로
나누는 이위의 관점으로 보면 비판 받을 수 있겠지만, 이시의 관점에

---

29) 앞의 책, 111~112쪽: 吾之所謂性三樣說 以兼指氣者有二 單指理者有一 合爲
三也 然則南塘旣說到性三層 而猶不知此者. 何也 恐是主同位同時之見.

서 논하면 문제 될게 없다는 입장을 취했다. 이시의 관점에서 보면 미발에는 허령한 중저미발일 때와, 기품에 얽매인 부중저미발일 때가 있는데, 허령한 중저미발의 본연지심을 순선이라 하는 것은 문제가 안 된다고 보았다. 오히려 이간의 본연지심은 허령한 심의 체단을 깨우치는데 합당하고, 본연지성을 세우는데 힘이 될 수 있는 주장이라고 하였다.30) 허령은 심의 본원이고31), 그 본연으로 논할 것 같으면 심이 선한 것이기 때문에32) 이간이 허령한 본연지심을 순선하다고 한 주장은 문제 될 게 없다고 하였다. 이철영은, 한원진의 주장에 대해 순선한 허령과 선악이 있는 기품의 구분을 모르는 주장이라고 공격하였다. 한원진은 허령과 기품을 동시로 보는 관점에서 이간을 공격하였고, 이철영은 이시의 관점에서 이간을 변호하며 재공격한 것이다. 이시의 관점에서 보면 허령에 기반을 둔 본연지심의 순선함은 별 문제될 게 없고, 이 본연지심에는 성선의 성인 본연지성이 일치하게 된다. 이철영은 이러한 본연지심과 본연지성을 성삼양설 가운데 중층에 배치하고 있다. 이철영의 동위이시의 관점에서 보았을 때, 이간의 주장은 비판 받을 사항이 아니었다. 이간의 본연지심은 망심妄心이 아니고 참된 심이며, 성은 허공에 매달린 성이 아니라, 참된 심에서 제대로 언급되는 성선의 성이었다. 이철영은 이간의 참된 본연지심을 이단인 불교의 본심과 같다는 한 비판은 잘못된 것이라고33) 하였다.

---

30) 앞의 책, 89쪽: 巍巖氣純善之說 … 合喩虛靈體段 而有力於大本之所立.

31) 앞의 책, 80쪽: 夫虛靈者 心之本源.

32) 앞의 책, 8쪽: 論其本然 則性固善也 心亦善也.

33) 이철영은 한원진이 이간의 본연지심을 불교의 본심과 같다고 한 것에 대해서도 오류가 있다고 보았다. 朱子가 석가를 배척한 것은 심을 리로 여기고 작용

'기를 성으로 알고 있다'는 비판은, 이간이 본연지심에서 본연지성을 일치시켜 논하고 있는 점을 지적한 것이다. 본연지심(기)에서 본연지성(성)을 언급하고 있으니, 기(본연지심)를 성(본연지성)으로 여기는 문제점이 있다고 보아 그와 같이 비판한 것이다. '기를 성으로 알고 있다'는 비판은 이간의 본연지심에 대해 불교의 본심과 같다고 한 비판과 같은 선상에 있는 것이다 이시의 관점에서 이간의 본연지심을 이해하고 있는 이철영으로서는, '기를 성으로 알고 있다는 비판'은 잘못된 것이었고 동의할 수 없는 것이었다. 이철영이 볼 때, 이간의 본연지심에 대한 비판은 한원진이 허령과 기품을 동시에 있는 일심으로 보아야만 한다는 동시의 관점을 취하고 있었기 때문이다. 그래서, 허령만을 떼내어 본연지심을 순선하다고 하거나, 이러한 본연지심에서 본연지성을 논하는 이간의 심성론을 인정하지 않고 있었던 것이다. 한원진은, 이간의 본연지심에 대해 만선萬善의 본本이 되는 것이어서 성선 성을 기다려서 갖출 필요가 없다거나,[34] 본연지심이 대본이 되어 이미 넉넉하니 성선의 성은 없어도 그만인 군더더기가 되었다고[35] 지적한 적이 있다. 본연지심을 대본으로 보는 것은, 바로 기를 성으로 안다는 것과 일맥 상통한다. 이철영은 이러한 한원진의 지적을 거론하며, 이 모든 문제점이 순선한 허령과 선악이 있는 기품을 섞어서

을 성이라고 여겼기 때문이지, 그 본심이 선하다고 하여서 비판한 것이 아니기 때문에 오류가 있다고 하였다. 앞의 책, 82쪽: 盖朱子之斥釋氏者 以認心爲理而作用爲性故也 非以其指本心爲善也.

34) 앞의 책, 78쪽: 高明以此心爲純善無惡 則只有此可謂萬善之本 又何待於性善之更具乎.

35) 앞의 책, 78쪽: 心自純善 則心之爲大本 已自優矣 彼所謂性善者 有之爲贅 而無之無所損矣.

보는 관점,36) 즉 허령과 기품을 동시로 보는 관점 때문에 발생한다고 보았다. 이는 곧 자신과 같이 허령과 기품을 나누어 이시로 보아야 한다고 촉구한 것과 같다. 이철영은 이간의 본연지심은 맹자의 본심本心·양심良心·주자의 본연한 선심本然之善心,·원래부터 선하지 않음이 없는 심 등과 같은 심이며, 그 순선함을 문제 삼을 게 없다고 보았다. 이철영은, 한원진이 허령과 기품을 동시로 보는 관점을 버리지 않는다면, 맹자의 본심本心 양심良心 주자의 본연한 선심 등이 안착할 곳이 없게 된다고37) 하였다.

이철영은, 한원진이 허령과 기품에 얽매인 심을 동위동시로 논하고 있고, 이간은 이위이시로 논하고 있다고 보았다. 이철영은, 이간의 본연지심에 대한 한원진의 비판들이 이간의 이위의 관점에 집중되어 있는 것으로 보았고, 그 비판의 근저에는 한원진의 동시의 관점이 있다고 판단했다. 이간은 자신이 수용한 이시의 관점에서 한원진의 동시의 관점을 비판하였다.

한원진은 허령과 기품을 일심으로 보는 관점 때문에, 이간과 낙론자들로부터 기품으로 인해 미발이 악이 있는 미발로 전락했다는 비난을 받았다. 낙론자들은 한원진의 미발은 부중저미발에 불과하며, 미발에서의 심은 기질지심이고 성은 기질지성일 뿐이라고 비판했다. 이에 한원진은 미발에서는 기품이 작용하지 않아, 미발이 적연부동하고 담연허명한 상태를 유지한다고 하였다. 기품이 작용하지 않아 미발심

---

36) 앞의 책, 79쪽: 昭昭靈靈 雖是氣質之精英 精英與氣質 其精粗不啻懸殊 則何可卽屬氣質 而混雜無別乎.

37) 앞의 책, 79쪽: 不可謂之純善 則孟子所謂本心良心 朱子所謂本然之善心 元無不善之心者 無所着落處奈何.

이 순선하다는 주장이다.

이철영은 한원진의 주장이 틀렸다고 하였다. 미발일 때 기품이 작용하지 않아 미발심이 순선하다고 하지만 그렇지 않고 선악의 속성을 띠게 된다고 보았다. 한원진이 허령과 기품을 동시로 보고 있기 때문에, 그러한 미발에서는 허령과 기품이 뒤섞여 하나가 되고, 이에 따라 기품이 가지고 있는 악한 속성이 미발가운데 있게 되기 때문에, 미발이 기품으로 인해 선악의 속성을 띠게 된다고 하였다.

이철영은, 더 나아가 한원진이 허령과 기품을 동시로 보았기 때문에, 미발 또한 중한 미발과 부중한 미발을 동시로 볼 수 밖에 없게 되었다고 판단했다.[38] 그리하여 하나의 미발을 주장하게 되었고, 이러한 한원진의 미발은 이간의 부중저미발과 합치되고 있다고 하였다. 이철영은 한원진이, 자신의 미발이 이간의 부중저미발과 같다는 사실을 이미 알고 있었으면서도 모르는 척 하고 있었다고 의심하였다.[39] 이간을 비롯한 낙론자들은 한원진의 미발은 부중미발에 불과하다고 지속적으로 비판하였다. 이철영은 동시의 관점을 적용하여 좀 더 명확히 설명하였다고 할 수 있다.

이철영은 부중저미발을 범인의 미발로 보았다. 부중저미발에서의 심은 기질지심으로, 성은 기질지성이라고 하였다. 중저미발은 성범이 같이 가지는 본질적인 미발이라고 하였고, 중저미발에서의 심은 본연지심으로, 성은 기지본연지성이라고 하였다.

---

38) 앞의 책, 103쪽: 南塘旣以虛靈氣稟爲同時看 則不可不以中不中爲同時有者.
39) 앞의 책, 103쪽: 然則實皆黯合於巍巖所謂不中底未發 以南塘而不知此者 誠可疑也.

이철영은 이시의 관점에서, 한원진이 이간에게 했던 '성인에게는 기질지성이 없다'는 주장을 다시 문제 삼았다. 이철영이 보았을 때, 당시 한원진이 이간에게 했던 비판은 이간의 이위의 관점을 중심으로 이루어진 것이었다. 공간적으로 허령과 기품을 달리 배치하고, 허령한 상태의 부중저 미발에서 본연지성을 언급하고, 기품에 얽매인 부중저미발에서 기질지성을 말하는, 이간의 이위의 관점에서는, 성인에게는 기질지성이 없다는 주장이 타당할 수 있다. 이점은 이철영 또한 인식하고 있었다. 이위의 관점을 꾸짖는 것은 옳다고 한 점을 통해서도 알 수 있는 부분이다.

그런데, 한원진의 '성인에게는 기질지성이 없다.'는 비판을 이철영의 이시의 관점에서 살펴보면, 이위의 관점과 다른 결과가 나타나고 있다.

이시의 관점에서는 하나의 미발심이 중저미발일 때도 있고, 부중저미발일 때도 있게 된다. 이시의 관점에서는 중저미발일 때는 부중저미발일 때가 아니고, 부중저미발일 때는 중저미발일 때가 아니다. 언제나 하나의 미발만이 있고, 그 미발에 해당하는 심성이 있게 된다. 이위와 다르다. 이위는 허령한 상태의 중저미발과, 기품에 얽매인 부중저미발이 양립하여 있다. 양립된 가운데 중저미발에는 본연지성만이 있고, 부중저미발에는 기질지성40)만이 있으니. 중저미발 상태의 성인은 기질지성이 없다는 주장을 쉽게 도출할 수 있었다.

---

40) 氣之氣質之性이 더 정확한 표현이다. 그러나 이철영 자신이 氣之本然之性을 氣本之性으로, 氣之氣質之性은 氣質之性으로 축약하여 사용하고 있다. 이에 이해의 편의를 위해 기질지성으로 칭하겠다. 앞의 책, 46쪽: 氣之本然之性(세주: 亦可曰 氣本之性) 氣之氣質之性(세주: 亦可曰 氣質之性)

이시의 관점에서는 하나의 미발심이 중저미발일 때도 있고, 부중저미발일 때도 있게 된다. 중저미발은 허령한 상태의 미발이고, 부중저미발은 기품에 얽매인 혼란스러운 상태의 미발이다. 이철영은 성인은 기질이 맑고 순수하여 기품에 얽매이지 않는다고 하였다. 그렇다면 성인은 기품에 얽매인 부중저미발일 때가 없게 된다. 이시의 관점에서 보았을 때 성인은 항상 중층의 중저미발상태에 있는 것으로 보아야 한다. 실제로 이철영은 중저미발을 성인과 범인이 모두 가지고 있는 미발로, 부중저미발을 범인이 가지는 부중저미발로 상정하고 있다.

이철영이 중저미발을 범인도 가지고 있는 미발이라고 한 것은, 범인이 수양을 지속하면 도달할 수 있는 본질적인 미발로 보았기 때문이다. 이철영의 성삼양설에서, 중저미발은 기지본연지성이 자재하여 있는 미발이고, 부중저미발은 기질지성[41]이 자재하여 있는 미발이다. 외형적 보면 성인은 중저미발 일 때만 있고, 그 성은 기지본연지성만 있게 된다. 범인은 부중저미발 일때도 있고, 중저미발의 일 때도 있으며, 그 성이 기지본연지성일 때도 있고 기질지성일 때도 있게 된다. 얼핏 보면 성인의 경우 중저미발일 때만 있으니 기질지성이 없는 것 처럼 보인다. 그러나 내적으로 보면 다른 양상이 드러난다. 중저미발의 기지본연지성은 본연지심과 리를 겸지하여 언급된 것이다.[42] 본연지심은 기질의 허령한 측면이다.[43] 그렇다면 허령한 기로

---

41) 앞의 책, 46쪽: 氣之氣質之性(세주: 亦可曰 氣質之性)
42) 앞의 책, 46쪽: 兼指各心之本然與理 是之謂氣之本然之性.
43) 앞의 책, 60쪽: 虛靈者 心之本然也.

이루어진 심과 리를 겸지하여 언급된 것이 기지본연지성이라고 할수 있다.[44] 이때 주목해야 할 실체가 있다. 허령이다. 허령으로서의 기질은 지극히 맑고 순수한 기질이다. 중저미발의 성인 또한 기질을 가지고 있다고 할수 있다. 이점은 이철영이 성인은 지극히 맑고 순수한 기질을 가지고 있다고[45] 한 것을 통해서 확인할 수 있다. 기질이 있으면 성 또한 있다. 이철영은 성인의 기질지성에 대해 다음과 같이 말하고 있다.

> 성인은 기질이 지극히 맑고 지극히 순수하여 기품에 구애됨이 없다. 그러므로 마침내 기질지성이 또한 순선할 뿐이다.[46]

이철영의 주장은 성인도 기질지성이 있다는 것이다. 그러나 기질지성은 기질지성인데 범인과 달리 순선한 기질지성을 가지고 있다고 하였다. 이시의 관점에서 보면, 한원진의 '성인에게는 기질지성이 없다.'는 비판은 오류라고 할 수 있다.

이철영은 이간의 이시의 관점을 자신의 성삼양설에 도입하였고, 중층과 하층의 미발심성을 이시의 관점에서 논하였다. 한원진의 '성인에게는 기질지성 없다.'는 비판은 어찌보면 이간뿐만 아니라 이철영에게도 해당되는 것이었다고 할 수 있다. 이러한 점을 의식해서였는지 아니면 이 비판이 매우 중요한 논쟁점을 내포하고 있다고 생각하

---

44) 앞의 책, 66쪽: 中底未發時 單指理 是爲本然之性 則若其時兼指理氣 將以何性云耶 是誠\明德本體 而吾所謂氣本之性也.

45) 앞의 책, 59쪽: 聖人氣質 至淸至粹.

46) 앞의 책, 102쪽: 聖人氣質 至淸至粹 無氣稟所拘 故終氣質之性 亦純善而已.

여서 인지는 몰라도, 이철영은 여러 곳에서 성인의 기질지성 문제를 거론하였다. 이에 논의를 좀 더 진행하고자 한다.

위 예문에서 잘 보아야 할 점이 있다. "기품에 구애됨이 없다."고 한 부분이다. 기품에 구애되어 혼란스러운 미발은 범인들이 가지고 있는 부중저미발이다. 그리고 이때의 성은 선악의 속성이 있는 기질지성이다. 성인은 기질이 지극히 맑고 순수하여 "기품에 구애됨이 없다."는 문장은 성인은 부중저미발이 없다로 이어질 수 있는 위험한 문장이며, 더 나아가 부중저미발에 속하는 기질지성이 없다는 주장이 될 수 있다.

이철영은 이에 대해 성인은 부중저미발이 없다라고 명쾌하게 답변하고 있다.[47] 이철영이 성인은 하층의 부중저미발이 없다고 하였으니, 이는 곧 부중저미발에 속하는 선악이 있는 기질지성 또한 없다는 것으로 볼 수 있다. 이점은 이철영이 중층의 기지본연지성과 하층의 기질지성을 동위이시로 설명하면서, 그 세주에 성인의 기질지성은 중층의 기지본연지성과 하층의 기질지성의 두 모습이 아니다라고 한 점을 통해서 확인할 수 있다.[48] 이시의 관점에서 보면 성인의 기질지성이 중층의 기지본연지성과 하층의 기질지성 두 모습이 아니라는 것은, 이시의 관점에서 보면 성인의 기질지성은 중층의 기지본연지성과 하층의 기질지성 가운데 하나의 모습이라는 의미가 된다. 이철영이 성인은 부중저미발일 때가 없다고 하였으니, 성인의 기질지성은 중층의

---

47) 앞의 책, 66쪽: 聖人無此不中底未發.

48) 앞의 책, 59쪽: 兼指其理與氣 是明德也 氣本之性也 氣質之性 驛同此位 而但時不同也(細註: 聖人氣質至淸至粹 故氣質之性 不爲此兩樣.)

기지본연지성 한 모습을 띠게 된다. 성인의 기질지성이 중층의 기지본연지성이라는 이철영의 사유는 두 가지 의미를 함유 하고 있다. 첫째 성인의 기질지성은 하층의 선악이 있는 기질지성이 아니다. 둘째 성인의 기질지성은 곧 기지본연지성이다.[49] 성인의 기질지성이 하층의 선악이 있는 기질지성이 아니라는 점은 쉽게 납득이 될 수 있는 부분이다. 그러나 성인의 기질지성이 곧 기지본연지성이라는 결론은 다소 도발적인 결론이라고 아니할 수 없다. 기지본연지성은 성선의 성이다. 성인의 기질지성이 기지본연지성이라는 말은 곧 '성인의 기질지성은 성선의 성이다.'로 바꾸어 말할 수 있다. 논쟁이 될 만한 결론이라고 할 수 있다. 이러한 결론은 한원진이 '성인에게는 기질지성이 없다.'라는 질문을 던졌기 때문이다.

한원진의 '성인에게는 기질지성이 없다.'는 비판은 이위의 관점에 치중되어 있는 이간에게는 쉽게 적용될 수 있고 논리적으로도 타당한 것이었다. 그러나 이시의 관점상에서 보았을 때에는 적절하지 않은 비판이었다. 이에 이철영은 이시의 관점에서 한원진의 비판을 재비판하였다.

그러나 좀 더 생각해 보면, 이 또한 이철영의 주장일 뿐이다. 한원진에게 이철영의 비판을 들려 주면 동의할까? 동의하지 않을 가능성이 높다고 본다. 한원진과 이철영은 시간개념을 달리 하며 자신들의 주장을 하고 있다. 둘 다 일심 일성을 주장하고 있고, 일처의 심과 성을 말하고 있지만. 그 근본적인 차이가 있다. 한원진은 기품과 허령을 동시에 존재하는 일처의 일심으로 파악하고 있다. 이에 비해 이철

---

49) 앞의 책, 66쪽: 聖人氣稟純一 故氣質之性 卽氣本之性也.

영은 일심과 일처는 유지하고 있으나 허령과 기품을 나누어 이시로 논하고 있다. 양립하기 어려운 부분이다. 허령과 기품에 대한 관점 차이는 미발과·미발심·성에 대한 이해의 차이로 확대 된다. 이철영이 지적한 대로 자신은 동위이시의 입장에 있고, 한원진은 동위동시의 입장에 서 있다.

만약 한원진이 이철영의 주장을 듣거나 보았다면, 이간의 심성론과 다를 바 없다고 비판할 것 같다. 왜냐하면, 이철영이 허령과 기품을 이시의 관점에서 서로 다른 때에 배치하고서, 실사에서의 미발심과 성은 언제나 일심 일성일 뿐이라고 주장하고 있지만, 한원진으로서는 받아들일 수 없는 것이었기 때문이다. 한원진의 관점에서 보면, 여전히 미발을 둘로 나누고, 일심을 둘로 나누고, 일성을 둘로 나누어 논하는 것이기 때문이다. 한원진의 시각에서 보면, 이철영은 여전히 허령이 밝게 드러날 때의 미발을 중저미발이라 하고, 이 중저미발에서의 심을 본연지심이라 하고 있으며, 본연지심과 본연지성(기지본연지성)을 일치시켜 논의하고 있다. 또한 기품에 구애되어 혼란스러울 때의 미발을 부중저미발이라 하고, 이 부중저미발에서의 심을 기질지심이라 하고 있으며, 기질지심에서 기질지성(기지기질지성)을 일치시켜 논하고 있다. 시간차를 두고 이루어질 뿐, 허령만을 가지고 본연지심을 말하고 있기 때문에 본연지심이 순선하기는 하지만, 여전히 선가의 본심과 같다는 비판을 받을 수 있는 것이었다. 한원진으로서는 이러한 본연지심에 기반을 두고 언급되는 기지본연지성을 성선의 성으로서 인정할 수 없다. 결국 이간과 다를바 없이 허공에 매달려있는 성을 성선의 성이라 주장하고 있다는 비판이 뒤따르게 되리라고 본다.

이러한 충돌은 미발과 심과 성에 대한 문제로 이어지며 확대 될 수 있다. 예를 들어, 이철영과 한원진은 중층의 성을 둘다 기국의 인물부동人物不同의 성, 실사의 본연지성, 성선의 성으로 보고 있다. 외형적으로는 같다. 그러나 이철영은 중층의 기질을 허령한 기, 즉 본연지기로 설정하고 있다. 이철영은 리와 이러한 본연지기를 불리관계로 설정하며 기지본연지성을 말하고 있다. 이에 비해 한원진이 중층에서 언급하고 있는 기질은 심으로 치면 기품과 허령이 다 있는 기질이다. 선악의 속성이 있는 기질이다. 한원진은 리와 이러한 선악이 있는 기질을 부잡관계로 설정하며 인기질의 본연지성을 말하였다. 이러한 차이는 근본적으로 허령과 기품을 달리 설정하고 있는데서 시작된 것이다.

허령과 기품을 어떻게 보느냐가 미발심성 전체를 보는 관점으로 확대된다. 이를 인식한 이철영은 허령과 기품을 보는 방식에 따라 이간과 한원진의 미발심성론을 위位와 시時 개념을 사용하여 새롭게 정리하였다. 앞서 언급한 것과 같이 이철영은 이간의 미발심성론을 이위이시異位異時로, 한원진의 미발심성론을 동위동시同位同時로 규정하였다. 관점이 다르면 논쟁이 해결되기 어렵다. 이철영은 이간과 한원진 사이의 논쟁에 대해 다음과 같이 말하였다.

> 이간이 비록 이위異位의 실수를 자각하지 못했지만, 한원진의 동시同時의 폐단을 밝혀 말할 수 있었다. 한원진은 동시의 실수를 자각하지 못했지만, 이간의 이위의 병폐를 밝혀 말할 수 있었다.[50]

---

50) 앞의 책, 98쪽: 巍巖雖不自覺其異位之失 而能明言南塘同時之弊 南塘雖不自覺其同時之失 而能明言巍巖異位之病.

이철영의 보았을 때, 이간은 자신이 이위의 실수를 하고 있다는 것
도 모르고 이위의 관점을 유지하면서 한원진의 동시의 폐단을 비판하
였다. 한원진은 역으로 자신이 동시의 실수를 하고 있다는 것도 모르
고 동시의 관점을 유지하면서 이간의 이위의 병폐를 비판하였다. 그
결과 이간의 비판으로 한원진의 동시의 문제점이 드러났고, 한원진의
비판으로 이간의 이위의 문제점이 드러났다.

이간과 한원진은 자신들의 문제점을 인정하지 않고 논리를 더욱
공고히 하며 상호 논쟁하였다. 여기에 동조하는 학자들이 끼어들면서
호락론이 형성되었고, 호락사이에 논쟁은 1919년까지 생존하였던, 이
철영 당시까지도 지속되고 있었다. 이철영이 여러 학맥의 학자들의
주장을 살펴보았을 때, 호락사이의 논쟁에는 언제나 그 중심에 이간
과 한원진이 있었고, 이들의 학설이 토론되었다.[51] 이에 이철영은, 이
간과 한원진의 학설을 깊이 있게 연구하고, 호락론에 대한 자신만의
관점과 이론체계를 제시하였다.

이간은 공간적 개념인 이위의 관점에 치중되어 있었고, 한원진은
시간적 개념인 동시의 관점에 치중되어 있었다. 이간과 한원진의 논
쟁은 각자 장점이 있는 동시에 단점이 있는 것이었다. 이철영은 이들
의 학설을 주의 깊게 살펴보고 동위이시同位異時라는 새로운 관점을
제시하였다. 이철영은 여기서 그치지 않고 호락의 인물성동이론과 미
발심성론을 종합하는 새로운 이론체계인 성삼양설을 건립하였다. 성
삼양설 이전의 호락의 인물성동이론은 공간적 관점에서만 논의 되었

---

51) 앞의 책, 7쪽: 夫爲湖論領袖者 固多門 爲湖論領袖者 亦多門 然其倡論 則巍
塘實主之.

고, 미발심성론은 심의 특성이 반영되면서 시·공간 상에서 토론되었다. 성삼양설은 인물성동이론이라는 뼈대에, 미발심성의 동위이시의 관점이 접목되어지면서 이루어진 새로운 이론체계이다. 성삼양설은 공간과 시간 개념이 어우러지면서, 삼층의 성과 인물의 미발심성에 관한 논의들이 원만하게 합일되고 있는 이철영의 독자적 이론체계이다.

제**9**장
호락논변의 현대적 가치

호락논변은 오랜 기간 엄밀하게 탐구되었다. 논쟁점들은 대단히 수준 높은 철학적 내용들로 가득 차 있다. 감정으로 드러나기 이전의 심의 본질적 모습과 상태에 대해 깊이 있게 탐구하였고, 인간의 본성을 어떻게 규명하고 설명해야 하는지에 대해 심도 있게 논의 하였다. 이들은 인간뿐만 아니라 이간 이외의 다른 존재들의 마음과 본성까지 거론하였다. 호락론자들은 논쟁과정에서 이전 학계나 중국, 일본 등 다른 나라에서 찾아볼 수 없는 독자적인 학문적 관점과 이론틀을 구축하였다.

호락론자들이 탐구한 내용들은 현실과 동떨어진 것이 아니었다. 논쟁점은 언제나 현실세계와 연계되어 있었다. 만약 현실과 유리된 주장을 하면, 이들은 공허한 주장을 하고 있다고 상대방을 비판하였다. 유학이 가지고 있는 현실세계를 향한 학문적 특성은 주자학에도 강하게 배여 있었고, 호락론자들은 이러한 학문적 취지에서 벗어나지 않고, 논의를 전개하고자 노력하였다.

호락론자들은 보통사람들도 수양을 통해 성인聖人의 경지에 들기를 희망했고, 사람들이 도덕적인 마음을 갖추고 이웃과 더불어 행복하게 살아가는 세상을 꿈꾸었다. 사람으로서 가지고 있는 본성을 온전히 실현하고, 타 생명체와 조화롭게 살아가는 세계를 이루고자 노력하였다.

그러나 그 내용들이 주자학에서의 용어들과 그 학문적 체계 속에서 이루어졌고, 고어라 할 수 있는 한문으로 작성되어 있다. 주자학을 모르고, 한문을 해석 할 수 없는 일반인들로서는 쉽게 접근할 수 없는 문제점이 있다. 이로 인해 그 학문적 우수성에도 불구하고 세상에 잘 알려지지 않고 있다.

호락논변의 학문적 성과 속에는 현대 사회에 접목해 볼 수 있는 다양한 내용과 가치들이 함유되어 있다. 인간과 타자를 새롭게 분류하였고, 사람뿐만 아니라 동물에게도 도덕심과 도덕성이 있다고 볼 수 있는 현대적 요소들이 있다. 또한 더 나아가 호론과 낙론 학자들의 주장에는 타 생명체 존중, 동물보호, 생태윤리 등으로 확장할 수 있는 다양한 가치들이 내재되어 있다. 현대의 문제 해결에 도움을 줄 수 있고, 현대적 시각에서 재검토 해 볼만한 내용들이 다수 있다. 앞에서 살펴본 학자들의 학설을 기반으로 논의를 진행하고자 한다.

1 인간과 타 존재에 대한 새로운 분류법

유학에서는 인간을 가장 뛰어난 존재로 보아[1] 다른 존재들과 구분하고 있다. 인간이 본질적으로 타 존재들보다 우수 하다는 입장을 취

---

1) 周惇頤, 「太極圖說」: 惟人也 得其秀而最靈.

하고 있다. 호락론자들은 인간을 다시 성인聖人과 범인凡人으로 나누고, 성인은 인간의 본질적인 특성을 일상에서 간직하고 있는 자이고, 범인은 그렇지 못한 자라고 보았다.

유학자들은 범인을 금수禽獸는 아니지만 금수에 가까운 존재로 분류하고 있다. 이러한 사유는 『맹자』「이어금수자기희異於禽獸者幾希」장章 주자朱熹의 주석에도 나타나 있다.

> 인人과 물物이 태어날 때에 똑같이 천지의 리를 얻어 성을 삼았고, 똑같이 천지의 기를 얻어 형체를 삼았으니, 그 같지 않은 점은, 오직 사람은 그 사이에 형기의 올바름을 얻어 본성을 온전히 보존할 수 있는 것, 이것이 조금 다를 뿐이다. 비록 조금 다르다고 말하나, 사람과 물의 구분되는 바는 실로 여기에 있는 것이다. 중인衆人들은 이를 알지 못하여 버리니, 이름은 비록 사람이라 하나 실제는 금수와 다를 것이 없다.[2]

중인과 범인은 동일한 의미로 쓰인다. 주자는 사람 중에서도 범인만을 금수와 대거對擧하여 논하고 있다. 사람은 범인과 범인 아닌 사람으로 나누면서도 금수는 구분하지 않고 금수라 통칭하고 있다. 유학은 인간 중심의 학문이다. 인간을 중심으로 논하다 보니, 윤리적으로 수양이 안 된 범인에 대해 금수와 다를 바 없다고 한 것이다. 조선의 유학자들 또한 대체로 범인을 거의 금수와 다를 바 없는 존재로 보고, 금수에 비유하고 있었다.

---

2) 『孟子』, 上同: 朱子曰 幾希 少也 人物之生 同得天地之理以爲性 同得天地之氣以爲形 其不同者 獨人於其間 得形氣之正而能有以全其性 爲少異耳 雖曰少異 然人物之所以分 實在於此 衆人不知此而去之 則名雖爲人 而實無以異於禽獸.

사람은 구분하여 논의하고, 금수는 구분하지 않고 금수라 통칭하여 언급하는 것은 인간과 타 생명체를 대등하게 분류하는 관점이라고 할 수 없다.

주자학자들은 사람의 최령最靈한 근거를 리에서 찾고, 사람과 사람, 사람과 타 생명체 사이에 차이가 있게 되는 요인은 기氣에서 찾았다. 리기, 음양오행 등으로 세밀하게 논하고 있는 주자학자들의 학설은 이론적 면에서 선진유학자들보다 매우 정밀해졌지만, 인·물 분류방식은 관습적 시각에서 크게 벗어나지 않고 있었다. 위의 예문을 통해 볼 수 있는 바와 같이 주자는 기존의 시각과 다름없이 사람과 금수를 논하고 있었고, 주자의 학설을 따르는 조선의 주자학자들 또한 대체로 별 이의 없이 이러한 관점을 묵수하고 있었다.

인·물 분류방식은 호락론자들에 이르러 체계적으로 이루어졌다. 호락론자들은 사람과 타 존재에 내재 되어 있는 성에 대해 같으냐 다르냐의 문제를 정밀하게 논의하였고, 이러한 논의는 범인과 대거하여 거론하던 금수를 단순히 금수라 통칭하는 단계에서 개·소·말 등으로 분류하는 단계로 이끌었다.

사람을 중심으로 하는 유학적 사유는 이들에게서 사람을 주체로, 물物인 다른 존재를 타자로 논하는 양상으로 나타났다. 이들은 주체인 사람을 성인과 범인으로 분화시키고, 타자인 물物을 개·소·말, 또는 개와 개·소와 소·말과 말 등으로 세분화시켜가며 인·물의 본성의 같고 다름에 관한 논쟁을 하였다.

낙론의 대표학자라고 할 수 있는 이간은 주체인 사람의 본연지성과 타자인 물物의 본연지성이 본질적으로 동일하다는 인물성동론을 주장하였다. 그러나 현실적으로 사람과 타 존재는 엄연히 다르기 때문에, 사람과 타자인 물의 구분을 언급하지 않을 수 없었다. 그는 이러한 구분을 이체異體의 기질지성 차원에서 논하였다. 기질지성은 존재를 구성하는 기의 차이를 고려한 성이다. 주자학자들은 만물이 구성될 때 청탁수박清濁粹駁한 기의 차이에 따라 기질의 차이가 있게 된다고 보았으며, 사람을 만물 중에서 가장 뛰어난 기질을 타고난 존재라고 여겼다. 기질지성은 이러한 기질의 차이를 고려한 성이다. 이간은 이체異體의 기질지성 차원에서 사람과 타 존재의 성을 논하면, 청탁수박清濁粹駁한 기의 차이에 따라 상호 달라진다고 하였다. 사람을 중심에 놓고 이루어지는 존재의 구분은 곧 사람을 주체로, 물을 타자로 구분하는 것이라고 할 수 있다.

더 나아가 이간은 이체상에서의 인물의 구분을 확대하여 사람과 사람이 다르고, 물物과 물物이 다른 측면 또한 언급하고 있다. 이는 곧 주체의 분화이며 타자의 분화라고 할 수 있다.

호론의 대표학자인 한원진은 본연지성을 초형기와 인기질 두 층으로 나누고, 잡기질의 기질지성을 설정하는 성삼층설을 주장하였다. 초형기의 본연지성은 이간의 인물동의 본연지성과 마찬가지로 주체와 타자를 동일시하는 관점이고, 잡기질의 기질지성은 인인이人人異·물물이物物異로서 주체의 분화·타자의 분화를 의미한다. 한원진의 학설에서 독특한 측면은 인기질의 성이다. 한원진은 인기질의 성을 본연지성으로 분류하면서도, 본연지성을 인물동으로 설정한 이간과 다르게, 인물이人物異의 특성을 띠고 있는 것으로 보았다. 이는 본연지성 차원에서 이루어지는 주체와 타자의 구분이다. 이간이 본연지성 차원에서는 주체와 타자가 동일하다는 입장만을 취하고 있는 데 비해, 한원진은 본연지성을 두 측면으로 분류하여 초형기의 본연지성 측면으로 보면 주체와 타자가 동일하지만, 인기질의 본연지성 측면으로 보면 주체와 타자가 구분된다는 관점을 취하고 있다.

초형기의 성은 이론적 차원에서 설정된 본연지성이며, 인기질의 성만이 성선의 본연지성으로서 자리 잡고 있다. 한원진은 본연지성일지라도 실사實事의 현실 세계에서의 주체와 타자는 구분해야만 한다는 입장을 취했다고 할 수 있다. 이간이 초형기의 본연지성을 성선의 성 즉 실사에서의 본연지성으로 보고, 본연지성의 차원에서는 주체와 타자가 동일하다는 입장을 취하고 있는 것과 대비된다.

인물분류를 좀 더 구체적으로 살펴보면 다음과 같다.

한원진은 초형기의 성 단계에서 사람·개·소가 모두 동일한 본연지성을 가지고 있다고 보았다. 주체와 타자가 동일한 본연지성을 가지고 있다는 관점이다.

인기질의 성 단계에서는 사람·개·소가 다르나 사람과 사람이, 개와 개가, 소와 소가 각각 같은 본연지성을 가지고 있다고 보았다. 한원진은 이때의 성만을 성선의 성이라고 하였다. 사람과 사람은 성인과 범인을 뜻한다. 주체의 분화이다. 개와 개, 소와 소는 타자의 분화이다. 주체와 타자를 구분하면서, 분화된 주체들 간의 재구분, 분화된 타자들 간의 동일성에 주목한 관점이다.

잡기질의 성 단계에서는 사람·개·소가 다르면서, 사람과 사람이 다르고, 개와 개가 다르고, 소와 소가 다른 성을 사람·개·소가 가지고 있다고 보았다. 그는 이때의 성을 기질지성이라고 하였다. 주체와 타자를 구분하면서, 분화된 주체들 간의 재구분, 분화된 타자들 간의 재구분에 주목한 관점이다. 한원진은 인기질 단계의 분류법을 '대분大分'이라 칭하고, 잡기질 단계의 인물분류법을 '세추細推'라고 하였다.

이간의 인물성동론은 한원진의 초형기의 성과 동일한 인물 분류의 방식을 취하고 있다. 이간은 근원적인 일원一原의 관점에서 보면 사람·개·소가 동일한 본연지성을 가지고 있다고 보았다. 주체와 타자가 동일한 본연지성을 가지고 있다는 관점이다. 그러나 한원진과 큰 차이점이 있다. 한원진이 초형기의 성을 성선의 성으로서 규정하지 않고, 인기질의 성만을 성선의 성으로 규정하고 있는데 비해, 이간은 일원의 관점의 성을 성선의 성으로 규정하고 있다. 사람·개·소가 동일한 성선의 성을 본연지성으로서 가지고 있다는 것이 이간의 관점이다.

이간은 이체 단계에서 한원진의 인기질의 인물 분류와 잡기질의 인물 분류를 모두 말하고 있다. 이간은 이체의 기질지성에는 '사람·개·소가 다르면서 사람과 사람이 같고, 개와 개가 같고, 소와 소가 같은 측면'과 '사람·개·소가 다르면서 사람과 사람이 다르고, 개와 개가 다르고, 소와 소가 다른 측면'이 모두 내포되어 있다고 보았다. 분화된 주체와 분화된 타자끼리의 동일성과 구분성을 이체의 기질지성에서 모두 말하고 있다. 이간은 '사람·개·소가 다르면서 사람과 사람이 같고, 개와 개가 같고, 소와 소가 같은 측면'의 분류를 '대분大分'이라 칭하고, '사람·개·소가 다르면서 사람과 사람이 다르고, 개와 개가 다르고, 소와 소가 다른 측면'의 분류를 '세분細分'이라고 하였다.

이간과 한원진의 학설에 나타나고 있는 인물분류법은 이전까지의 전통적인 인물분류법과 다르다고 할 수 있다. 타자인 물物을 통틀어서 그저 금수로만 칭하는 분류법에서 벗어나고 있으며, 범인을 금수 전체에 대응시켜 논하는 분류상의 문제점 또한 해결되고 있다. 사람을 세분화하면 타자인 물物도 더불어 세분화하여 구체적으로 논하는 입장을 취하고 있다. 타 생명체의 구분에 관심을 가지고, 타 생명체와 그 성을 사람과 함께 논구하며 구체적으로 분류하는 방식은, 이전의 주자학자들에게서는 찾아볼 수 없는 것이다. 관습적인 방식에서 벗어난 진일보한 분류 방식이라고 할 수 있다.

이간과 한원진에게서 시작된 호락의 새로운 인물분류 방식은 실학자들에게도 영향을 끼쳤다. 홍대용은 『의산문답』에서 사람뿐만 아니라 타 생명체도 동일하게 하늘의 리를 인의예지의 성으로 갖추고 있다고 보았다. 그는 벌·개미·이리·범 등의 다른 존재들도 인의예지의 성을 갖추고 있다고 보았는데, 이는 낙론의 인물성동론과 그 논법이 같다. 홍대용의 인물성동론적 사유는 서구과학의 영향을 받아 사람과 타 생명체를 대등하게 보는 측면이 보다 더 강화된 특징이 있는 것이었다. 그의 인물성동론은 사람의 입장에서 보면 사람이 귀하고 타 생명체가 천하지만, 타 생명체의 입장에서 보면 타 생명체가 귀하고 사람이 천하다고 하는, 사람과 타 생명체를 대등한 선상에서 논의하는 방식으로 드러나고 있다. 홍대용은 하늘의 입장에서 보면 사람과 타 생명체가 균등(人物均)하다고 하였다. 하늘의 입장은 인물성동론人物性同論의 일원의 관점과 그 논법이 같다. 하늘의 입장에서 보면 사람과 타 존재가 균등하다는 주장은, 일원의 관점에서 보면 사람과 타 존재의 성이 같다는 주장과 그 논법이 동일한 양상을 띠고 있다고 할 수 있다. 주체와 타자의 동일성에 주목하고 있는 낙론의 인물성동론이 홍대용의 인물성동론으로 이어졌고, 서구과학의 영향을 거친 홍대용의 인물성동론이 '인물균'으로 드러나고 있다고 할 수 있다.

정약용은 소가 억지로 사람이 하는 바를 할 수 없고, 사람이 억지로 개가 하는 바를 할 수 없다고 하였다. 각 생명체마다 해야 하는 바가 다른 것은 그 부여받은 리가 원래부터 같지 않기 때문이라고 주장했다.[3] 정약용은 개·소·사람 등이 각기 다른 리를 부여받았고, 그 리가 각 존재마다에서 본연지성으로서 자리 잡고 있다고 보았다. 그는 각 존재의 리가 다르므로, 각 존재의 본연지성 또한 서로 다르다는 관점을 가지고 있었다. 정약용의 성론은 동이론으로 논할 경우 인물성이론에 해당된다.

정약용은 기호의 성을 새롭게 말하였다. 그러나 기호의 성이 따로 있고, 본연지성이 따로 있는 것이 아니라, 각 존재의 서로 다른 본연지성이 바로 각 존재의 서로 다른 기호의 성이라고 보았다. 또한 정약용의 성론에는 상제가 있다. 정약용은 각 존재의 상호 다른 성은 인격적 천인 상제가 부여한 것이라고 보았다. 인격적 천의 등장이나 성기호설적 해석은 호론의 인물성이론에서는 찾아 볼 수 없는 것이다. 그러나 정약용의 각 존재의 본연지성이 다르다는 관점은, 주체와 타자의 상호 다른 본질적 속성에 주목하였던 호론의 인물성이론이 없었다면 쉽게 등장하기 어려운 논의였다고 할 수 있다. 정약용의 인물성이론적 사유는, 이간과 한원진 사이의 거대한 논변이후 정약용 당시까지 진행되고 있었던 호락의 인물성동이논변, 특히 호론의 인물성이론의 영향권 내에 있었고, 더 나아가 그 영향을 받은 것이라고 할 수 있다.

이철영은 한원진처럼 성을 세 측면으로 논하는 성삼양설을 주장하였다. 이철영의 일원의 본연지성은 사람·개·소가 같은 인물동의 성

---

3) 『孟子要義』「生之謂性」: 牛不能强爲人之所爲 人不能强爲犬之所爲 非以形體不同 不能相通也 乃其所賦之理 原自不同.

이다. 주체와 타자를 동일시하는 관점이다.

기지본연지성은 인물이人物異이면서 인인동人人同 · 견견동犬犬同 · 우우동牛牛同인 성이다. 주체와 타자를 구분하면서, 분화된 주체들 사이의 동일성, 분화된 타자들 사이의 동일성에 주목한 관점이다.

기지기질지성은 인물이人物異이면서 인인이人人異 · 견견이犬犬異 · 우우이牛牛異인 성이다. 주체와 타자를 구분하면서도, 분화된 주체들 간의 재구분, 분화된 타자들 간의 재구분에 주목한 관점이다.

이철영은 이간과 한원진 사이에서 촉발된 호락논변을 새롭게 정립한 근대 학자이다. 주체와 타자를 구분하고, 주체와 타자를 대등한 선상에서 논의하고 있다.

이철영의 인물분류법은 낙론학자인 이간과도 다르고, 호론학자인 한원진과도 다르다. 이간과의 큰 차이점은, 이간이 성선의 성을 인물동의 본연지성에 배치하고 있는 것에 비해, 인물이人物異인 성에 배치하고 있다는 점이다. 그는 인물이人物異면서 인인동人人同 · 견견동犬犬同 · 우우동牛牛同인 성을 성선의 성으로 규정하였다.

이철영이 인물이人物異면서 인인동人人同 · 견견동犬犬同 · 우우동牛牛同인 성을, 성선의 성으로 규정한 점은 한원진과 같다. 그러나 외형적 인물분류상에서만 한원진과 같고 또한 차이가 있다. 한원진의 성선의 성은 기국氣局의 기질을 성과 부잡不雜관계로 설정한 것이다. 이에 비해 이철영의 성선의 성은 기국의 기질과 불리不離관계로 설정하고 있다.

이간과 한원진 사이의 논쟁이후 호락논변자들은 타자인 물物을 금수로만 칭하지 않고, 견견犬犬 · 우우牛牛 · 마마와 같이 세분화하였다. 주체인 인간만 성인과 범인으로 분화하지 않고 타자인 물物도 견견犬

犬·우우牛牛·마마 등으로 분화하였다. 이들은 주체와 타자를 대등하게 매치하며 그 동질성과 구분성을 논하였다. 이들의 분류법은 일부 실학자들에게도 영향을 주었다. 근대학자 이철영 또한 호락론을 논하며 자신만의 새로운 인물 분류방식을 제출하였다.

호락론자들과 그 영향권 내에 있는 학자들에게서 보이는 인물분류법은 본성本然之性[4] 논쟁 과정에서 발생하였다. 이들은 자기들의 주장을 공고히 하고, 상대방의 주장에 오류가 있다는 점을 증명하는 과정에서 인물 분류를 더욱 세밀하게 하였다. 주로 본성 차원에서의 분류에 중점을 두고 있었으나, 상대방과 논쟁하는 과정에서 기질의 성 차원에서의 분류 또한 자세히 하였다.

호락논변 과정에서 발생한 인물분류법은 서양철학이나 다른 동양철학계에서 찾아 볼 수 없다. 한국 주자학에서 등장하고 있는 독특한 분류법이다. 이들의 인물분류는 본성문제를 중심으로 이루어졌고, 주체와 타자의 관점에서 인물을 분류하였으며, 타자를 금수로만 칭하던 관습적 분류에서 벗어난 특징이 있다.

그러나 이러한 특징들 보다도 타 생명체에 대한 세밀한 분류에 주목할 필요가 있다. 문명의 발달과 함께 현대 사회에서는 동물, 물고기, 새 등 타 생명체에 대한 관심이 높아져 가고 있고, 이 타 생명체들을 존중하고 배려하는 문제가 논의되고 있다. 시민사회와 학계에서는 타 생명체의 권리문제까지 심도 있게 논의하고 있다.[5] 이러한 시기에,

---

4) 本然之性을 간단히 本性으로 줄여서 말했다. 주자학자들 또한 필요시 본성으로 줄여서 언급하고 있다. 『經義記聞錄』卷6,「生之謂性章」, 28쪽: 若以鷄司晨犬司盜牛耕馬馳 謂非本然之性 則是物獨不有本性也.

5) 마크 베코프, 윤성호역, 『동물권리선언』, 미래의창, 21쪽.

타 생명체와 인간의 같고 다름을 본성과 그 기질 차원에서까지 세밀하게 분석한 자료는 매우 가치있다고 아니할 수 없다. 여러 담론에 유용하게 활용할 수 있다.

동물을 예로 들어 보겠다. 반려견을 가족처럼 생각하는 사람들이 늘고 있다. 반려견을 가족으로 여겨도 되는지가 토론 주제로 떠오를 수 있다. 이럴 때에는 호락론자들이 개를, 존재의 본성 차원에서 사람과 같다고 볼 것이냐 다르다고 볼 것이냐를 다룬 자료를 활용할 수 있다. 호락론자들은 이 문제를 때로는 사람과 개로 나누어서 논하고, 때로는 사람과 사람, 개와 개로 나누어 비교 분석하며 세밀하게 진술하였다.

최근에 들어서는 동물의 권익을 인간과 평등하게 볼 것을 주장하는 종차별반대주의가 등장하였다.[6] 이럴 때에는 낙론의 인물성동론의 인물 분류법을 활용하여 종차별반대주의에 찬성하는 의견을 제시할 수도 있고, 인물성이론의 인물 분류법을 활용하여 반대 의견을 제시할 수도 있다.

호락논변에서의 인물 분류는 현대사회에서도 가치가 있으며, 특히 현대사회에서의 인간과 타 생명체에 관한 다양한 논의에 기여할 수 있다고 본다.

2 동물 도덕심 탐색과 호락의 동물 도덕심

데카르트는 이 세상에서 인간만이 마음을 소유하고 있다고 보았다.

---

6) 코린 펠뤼숑, 배지선역, 『동물주의 선언』, 책공장더불어, 27~33쪽.

데카르트에 따르면 동물은 프랑스 왕립공원에 있는 로봇과 매우 비슷한 존재이다. 로봇을 움직이게 하는 물은 동물에게 있어 '동물 정기精氣(animal sprits)'라는 것이며 물이 흐르는 관은 신경섬유이다. 동물정기가 신경 속을 흐르며 근육과 힘줄 곳곳에 닿아 동물들이 로봇처럼 움직인다. 정신작용은 어디에도 일어나지 않는다. 데카르트와 그 추종자들은 개가 짖거나 신음소리를 내는 것은 로봇이 소리 내는 것과 같은 기능적인 작용일 뿐이라고 보았다.[7] 데카르트는 동물에게는 마음이 없다고 하였다.

현대의 동물학자들은 이러한 데카르트의 주장을 비판하고 있다. 마크 롤랜즈는 동물들이 통증, 공포, 즐거움 등을 느끼는 마음을 가지고 있다고 하였다.

우리가 밝혀낸 모든 증거들은 대다수의 척추 동물들이 다양하고 복잡한 감정을 느낀다는 사실을 알려준다. 거의 모든 동물이 통증은 물론, 공포와 불안과 같은 '불쾌한' 감정상태로 고통스러워 할 수 있고, 만족과 같은 '유쾌한' 감정상태를 즐길 수도 있다는 사실을 거부하기 힘들다. 심지어 몇몇 동물에게서는 즐거운 감정상태를 찾을 수도 있다.[8]

프랑스 드 발은 동물들에게 마음이 있으며, 다른 동물들을 도와주는 이타적인 행동까지 한다고 주장하였다. 예를 들어 코끼리는 코와 엄니를 사용해 허약하거나 쓰러진 동료를 일으켜 세워주고, 돌고래는

---

7) 마크 롤랜즈, 윤영삼역, 달팽이출판, 『동물의 역습』, 20~23쪽.
8) 마크 롤랜즈, 앞의 책, 55~56쪽.

작살의 줄을 이빨로 물어 끊어 동료를 구하거나 그물에 걸린 동료를 끌어내고, 몸이 아픈 동료가 익사하지 않도록 도와준다고 하였다.9)

마크 베코프는 동물들이 이타적인 행동은 물론, 온정적이고 연민을 느끼며 도덕적 행동을 한다고 보았다. 그는 아래와 같은 예를 들고 있다.

실험실에서 우리에 갇힌 쥐 한 마리는 레버를 누르면 음식이 나오게 되어 있다는 것을 알면서도 그렇게 하면 다른 쥐가 전기 충격을 받는다는 사실을 알고서는 레버 누르기를 거부했다. 또 다른 실험에서는 구멍으로 토큰을 넣으면 음식이 나온다는 사실을 알게 된 수컷 다이아나 원숭이가 아직 그 기술을 배우지 못한 암컷 원숭이를 위해 자기 토큰을 넣어 보상으로 나온 음식을 먹게 해 주었다. 리비라는 이름의 고양이는, 눈도 멀고 귀도 먼 늙은 개 캐슈가 장애물을 피해 먹이가 있는 곳을 제대로 찾아가도록 길을 안내했다.10)

근래에 들어 동물학자들은 동물에게도 마음이 있음은 물론 동정과 연민을 느끼며 공감을 하는11) 도덕적인 마음을 가지고 있다고 보고 있다. 물론 그 마음이 인간보다는 못하지만, 동물 또한 내면의 마음에 따라 움직이는 정신적 주체라고 여긴다.12)

프란스 드 발은 동물들에게서 나타나는 도덕적인 마음은 자연스러운 진화의 산물이라고 본다. 그는 인간의 도덕적인 마음 또한 자연스러운

---

9) 프란스 드 발, 이충호역, 『내안의 유인원』, 김영사, 280쪽.

10) 마크 베코프, 윤성호역, 『동물권리선언』, 미래의창, 130~131쪽.

11) 프란스 드 발, 『내안의 유인원』, 281쪽. "공감은 동물들 사이에 광범위하게 나타난다. 공감이 가장 높은 차원으로 나타나는 것이 동정과 표적 원조이다."

12) 마크 롤랜즈, 앞의 책, 56~57쪽.

진화 과정 속에서 형성된 것으로 이해하고자 하였다. 프란스 드 발은 도덕적 마음을 설명하는 과정에서 맹자의 측은지심을 언급하고 있다.

사람이 모두가 남의 고통을 차마 보지 못하는 마음을 가지고 있다고 말하는 이유는 다음과 같이 비유할 수 있다. 가령 지금, 사람들이 어린아이가 우물에 떨어지려 하는 것을 보았다면, 누구나 예외없이 놀라고 측은한 마음을 느낄 것이다. 그들이 그렇게 느끼는 것은 아이 부모의 보답을 받고 싶어서도 아니고 이웃 사람이나 친구들로부터 칭찬을 듣기 위해서도 아니며, 아이가 위험한데도 태연히 보고 있었다는 악평을 듣기 싫어서도 아닐 것이다. 이로써 미루어 볼때, 측은지심은 인간의 본질이라 할 것이다.[13]

프란스 드 발은 "나는 이 말에 더할 나위 없이 찬성 한다."고 하며 다시 다음과 같이 말하고 있다.

타인의 괴로움을 보고 마음이 아파지는 것은 스스로도 어찌할 수 없는 충동이다. 그것은 마치 반사작용처럼 즉시 우리를 사로잡고는, 이렇게 할지 저렇게 할지 저울질할 여유 따위는 전혀 주지 않는다. 희한하게도 맹자가 다른 동기의 예로서 들었던 칭찬이나 보답과 같은 것들은 요즘의 문헌에서도 흔히 '명성 만들기'라는 표제어 아래 등장하고 있는 것들이다. 물론 맹자는 이러한 동기들을 인정하지 않았다. 공감 반응의 즉시성이나 힘에 비하면, 이러한 설명들은 너무나 작위적이기 때문이다.

프란스 드 발은 맹자의 우물에 빠진 아이의 비유에 나타난, 측은지

---

13) 프란스 드 발, 박성규역, 『원숭이와 초밥요리사』, 도서출판 수희재, 391쪽.

심은 '이중 의도'의 가능성을 배제한 것이며, 반사작용처럼 즉시 일어나는 도덕 감정이라고 하였다. 그는 이기적 계산 없이 일어나는 이러한 도덕 감정은 진화에 따라 이루어진 것이고, 진화에 따라 어떤 종들은 측은지심과 같은 충동을 갖게 되었다고 보았다.[14]

동물학자들은 침팬지·보노보·코끼리·돌고래·개·고양이 등을 포함한 동물연구를 통해 동물들 또한 도덕적 마음을 가지고 있다는 것을 의심치 않고 있다. 이들의 연구는 현재 진행형이다. 동물학자들은 자신들의 연구에 도움이 되는 부분이라고 판단되면, 종교나 타 학문에서 필요한 내용들을 적극적으로 수용하고 있다. 폴 월더는 힌두교·불교·유대교·그리스도교·이슬람교를 비롯한 여러 종교들에서 나타나는 동물 관련 내용들을 검토하였고,[15] 프란스 드 발은 공자나 맹자의 글까지 인용하며 자신의 이론을 강화하였다.[16]

호락론자들과 호락론을 논의한 학자들 가운데 일부 인물들은, 인간과 동물의 내면에 있는 본질적인 마음에 대해 탐구하였다. 이들은 탐구 과정에서 동물들도 도덕적인 마음을 가지고 있다는 주장을 이끌어 내었다. 이들은 동물이 도덕적인 마음을 가지고 있다고 선언하는 것에만 그치지 않고, 개·소·말 등의 동물의 도덕적인 마음과 사람의 도덕적인 마음에 종차種差가 있는지에 대해 언급하는 데까지 도달하

---

14) 프란스 드 발, 『원숭이와 초밥요리사』, 391~392쪽 참조. 프란스 드발은 맹자의 측은지심 자체 보다는, 동물들이 측은지심과 같은 도덕적인 마음을 진화과정 속에서 획득하고 있다는 것과, 그 마음을 발휘할 수 있다는 것을 논증하는 데에 더 관심을 기울이고 있었다.
15) 피터싱어엮음, 노승영역, 『동물과 인간이 공존해야하는 합당한 이유들』, 시대의 창, 111~131쪽.
16) 프란스 드 발, 앞의 책, 389~392쪽.

였다. 심지어는 '개와 개, 소와 소, 말과 말'과 같이 동물들을 세분화하여 개별적 존재들의 마음도 분석하였다. 프란스 드 발이나 피터 싱어와 같은 현대의 동물학자들이 이 사실을 알게 된다면 반드시 관심을 가질 것이라고 본다.

호락론자들은 하나의 마음을 논리적으로 '허령'과 '기품에 구애된 허령'으로 나누었다. 간단히 허령과 기품으로 나누었다고도 한다. 마음은 본질적으로 허령하지만, 기품에 얽매일 때는 허령함이 흐려져 혼란스로운 상태가 된다고 보았다. 허령은 마음의 순선한 측면이고, 기품은 마음의 선악이 있는 측면이다.

한원진은 인간과 동물[17]의 허령함이 다르다고 하였다. 사람은 정기正氣가 모인 허령이지만, 동물은 치우친 기가 모인 허령이어서 서로 다르다고 하였다.[18] 한원진은 성삼층설을 말할 때 개·소·말 등의 동물은 그 기질의 치우친 정도가 서로 다르기 때문에 그 본성 또한 서로 다르다고 하였다. 같은 논법으로 한원진은 기질의 치우친 정도에 따라 개·소·말 등의 허령이 다른 것으로 보았다고 할 수 있다. 허령은 윤리적으로 선한 마음이다. 따라서 한원진은 인간·개·소·말 등의 도덕심이 서로 다른 것으로 여겼다고 할 수 있다.

낙론자인 이간은 인간과 동물이 모두 마음을 가지고 있지만, 허령

---

17) 호락논변에서 人·物이라고 할 때 物에는 개·소·말 등의 동물들뿐만 아니라 새나 물고기, 심지어는 식물까지 포함된다. 본 단원에서는 동물의 논의에 초점이 맞추어져 있기때문에 동물로 한정시켜 서술하겠다.

18) 『朱子言論同異攷』卷1, 「心」, 22쪽: 盖虛靈雖同 而其所以爲是虛靈之氣則不同 鳥獸之心偏氣聚而虛靈 故其靈也只通一路 人之心正氣聚而虛靈 故其靈也無所不通 此人物之不同也.

한 심체의 마음은 사람만이 가지고 있다고 보았다. 그러면서 사람이 귀하고 동물들이 천하고 할 때, 그 비교되는 것은 심이다라고 하였다.[19] 이간은 도덕적인 마음은 인간만이 가지고 있고, 동물들은 인간보다 못한 마음을 가지고 있다고 본 것이다. 이간은 동물들의 마음을 구체적으로 언급하지 않았다. 이로 인해 이간은 임성주로부터 '인간과 동물의 본성을 말할 때'와 '인간과 동물의 마음을 말할 때' 간에 논리적 모순이 생기고 있다는 비판을 받았다.[20] 임성주는 이간의 경우, 인간과 동물의 본성을 말할 때에는 인간과 동물의 허령한 도덕적인 마음을 일치시켜 논해야 했는데 그렇지 못했다고 비판하였다.

인간과 동물의 도덕적인 마음을 가장 확연하게 말한 학자는 이철영이다. 이철영은 인간·개·소 간의 도덕심이 종에 따라 다르다고 하였다. 그리고 이어서 인간과 동물을 대등하게[21] 분류하며 인간과 인간의 도덕심이 같고, 개와 개의 도덕심이 같고, 소와 소의 도덕심이 같다고 하였다.[22] 구체적으로 개별 존재의 도덕심까지 진술하였다.

프란스 드 발, 피터 싱어, 폴 월더 등을 포함한 동물학자들은 동물들의 도덕적 행동을 관찰하고, 그것을 기반으로 동물들도 도덕심을

---

19) 『巍巖遺稿』卷12, 「未發有善惡辨」, 21쪽: 天下之物 莫不有心 而明德本體 則惟人之所獨也 … 人爲貴者 而所貴非性也 乃心也 人貴物賤 所較者此心.

20) 7장 「이간 미발심론의 한계성 극복과 확대」참조.

21) '대등'은 인간과 동물이 본질적으로 대등하다는 것이 아니라, 인간과 동물을 같은 선상에 놓고 분류 하고 있다는 의미로 사용하였다.

22) 『泗上講說』, 도서출판문사철, 2012, 45쪽: 夫人有人心之本然氣質 牛有牛心之本然氣質 犬有犬心之本然氣質 以其本然言之 則人與人同 牛與牛同 犬與犬同 … 以其偏正言之 則人之本然氣質 固皆絶異於犬牛之本然氣質 以其類分言之 則犬牛之本然氣質 又皆自相不同矣.

가지고 있다는 것을 설명하기 위해 노력하고 있다. 그들은 서양철학이나 여러 종교들에서 자신들의 이론을 강화할 자료들을 찾고 있다. 최근에 와서는 동양철학에 관심을 갖고 있는 학자도 있다. 그들은 조그만한 관련 자료라도 발견하면 적극적으로 활용하고 있다. 프랑스 드 발은 맹자의 측은지심까지 찾아내어 자신의 이론을 강화하는데 활용하였다. 한원진과 이철영에게서 볼 수 있는 바와 같이 호락논변에 참여한 일부 학자들은, 동물들도 도덕심을 가지고 있다는 것을 자신들의 학적 체계 내에서 정합성 있게 설명하였다. 매우 가치 있는 자료라고 본다.

3 동물 도덕성 규명 노력과 호락의 입장

마음에 대한 깊이 있는 탐구는 자연스럽게 본성에 대한 관심으로 이어지게 된다. 동물들이 도덕적인 마음을 가지고 있다고 본 일부 동물학자들은, 그렇다면 동물들도 도덕성이 있다고 보아야 하지 않을까라는 의문을 갖고 도덕성에 대해 논의하기 시작했다. 그러나 도덕성을 논하고자 하면서 이들은 난관에 부딪쳤다. 도덕심은 관찰을 통해 비교적 쉽게 언급할 수 있었지만, 도덕성은 철학적·윤리학적 연구가 수반되어야 하는 어려움이 있기 때문이다.

현재 동물의 도덕성 문제까지 접근하고 있는 학자는 그리 많지 않다. 프랑스 드 발은 이 분야의 대표적인 학자이다. 프랑스 드 발은 '이다(is)'와 '해야 한다(ought)'가 중요한 철학적 주제이고, 이 구분 문제를 다루지 않고 도덕성의 기원을 찾는 건 불가능하다고 하였다. 그는 '이다(is)'와 '해야 한다(ought)'의 관계 문제를 통해 동물의 도덕성에 접근하고자 하였다.

> 나는 동물들의 행동 자체가 아니라 예상되는 그들의 행동에 대해 말하는 것이다. 이 점에 주목하면 '이다(is)'와 '해야 한다(ought)' 사이의 구별은 점점 사라진다. 괴상하게 들리겠지만 이다 / 해야 한다의 구분은 중요한 철학적 주제이다. 이 구분을 다루지 않고 도덕성의 기원을 찾는 건 불가능하다. '이다'는 사물과 현상이 어떠한지를 기술한다.(사회적인 성향, 정신 능력, 신경 처리 과정 등). 반면 '해야 한다'는 사물과 현상이 어떻게 되기를 바라는지, 우리가 어떻게 행동해야 하는지와 관련된다. '이다'가 사실과 관계있다면 '해야 한다'는 가치와 관계있다. 규범적 약속에 의해 살아가는 동물들은 '이다'를 '해야 한다'로 전환한다.[23]

프랑스 드 발은 '이다(is)'를 사물과 현상이 어떠한지와 관련된 개념, 다시 말해 사회적인 성향·정신 능력·신경 처리 과정 등과 같은 사실과 관계가 있는 개념으로 이해했다. 반면에 '해야 한다(ought)'는 사물과 현상이 어떻게 되기를 바라는지, 우리가 어떻게 행동해야 하는지와 같은 가치와 관계된 개념이라고 보았다. 그는 규범적 약속에 의해 살아가는 동물들은 '이다(is)'를 '해야 한다(ought)'로 전환한다고 하였다. 이는 사실 개념이 가치 개념으로 전환됨을 의미하는 것이다. 프랑스 드발은 동물들에게서는 '이다(is)'의 사실과 '해야 한다(ought)'는 가치가 떨어져 있지 않고, '이다(is)'가 '해야 한다(ought)'의 가치로 이어지는 양상을 띠고 있다고 보았다.[24]

---

23) 프랑스 드 발, 오준호역, 『착한인류』, 미지북스, 240쪽.

프란스 드 발의 '이다(is)'와 '해야 한다(ought)' 개념은 데이비드 흄 David Hume(1711~1776)에게서 영향을 받은 것이다. 프란스 드 발은 흄의 경고에도 불구하고 흄 이후의 철학자들이 'is'와 'ought'를 완전히 나누어 버렸고, 이러한 나눔은 진화론적 논리나 신경과학의 입장에서 도덕성을 재정립하려는 시도를 어렵게 하고 있다고 하였다.

> '이다(is)'/'해야 한다(ought)'의 구분을 가르쳐 준 스코틀랜드의 철학자 데이비드 흄은 3세기 전 이 둘을 같은 것으로 여기지 않게 주의해야 한다고 썼다. 그는 삶의 사실들로부터 우리가 획득하기 위해 노력해야 할 가치들을 주장하려면 "이유가 있어야 한다."고[25] 덧붙였다. 도덕성은 단순히 인간의 본성을 반영한 것이 아니라는 것이다. 자동차의 겉모습으로부터 교통 규칙을 추론할 수 없듯이, 우리가 누구이며 어떤 생물인가 하는 것으로부터 도덕규범을 추론할 수는 없다. 흄의 지적은 설득력이 있다. 하지만 후대의 철학자들은 그의 말을 과장했다. 흄이 주의하라고 한 호소를 후대 철학자들은 '흄의 단두대'로 바꾸었다. '이다(is)'와 '해야 한다(ought)' 사이에 메울 수 없는 구멍이 있다는 것이다. 그들은 이 단두대로 진화론적인 논리나 신경과학을 인간의 도덕성에 적용해보려는 시도들을, 매우 진중한 시도들까지, 목을 쳐버렸다. 그들은 과학으로 도덕성을 해석할 순 없다고 말한다.

---

24) 프란스 드 발, 앞의 책, 344쪽.
25) 앞의 책, 354쪽. 프란스 드 발 註: 데이비드 흄은 저자들이 얼마나 자주 사물이 어떠한가의 묘사로부터 사물이 어떠해야 하는가의 진술로 넘어가 버리는지에 대해 썼다. 그는 이렇게 덧붙였다. "이 차이는 별로 커 보이지 않지만 결정적인 결과로 이어진다. 왜냐하면 '해야 한다' 또는 '해서는 안 된다'는 새로운 관계나 단정을 표현하기에 자세히 관찰되고 설명될 필요가 있고, 동시에 이유가 있어야 한다 무엇이 전체적으로 볼 때 상상할 수 없는 것인지, 어떻게 다른 것들로부터 새로운 관계가 연역되는지, 무엇이 이것과 전적으로 다른지 말이다."

'흄의 단두대'는 '이다(is)'와 '해야 한다(ought)'를 단두대로 자르듯 명확하게 나누는 것을 빗댄 말이다. 프란스 드 발은 '이다'와 '해야 한다'를 명확하게 분리시키는 것을 반대한다. 그는 '이다'와 '해야 한다'를 동양철학에서의 음과 양에 비유하여 다음과 같이 말하고 있다.

> '이다'와 '해야 한다'는 도덕성의 음과 양과 같다 우리가 둘 다 가
> 졌다면 그것은 우리에게 둘 다 필요하다는 뜻이다. 둘은 같지 않지
> 만 완전히 분리된 것도 아니다. 둘은 서로를 보완한다.[26]

프란스 드 발은 '이다'와 '해야 한다'의 구분을 반대하였다기 보다는, 그 둘을 완전히 '흄의 단두대'와 같이 명확히 분리시키는 것을 반대하고 있는 것이라고 할 수 있다. 예문의 "음과 양은 같지 않지만 완전히 분리된 것도 아니다."는 그러한 의미를 담고 있는 문장이라고 할 수 있다. 그에게서 '이다'와 '해야 한다'의 구분은 "자동차의 겉모습으로부터 교통 규칙을 추론할 수 없듯이 우리가 누구이며 어떤 생물인가 하는 것으로부터 도덕규범을 추론할 수는 없다."와 같은 정도의 의미를 갖는다.

프란스 드 발은 후대의 철학자들이 흄의 의도를 과장하여 '흄의 단두대'로 바꾸었는데, 흄은 단두대를 인정하지 않는 입장이라고 하였다. 그는 흄은 "우리가 어떠하느냐는 것에서 우리가 어떻게 행동하느냐로 성급히 이동하지 말라고 했지 이동 자체가 금지되어 있다고 말하지 않았다."고 하였다. 흄의 뜻은 '이다(is)'에서 '해야 한다(ought)'로 성급히 이동하지 말라고 했지, '이다(is)'에서 '해야 한다(ought)'로의 이

---

26) 앞의 책, 241쪽.

동 자체가 금지되어 있다고 말하지 않았다고 보았다.

사실 프린스 드 발의 해석은, 흄의 '이다(is)'와 '해야 한다(ought)'에 관한 전통적인 주류 해석과 차이가 있다. 전통적인 주류 해석은 '이다(is)'와 '해야 한다(ought)'를 사실과 가치, 존재와 당위와 연관지어, '이다(is)'와 '해야 한다(ought)'는 상호 논리적으로 무관하며, 그 사이에는 메울 수 없는 간극이 존재한다는 것이었다.[27] 흄의 단두대는 전통적인 해석을 대변하는 말이라고 할 수 있다.

프란스 드 발이 '이다'와 '해야 한다'에 집착하는 것은, '이다'와 '해야 한다'의 문제가 도덕성 정립의 중요한 개념이고, 이 두 개념을 중심으로 동물도 도덕성을 가지고 있다는 주장을 하고 싶어서이다. 그는 '이다'로부터 '해야 한다'로의 이동을 이끌어 내어,[28] 동물들에게

---

27) 전통적 해석은 '이다(is)'와 '해야 한다(ought)'를 '사실과 가치', '존재와 당위'의 문제로 이해하는 가운데 이루어지고 있다. "사실과 가치사이에는 메울 수 없는 간극이 존재하며, 모든 당위 명제는 존재 명제로부터 도출될 수 없다."(김광태, 「존재 – 당위(IS-OUGHT)논쟁과 도덕에 대한 정의 – 피터 싱어의 메타 윤리학을 중심으로」, 『윤리교육연구』제24집, 145쪽 참조), "흄은 존재(is)와 당위(ought)가 서로 무관하다고 지적한다. 그러니까 사물들이 존재하는 방식을 기술하는 명제들로부터는 어떤 도덕적 신념이나 도덕적 명제도 도출할 수 없다는 것이다." (윤영돈, 「흄의 윤리사상에서 존재와 당위의 문제」, 『윤리교육연구』제43집, 187쪽)

28) 'is'로부터 'ought'의 이동은 일부 비주류 학자들도 긍정하는 것이다. 메킨타이어(A. C. MacIntyre, 1929~)에 의하면, 흄은 '존재(is)로부터 당위(ought)로의 이동이 욕구에 의해서 이루어진다.'것을 주장하고 있었다. 메킨타이어는 흄을 도덕적 자율론자로 해석하여 존재와 당위 사이에 아무런 관련도 있을 수 없다고 주장하는 전통적 해석에 비판을 가했다. 그는 존재로부터 당위가 어떻게 도출될 수 있는지 정당화할 필요가 있다는 것을 설명하려는 것이 흄의 기획이었다고 보았다. (김광태, 위 논문, 146쪽 참조)

도 이러한 이동이 있는 것을 설명하고, 이를 근거로 동물들도 도덕성이 있다는 주장을 하고자 하였다.

프란스 드 발은 진화론적 입장에서 도덕성의 문제에 접근하고자 하였다.[29] 그는 진화론적 입장에서 접근하여 도덕성은 그것을 대상으로 하는 종이 실천하기에 적합해야 한다고 보았다. 프란스 드 발은 침팬지나 보노보 같은 유인원의 도덕성을 규명하고자 할 때, 'is'와 'ought'를 분리시키는 방식으로는, 도덕성에 접근하기 어렵다고 보고, 'is'와 'ought'를 분리시키지 않고 접근할 수 방법을 흄에게서 찾아 적용하고 있다고 할 수 있다.

프란스 드 발은 아직 완성된 결론에 도달하지 못했다. 일부 지능이 뛰어난 동물들을 관찰하고, 그 동물들을 통해 'is'에서 'ought'로 전환되는 양상을 체계적으로 설명하고자 노력하고 있다. 그는 이를 통해 동물들도 도덕성을 가지고 있다는 주장을 하고자 한다. 프란스 드 발은 다음과 같이 말하고 있다.

> 보노보는 '이다'를 '해야 한다'로부터 떼어놓으려는 시도를 지적 고문이라고 비웃을 것이다. 그러한 시도는 도덕성의 진화를 둘러싼 논의를 어려움에 빠뜨렸다. 철학자들은 인간이나 동물들이 살아가는 방식(is)으로부터 도덕적인 이상(ought)을 도출할 순 없다고 생각한다. 전자는 사실의 서술이고 후자는 규범적이기 때문이다 … 보노보를 하고 싶은 일은 무엇이든 제멋대로 하는 동물이라고 말할 수 있는가? … 보노보는 자신의 행동이 낳을 결과를 예상한다. 남의 새끼를 겁주거나 다른 암컷의 먹이를 훔치려 들면 다른 보노보들이 즉각 그 행동이 어떤 결과를 낳는지 상기시킨다. 보노보에게 개체의

---

29) 앞의 책, 344쪽.

상황을 초월한 사회적 수준의 옳고 그름의 개념은 없겠지만 내면화
된 가치들은 인간 도덕성의 기저에 있는 가치들과 다르지 않다.

프란스 드 발은 보노보라는 유인원 관찰을 통해 'is'와 'ought'가 분
리되어 있지 않다는 것을 말하고 있다. 예문에서, "보노보는 자신의
행동이 낳을 결과를 예상한다"와 "그 행동이 어떤 결과를 낳는지 상
기시킨다."는 규범적인 것으로 'ought'의 영역에 해당된다. "남의 새끼
를 겁주거나 다른 암컷의 먹이를 훔치려 들면"은 사실을 서술한 것으
로 'is'의 영역에 해당된다. "남의 새끼를 겁주거나 다른 암컷의 먹이
를 훔치려 들면 다른 보노보들이 즉각 그 행동이 어떤 결과를 낳는지
상기시킨다."는 사실(is)에서 규범(ought)으로의 전환이 즉각적으로 이
루어지고 있음을 설명하고 있는 것이라고 할 수 있다. 이는 'is'에서의
'ought' 도출이며, 'is'와 'ought'를 분리시켜 사유하는 방식이 아니다.
프란스 드 발은 보노보를 통해, 동물이 'is'에서 'ought'를 도출하는
양상을 띠고 있고, 또한 동물이 인간 도덕성의 기저에 있는 것과 다를
바 없는 가치들을 가지고 있다는 주장을 하였다. 프란스 드 발은 인간
의 도덕성은 어떤 외부의 고상한 원칙에서 기원한 것이 아니라, 동물
의 행동을 관찰할 때도 인지할 수 있는 변변치 않은 동기로부터 기원
했다고[30] 하였다.
　호락논변 과정에서 일군의 학자들은 'is'에서 'ought'를 연결 지어
논하였고, 동물의 도덕성에 대해 구체적으로 진술하고 있다. 그 학적
체계가 다르기는 하지만, 현대의 동물학자들이 관심을 가질만한 부분

---

30) 앞의 책, 345쪽.

이라고 할 수 있다. 호론에서 각 존재자들이 가지고 있는 기질의 청탁
수박은, 그 존재의 가치문제로 전환되고 동시에 그 존재의 당위의 문
제로 연결되고 있다.

예를 들어 한원진의 학설을 보면, 인간·개·소·말은 각기 그 기질
이 다르다. 인간은 정통한 기질을 타고 났고, 개·소·말 은 인간보다
는 못한, 치우치고 막힌 차이가 있는 서로 다른 기질을 타고 났다.
각기 다른 기질은 'is'에 해당된다. 그 기질에 따라 이들은 서로 다른
오상五常의 성을 소유하게 되고, 이 서로 다른 성은 그 존재의 본성本
然之性이자 그 존재가 마땅히 행해야 할 당위(ought)가 된다. 사실·존
재로서의 'is'가 당위인 'ought'로 연결되고 있다고 할 수 있다. 개·
소·말 등 동물들은 각기 서로 다른 본성이자 당위인 도덕성을[31] 가

---

31) 한원진은 因氣質의 人物異의 성을 本然之性으로 보았다. 이때의 본연지성은
性善의 性이다. 개·소·말 등 각 존재에 내재되어 있는 성선의 성은 각 존재가
수행해야만하는 당위로서의 양상을 띠게 된다. '성선'에는 마땅히 수행해야 할
맡은 바 직분을 잘 수행하면 선이고, 잘 수행하지 못하면 악이라는 당위의 의
미가 잠재되어 있다고 보아야 한다.(『經義記聞錄』卷6,「生之謂性章」, 28쪽:
鷄司晨犬司盜牛耕馬馳 固皆其本性之善者也.;「生之謂性章, 27쪽: 若其鷄之
不能司晨 犬之不能司盜 牛之不能耕 馬不能馳者 乃其失其本然.) 이러한 사
유는 한원진을 비판하고 있는 이간의 글을 통해서도 확인할 수 있다. 『巍巖遺
稿』卷8,「與成子長」, 10쪽: 有善也有惡 德昭方且判其善一半(巍巖註: 人之
仁義 牛耕 馬載) 以爲本然之性 又將其惡一半(巍巖註: 不仁不義 不能耕載)
以爲氣質之性. 이간은 기질에는 선도 있고 악도 있는데, 한원진이 선한 쪽만
을 가지고 본연지성이라 주장하고 있다고 하였다. 그 선한 쪽에 대해, "人之仁
義 牛耕 馬載"라고 하였다. 그리고 한원진이 악한 쪽을 기질지성이라 하고
있다고 하였다. 그 악한 쪽에 대해 "不仁不義 不能耕載"라고 하였다. "人之仁
義 牛耕 馬載"와 "不仁不義 不能耕載"는 각 존재자가 마땅히 수행해야 할
맡은바 직분을 잘 수행하느냐, 잘 수행하지 못하느냐의 당위의 문제를 거론한
것이라고 할 수 있다. 이간은 잘 수행하는 경우를 선으로, 잘 수행하지 못하는

지게 된다. 한원진을 지지하는 호론학자들은 한원진과 같은 입장을 취하고 있었다.

이간과 낙론자들은 한원진이 언급하고 있는 본성에 대해, 참다운 본성이 아니라고 하였다. 선악이 뒤 섞여 있는 기질의 성을 본성이라 잘못 주장하고 있다고 비판하였다. 이들은 한원진과 다른 방식으로 개·소·말의 본성을 언급하였다. 리의 절대성에 기반을 두고, 각 존재의 기질과 관계없이 개·소·말이 동일한 본성을 가지고 있다고 주장하였다.

이철영에 이르면 한원진과 다소 달라진다. 인간이 정통한 기질을 타고 났고, 개·소·말 은 인간보다 못한, 서로 다른 기질을 타고 났다고 한 점은 한원진과 동일하다. 그런데 이철영은 동물의 기질을 순수한 기질과 순수하지 않음이 섞여 있는 기질로 나누고, 순수한 기질에서 본성을 말하고 그 본성이 곧 그 존재의 당위라고 하였다.[32] 이철영 역시 'is'와 'ought'를 분리시키지 않고, 'is'에서 'ought'를 연결 지어 논하고 있다고 할 수 있다. 좀 더 자세히 말하면, 이철영은 개·소·말의 기질이 서로 다르지만 모두 순수하고, 이 순수한 기질이 곧 그 각 존재의 본연한 마음이라고 하였다. 본연한 마음은 순선한 도덕심이다. 이철영은 개·소·말의 서로 다른 순수한 기질을 서로 다른 도덕심으로 전환하였다. 그리고 이 도덕심에서 개·소·말 간에 서로 다른

경우를 악으로 이해하며 진술하고 있다.

[32] 『泗上講說』, 도서출판문사철, 2012, 42쪽: 其氣本之性 如鷄能司晨 犬能守夜 牛能耕 馬能馳之類是也. 此卽物之率性之道 而亦各有能其職事者也. 氣本之性은 氣之本然之性을 줄인 것이다. 이철영은 氣本之性을 각 존재자의 '성선의 성'으로 보고 있다. (제7장 「이철영의 인물성동이론」 참조)

본성이자 당위인 도덕성을 말했다.

한원진과 이철영은 동물들이 종별로 서로 다른 도덕성을 가지고 있다고 보았다. 동물학자 프린스 드 발과 같이 'is'와 'Ought'를 거론하며 논의하다 보니 다소 복잡한 양상을 띠게 되었다. 프린스 드 발의 논리를 떠나서 말하면, 동물들이 도덕성을 가지고 있다는 것을 쉽게 이끌어 낼 수 있다. 성선의 성이 순선무악한 도덕성이기 때문이다. 한원진을 비롯한 호론자들은, 각 존재자들이 종별로 서로 다른 본성을 가지고 있다고 보았는데, 그들은 이때의 성을 성선의 성으로 보았다. 이에 따르면, 개·소·말 등 동물들은 서로 다른 성선의 성을 가지게 된다. 성선의 성이 도덕성이니, 동물들이 종별로 서로 다른 도덕성을 가지고 있다는 것을 쉽게 도출할 수 있다. 낙론은 보다 더 간단하다. 낙론자들은 모든 존재자들이 동일한 본성을 가지고 있다고 보았고, 이때의 성을 성선의 성으로 규정하고 있다. 낙론자들은 개·소·말 등 모든 동물들이 동일한 도덕성을 가지고 있다고 본 것이다. 호락론자들은 모두가 동물들이 도덕성을 가지고 있다는 입장을 취하고 있다.

4 호론과 낙론의 사유구조와 인권

서양에서 인권 개념은 인간의 권리가 자연법에 따라 '자연스럽게, 정의로운 상황에서, 정당하게 가지는 어떤 것'이라는 생각에서부터 발전했다. 이러한 맥락에서 계몽주의자들은 인간의 권리를 '자연권 natural right'이라고 불렀는데, 우리나라에서는 자연권 대신 천부인권으로 널리 쓰인다. 그리스 철학자들은 천부인권과 관련하여 절대적 존재인 자연이 법을 규정한다고 이해했지만, 근대 초기 서유럽의 철학자들은 절대자를 기독교의 신과 동일시 했고, 한자 문화권의 학자들은 절대자를 하늘天 또는 천리天理와 동일시했다.[33]

인권은 인간으로서의 존엄성과 그 권리를 핵심 요소로 한다고 할 수 있다. 권리는 'right'를 번역한 것이다. right에는 '도덕적으로 올바른 것, 합리적인 것, 합법적인 것, 정당한 것'이라는 의미가 있다. right가 올바른 것 정당한 것이라는 의미를 갖는 점은 권리가 자연법에서 비롯했다는 사실을 증명한다. 이때의 자연은 절대자 또는 신과 유사한 개념으로 이해된다.[34] 주자학적으로 말하면 천리가 그에 해당된다고 할 수 있다.

천부인권은 주자학적으로 말하면 천리가 부여한 존엄한 권리라고 할 수 있다. 하늘이 부여한 존엄한 권리가 있다고 하였을 때, 존엄한 권리로 연결 지어 말할 수 있는 철학적 실체 개념을 생각하지 않을 수 없다. 그 철학적 실체 개념을 본연지성에서 찾을 수 있다고 본다. 인권의 본질을 논하는 학자들은 인권은 태어나서 경험으로 체득하는 것이 아니라 선험적인 자연권이라고 한다.[35] 또한 인권은 절대권이라 하고 있다.[36] 절대는 무오류, 무결점의 상태를 뜻하며, 그 어느 누구에 의해서도 침해될 수 없다는 의미가 담겨 있다고 한다.[37] 이들은 이어서 인권은 특정 계급이나 계층에 해당되는 것이 아니라 인간이라면

---

33) 최현, 『인권』, 2014, 책세상, 13쪽 참조.
34) 최현, 앞의 책, 12~13쪽.
35) 정경환, 『인권과 정의』, 이경, 49쪽.
36) 앞의 책, 53쪽.
37) 앞의 책, 53쪽.

단 한 사람의 예외도 없이 적용되어야 한다고 주장한다.[38] 본연지성은 선험적이고 절대적이며 단 한 명의 예외도 없이 사람이라면 누구나 가지고 있는 실체적 개념이다. 본연지성은 도덕적으로 올바른 것, 정당한 것이라는 속성 역시 함유하고 있다. 이에 본연지성을 기반으로 인간이 가지는 존엄한 권리인 인권을 논하는 것은 그리 큰 문제가 되지 않는다고 본다.

더욱이 근래에 학계에서는 문화상대주의가 인권문제와 접목되면서 새로운 주장이 떠오르고 있다. 탤벗(William J. Talbott)은 인권 존중의 전통을 서양 사회가 가지고 있기 때문에, 인권이 서양 사회에서만 다루어졌던 문제로 여기는 것은 명백한 오류라고 하고 있다.[39] 그는 오히려 서양 사회는 인권존중의 전통을 가지고 있지 않았으며, 서양 사회에서도 인권은 비교적 최근에 발전했다고 주장한다.

> 예컨대 인권 존중의 전통은 서양 사회가 가지고 있기 때문에, 인권이 서양 사회만 해당한다는 의견이 때때로 제시된다. 하지만 서양 사회는 인권존중의 전통을 가지고 있지 않았다. 서양에서도 인권은 비교적 최근에 발전했다.[40]

탤벗은 인권 존중의 기원에 대해 언급하며 서양보다는 동양에서 먼저 시행된 적이 있다고 하였다.[41] 이러한 주장은 인권사상이 서양

---

38) 앞의 책, 47쪽.
39) 윌리엄 J. 탤벗, 은우근역, 『인권의 발견』, 한길사, 97~109쪽 참조.
40) 윌리엄 J. 탤벗, 은우근역, 『인권의 발견』, 97쪽.
41) 정필운·박선웅, 「문화상대주의와 인권의 보편성 논쟁」, 『연세법학』34호, 103쪽. 최성환, 「다문화주의와 인권의 문제」, 『철학논집』30집, 366쪽 참조.

의 전유물만이 아니라는 사실을[42] 말하고 있는 것이다.

탤벗의 주장이 아니더라도 그동안 여러 연구자들이 동양의 인권사상에 대해 관심을 갖고 발표해 왔다. 동양 사회에는 자생적 인권 사상이 있어 왔고, 자신들의 학문 체계 속에서 이를 발전시켜 왔다.

물론 이를 서양 근대의 인권사상과 곧 바로 연결시키는 것은 무리이다. 이점은 서양 역시 마찬가지이다. 노예제가 있던 고대와 종교가 지배하던 중세 시대의 인권 사상을 근대의 인권 개념과 곧 바로 연결시켜 같다고 주장한다면 그 역시 오류이다.

한국의 호락론자들은 인간을 가장 영명한 존재로 규정하고 있었으며, 왕보다도 일반 백성이 귀하다는 맹자의 글을 익히고 있었다. 이들은 자신들의 학적 체계 내에서 존엄한 인간의 본성에 대해 논의하였다.

이간은 인물성론에서는 천리天理가 모든 존재자들에게 동일하게 자재하여 있다고 주장하였다. 이는 곧 모든 사람들이 계층이나 지위와 상관없이 천리를 본성本然之性으로서 가지고 있다는 뜻이다. 이때의 본성은 인의예지의 성이며, 이 인의예지의 본성은 사람들이 실현해야 할 당위로서의 절대적 도덕성이다. 이러한 절대적 도덕성을 가진 사람은 개개인이 모두 존엄하고 소중한 존재라고 할 수 있다. 개개의 사람이 존엄하고 소중한 인권을 가진 존재가 된다.

이간은 미발심성론에서, 보통사람들은 기질의 영향으로 비본질적인 기질의 심과 기질의 성을 가지고 있다고 보았다. 그러나 이들이 노력을 하여 기질을 교정하면 누구나 요순堯舜과 같은 본질적인 본심

---

42) 최성환, 위 논문, 366쪽.

과 본성을 회복할 수 있다고 하였다. 이러한 미발심성론은 모든 사람을 본질적으로 귀한 본심과 존엄한 본성을 가진 존재로 여기고 있는 것이다. 한 사람 한 사람을 본질적으로 귀한 본심과 존엄한 본성을 가진 존재로 보는 관점은, 모든 유형의 차별을 배제하고 개개인을 인간으로서의 존엄성을 가진 존재로 보는 현대의 인권사상과도 통하는 것이라고 할 수 있다.

이간의 인물성론과 미발심성론을 지지한 낙론의 사유는, 이후 현실의 역사 속에서 일부 내시노비內寺奴婢 해방과 서얼 등용에 영향을 끼친 것으로 평가되고 있다.43) 다음은 석재碩齋 윤행임尹行恁(1762~1801)이 1801년에 쓴 「노비윤음奴婢綸音」에 있는 정조의 말이다.

왕자王者가 백성에게 임하여 귀천이 없고 내외가 없이 고루 균등하게 적자로 여겨야 하는데, 노라고 하고 비라고 하여 구분하는 것이 어찌 똑같이 사랑하는 동포로 여기는 뜻이겠는가? 내노비內奴婢 3만 6974명과 시노비寺奴婢 2만 9093명을 모두 양민으로 삼도록 하고, 인하여 승정원으로 하여금 노비안을 거두어 불태우게 하라.44)

시대적 한계 때문에 제한적으로 이루어진 내시노비 해방이지만, 현대의 인권사상과 통하는 점이 있는 내용이라고 할 수 있다. 역사학계에서는 정조의 발언을 낙론의 영향 속에서 나온 것으로45) 평가하고 있다.

---

43) 조성산, 『조선후기 낙론계 학풍의 형성과 전개』, 지식산업사, 363~371쪽.
44) 『純祖實錄』 卷2, 純祖 원년 정월 28일.
45) 조성산, 앞의 책, 372~374쪽. 조성산은 "정조의 성리학 사상은 낙론과 부합하는 바가 많았다."고 하였다. (앞의 책, 372쪽)

한원진은 인물성론에서, 사람의 본성本然之性을 두 측면으로 나누어 논하였다. 첫 번째는 이간처럼 천리가 모든 존재자들에게 동일하게 자재하여 있다고 보는 것이다. 각 존재자의 기질을 초월하여 말하는 관점이다. 두 번째는 천리가 사람·개·소·말 등 존재자들의 기질에 따라 다르게 자재하여 있다고 보는 것이다. 한원진은 존재자의 진리 실현과 관련된 성선의 성을 두 번째 관점에 배치하였다.

정통한 기질을 타고난 사람은 그 본성이 첫 번째 관점으로 보나 두 번째 관점으로 보나 인인동 人人同으로서 동일하다. 내적으로 보아도 두 관점 사이에 차이가 없다. 첫 번째 관점에서는 사람과 사람에 천리가 그대로 자재하여 있다. 두 번째 관점에서도 사람은 그 기질이 정통하여, 사람과 사람에 천리가 오상의 성으로서 온전히 자재하게 된다.

이에 비해 개·소·말 등 편색偏塞한 기질을 가지고 있는 다른 존재들에서는 첫 번째 관점과 두 번째 관점 사이에 괴리가 생기고 있다. 외형적으로는 그 본성이 첫 번째 관점에서나 두 번째 관점에서나 견견동犬犬同·우우동牛牛同·마마동馬馬同으로서 동일하다. 그러나 내적으로 보면 차이가 발생하고 있다. 첫 번째 관점에서는 타 존재들이 사람과 마찬가지로 온전한 본성을 동일하게 가지고 있다. 그러나 두 번째 관점에서는 그 기질의 치우친 정도에 따라 개·소·말 등이 서로 다른 본성을 가지게 된다. 사람보다 못한 본성이다. 첫 번째 관점과 두 번째 관점 사이에 괴리가 발생한다.

개·소·말 등 다른 존재의 본성은 첫 번째 관점과 두 번째 관점 사이에 차이점이 발생하고 있으나, 사람의 본성은 발생하지 않고 있다. 개개의 사람은 첫 번째 관점으로 보나 두 번째 관점으로 보나 기질의 특수성과 관계없이 언제나 그 본성을 동일하게 가지고 있다.

기질이 가지고 있는 다양한 차별적 속성에도 불구하고, 한 사람 한 사람이 언제나 동일한 절대적 본성을 가지고 있게 된다. 개개의 사람이 가진 절대적 본성은 차별화 할 수 없고 침해될 수 없는 고귀한 것이라는 입장이다. 한원진의 본성론은 차별성을 배제하고 동등한 인간의 존엄성을 주장하는 현대의 인권사상과 통하는 점이 있다고 할 수 있다.

한원진은, 미발심성론에서 이간과 같이 심을 비본질적인 기질의 심과 본질적인 본심으로 나누는 것을 반대하였다. 이러한 심을 나누는 방법은 종내 기질의 성과 본성을 별개의 독립적인 두 성으로 보게 되는 해로운 견해라고 보았기 때문이다. 그러나 한원진 또한 노력을 하여 기질을 교정하면 누구나 다 요순이 될 수 있다고 하였다. 모든 사람을 요순과 같은 성인이 될 수 있는, 소중한 존재로 보았다고 할 수 있다. 호론자들은 이와 같은 한원진의 인물성론과 미발심성론을 지지하고 있었다.

역사학계에서는 일부 내시노비 해방과 서얼 등용에 대하여 낙론계의 영향 속에서 이루어진 것으로 보고 있다. 이러한 논의는 보다 면밀한 검토가 필요하다. 왜냐하면 한원진과 한원진을 지지하는 호론학자들 또한 사람은 누구나 동일한 본성을 가지고 있는 존엄한 존재라는 입장을 취하고 있었기 때문이다. 이들도 내시노비해방과 서얼 등용을 주장할 수 있는 철학적 기반을 가지고 있었다.[46] 따라서 만약, 서얼

---

46) 윤행임은 내시노비제 개혁에 중요한 역할을 하였던 인물이다. 윤행임은 이후 이조판서 직책을 맡으며 순조 원년(1801)에 서얼소통을 건의하기까지 하였다. 그런데 그는 낙론자가 아니라, 호론 사상을 지지하던 인물이었다. 윤행임은 낙론이 기질지성을 본연지성과 나누어 별도의 성으로 논하는 것을 비판하고

등용과 내시노비 해방을 주장하는 쪽은 진보적인 낙론이고, 반대하는 쪽은 보수적인 호론이다와 같은 이분법적 논리로 접근할 경우, 자칫 오류를 범할 위험성이 크다고 본다.

이상의 논의를 통해 볼 때, 호론과 낙론의 학설에는 한 사람 한 사람을 절대적 본성을 가진 존엄한 존재로 여기고 차별을 배제하는 사유가 있었다. 개개인이 가지고 있는 본성은 침해할 수 없는 것이었다. 이러한 사유는 현대의 인권 개념과 그 맥락을 같이 하는 것이라고 할 수 있다.

호락논변에는 이밖에도 동물보호나 환경윤리로 나아갈 수 있는 논리가 풍부하다. 호락론자들은 동물 또한 성선의 성을 본성으로 가진 도덕적 존재로 규정하고 있다. 다만 그 규정 방식에 차이가 있을 뿐이다. 이 논리를 확대하면 충분히 동물보호를 넘어서 동물권을 정초하는 방향으로도 나아갈 수 있다고 본다. 주자학은 유기체적 세계관을

있었다. 한원진은 이간이 허령한 심을 별도로 구분하여 심의 순선을 주장하는 것에 대해 불가의 심과 같다고 하였다. 윤행임 또한 동일한 입장을 취하고 있었다.(『碩齋稿』 卷7, 「答郭季行(守健)」: 所謂氣質之性 非於天命之外 別有一性也 只是在氣質中 … 所謂虛靈知覺者 非理也 把心爲純善 則佛氏所謂昭昭靈靈是也.) 윤행임은 불가의 본심론에 대해 심을 성으로 아는 것이라고 하고, 일종의 인물성동이어서 인물을 구별하지 않는 잘못이 있다고 하였다. 한원진이 불가의 심을 빗대 이간을 비판하고 있는 것과 같은 논지이다. (『碩齋稿』 卷7, 「答或人」: 吾儒本天 釋氏本心 而一種認心爲性之言行 而儒釋無分矣 人物各得所賦之理 以爲性各循其性之自然 各有當行之路 而一種人物性同之言行 而人物無別矣.) 윤행임은 명백히 호론에 속하는 주장을 하고 있다. 호론자도 내시개혁과 서얼소통을 주장할 수 있다는 한 예로 보아도 무방하다고 본다. (조성산, 앞의 책, 316쪽, 343쪽 참조)

바탕으로 하고 있는 친 환경적 학문이다. 호락론자들은 논변과정에서 식물도 타 존재의 범위에 포함시켰다. 이 경우 동물은 물론 식물까지 내재적 가치를 가진 존재가 된다. 생명 중심적 환경 윤리를 주장할 수 있는 요건이[47] 갖추어져 있다고 할 수 있다.

호락논변은 우리나라에서 발생한 독자적인 학문 영역이다. 주자학을 기반으로 하고 있으나 기존 주자학에서 볼 수 없는 새로운 사유체계들을 제시하고 있다. 우리철학을 정립하고 확장할 수 있는 요소가 풍부하다. 또한 호락논변에는 현대사회에서 재해석하고 검토해 볼 만한 다양한 논의들이 함유되어 있다. 좀 더 깊이 있고 의미있는 연구들이 이루어지기를 희망한다.

---

47) 김학태, 『환경과 윤리적 공동체』, 민족문화문고, 126~132쪽.

1. 원전

四書集注	性理大全
杞園集	經義記聞錄
南塘集	陶庵集
屛溪集	梅山集
鳳巖集	鹿門集
湛軒集	渼湖集
三淵集	星湖全書
醒菴集	與猶堂全書
巍巖遺稿	栗谷全書
寒水齋集	寒洲集
華西集	壺山全書

2. 저서

김학태,『환경과 윤리적 공동체』, 민족문화문고, 2003.
러셀, 한철하 역,『서양철학사』, 대한교과서(주), 2000.
마크 베코프, 윤성호 역,『동물권리선언』, 미래의창, 2011.
마크 롤랜즈, 윤영삼 역,『동물의 역습』, 달팽이 출판, 2004.
문석윤,「호락논쟁 형성과 전개」, 동과서, 2006.
윌리엄 J. 탤벗, 은우근 역,『인권의 발견』, 한길사, 2011.
유봉학,『연암일파 북학사상 연구』, 일지사, 1995.
윤사순,『조선 도덕의 성찰』, 돌베개, 2010.
이경구,『조선 철학의 왕국』, 푸른역사, 2018.
이동준,『유교의 인도주의 한국사상』, 한울아카데미, 1997.
이상익 외,『한국철학사상사』, 심산, 2013.

이상익, 『영남성리학연구』, 심산, 2011.

이애희 외, 『조선 유학의 학파들』, 예문서원, 1996.

장승희, 『다산 윤리사상 연구』, 경인문화사, 2005.

정성희 역, 『사상강설』, 도서출판문사철, 2012.

정경환, 『인권과 정의』, 이경, 2013,

조성산, 『조선후기 낙론계 학풍의 형성과 전개』, 지식산업사, 2007.

최영진, 『조선조 유학사상의 양상』, 성대출판부, 2005.

_____, 『유교사상의 본질과 현재성』, 유교문화연구소, 2002.

_____, 『한국성리학의 발전과 심학적 실학적 변용』, 도서출판문사철, 2017.

최영진 외, 『한국철학사』, 새문사, 2009.

최헌, 『인권』, 2014, 책세상, 2008.

피터 싱어 엮음, 노승영 역, 『동물과 인간이 공존해야하는 합당한 이유들』,
        시대의창, 2012.

프란스 드발, 이충호 역, 『내안의 유인원』, 김영사. 2005.

_____, 박성규 역, 『원숭이와 초밥 요리사』, 수희재, 2005.

_____, 오준호 역, 『착한 인류』, 미지북스, 2014.

코린 펠뤼숑, 배지선 역, 『동물주의 선언』, 책공장더불어, 2019.

한국사상사연구회, 『인성물성론』, 한길사, 1994.

한국철학사연구회, 『한국실학사상사』, 심산, 2008.

홍정근, 『호락논쟁의 본질과 임성주의 철학사상』, 한국연구원, 2007.

3. 학술지논문

김광태, 「존재 - 당위 논쟁과 도덕에 대한 정의 -피터 싱어의 메타 윤리학
        을 중심으로」, 『한국윤리학회』24집, 2011.

김인규, 「북학사상연구」, 성균관대박사논문, 1998.

백민정, 「담헌 홍대용의 이기설과 인성론에 관한 재검토」, 『퇴계학보』24집,
        2007.

백원철, 「한말 일제초기 지방유생의 배일의식과 저항행동의 양상」, 『한문학보』21집, 2009.

손흥철, 「녹문 임성주의 이일분수론 연구」, 연대박사논문, 1999.

윤영돈, 「흄의 윤리사상에서 존재와 당위의 문제」, 『윤리교육연구』43집, 2017.

이경보, 「존재론과 윤리론의 갈등: 홍대용 사상의 철학적 기초」, 『한국실학연구』12집, 2006.

이봉호, 「홍대용의 『의산문답』에 나타난 우주론 근거로서 『주해 수용』의 삼각함수」 『동방학』43집, 2020.

이상익, 「기정진 성리학의 재검토」, 『철학』52집, 한국철학회, 1997.

이숙희, 「다산 정약용의 선악개념에 대한 이해와 행行 개념」, 『다산학』24호, 2014.

이형성, 「한주 이진상의 성리학 연구」, 성대박사논문, 2001.

임부연, 「정약용이 발견한 천명天命과 교제交際」, 『다산학』32호, 2018.

전인식, 「이간과 한원진의 미발·오상 논변 연구」, 한국정신문화연구원 박사논문, 1999.

정성희, 「조선말기 호락논쟁의 통합론 연구」, 『양명학』30집, 2011.

정필운·박선웅, 「문화상대주의와 인권의 보편성 논쟁」, 『연세법학』34호, 2019.

조성산, 「18세기 후반 낙론계 경세사상의 심성론적 기반」, 『조선시대사학보』12집, 2000.

조은영, 「다산사상 형성의 이론적 배경과 체계에 대한 연구」, 성대박사논문, 2011.

최성환, 「다문화주의와 인권의 문제」, 『철학논집』30집, 2011.

최영진, 「다산 인성·물성론의 사상사적 위상」, 『철학』68집, 2001.

홍정근, 「낙학의 인물성동론에 대한 임성주의 비판」, 『동양철학연구』36집, 2004.

| 지은이 소개 |

홍정근洪正根

성균관대학교 한국철학과를 졸업하고 성균관대학교대학원 동양철학과에서 한국철
학전공으로 철학박사 학위를 취득하였다. 현재 이대부속중학교 교사로 재직하고
있으며, 성균관대학교 겸임교수와 이화여자대학교 겸임교수를 역임하였다. 동양철
학연구회 총무이사, 한국주역학회 총무이사, 한국사상사학회 총무이사 등을 지냈으
며 한국윤리학회 이사로 있다.

저서로 『한국철학사상사』, 『한국실학사상사』, 『한국사상과 동서교섭』, 『강좌한국
철학』(이상 공저), 『호락논쟁의 본질과 임성주 철학사상』 외에 다수가 있다.

논문으로 「인물성동이논쟁의 원인」, 「외암 심성론에서의 기질지성 배치 문제 재검
토」, 「남당 한원진의 심성론」, 「호락논변의 연구성과와 전망」, 「우암 송시열의 심체
에 대한 견해 고찰」, 「초중고에서의 동양윤리교육의 문제점과 개선방향」 외에 다수
의 글이 있다.

한국학
총서
조선대학교 우리철학연구소 우리철학총서 04
근대전환기의 한국철학 〈理〉

호락논변의 전개와 현대적 가치

초판 인쇄   2020년 12월 10일
초판 발행   2020년 12월 20일

지 은 이 | 홍 정 근
펴 낸 이 | 하 운 근
펴 낸 곳 | 學古房

주   소 | 경기도 고양시 덕양구 통일로 140 삼송테크노밸리 A동 B224
전   화 | (02)353-9908 편집부(02)356-9903
팩   스 | (02)6959-8234
홈페이지 | www.hakgobang.co.kr
전자우편 | hakgobang@naver.com, hakgobang@chol.com
등록번호 | 제311-1994-000001호

ISBN 979-11-6586-121-6 94100
        978-89-6071-865-4(세트)

값 : 25,000원